内蒙古师范大学教学研究基金资助立项

# 中学化学实验教学研究

The Middle School Chemical Experiment Teaching Research

主　编　乌　云　斯琴高娃

编　者　乌　云　斯琴高娃　贾美林

　　　　杨宏伟　吕卫华　徐爱菊

　　　　庄晓娟　白春英　庞梅霞

陕西师范大学出版总社有限公司

# 内 容 简 介

    本书以新课标的要求和当今全球普遍需要的综合性创新人才的培养目标为准则，围绕社会上关注的热点问题如能源、环境、材料、健康、绿色化学等话题，以及中学化学中最具代表性和应用性等重要实验做了全面深入的讨论。并从化学实验的概念、原理、方法、应用及重要研究方向等方面做了细致的讨论和研究。为了确保实现教育部教师教育大学生培养方案及新课程理念及培养目标的实现，在教材的编写中以既要实现以学生发展为本，又要提高学生科学素养为宗旨，故设立了绿色化学的实验，以培养学生环保意识、使命感和忧患意识，并推广了微型实验、创新实验等。总之，本书充分体现了时代发展的要求，集趣味性，知识性，应用性，前瞻性。前沿性，创新性和发展性于一体。真正体现了化学与社会的可持续发展理念和绿色化学的重要思想，对培养具有创新精神，实践能力的综合性优秀人才和时代发展需要的准教师具有很好的指导意义，也是教师教育教学的必读材料！

编　者

2010 年 6 月 12 日

# 编 写 说 明

"中学化学实验教学研究"是为我国高等师范院校化学专业开设的，是专门研究中学化学实验教学的原理、过程、内容和方法的一门必修课程。其目的是使学生掌握化学实验教学的基础知识和基本技能，培养从事化学实验教学工作和进行实验教学研究的初步能力，为将来独立担任中学化学实验教学工作奠定一个良好的基础。《中学化学实验教学研究》一书是为完成上述教学目的而编写的教材。

本书从中学化学实验教学需要出发，编写了实验教学理论和实验教学研究两部分。其中，理论部分是对中学化学实验教学的概述，着重论证化学实验在化学教学中的重要作用和中学化学实验的目的、任务、类型、基本要求、功能、原则及实验教学改革和实验教学评价等。实验教学研究部分是从基本操作、气体制备和性质、简单的定量测定、直流电源的利用、揭示工业生产原理、有机化合物、生活化学实验、趣味实验、创新实验、绿色化学实验、安全问题及实验、幻灯和投影、多媒体实验教学以及课外活动等不同角度上加以探讨，共分10章，选编了36个实验供选做。

本书所列举的实验均系中学化学实验教学中比较典型的题目，在实验设备条件和教学时数许可的情况下，能够达到高等师范院校本科化学专业课程中化学教育学科对实验教学的基本要求。

本书以创新实验为主线，着重围绕"创新"二字，结合我们在实验和实验教学方面的探索，力求总结和提炼多年来我们和广大化学教师宝贵的实验教学经验，以理论和实践相结合的线索将中学化学实验生动地呈现在读者眼前，尤其精选了使实验的教育价值最大化的创新实验作为本书的范例，供广大化学教育工作者参考并借鉴，以期有所体会和启发。

本书的最大特点是自主性、新颖性、探究性、创新性与应用性相结合，实验研究与实验教学研究相结合，教材与教法、学法相融合。学生通过自主与合作、查阅资料、设计实验教学方案、改进实验使其趋向绿色化，走可持续发展的道路。培养和训练学生的实验操作和实验教学的技能和能力，从而使其真正成为具有创新精神与实践能力的优秀人才。

本书共十章内容。第一章、第二章、第三章、第四章由内蒙古师范大学化学与环境科学学院乌云、斯琴高娃、白春英、贾美林、杨宏伟、吕卫华老师编写；第五章、第六章、第七章、第八章、第九章、第十章由斯琴高娃、乌云、杨宏伟、徐爱菊、庄晓娟、庞梅霞老师编写。在此特别指出，内蒙古师范大学教务处徐宝芳教授、陕西师范大学出版社对本书的编写及出版做了大量工作，陕西师范大学刘胜强教授为教材的编写做了很多精心的指导，并担任了审稿工作，我们在此一并表示衷心感谢！在编著本书过程中，我们参阅、借鉴、选用了许多同行们的论著，也致以由衷谢意！

编　者

2010 年 4 月

# 目　　录

# 绪　　论

## 一、中学化学实验教学研究的目的和任务

中学化学实验教学研究是研究中学化学实验教育教学规律的专业性学科，是中学化学教学论课程的重要内容之一，在人才培养方案及实验过程中占有不可或缺的地位，对能否培养出 21 世纪的优秀教育人才起着决定性的作用。它的目的是以教育部各课程指导委员会的相关教育基本要求为指导，以本科人才培养方案为依据，进一步落实人才培养目标，体现"以学生发展为本"的素质教育课程理念和先进的教学观念、内容方法和成果，培养学生具有在新课标要求下的创新精神和实践能力，使其成为综合性教育教学人才。它使学生在已有的新课标理念、教育学科、学科教学论、多媒体知识和化学专业知识等的基础理论上，根据中学化学实验教学的要求，掌握中学化学实验教学的技能、技巧，培养学生独立从事中学化学实验教学的初步能力，为学生毕业后进行中学化学教学和实验研究打下坚实的基础。其基本任务是：

（1）使学生掌握中学化学教学中某些典型实验的教学方法及某些典型仪器在中学化学实验教学中的应用。

（2）培养学生进行中学化学课堂实验的准备和演示的初步能力。

（3）培养学生根据中学化学教学内容的需要、中学化学实验教学的要求以及中学现有的设备条件，自行设计、改进中学化学实验及装置实验仪器的初步能力。

## 二、中学化学实验教学研究的意义、作用及原则

### 1. 中学化学实验教学研究的意义

在新世纪开展的教育改革的进程中，教育部主持制定的初、高中《化学课程标准》明确了中学化学课程目标，以内容标准、活动及探究建议的形式规定了中学化学课程的教学内容及应达到的要求，并从教学、评价、教科书编写等方面给出了实施建议，从而指明了 21 世纪初我国基础教育的化学课程与教学改革的方向。不论《化学新课程标准》以后会做怎样的修改和完善，已经从事和将要从事中学化学教学工作的成员，应该能够从中看出新世纪基础教育的发展会对中学化学教师提出什么样的要求。《化学新课程标准》明确提出："化学实验对全面提高

学生的科学素养有着极为重要的作用"，"化学实验是进行科学探究的主要方式"，要"突出化学学科特征，更好地发挥实验的教育功能"。高中《化学新课程标准》还规定要专门设置"实验化学课程"。显然，新世纪的基础教育对中学化学教师的实验教学技能的要求比以前更高。

《中学化学实验教学研究》是以实验者已有的化学基础知识和基本实验技能（智力技能、操作技能）为基础，着重训练和培养独立从事中学化学实验教学工作的基本技能和研究教学的能力，包括演示实验、设计和改进实验、指导学生开展综合实践活动进行的探究能力等。为适应化学教师来源的多元化以及基础教育更加强调化学实验教学的实际，本书重视科学、技术、社会理念的渗透，对于人们极为关心的生产、生活、环境、资源（材料）、食品健康等问题均有涉及。重视科学、技术、社会理念的渗透，我们不仅体现在实验内容的选择上，还体现在每个实验之后的"阅读材料"和"思考练习"部分的编写上。让学生能实实在在地体会到：化学就在我们身边，人们的生活、社会的进步离不开化学。化学不是"一个针尖上能站几个天使"之类的编造出的应试试题，也不是由无用加歪曲了的事实堆砌而成的"圣经"！在实验目标上，化学强调过程与方法的体验、情感态度与价值观的养成。

作为一名合格的中学化学教师，不仅应该从道理上懂得化学实验在化学教学中的重要作用，而且更重要的是能够真正掌握中学化学教学中所必需的实验操作技术和方法，并具有选择恰当实验类型、配合课内外教学活动以提高化学教学质量的能力。为此，必须深刻地体会中学化学教学中每一个具体实验的目的和意义，掌握所控制的实验条件，才能使实验充分地发挥预期的教学效果。对于演示实验，无论是实验现象的鲜明程度，还是实验操作的准确和熟练程度，都应该达到上乘才能对学生起到正确的示范作用。教师不仅要自己会做和做好有关的实验，而且还应掌握指导学生做好实验的教学方法，懂得如何通过实验教学来培养学生智能和良好的非智力心理品质。作为合格的中学化学教师，应初步具有（并不断增长）改革实验内容、方法、步骤、装置等的能力，以达到符合绿色化学的要求，还应具有逐步提高改进实验手段和设计新实验的教学研究能力，以及管理好化学实验室的能力。

"创新是一个民族进步的灵魂，是一个国家兴旺发达的不竭动力。"基础教育对学生创新意识和创新能力的培养始终是一个永恒的主题。从上个世纪末全社会关注素质教育到本世纪初新课程的实施，"创新"二字已从时尚的理念逐渐转变为教师日常的教学行为。在以培养学生科学素养为主旨的今天，研究创新意识和创新能力的教学实践尤其具有现实意义。

化学是一门以实验为基础的学科。著名的化学家傅鹰教授曾说："化学是实验的科学，只有实验才是最高的法庭。"这是对化学实验功能最为精辟的论述。

实验在化学教学中占据着十分重要的地位，它在启迪学生的科学思维、培养学生严谨求实的科学态度和创新能力方面，是其他任何教学手段都无法比拟的。关于实验及其教学方法的研究，多年来一直是广大化学教师关注的重点。高中化学新课程在实验内容及要求、实验探究方法等方面发生了一系列的变革，不仅在每一个课程模块中强化了学生实验探究的意识，同时开设《实验化学》选修课程，使学生在实验课题选择、实验研究等方面得到进了一步的训练，充分地体验实验探究的过程，更多地领略化学科学研究的魅力，从而强化了实验的教育价值。毋庸置疑，在化学新课程实施的今天，实验在培养学生的创新意识和创新能力方面发挥了更积极的作用。

培养学生创新精神和实践能力，尤其是其科学探究能力，是高等师范院校化学教学的重要目标之一。基础教育创新型人才的培养，需要创新型师资。创新型师资的培养需要创新型的教材和教法。本书就是从基础教育化学课程改革的需要出发，本着培养探究、创新型中学化学教师，完成高等师范院校化学实验教学研究课程培养目标而编写的一本探究性、创新型化学实验教学研究的教材。

化学是以实验为基础的科学，化学实验在化学学科的发展及中学化学教学中具有重要的地位。而对每个实验机理的研究、对实验的注意事项及成败关键的研究和实验改进的研究是基础中的基础，因而具有重要的作用。

**2．中学化学实验教学研究的作用**

（1）有利于教师和学生掌握每一操作的技能与技巧。

（2）有利于掌握每一实验的成败关键。

（3）有利于掌握研究化学实验的方法。

（4）有利于提高化学实验教学的质量。

（5）有利于培养学生分析问题、解决问题的能力以及实验操作、改进创新和实际应用的综合能力。

**3．化学实验教学研究的原则**

（1）科学性原则

科学性原则一是指实验内容本身应属于科学内容的范畴；二是指所使用的研究方法应是科学方法。

（2）客观性原则

客观性原则是指在研究化学实验时，应从客观实际出发，实事求是，遵循化学实验本身的特点和规律。

（3）实践性原则

实践性是指在实验研究过程中要坚持以动手操作为主，经过多次实践后再得出结论。不要脱离化学实验本身而凭主观捏造不存在的"事实"。

（4）全面性原则

全面性是指在分析研究化学实验时，应从不同方面、不同层次、全方位地进行。对影响实验的每一个条件或因素都应该认真分析、力求周全。

（5）简捷性原则

简捷性是指在研究化学实验时，应采用最简单易行的方法和手段。只有这样才能提高研究的效率。

（6）安全性原则

安全性是指在研究化学实验时，应始终坚持安全第一。无论研究什么实验内容，采用什么手段和方法，必须保证人员和财产的安全。

### 三、中学化学实验教学研究课程对学生的要求

中学化学实验教学研究课的性质和任务与其他化学实验课（例如无机化学实验课、有机化学实验课、分析化学实验课等）有所不同。首先，后者着重帮助学生认识和掌握本门学科的基础知识和基本技能；而前者则是作为培养学生的教学能力的一种途径，它以学生已有的化学基础知识和基本技能为基础，着重训练和培养学生独立从事中学化学实验教学的基本技能（可称之为"教学性"）。在实验教学中，如果仅仅满足于了解实验涉及的化学知识和掌握这些实验的操作技能，那远远未能完成本实验的任务，这与中学的实验没有多大区别。再者，由于化学实验教学研究考查更多的是实验的"教学法"因素，即如何成功地将化学实验运用于化学教学。这就经常会遇到设计或选择教学实验的最优化方案，寻求实验仪器、药品的代用或实验方法的改革等，因而，必须引导学生进行教学实验的设计及实验改革的探索等。因此，化学实验教学研究具有明显的研究和探索的性质（这可称之为"探究性"）。

鉴于此，我们对学习本课的学生提出以下几点要求：

（1）要以教育学、心理学、中学化学教学论和多媒体的理论为指导，把教学理论与所学的化学知识充分结合起来，解决中学化学实验教学中的具体问题。要时时处处想到自己是"以中学化学教师的姿态"，为了完成某一教学任务在做实验。

（2）要深入钻研实验和相应的中学化学教材的内容。切实理解该实验在教材中的地位和作用，以及实验本身的基本要求，根据教学的需要和实验条件，认真、细致地设计实验方案，做到目的明确、步骤具体、注意事项一目了然等。

（3）要认真参阅有关教学资源。既要善于吸取前人的成功经验，又要大胆改革，敢于创新，结合具体条件，完成实验任务。

（4）要严格要求自己。在实验过程中，注意训练自己实验操作的规范化。要注意培养保持整洁、勤俭节约、严肃认真的工作作风以及精细严谨、实事求是、一丝不苟的科学态度。

（5）要认真总结经验，珍惜自己的实验成果。每个实验之后，要按照要求认真完成实验总结，写出书面总结报告，并且进行试讲、研究，尽快成为一名业务熟练的优秀教师。

本课程要求学习者在具体实验过程中，无论涉及的是实验内容，还是技术和方法，都要从如何教好课的角度来考虑问题。要随时关注怎样做才能使这些实验在中学化学教学效果上达到优化。具体需要注意如下几点：

（1）在具体实验过程中要十分注意及时评价自己的操作是否达到了示范的水平。

（2）怎样操作、选择什么品种和纯度级别的试剂、控制什么条件、采用什么手段才能获得鲜明的实验现象，并做到既节约教学时间又节省药品。

（3）要认真总结实验成功的经验和失败的教训，并尽可能地找出改进措施。

（4）为了更好地说明教学中的某个问题、讲清某个概念、验证某个原理，应该选择哪一个实验才更恰当、更贴切？通过实验研究你能否找到或设计出比现行中学教材里安排更为合适的实验，或是增减一些实验内容。

（5）所做实验应如何合理地安排在课堂教学的环节之中？而且这些实验在课外活动中又可以有哪些发展？

综上所述，不难看出，学习者能否通过本课程取得良好的学习效果，将在很大程度上取决于自身的学习态度和方法。关于学习态度，要求学习者应有做一名合格中学化学教师的愿望，并表现为努力提高中学化学教学质量而刻意追求的行动。

### 四、学习中学化学实验教学研究课程的方法

化学实验教学研究课程的学习方法，应抓住三个主要环节：

**1. 预习**

预习是课前必须完成的任务，是学习好本课程的前提条件，一般应达到下列要求：

（1）翻阅中学化学教材的相应部分，分析这些实验在教学当中的地位和作用。

（2）阅读相应的参考资料、参考书和网络资源，回忆在大学基础课中做相关实验时的经验和教训。

（3）参照本教材所提出的要求，根据实验室的具体条件来设计实验的全过程。

**2. 实验和讨论**

本实验教学研究课程的特点之一，在于纳入了有关中学化学教学的研讨性、探索性内容，并提出了"试教"的要求。

（1）根据预习时的实验设计来认真操作、细心观察分析，并充分考虑怎样将有关实验运用于中学教学实际。

（2）在实验过程中如果发现实验设计有问题或不符合预习时的设想，就应该认真探索发生问题的原因，修正后重新做实验，真正获得满意的结果。

（3）就实验中所取得的成功经验或遇到的疑难问题等，可以在同学间展开讨论。

绪论

对于本课程来说，配合实验的"试讲"活动，也应列为实验和写实验报告的具体内容。

## 3．实验报告

实验报告要以教案的形式和多媒体课件的形式书写，并且记录实验注意事项、实验成败的关键、操作所需的特殊技术，还需对实验改进的方法进行理论分析，并列出具体措施。报告中还要讨论该实验对中学化学教学中引导学生获取知识、培养能力和发展非智力心理品质等方面应选择的途径和方法，并对所能起的作用作出充分的估计。

---

**·阅读材料·**

### 中国化学的发展与展望

白春礼

化学是一门实用的中心学科，它与数学、物理学等学科共同成为当代自然科学迅猛发展的基础。化学的核心知识已经应用于自然科学的方方面面，与其他学科相辅相成，构成了创造自然、改造自然的强大力量。

#### 迎接新世纪挑战，展望我国 2010 年化学学科发展前景

我国的经济发展越来越离不开化学，化学在我国成为一门中心学科已是不争的事实。我国石油与石油化工企业有 80 多万家，加上其他化学和相关行业，我国参与化学研究与工作的人员队伍，其规模是国际上少有的。这正是我国化学科学发展的背景和动力。

当前，我国所面临的挑战有人口控制问题、健康问题、环境问题、能源问题、资源与可持续发展问题等。化学家们希望从化学的角度，通过化学方法解决其中的问题，为我国的发展和民族的振兴作出更大的贡献。随着国家对农业科学研究的重视，农业和食品中的化学问题研究已经引起越来越多化学工作者的关注。

随着 20 世纪的结束，上述研究所涉及的若干基本化学问题，无疑将成为 21 世纪我国化学研究的新方向，成为我国化学家有所作为的突破点。

1．若干化学基本问题的解决，将使化学学科自身在不同层次上得到丰富和发展

（1）反应过程与控制

研究生命过程中的各种化学反应和调控机制，正成为探索反应控制的重要途径，真正在分子水平上揭示化学反应的实质及规律将指日可待。

（2）合成化学

未来化学发展的基础是合成化学的发展，21世纪合成化学将进一步向高效率和高选择性发展；新方法、新反应以及新试剂仍将是未来合成化学研究的热点；手性合成与技术将越来越受到人们的重视；各类催化合成研究将会有更大进展；化学家也将更多地利用细胞来进行物质的合成。我们相信随着生物工程研究的深入，通过生物系统合成所需要的化合物之目的能够很快实现，这些将使合成化学呈现出崭新的局面。仿生合成也是一个一直颇受注意的热点，该方面的研究进展将产生高效的模拟酶催化剂，它们将对合成化学产生重要影响。

（3）基于能量转换的化学反应

太阳能的光电转换虽早已应用于卫星，但大规模、大功率的光电转换材料的化学研究正在开始。太阳能光解水产生氢燃料的研究，已受到更大的重视，其中催化剂和高效储氢材料是目前研究最多的课题。值得特别指出的是，关于植物光合反应研究已经取得了一定的突破，燃料电池的研究也已在一些单位展开并取得进展。随着石油资源的近于枯竭，近年来对燃烧过程的研究又重新被提到日程上来，细致了解燃烧的机制，不仅是推动化学发展的需要，也是充分利用自然资源的关键。我国现阶段注重研究催化新理论和新技术，包括手性催化和酶催化等。

（4）新反应途径与绿色化学

我国现阶段研究，一方面注意降低各种工业过程的废物排放、加强排放废料的净化处理和环境污染的治理，另一方面重视开发那些低污染或无污染的产品和过程。因此，化学家不但要追求高效率和高选择性，而且还要追求反应过程的"绿色化"。这种"绿色化学"将成为21世纪化学的重大变化。它要求化学反应符合"原子经济性"，即反应产率高，副产物少，而且耗能低，节省原材料，同时还要求反应条件温和，所用化学原料、化学试剂和反应介质以及所生成产物均无毒无害或低毒低害，与环境友善。毫无疑问，研究不排出任何废物的化学反应（原子经济性），对解决环境污染具有重大意义，高效催化合成、以水为介质、以超临界二氧化碳为介质的反应研究将会有大的发展。

（5）设计反应

综合结构、分子设计、合成、性能研究的成果以及计算机技术，是创造特定性能物质或材料的有效途径。分子团簇、原子、分子聚集体，已在我国研究多年。目前这些研究正在深入，并与现代计算机技术、生物、医学等相结合，以获得多角度、多层次的研究结果。21世纪的化学家将更普遍地利用计算机帮助进行反应设计，人们有望让计算机按照优秀化学家的思想方式去思考，让计算机评估浩如烟海的已知反应，从而选择最佳合成路线制得预想的目的化合物。

（6）纳米化学与单分子化学

从化学或物理学角度看，纳米级的微粒性能由于其表面原子或分子所占比例超乎寻常的大而变得不同寻常。研究其特殊的光学、电学、催化性质以及特别的量子效应已受到重视。

另一方面，借助 STM/AFM 和光摄等技术进行单分子化学的研究，将能观察在单分子层次上的许多不同于宏观的新现象和特异效应，对这些新现象和新效应的揭示可能会导致一些科学问题的突破。

（7）复杂体系的组成、结构与功能间关系研究

21 世纪的化学不仅要面对简单体系，还要面对包括生命体系在内的复杂系统。因此，除了研究分子成键和断键，即研究离子键和共价键那样的强作用力之外，还必须考虑复杂体系中的弱相互作用力，如氢键、范德华力等。虽然它们的作用力较弱，但由此组装成分子聚集体和分子互补体系。这种超分子体系常常具有全新的性能，或者可使通常无法进行的反应得以进行。基于分子识别观点进行设计、合成及组建新的、有各种功能的分子、超分子及纳米材料，将是未来一段时间中化学的重要研究内容。而深入研究控制分子的各种作用力，研究它们的本质并深刻了解分子识别，是一个颇具重大意义并充满挑战的课题。研究分子、分子聚集体的结构以及纳米微粒与各种物理化学性质的关系，特别是分子电子学的研究在 21 世纪初将会有较大的进展。

（8）物质的表征、鉴定及测试方法

研究反应、设计合成、探讨生命过程、工业过程控制、商品检验等都离不开对物质的表征、测试、组成与含量测定。能否发展和建立适合于原子、分子、分子聚集体等不同层次的表征、鉴定与测定方法，特别是痕量物质的测定方法，将成为制约化学发展的一大瓶颈。我国目前的研究集中于以下几个方面：①发展基于激光或其他原理的高灵敏度检测和分析方法，包括发展新的样品浓集或聚集上样技术；②发展具有极高分离效率的毛细管电泳、基于分子识别的高选择性分离技术以及各种传感器技术等；③探索建立基于微透析、电分析化学和传感器的现场或流水线测定方法；④构建多元和集成分析方法以适应类似于人类基因组工程计划等大规模分析测试的需要。可以说，上述研究方向的转变，成为 20 世纪末、21 世纪初我国化学发展的一个显著特点，并将由此引发这一学科自身的各个层次上的变革，同时带动和促进其他学科与技术的共同繁荣和发展。

2. 学科的渗透与交叉将使我国化学发展面临更多的机会与挑战

化学向其他学科的渗透趋势在 21 世纪将会更加明显。更多的化学工作者会投身到研究生命、研究材料的队伍中，并在化学与生物学、化学与材料的交叉领域大有作为。化学必将为解决基因工程、蛋白质组工程中的问题以及理解大脑的功能和记忆本质等重大科学问题作出巨大的贡献。

化学的发展将会进一步带动和促进其他相关学科的发展，同时其他学科的发展和技术的进步会反过来推动化学本身的不断前进。从微观看，化学家已经能够研究单分子中的电子过程与能量转移过程，从宏观看，化学家能探讨分子间的作用力和电子的运动。化学家不但能够描述慢过程，亦能跟踪超快过程，而这些将有助化学家在更深层次揭示物质的性质及物质变化的规律。化学家还不断地汲取数学、物理学和其他学科中发展的新理论和新方法，非线性理论和混沌理论等将对多元复杂体系的研究产生影响。

化学研究的深入，还将带动我国仪器仪表工业的发展。因为仪器仪表既是一个很大的行业，也是国家发达与否的标志之一。我国过去曾忽视对仪器的研制，导致了分析仪器依赖进口的局面。经过我国科学界和工业界等的共同努力，2010 年我们将看到自己研制、生产的分析及测试仪器，如微型气相色谱仪、新型毛细管电泳仪、电化学传感器，还可能出现多功能组合仪器、智能型色谱等，我国的仪器仪表工业将进入一个蓬勃发展的时期。

3. 国民生活质量的提高将得益于化学的发展

我国人口在 21 世纪上半叶将达到 16 亿，保持我国农业的持续发展是我们面临的艰巨任务。农业发展的首要问题是保证全民族的食物安全和提高食物品质；其次是保护并改善农业生态环境，为农业持续发展奠定基础。化学将在创制高效肥料和高效农药，特别是与环境友善的生物肥料和生物农药，以及开发新型农业生产资料诸方面发挥巨大作用。我国化学家还将在克服和治理土地荒漠化、干旱及盐碱地等农业生态系统问题方面作出应有的贡献。科学家利用各种最先进的手段，有望揭示光合系统高效吸能、传能和转能的分子机理及调控，建立反应中心能量转化的动力学模型和能量高效传递的理论模型，从而达到高效利用光能为农业增产服务的目的。

21 世纪化学将在控制人口数量、克服疾病和提高人类的生存质量、与健康状况诸方面进一步发挥重大作用。在未来 10 年中，化学工作者将会发现和创造更安全和高效的避孕药具。在攻克高死亡率和高致残的心脑血管病、肿瘤、高血脂和糖尿病以及艾滋病等疾病的进展中，化学工作者将不断创制包括基因疗法在内的新药物和新方法。此外，由于人口高速老龄化，老年病在21世纪初会成为影响我国人口生存质量的主要问题之一。化学将会在揭示老年病机理、开发与创制诊断和治疗老年性疾病药物以及提高老年人的生活质量方面作出贡献。相信在21世纪初，我国化学家和药物化学家在针对肿瘤和神经系统等重要疾病的创新药物研究中，能发现和优化数个新药候选化合物，建立具有自主知识产权的新药行业。中医药是我国的宝贵遗产，化学研究将在揭示中医药的有效成分、揭示多组分药物的协同作用机理方面发挥巨大作用，从而加速中医药走向世界，实现产业化，成为我国经济的新的增长点。

4. 在化学的支撑下，我国的国民经济将更上一个新台阶

化学将会在解决能源这一人类面临的重大问题方面作出贡献。目前我国的经济持续稳定增长，使能源开发利用面临需求增大和环境污染的双重压力，而能源利用效率低，环境污染严重是我国亟待解决的重要问题。发展新能源及其储能材料在受到化学家重视的同时，也引起政府部门的关注，科学研究和产业化研究正相伴而行。我国化学家可望在未来几年里创制和开发出多种新型催化剂，使我国的煤、天然气和煤层气的综合优化利用取得优异成绩，从而减缓我国的能源紧张和环境污染的压力。21世纪我国核能利用将进一步发展，而化学研究涉及核能生产的各个方面，化学工作者必将为核能的安全利用作出应有的贡献。此外，化学家在大规模、大功率的光电转换材料方面的探索研究将导致太阳能的开发利用。化学家从事的新燃料电池的催化剂、新电池的研究，可能在21世纪初出现突破，电动汽车将向实用化迈出一大步，这将改变人类能源消费的方式，同时提高生态环境的质量。

展望21世纪我国的材料科学与工业的发展，化学必将发挥关键作用。首先，化学将不断提高基础材料如钢铁、水泥和通用有机高分子材料及复合材料的质量与性能；其次，化学工作者将创造各类新材料，如电子信息材料、生物医用材料、新型能源材料、生态环境材料和航天航空材料等，化学工作者将利用各种先进技术，在原子、分子及分子链尺度上对材料组织结构进行设计、控制及制造。特别要指出的是，晶体材料的设计理论和方法研究，是我国化学发展的一个重要且富有成效的领域，在21世纪它将会有更大的发展，一些有价值的具有新功能的晶体和大尺寸的新型非线性光学晶体、重要激光晶体、闪烁晶体及铁电陶瓷晶体研究将达到实用和开发水平。另一方面，我国是世界稀土资源大国，总储量占世界的80%，产量占世界的70%，然而其中一大半是以资源或初级产品方式出口国外，这种局面在未来的几年中将转变，我国化学家

在 2010 年前将在稀土分离理论和高纯稀土分离、新型稀土磁学材料、发光材料等方面的研究中，取得一批具有国际领先水平、明确应用前景和独创性的基础研究成果和具有自主产权的重大关键技术，使我国的资源优势转化为产业优势。

在世纪之交，展望未来 10 年化学事业的发展和化学对人类生活的影响，我们充满信心，亦倍感兴奋。化学是无限的，化学是至关重要的，它将帮助我们解决 21 世纪面临的一系列问题，化学将迎来它的黄金时代！

摘自《普通高中课程标准实验教科书》化学（1）教师用书

人民教育出版社，2007.7

绪
论

# 第一章　中学化学实验教学概述

[内容提要]

本章首先介绍化学实验的发展历史和重要作用，进而对中学化学实验教学的功能、内容、基本要求、作用、原则、目的、任务以及实验教学改革展望、普通高中课程标准化学实验教科书的研究分析等进行了多方面、全方位的论述，以使读者深刻地认识和理解中学化学实验教学的重要作用、方法和要求等，为提高中学化学实验教学质量奠定坚实的基础。

另外，为了对新教师进行品德教育和科学精神的培养，在本章最后，介绍了科学家门捷列夫的生评及其杰出贡献，以达到新课标的要求：既要掌握知识，又要培养能力，更要塑造品格。

[学习指导]

1. 了解化学实验发展的历史与作用。
2. 理解中学化学实验的功能、作用、实验教学改革展望。
3. 掌握中学化学实验的目的、任务、内容、基本要求、教学原则等。

化学是一门实验科学，实验是化学的灵魂和生命。化学实验是化学科学产生和发展的基础，化学科学的每一次重大突破，都与实验方法的改革密切相关。任何化学的原理、定律以及规律无一不是从实验中得出的。

17 世纪中叶，波义耳使化学从炼金术和医药学的附属下独立了出来，为化学发展成为真正的科学奠定了基础。他根据大量的实验提出了元素的概念，并且认为只有运用严密和科学的实验方法才能够把化学确立为科学。18 世纪下半叶，拉瓦锡利用汞进行的定量方法研究空气的成分，建立了燃烧氧化理论，否定了统治化学达 100 多年的错误的燃素说，且将近代化学实验推进到了定量研究的水平。19 世纪初，道尔顿以质量守恒等为基础提出了原子论，阿伏伽德罗以盖吕萨克的气体反应体积关系实验为基础提出了分子假说，形成了完整的原子—分子学说。19 世纪下半叶，门捷列夫发现的元素周期律和无数化学家们的元素化学实验研究结下了不解之缘。20 世纪以来，尽管理论化学的研究获得了惊人的发展，数学方法等被广泛引入化学，但是理论推导和数学计算的结果是否正确，仍然需要用实验来验证，实验手段逐渐从经典的方法向仪器化、自动化、微型化发展。正如著名科学家李政道所说："实验无论怎么强调都不能说过分。"

# 第一节  中学化学实验教学的任务和内容

"以实验为基础"既是化学学科也是化学教学的重要特征。选择能够说明化学学科中代表性的观念、能够说明化学学科所使用的探究方法、能够唤起学生想象的教学实验内容，对于全面落实培养学生科学素养的目标，提高化学教学质量，具有其他化学课程内容不可替代的作用。因此，化学实验一直是中学化学教学内容的一个重要组成部分。

## 一、中学化学实验教学的任务

化学实验的中心任务就是培养学生的科学素质及实验工作能力。在实验教学中要引导学生有目标、有重点地进行训练，既重视操作技能的培养，又注意科学思维方法的养成，还要锻炼其从事实验教学的能力。同时，也可增加一些实验在技巧上的难度，除做好规定实验外，还可增加探索性实验，开放实验室，增加实验考核的权重，设计含有新信息的综合实验等，以多种方式来培养学生的实验兴趣。

化学实验是由实验准备、实验过程、实验结果等构成的一个统一体，学生实验能力的强弱不仅表现在实验结果的准确率上，而且更多地体现在实验过程中。由于诸多原因，学生在实验中也许没有获得预期的结果，实验不会次次成功，但应引导学生如实分析失败的原因并安排重做，以培养学生实事求是的学习态度。

若能设立一些内容不很确定，无现成教材，学生有充分自由来组织和发挥的实验，并在考核中注意衡量学生实验设计的逻辑性和创造性、实验总结与讨论中的知识性和探索性以及表达方式的科学性，使学生能较多地以科学的思维方式来观察和分析实验问题，则有利于激发学生的学习兴趣。学生强烈的成就动机、浓厚的兴趣、热烈的情感所形成的非智力心理优势，会使智力上的某些欠缺得到一定程度的弥补，使智力发展达到更高水平。在诸多非智力因素中，兴趣是最现实、最活跃的心理因素。化学实验能同时以声、光、色等多种渠道，大容量地提供生动的信息，易于激发学生的学习兴趣，由兴趣而产生探究的欲望……

在实验教学中只要我们教师怀着强烈的责任感，注意探索实验教学的规律，启迪学生的学习兴趣，营造一种轻松、和谐的教育氛围，便能为学生的动手能力、想象力、创造力、思维能力的全面提高创造有利的条件，从而使知识与能力同步增长，把素质教育落到实处。

## 二、中学化学实验教学的内容

化学实验研究的对象是物质，这里的物质既可以是天然存在的，未经人工改造过的物质，如自然界的空气、石油、煤等；也可以是天然存在的，但须经一定的物理或化学方法提取、制备才能得到的物质，如氧气、铝、尿素等；还可以是人们用化学方法创造的，在自然界中原本并不存在的新物质，如合成橡胶、塑料等。为了获取研究物质，化学实验的研究内容涉及物质的制备（或合成），物质的分离、提纯，物质的检验，物质的性质与应用等方面。中学化学作为启蒙性、基础性的课程，其实验内容从化学实验研究的对象和研究内容的角度分析，大致也包括下述几个方面。

### 1. 物质的制备（或合成）

从主要生成的类别看，中学化学实验中涉及的物质的制备有：

（1）无机物的制备

如氧气、氢气、二氧化碳、氯气、氯化氢、氨气、一氧化碳、一氧化氮、二氧化氮等气体的制备，固体纯碱、氢氧化铁胶体的制备等。

（2）有机物的制备

如甲烷、乙烯、乙炔、乙酸乙酯的制备，酚醛树脂的合成等。

关于气体的制备，从反应物的状态和反应条件看，可以分为四种类型。

（1）固—固加热（或固体加热）型，适用的气体有氧气（加热氯酸钾和二氧化锰的混合物，或加热高锰酸钾晶体）、氨气、甲烷等。

（2）固—液不加热型，适用的气体有氢气、二氧化碳、硫化氢、乙炔、氧气（用过氧化氢加催化剂如二氧化锰来制取）、氯气（将浓盐酸滴入高锰酸钾固体来制取）；若是利用块状固体跟液体反应制取气体，且反应不需要加热，则可以利用启普发生器，特别是制取较多量的气体更为适宜。

（3）固—液加热型，适用的气体有氯气（用浓盐酸和二氧化锰反应制取）、氯化氢等。

（4）液—液加热（或液体加热）型，适用的气体有乙烯、一氧化碳（甲酸脱水）等。

### 2. 物质的分离和提纯

分离和提纯既有联系又有区别，物质的分离是将混合物中的组分各自分开，从而得到几种较纯净的物质的过程；而物质的提纯（有时也叫物质的除杂），则是将物质中混有的杂质分离出来或者除去的过程。分离和提纯之间最显著的区别在于：物质的分离对于被分离出来的物质都有纯度要求，即分离出来的物质必须都是纯净物；而提纯对分离出来的杂质并无纯度要求，而且还常常通过化学变化使杂质变为其他较易被分离的物质而被除去。分离和提纯物质的方法很多，在中学阶段介绍的主要有：

（1）过滤和结晶

根据混合物中各物质溶解性的差异，采用过滤、结晶等方法分离提纯物质。除去液体中不溶性的固体杂质，采用过滤的方法加以分离。可溶于水的两种固体可根据它们在水中溶解度随温度变化不同，采用结晶法加以分离。结晶的方法又分为蒸发溶剂法、冷却热饱和溶液法。蒸发溶剂法适用于溶解度和受温度影响变化不大的固体物质，如从海水中提取食盐；冷却热饱和溶液法适用于溶解度受温度影响变化较大的固体物质，如分离 NaCl 与 $KNO_3$ 的混合物，首先配制较高温度下的 $KNO_3$ 的饱和溶液，然后降温，先析出的是 $KNO_3$ 晶体。

（2）蒸馏

对于液态混合物，根据其中各物质沸点的不同，采用蒸馏的方法除去其中难挥发或不挥发的物质。例如，通过蒸馏的方法可以在实验室中用自来水制取蒸馏水。

（3）萃取

对于液态混合物，还可以利用混合物中一种物质在互不相溶的溶剂中溶解性的差异，采用萃取的方法将物质分离。例如，单质碘在四氯化碳、苯等有机溶剂中的溶解度比其在水中的溶解度大，用四氯化碳或苯等不溶于水的有机溶剂可以将碘水中的碘萃取出来。

（4）层析

利用混合物中各组分性质的差异（如吸附力、分子的大小、分配系数等），使各组分在两相（一相为固定相，与待分离的物质进行可逆的吸附、溶解、交换等作用；另一相为流动相，推动固定相上待分离的物质朝着一个方向移动）中的分布程度不同，通过层析法（又称色谱法）使各组分以不同速率移动而达到分离的目的。例如，叶绿体中色素的提取和分离等。

（5）渗析

渗析是利用半透膜使溶胶和其中所含的离子或分子分离的过程。渗析主要用来提纯、精制胶体溶液。这是利用半透膜的孔隙能让胶体溶液中的离子或分子通过，但不能让胶体粒子透过的特性而达到提纯、精制胶体溶液的目的。如淀粉胶体溶液中混入了食盐，利用渗析的方法可以除去其中的 $Na^+$ 和 $Cl^-$。

（6）洗气

对于气体混合物，一般是利用气体混合物中各种气体在水中或其他吸收剂中的溶解度或反应情况的差异，通过洗气装置加以分离提纯。例如，实验室用石灰石与盐酸反应制取的二氧化碳气体中常混有氯化氢气体和水蒸气，要除去这两种杂质气体，方法是让气体依次通过盛有饱和碳酸氢钠溶液、浓硫酸的洗气瓶。

（7）其他方法

根据某些物质的特殊性质，可以通过一些特定的物理方法或化学方法进行分离提纯。例如，根据铁的磁性，可以用磁铁将铁屑从它与一些没有磁性的物质的混合物中分离出来；根据单质碘易升华的性质将它从混合物中分离出来；根据杂质受热易分解的性质，通过加热把杂质除去，或把杂质通过化学反应转化成主要成分等。

进行混合物的分离或提纯，必须分析组成混合物的各种成分的物理性质和化学性质，根据它们之间的差异和联系，再决定选用何种试剂和操作。在整个分离或提纯的过程中必须注意：不能引入新的杂质；选用的试剂只能和杂质起反应，不能与欲提纯的主要成分反应；和杂质起反应所生成的产物和主要成分容易分离开来。为了达到分离或提纯的目的，通常需要根据具体情况综合运用以上分离或提纯物质的方法。

### 3. 物质的检验

在生活、生产和科学研究中，常常需要对一些物质的组成成分进行检验。现代化学分析测试中，通常借助一些仪器来分析物质的组成。例如，用元素分析仪测定物质中是否含有 C、H、O、N、S 等元素以及测定物质中这些元素原子的最简单整数比，用红外光谱仪确定有机物分子中含有何种化学键或官能团，用核磁共振仪来推测有机物分子含有几种不同类型的氢原子及它们的数目等。除了利用仪器分析物质的组成外，还可以利用物质的物理、化学性质，通过实验方法来检验某些物质的存在。在进行物质的检验时，一般先对物质的外观，如颜色、状态、气味等进行观察，然后进一步检验。中学阶段物质的检验可以分为鉴定、鉴别和推断三种类型。

（1）鉴定

物质的鉴定是指根据物质的某些特性，用实验方法加以确认（肯定它一定是什么物质）。鉴定时，要逐一检验出物质中的各种成分，如要鉴定某白色固体是硫酸钠，应先进行焰色反应，火焰呈黄色，确定有 $Na^+$ 存在；再取少量固体溶于蒸馏水，把溶液分成两份，一份中先加盐酸，如无现象，再加氯化钡溶液，有白色沉淀，证明固体中有 $SO_4^{2-}$，另一份中加入紫色石蕊试液无变化［若原固体是硫酸氢钠（$NaHSO_4$），则加石蕊试液变红］，证明原固体肯定是硫酸钠。

（2）鉴别

物质的鉴别通常是指对分别存放的两种或两种以上的物质进行定性辨认，根据物质间的不同性质，用实验方法来区别它们各是什么物质。鉴别物质时，如待鉴别的是两种物质，检出其中一种，或待鉴别的是三种物质，检出其中两种，就达到鉴别的目的。以此类推，鉴别 $n$ 种物质时，只要检出其中（$n-1$）种物质，就达到鉴别的目的。如对于两瓶无色液体 $NaNO_3$ 溶液和 $NaCl$ 溶液的鉴别，可分别向两溶液中加入 $AgNO_3$ 溶液，有白色沉淀生成的是 $NaCl$ 溶液，无现象的则是 $NaNO_3$ 溶液。

（3）推断

物质的推断是根据已知的实验事实（检验步骤、实验现象、实验结论等），运用物质特性的知识，进行分析、推理、判断，从而确定未知物中存在什么物质，不存在什么物质。

无论是鉴定、鉴别，还是推断，都要求实验者熟悉相关物质的特性。中学阶段涉及的物质检验有常见气体的检验、常见阳离子的检验、常见阴离子的检验、常见有机物的检验。常见气体有氧气、氢气、二氧化碳、氯气、二氧化硫、氯化氢、氨气、甲烷、乙烯、乙炔等；常见阳离子有氢离子、钠离子、钾离子、银离子、钙离子等；常见阴离子有氢氧根离子、氯离子、溴离子、碘离子、硫酸根离子、亚硫酸根离子、碳酸根离子等；常见有机物有甲烷、乙烯、乙炔、苯、甲苯、乙醇、甘油、苯酚、甲醛、乙酸、葡萄糖、淀粉、蛋白质等。以上物质的性质尤其是这些物质的特性，是检验这些物质的基本依据。

物质的检验，要求方法简便易行且便于操作，要注意排除杂质的干扰，所选择的试剂和添加试剂的顺序要合理，现象要明显且具有典型特征。在操作过程中，鉴定、鉴别物质时一定要分别取少量待验物质进行实验，切不可在原试剂中直接加试剂进行检验。因为这样做不仅使下一步检验无法进行，即使检出其中的某一成分，也会使被检物质因污染报废，不符合科研和生产的实际要求。

4. **物质的性质与应用**

物质的性质是由其组成和结构决定的，不同组成、结构的物质具有不同的性质。即使组成相同但结构不同的物质，其性质也不完全一样。例如，互为同素异形体或者互为同分异构体的物质，它们的物理性质不同。物质的性质决定了物质的用途，人们只有在了解物质性质的基础上，才可以有效地利用各种物质。

物质的性质，尤其是化学性质，只有借助一定的实验手段，在人为控制的条件下，使物质发生化学变化时才显露出来。化学主要从物质的化学变化的角度研究物质的性质，中学化学教材中含有大量有关物质性质的实验内容。例如，典型的非金属元素、金属元素的单质及其化合物的性质，烷烃、烯烃、炔烃、芳香烃、醇、醛、酚、酯的代表物的结构和蛋白质等都是中学化学实验教学的重要内容。这些内容不仅让学生能够通过化学实验来认识物质的性质，而且可通过对物质性质的掌握，进而理解与性质相对应的物质的结构和用途、物质的存在形式、保存方式、物质的检验等；通过对物质性质的分析，还能帮助学生归纳出重要的化学反应定律、原理等。

## 三、新课标教材中实验内容的选择

以上是从化学实验的对象和内容的角度对中学化学实验进行的分类，实际上，作为中学化学教学重要内容的化学实验，不仅要体现化学学科的特点，同时还承载着如下的诸多功能：通过实验为学生提供生动、真实的学习情境；培养学生的化学实验技能，提高动手能力；使学生经历科学实验的一般过程，学习科学方法，激发学生学习化学的兴趣，促进学生的学习迁移；培养学生的观察能力和思维能力，培养学生的问题意识；培养学生实事求是、严肃认真的科学态度等。因此，中学化学教学实验在内容的选择、设计、呈现上，需要从实现其教学功能的角度，对化学学科实验做出适当的调整，以符合中学生的认知、心理发展特点和情感需求。现有的根据新课程标准编写的中学化学教材中，实验内容在选材、设计、呈现上有以下特点：

1. 化学实验的选材应贴近学生的生活，贴近社会

为了帮助学生认识化学与生活、社会、技术的关系，中学化学实验的选材不再局限于静态的化学学科经典实验的介绍和验证，而是更加注重从贴近学生的生活、贴近社会的角度选材。例如，教材中安排了以下实验：

【案例1】　在一只烧杯中加入 500 mL 0.5 mol·$L^{-1}$ 碳酸钠溶液，用酒精灯将碳酸钠溶液加热至近沸。将一块有油污的铜片浸入碳酸钠溶液中，静置约 2 min，再用镊子将铜片从溶液中取出，并用水冲洗干净。比较浸入碳酸钠溶液前后铜片表面的情况。

热的纯碱溶液被用来去油污，这是生活常识。该案例所设计的实验直接取材于生活，不仅能够帮助学生理解碳酸钠被称为"纯碱"的原因，同时也能引导学生从化学的角度来分析生活中的现象。与此类似的实验还有"观察蜡烛的燃烧""比较我们吸入的空气和呼出的气体有什么不同""向澄清的石灰水吹气""把蛋浸入白醋里""加热试管中的火柴头""灼烧葡萄糖、砂糖和面粉""酸雨危害的模拟""铁钉锈蚀实验""将汽水瓶中的气体通入澄清石灰水中""粗盐的提纯""电路板的化学刻蚀"等实验。这些实验都是以生活中常见的化学物质或化学现象作为学生的实验内容，让学生感觉到学了"有用的"化学，化学就在他们的身边，化学在生活中无处不在，也使学生在理解化学知识的基础上，认识到化学的价值和本质。

2. 化学实验的设计要注重体现科学方法

中学化学实验的教学目的不仅仅是向学生提供一定的化学事实，而且还应该让学生学会运用观察、实验等方法获取信息，能用文字、图表和化学语言表述有关的信息，学习运用比较、分类、归纳、概括等方法对获取的信息进行加工。因此，中学化学实验的设计和呈现应注重体现科学方法。例如，比较是经常使用的一种科学方法，化学研究中常常进行比较实验，根据实验结果的异同寻求科学的结论。下面的三个实验设计中体现了"比较"的科学方法。

【案例2】　取几支量筒分别进行下面的实验，事先预测结果并与记录值进行比较。

| 实验操作 | 体积变化情况 | |
|---|---|---|
| | 预测结果 | 测量结果 |
| （1）20 mL 水与 20 mL 水混合 | | |
| （2）20 mL 酒精与 20 mL 酒精混合 | | |
| （3）20 mL 酒精与 20 mL 水混合 | | |

想一想：为什么会出现体积差异？

【案例3】　请同学各取两支大小相同的医用注射器，如图 1-1 所示，将栓塞向外拉，分别吸入等体积的空气和水，再用手指顶住针筒末端的小孔，将栓塞慢慢推入。

哪一支针筒内的物质容易被压缩？你知道其中的原因吗？

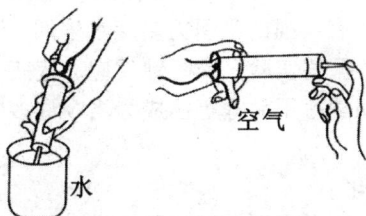

图 1-1　水和空气的压缩实验　　　　图 1-2　测量锌与硫酸反应速率的装置

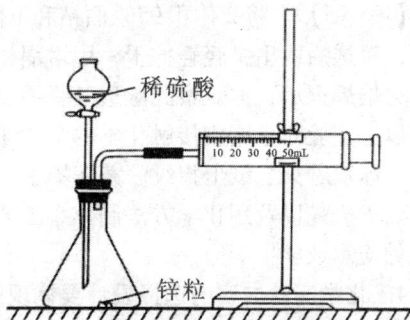

【案例4】　按图 1-2 安装两套装置，在锥形瓶内各盛有 2 g 锌粒（颗粒大小基本相同），然后通过分液漏斗分别加入 40 mL 1 mol·L$^{-1}$ 和 40 mL 4 mol·L$^{-1}$ 的硫酸，比较二者收集 10 mL H$_2$ 所用的时间，并把实验结果填入下表。

| 加入的试剂 | 反应时间（min） | 反应速率（mL·min$^{-1}$） |
|---|---|---|
| 1 mol·L$^{-1}$H$_2$SO$_4$ | | |
| 4 mol·L$^{-1}$H$_2$SO$_4$ | | |

显然，在上述实验的设计中，学生通过对实验过程的比较，可以得出相应的结论。在案例 2 中可以看到"酒精与水混合"过程体积的变化，在案例 3 中能够感到空气容易被压缩，进而理解"微粒之间有空隙"这一基本观念。虽然案例 4 所选实验的原则、装置都很简单，但通过比较能够说明"化学反应的速率与反应物的浓度"有关。此外，"控制实验条件"也是通常采用的一种科学方法，上述案例都从"控制实验条件"的角度进行了设计。如案例 2 中所取液体的体积不

变，只改变物质的种类；案例 3 所取物质的体积不变，只改变物质的种类；案例 4 则用等量的锌粒和等体积的硫酸反应，收集等量的氢气，不同的只是硫酸溶液的浓度。而对于实验现象的"猜测"，案例 2 中有所体现，对于"实验数据的记录"，案例 2 和案例 4 中都给出了表格，对学生学习记录实验现象有一定的示范作用。

### 3. 化学实验的设计要体现趣味性

化学实验的设计和呈现体现趣味性，能够激发学生学习化学的兴趣。以往的教材在强调化学学科知识的科学性和严密性时，往往把实验设计得非常"严肃""规范"，实验试剂必须用化学试剂，实验装置必须选用化学仪器、器皿来装配，因此，过去的化学教学实验就显得相对抽象而枯燥乏味。现在一些实验在内容的选择、设计和呈现上表现出了趣味性的趋势。例如，教材中编入了一些趣味性较强的实验。下面为"烧不坏的手绢"的趣味实验。

**【案例 5】** 将 2 体积 95% 酒精和 1 体积水混合。把一块旧的手绢浸入此混合液中，浸透后取出，轻轻拧干，用坩埚钳夹持，在酒精灯上点燃，并轻轻抖动手绢。火焰熄灭后，你观察到湿透的手绢发生了什么变化？你能解释其中的原因吗？

以上实验对于刚刚接触化学的学生来说，有很强的吸引力。滴水生烟、滴水起火、冰块着火、纸上指纹、茶变墨水、化学振荡实验、碘时钟反应、蓝瓶子实验、点火成蛇以及用化学方法制作小工艺品和学习用品等等已成为当今许多中学常见的演示或学生实验。

### 4. 化学实验内容的选择设计要体现绿色化

绿色化学又叫环境无害化学、环境友好化学、清洁化学。顾名思义，绿色化学就是应用化学的技术和工艺减少乃至消除那些对人类健康及社区安全生态环境有害的原料、催化剂、溶剂和试剂、产物、副产物等的使用和产生。绿色化学的根本目的是从节约资源和防止污染的观点来重新审视和改革现在的整个化学和化学实验内容的选择、设计和呈现体现绿色化。一方面，尽量减少污染很严重的实验，例如关于一些有毒气体如氯气、氯化氢气体的制备实验已经不作为演示实验，有关硫化氢气体的实验已经被删除等；另一方面，在实验过程中通过有效的措施使化学实验对实验场所和环境的污染降低，例如铜片与浓硫酸反应增加对生成物二氧化硫气体的收集装置等。此外，以一些微型化学实验代替常规实验，微型实验的仪器装置一般比常用的要缩小十分之一到几十分之一，所用试剂的量也为常规实验的几十分之一到千分之一。微型实验药品的用量少，反应产物少，生成的污染性物质少，对环境造成的污染也少。

### 5. 化学实验的设计要注重培养学生的化学实验能力

能力是知识技能、方法策略的综合统一，是高度概括化、系统化、可应用化的知识技能和策略。化学实验能力应该包括选择和明确课题的能力、查阅有关文献资料的能力；构思、选用实验方法，设计实验方案及多媒体课件制作的能力；观察实验，收集有关事实、资料、数据的能力；分析、研究和处理事实、资料、数据，形成概念，作出判断、推理和发现规律的能力；表述实验及其结果，最终解决问题的能力等等。为了培养学生的化学实验能力，中学化学实验的教学不应该仅仅是为学生安排一些现成的实验操作活动，而应该创造机会让学生自己选择课题、查阅资料、设计实验方案、实施实验方案等。以下是有关实验探究活动的案例。

【案例6】 铁不能与冷水、热水反应，但能否与水蒸气反应？

请设计一套简单的实验装置，使还原铁粉与水蒸气反应。这套装置应包括水蒸气产生、水蒸气与铁粉反应、检验产生的气体等部分。（也可用干净的细铁丝代替还原铁粉进行实验）

图1-3 铁粉与水蒸气反应

（1）现给你提供水槽、蒸发皿、胶塞、导管、酒精喷灯、3支试管及其他必要的仪器和药品，请画出你设计的装置简图。

（2）有人设计了如图1-3所示的装置，用1支稍大一些的试管代替3支试管就能完成实验，想想其中的原理，你愿不愿意试一试？

（3）任选一种方案进行实验。

（4）在下表中记录实验现象。

| 现　　象 | 化学方程式 |
|---|---|
|  | $3Fe + 4H_2O\ (g) \xlongequal{高温} Fe_3O_4 + 4H_2\uparrow$ |

（5）小结并交流探究活动的收获。

【案例7】 现给你一试管二氧化氮，其他药品和仪器自选。

（1）请你设计实验，要求尽可能多地使二氧化氮被水吸收。

|  | 实验步骤 | 现　　象 | 解释（可用化学方程式表示） |
|---|---|---|---|
| ① |  |  |  |
| ② |  |  |  |
| ③ |  |  |  |

（2）你的设计对工业上生产硝酸有什么启示？（从原料的充分利用、减少污

染物的排放等方面考虑）

以上这些对于中学化学教学实验的设计和呈现有利于教师把化学实验能力理解为是由多种成分组成的一种综合性能力，从而在化学教学中科学而合理地安排实验教学活动，帮助学生形成和发展综合性的化学实验能力，培养全面发展的学生。

# 第二节　中学化学实验教学的功能

化学实验是化学科学研究的重要方法，也是化学教学的重要手段。教师可以通过化学实验展现化学现象，反映化学规律，验证化学理论；学生可以在化学实验过程中进行观察、质疑、思考、分析、综合、比较、抽象、概括、具体化等思维活动，在体验知识的形成和发展过程中，形成科学的思维习惯。著名的化学教育家戴安邦先生曾说："化学实验教学是实施全面的化学教育的一种最有效的教学形式。"

## 一、化学实验、化学教学实验和化学实验教学

化学实验是人们以化学事物为作用对象的实验活动。根据实验主体和实验目的的差异，可以将化学实验划分为两大类型：科研类化学实验和教学类化学实验。科研类化学实验的实验主体是化学学科的科学研究人员，目的是为了研究和认识人类未知化学事物及其规律，其大部分的研究结果不仅对于研究者本人而言具有创新性，而且对于整个人类而言都具有创新性的贡献。除了化学学科科学研究之外，还存在化学教育科学研究。在化学教育教学领域进行科学研究时，人们也会经常采用实验的方法来开展研究活动，并称之为"化学教育实验"或"化学教学实验"。这类实验，其实验主体是从事化学教育教学及研究工作的人，研究对象是人（教师或学生），研究内容是化学教育教学的过程，并具有上述科学研究的基本属性。教学类化学实验的实验主体是各类化学教育教学中的教师和学生，是为化学教学目的服务的，向下一代传递人类已有的化学知识和经验，其大部分的实验过程和结果是巩固或者拓展学生的认知结构，对学生而言可能是崭新的，但对人类社会而言基本不具有创新性贡献，是一种简约的、高效的、重复的再现或模拟。当实验内容为中学化学教学内容时，这种教学类化学实验也就是人们通常所说的中学化学教学实验。

由此可见，化学教学实验有广义和狭义之分。广义的化学教学实验既包含化学教育教学研究领域的化学教学实验（即科研类化学实验），也包含化学教学领域中的化学教学实验（即教学类化学实验）。而狭义的化学教学实验仅指后者，即等同于教学类化学实验。我们所指的化学教学实验属于狭义的概念。

化学实验教学是指教师将化学实验置于一定的化学教学情景下，为实现一定

的化学教学目的而展开的系列教学活动。化学实验教学是化学教学的重要组成部分，要服从和服务于化学教学的总体安排。需要指出的是，化学教学实验和化学实验教学是密切相关的。前者特指化学教学活动中的实验，而后者指以化学教学实验为媒介的整个化学教学活动，两者是局部和整体的关系，互为依赖。

## 二、化学实验的教学功能

以实验为基础的化学学科特征决定了化学实验在化学教学中发挥着不可替代的教育教学功能。教育部 2003 年颁布的《普通高中化学课程标准（实验）》指出："以实验为基础是化学学科的重要特征之一。"化学实验对全面提高学生的科学素养有着极为重要的作用。化学实验有助于激发学生学习化学的兴趣，创设生动活泼的教学情景，帮助学生理解和掌握化学知识和技能，启迪学生的科学思维，训练学生的科学方法，培养学生的科学态度和价值观。因此，在化学教学过程中要突出化学学科特征，加强实验教学，更好地发挥实验的教育教学功能。

### 1. 学习知识、培养技能

知识是学生发展之本，教学中应注重知识传授。新课程改革提出的"改变过于注重知识传授的倾向"的观点其实也没有否定知识本身，而主要是针对知识的片面传授方式进行了批判。因此，我们应该坚定地认识到知识的重要性，更应该正确地认识到学习知识的最佳途径和方法，即将外在知识内化为学生认知结构的途径和过程。

化学学科中广泛使用的概念是化学基础知识的单体。化学概念的形成直接影响中学化学教学的效果。总的说来，中学生的形象思维还长于抽象思维，采用化学实验这样的直观手段易于使其形成抽象的概念。换言之，化学实验是学生学习化学概念和知识的有效途径之一。例如，元素化合物是中学化学教学的一个重要内容，但学生往往在没有任何感性经历（看不到实物）的情况下被要求去识记相关的物理性质，由此逐渐产生惧怕心理。其实，如果教学中教师尽可能地利用化学实验，或许情况会大有改观。在卤族元素溴和碘的物理性质的教学中，教师可以从商店中购买最初的包装来吸引学生，让学生自己分析为何一点点的溴要如此复杂的包装，从而既能真实地看见溴的模样，又能加深对溴的物理性质的理解。学生通过对实验药品的观察和分析，将溴的相关信息在轻松愉快的氛围中内化到自己原有的认知结构之中，形成有效且牢固的知识。又如，酸和电解质是关于物质的概念，在中学化学教学中，教师就常以一定数量的、典型的化学实验所给出的感性材料为基础，再通过比较、分类、分析、综合、抽象和概括，帮助学生形成相应的概念。

技能是指运用一定的知识经验顺序完成某种任务的活动方式。广义上说，实验技能包括操作技能（又称动作技能）和智力技能（又称心智技能或认知技能）。

操作技能是运用已有的知识和经验，借助骨骼、肌肉和相应的神经活动所实现的一系列通过练习形成和巩固起来的外显动作。智力技能是指人们运用已有的知识和经验，借助内部语言在头脑中进行的认知活动的操作方式，包括感知、记忆、想象和思维等。操作技能和智力技能之间既有联系，又有区别，在实验教学过程中亦是相互联系、相互促进的。外显动作是智力技能形成的最初依据，也是智力技能的体现和反映。初级的、简单的活动主要依靠操作技能来实现，而高级的、复杂的活动则要靠智力技能和操作技能的科学结合才能实现。所以有人认为，实验技能主要包括对实验操作方法、仪器装置的原理及有关数据、现象处理等方面的认识、理解。

技能属于动作经验，不同于认知经验的知识。通常我们可以认为：知识的学习是解决陈述性知识、程序性知识等的掌握问题，即知与不知的问题；而技能的学习则要解决的是完成活动要求的动作会不会及熟练不熟练的问题。但是，知识和技能绝不是截然可分的，两者有密切联系。例如，关于萃取的学习中，学生如果能够理解为什么分液漏斗设计成这样，就能更好地理解和解释为什么两种互不相溶的液体可以利用分液漏斗进行分离，才能在此基础上，进行有意义的萃取操作练习，并逐渐达到动作定位，最后形成熟练的实验技巧。学生通过对基本操作的准确理解、协调训练，从而达到自动化的程度，操作技能也得以熟练掌握。因此，教师应该认识到"实验是手段，思维是核心"。在实验技能的培养过程中，要防止过分强调操作技能训练，导致学生不理解技能要领而只能机械模仿的现象出现。作为教师，不仅要注重学生实验技能本身的形成，更应该提示学生思考为什么要这样操作，让学生知其然的同时，也能知其所以然。

## 2. 经历过程、体验方法

美国著名的科学教育学家布鲁纳认为："所谓求知，是过程，不是结果。"在进行化学实验教学活动时，要兼顾实验的过程和实验结果，因为实验的过程价值并不亚于实验结果的本身价值。

能否实现实验的过程价值，教师的教育观念至关重要，教师所具备的教育观念将直接决定其会采取怎样的实验教学设计并进而采用相应的实验教学活动，从而产生不同的教学效果。如果教师对知识持客观主义态度，即认为知识是客观存在的，将知识等同于信息，那么该教师在进行实验教学时很可能会侧重于结果而忽视实验过程，往往会将其兴趣集中于验证性实验，在较短时间内成功获取实验结果，以此来"强化"学生对知识的"识记"，从而达到所谓的"理解"。如果教师对知识持建构主义的观点，即认为知识是由学习者主动内在建构的，而不是由教师单向传授的，知识的意义不是客观存在的，而是由学习者自主建构产生的，不同的学习者对于同样的外来信息将会产生不同的理解，那么该教师往往会进行探究式的教学设计，努力寻找和创设适宜的实验情境帮助学生进行积极良好的建构，实验过程也将可能多以学生的讨论、师生间和生生间的思维碰撞为主要形式，学生成为实验教学活动的真正主体。

因此，在实验教学过程中，教师要能够给予学生主动地位，切实转变学生的学习方式，让学生能够主动地参与和思考。如果仅让学生"照方抓药式的实验"，或者"看实验"，甚至于"听实验"，而不让他们根据实验情景进行设计并亲手"做实验"，那么学生只能是"隔岸观花"而无法"身临其境"。心理学的有关研究成果表明：听和看虽然可以帮助学生获得一定的信息和学识，但远远不如动手操作给人的印象那样深刻，不如动手操作掌握得那样牢固，不如动手操作更能将有关知识转化为实践行为能力。国际学习科学研究领域中有句名言：听来的忘得快，看到的记得住，动手做更能学得好。也就是说，仅仅是听到的很容易忘记，如果是看到的则记忆比较深刻，但是通过亲手操作甚至相互争论后得出的结论更会让人刻骨铭心。在实验教学中，要尽可能创设情景和机会，让学生由"旁观者"变为真正的"参与者"，使得学生的学习方式从认知走向体验。体验是一种鲜活的化学实验教学方式，是认知内化的催化剂，突显了学生的主体地位。没有体验，感知不会深刻；没有体验，就不会自我建构；没有体验，就没有真正意义上的学习；没有体验，就不会有创造的发生。而过程性的体验和结果性的体验都具有巨大的学习功效。

通过体验，不仅可以"学会"，而且能够"会学"，还可以"愿意学"。结果性的体验侧重的是知识，即"学会"；过程性的体验侧重的是方法，即"会学"。通过实验，可以体验化学科学研究基本方法，如观察、测量、误差分析、控制变量和条件等。实验控制是实验成败的关键，在实验设计阶段要反复思考成熟之后方可开展实验，在实验过程中要按照实验设计方案进行合理操作，在此不再详细介绍。下面我们以观察为例加以阐述。

化学实验离不开观察，观察是认识事物的开始，是进行积极思维的触角。由于不同学生的认知结构和个体经历都有所差异，不同学生面对同样的实验现象也将会产生不同的兴奋点和兴奋程度，同样的外在实验现象经过不同学生的个体建构在其脑海中产生的图景也将会是不完全相同的。作为教师，要引导学生逐步学会有目的地、全面而又层次清晰地观察实验，要引导学生把观察和思维结合起来，对物质及其变化的现象进行分析比较，找出特点，区分异同，并透过现象认识事物变化的本质和规律。在化学实验中的观察能力主要有：会观察演示实验过程中的实验步骤、仪器使用及规范化操作的技能；会观察实验对象的颜色、大小、状态、气味等稳定的外部属性；会观察稍纵即逝的或者微弱缓慢的实验现象，观察实验过程中产生的颜色变化、沉淀或气体的生成、放热或发光等各种化学现象和事实；会观察实验中的图表、图示、实验数据的变化等。实验中的现象无论巨细，都是极为重要的，有时一个极为细小的细节往往会导致一个重要的结论。因此，进行化学实验观察时，一定要做个有心人，要学会观察且敢于提出实验中所产生的各种"异常"现象，这些"异常"现象中蕴涵着很多的化学奥妙。化学科学发展史上的许多事例也证实，只有那些思维活跃、求知欲望强烈、有良好实验习惯和动手能力，并能注意观察现象的人，才有可能成为化学科学研究的成功者。这些道理同样存在于化学教学实验中。例如，在电解水的实验中细心的同学会发现氢气和氧气的体积比不是等于而是大于 2:1，由此提出问题而展开讨论，并提出各种可能解释。如有同学提出氢气和氧气在水中溶解度不同，氧气的溶解度要大于氢气的溶解度；有同学提出气体在管内所承受的水压不同等。又如，实验过程中也有同学提出不同浓度的氯化铜溶液颜色不同，在稀溶液中呈蓝色，浓溶液中呈绿色，但却无法解释原因。经过查阅资料才发现是由于形成不同配离子的缘故，$[CuCl_4]^{2-}$ 呈绿色，而 $[Cu(H_2O)_4]^{2+}$ 呈蓝色。可见，虽然观察离不开知识，但观察又可以促进知识的生成和巩固。

### 3. 发展兴趣、养成态度

化学实验兴趣是个体对化学实验特殊的活动倾向，是为了获得关于化学实验的知识、经验、体验或者解决化学问题而带有情绪色彩的意向活动。兴趣是形成学习动机的重要因素，是主动学习的前提。我国古代著名教育家孔子曾说："知之者不如好之者，好之者不如乐之者。"泰勒也曾说过："当学习是被迫的不是从学习者真正的兴趣出发时，有效的学习往往是无效的。"国内外教育界问卷调查的统计结果表明，学生因喜欢做实验而喜爱学化学的人数占被调查人数的70%以上，不少化学家就是在中学阶段受老师的感染和化学学科特有魅力吸引，而走上躬耕化学科学之路的。因此，在化学教学过程中，教师要充分发挥实验的激趣功能以发展学生学习化学的兴趣。

我国心理学家潘菽把学习兴趣分为四种类型：直观兴趣、操作的兴趣、探求原因的兴趣和概括的兴趣。之后，也有学者将兴趣按水平高低分为：感觉兴趣、操作兴趣、探究兴趣和创造兴趣。两者可谓异曲同工，都反映了化学学习兴趣的形成和发展。相比较而言，感觉兴趣和操作兴趣都属于直接兴趣，在化学实验教学中表现为不稳定、不持久的特征。探究兴趣属于间接兴趣，具有稳定、持久的特点，是推动学生发挥实验能动性的最基本和最重要的动力。而创造兴趣是实验兴趣的最高水平，是推动和促进学生充分发挥实验能动性的最强劲动力。

在化学实验教学中，为了有效地激发学习兴趣，教师应该针对不同的教学内容选择不同的化学教学实验。对于初学化学者，要注重直观兴趣和操作兴趣的培养，从化学和生活、生产的联系，环境保护和科学技术的联系，从化学实验的直观、生动等角度来激发学生的兴趣，如利用镁带燃烧的耀眼白光，氨气、氯化氢等气体的喷泉实验等特殊现象；又如利用"魔棒点灯""水底火花""白糖变黑面包""滴水生烟""烧不坏的手帕""白纸显字"等趣味实验。对于高中学生，则不能再一味地拘泥于直观和操作兴趣。这是由于高中学生已经具备较好的抽象和逻辑思维能力，外部的刺激是暂时的，往往无法培养学生的兴趣，只有内在的思维所带来的乐趣才是持久的。因此，对于高中学生的化学实验教学，要注重学生探究兴趣和创造兴趣的培养。例如，可以通过实验设计、实验探究、验证假设来获得结果，如废弃泡沫塑料的回收、海带中碘元素的测定、生活污水中化学需氧量的测定、茶叶中咖啡因的提取、湿木材干馏、驾车司机是否饮酒的分析检测、肥皂的制备、不同洗涤剂的洗涤能力的比较等多种和生活密切联系的探究课题。

态度是指人对事物的看法和采取的行动。化学实验不仅可以激发学生的化学兴趣，还可以帮助学生养成科学的态度。

首先，可以帮助学生养成实事求是、严肃认真的态度。实事求是、严肃认真，就是要尊重事实，如实反映实验中观察到的现象和事实，即使是和预期的现象有出入，数据有偏差，也绝不允许臆造或修改。科学来不得半点虚假，如不严格按照规程进行实验，不仅有可能导致实验失败，还往往会引起事故。科学发展史上的很多重大发明都是科学家们谨慎实验、认真操作的结果。中学化学教学实验不是为了创立新理论、发现新现象或是制备新的物质，多数实验都只是一些已知化学知识的运用。但实验者必须认真对待，不论是仪器的使用和装配、药品的取用和添加，还是操作步骤和手法、现象和数据的记录等，均必须实事求是、严肃认真。

其次，可以培养学生勤学好问、勇于探索的科学精神。我国的古代著作《中庸》就指出教学要"博学之，审思之，慎问之，明辨之，笃行之"。其中的"慎问之"就包含了学与问之间的关系。古人就把学与问联系在一起称为"学问"，专门指某人的文化修养水平。可见学习与问题之间自古就有情愫。化学实验一般包含三大原理：反应原理（为什么能做）、装置原理（用什么去做）、操作原理（怎样去做），学生在实验之前要问问自己明白与否。在化学实验过程中，学生更要善于思考、敢于提问。如实验现象说明了什么？为什么会产生？有相关的理论知识来解释吗？出现异常现象的原因又是什么？实验数据为什么会有误差？如何减少误差？这次实验成功吗？实验中可能有哪些改进和完善之处？能不能尝试做做看看？在实验开展前、实验过程中和实验结束后不断地提出问题、分析问题和解决问题，可以将理论和实践较好地联系起来，也可以不断优化和拓展学生的认知结构，并提高学生科学探究的意识和能力。

再次，可以培养学生团队合作的愿望和意识。联合国教科文组织提出要"学会相处"。在教学中存在多种关系的合作，即合作主体有多个维度（包括师生之间的合作和生生之间的合作等），而且合作形式多样化。合作学习是一种较为新型的学习方式，包括同伴互助合作学习、小组合作学习、全员合作教学三种主要形式。同伴互助合作学习通常是指同桌之间的合作，常发生在两人一个小组的合作实验过程中；小组合作学习通常是按照预先组成的小组成员进行小组学习，化学实验课堂教学中通常是前后两排四位学生之间的合作；全员合作教学是指在教师与全班同学之间形成一种良好的合作关系中开展教学活动，以教学班级的全员为合作对象进行师生、生生间的合作，常出现在教师的演示实验中，学生对实验现象的相互补充和辩论。不管采用何种合作方式，都需要合作者之间能够积极互助（positive interdependence）且具备个人责任（personal responsibility），让每个学生都能在平等自由、轻松互动的氛围中进行自我解释、相互辩解和讨论，进行观点的交流、思维的碰撞和生命的对话，让师生、生生之间的思维不断地从相遇、相撞走向相容，从"互不认可"走向"共识"。师生共同努力创设的这种学习氛围不仅有利于学生的学习，有利于学生的成长和发展，也有利于教师的成长和发展。因此，这种多维度的合作可以说是一种在"讨价还价"中的"互惠互赢"，是在多维度的争论和辩解中的共识、共享和共进。

当然，通过化学实验教学还可以培养学生各方面的能力和态度。如通过对实验室安全教育及实验药品、实验过程的说明，可以培养学生的安全意识；通过对实验装置的解释，对不同类型的实验废弃药品的处理要求可以培养学生的环保意识；通过对在实验中有意制造的困难的解决，实验的复杂过程和实验失败后的进一步探究，可以培养学生刚毅顽强、百折不回的科学精神。

# 第三节　中学化学实验教学的基本要求

化学实验是中学化学教学中的重要组成部分和主要环节，对于提高化学教学质量、培养科学素养、体现能力形成的探究过程具有特殊的作用。随着基础教育课程改革的深入，化学新课程标准和新教材的实施，中学化学实验教学的内容和形式发生了较大的变化。例如，高中阶段增加了有关定量实验和化学实验设计的内容，介绍了现代化学实验技术、绿色化学与环境保护等新的知识；采用实验、思考与交流、科学探究、实践活动等多种新形式来呈现实验内容，体现探究过程。实验形式、内容和功能的变化给中学化学实验教学带来了新变化和更高的要求。

## 一、中学化学实验教学的一般要求

中学化学实验教学的主要形式或组成可大致划分为教师课堂演示实验、师生共同实验（相当于原来的边讲边实验）、以学生为主体的实验室分组实验、学生独立进行的探究活动实验和家庭实验等。作为化学实验，它们都有共同的一般要求。

### 1. 实验目的明确、精心准备

每一个化学教学实验或探究活动实验都有明确的目标，体现出不同的教学功能。教师要根据教材和实验内容、学生的年龄、心理和实验水平特点进行分析，制定出具体的实验目的和要求，使学生能够了解通过实验来解决什么问题，巩固什么基本操作技能，对培养自己的什么能力或技能有作用，并在此基础上观察现象、完成操作、获得答案、推导出结论。

一个实验可以用几种不同的方法，为达到上述预期的实验目的，要注意选择最佳实验方法。此外，即使有实验员准备，教师也一定要在课前做好预试实验，以熟悉实验装置和方法，掌握药品的质量和用量，控制实验条件和反应时间，选择最优效果的实验方法。对于正常实验现象和可能出现的问题，真正做到心中有数。

### 2. 实验操作规范、注意安全

实验的仪器要整洁，装置要合理、美观，操作要规范。在演示与实验室实验时，教师的实验操作示范动作应当规范。而学生要注意养成良好的实验习惯，培养自己严肃认真的科学态度，操作逐步达到规范。规范的操作是获得预期实验结果的保证，也是实验安全的保证。化学实验中所使用的药品，很多有一定的毒害性、可燃、易爆或有腐蚀性，实验多是使用玻璃仪器，需加热、蒸发、搅拌或通电。不规范操作，违反操作规程或药品用量规定，很容易发生实验事故。对有爆炸可能的实验（特别是爆燃性气体实验）、有毒性气体和腐蚀性液体发生反应的实验，要有防护措施，也要预先教给学生一些常见事故的紧急处理措施，有条件的实验室可以为学生配备防护镜或面罩。

### 3. 注意现象观察、培养能力和素养

化学教学实验能够提供鲜明、准确、生动的感性知识，无论在哪种类型教学实验中，教师都要注意有意识地指导学生运用各种感官观察实验现象。这种指导不仅要使学生知道观察什么、怎么观察；还要能够启发、激励他们的思维，用已有的化学知识、理论来解释实验现象，并能进行逻辑思维的推演，帮助他们将感性认识上升为概念和理论，从而达到有益于培养学生的能力和科学素养的目的。

### 4. 做好实验或活动的小结和讨论

以学生为主体的实验或学生独立进行的探究活动实验和家庭实验等，要做好事前布置，注意实验中巡回指导和实验结束时的小结。每次实验活动之后，要召集全体参与者来交流实验过程、现象和结论，分析实验失败原因，提出改进意见，并在实验教学记录本上做好记录，供以后实验时注意。此外，还要注意新的实验方法和内容先进的实验的引入。

## 二、教师演示实验和基本要求

教师演示实验是教师在化学教学过程中结合讲课而面对学生进行的实验，具有很强的直观性和示范性。通过演示实验可以给学生以生动、鲜明而深刻的印象，加速学生对化学概念的正确形成以及对物质变化的本质和规律的理解。学生通过对演示实验及对做实验者的观察模仿，学会使用仪器、取用药品和进行实验的正确操作方式。因此，要充分发挥演示实验在教学过程中的效果和作用，应达到如

下的基本要求。

## 1. 现象准确鲜明、装置美观整洁

实验现象准确是指实验内容按照教学目标和实验目的，准确揭示化学反应的本质，符合科学性和实事求是的原则；实验现象鲜明是指现象清晰，一目了然，使人易于理解和巩固化学知识概念体系。如做铝热剂实验时，除铝热剂猛烈地燃烧、火花四溅的鲜明现象外，还要让学生清楚地看到熔融的铁珠落下，冷却后并经磁铁吸引和敲打，确实有铁被还原生成，从而有力地支持和验证金属活动性顺序和氧化还原概念。

美感是学生根据对美的需求和欣赏，对一定的客观事物进行评价时产生的情感。演示实验要有从自然科学角度去培养学生美感的作用。装置美观整洁是指实验装置正确且整齐，所用仪器清洁且功能鲜明，不仅合理而且大小规格协调匀称，教师动作操作熟练、利落，实验安全可靠，使学生得到一种美的享受，进而使学生在日后的实验中下意识地按照教师的示范与要求进行实验探究和自己设计实验。

## 2. 实验装置醒目、重点突出

实验装置醒目是指演示实验所用的装置能让教室或实验室中所有学生都能看得清楚，并且装置突出，能够吸引学生注意力。除实验所用仪器外，其他装置不要放在讲台或显眼的位置。仪器大小选择适当，提高可见度。如用一般常规试管反应，后排学生可能看不清楚，则可改用大试管或投影实验来完成。

实验装置比较复杂的时候，应该突出重点，即把主要的观察反应现象的部分放在显著的位置，使学生能够看清主要现象。例如，一氧化碳还原氧化铜的实验，整体装置比较复杂，而此实验的核心是让学生能够仔细地观察氧化铜的还原和石灰水的浑浊现象。对于一氧化碳的发生装置和尾气燃烧的装置，则是非重点，就不要放在显著位置。在实验中还要明确要求学生观察什么，告诉他们怎样观察，这样才能突出实验的重点。

## 3. 实验操作规范、速率适中

演示实验，不但要有准确明显的实验结果，还要求教师在演示实验中要有熟练并且正规的操作，才能起到良好的示范作用，使得正确的操作技术和方法形象化、序列化，便于学生学习和掌握，并自觉地用规范化的操作和程序来严格要求自己。通过若干次实验训练，即可自动规范化地完成实验。

速率适中，是指实验节奏控制得不能太快或太慢。快了，学生不能看清实验现象；慢了，学生的注意力不能持久，学习兴趣减弱。如胶体的电泳实验，氢氧化铁胶体移动速率太慢，教师可采用增大电极面积和升高电压的方法来解决，以加快胶粒移动的速率，使现象更加明显。

## 4. 演示与讲解紧密结合

教师进行演示实验时，其教学目的，如学会观察的方法、了解现象的本质、培养能力等的实现都由教师的讲授来完成。只有将演示动作与讲解、讲授密切结合起来，才能引导学生将观察与感觉转化成积极的思维活动。

常用的演示与讲解密切配合的方式有两种：

（1）对于反应过程不太复杂、装置和操作比较简单明了、现象鲜明的演示实验，常用先演示、再分析的方法。先观察实验现象，再得出结果，为抽象概念提供感性知识，符合由感性到理性的认知过程，如氢气还原氧化铜、氧气的制取等。

（2）对于反应过程、装置、操作程序都比较复杂的演示实验，则先讲清原理、过程，分析可能产生的现象和结果，再通过演示实验予以验证，如接触法制硫酸、氨氧化制硝酸、二氧化硫的制取与元素化合物性质综合系列实验等。如果不先向学生介绍制备它们的化学反应原理和各个部分装置的作用，使学生先有一个初步的概念和整体框架，则学生可能会对实验现象的观察不准确，对各部分装置的作用认识模糊，难以深刻理解。若用边演示边讲解、边观察边分析的方法，显得繁琐、零碎，也就不能有效地调动学生的学习兴趣和积极性。

**5. 巧妙安排、富有兴趣**

演示实验是激发学生兴趣的一种有效手段，具有激发好奇心、质疑、探究的独特功能。因此，教师在设计演示实验时应当巧妙安排，通过演示实验的现象和结果吸引学生，激发他们的兴趣，并使暂时兴趣向稳定兴趣转化；短时间的无意注意向长时间的有意注意转化，从而获得深刻的表观印象。

学生学习化学的不同阶段对实验的兴趣也有所不同（如好奇、乐趣、志趣、探索），教师要灵活安排演示实验的内容和类型。例如，初学化学的学生应以激发兴趣为主，安排一些现象明显、易于分析和带有启发性的演示实验，使学生观察实验后能有所思索，并逐渐形成兴趣。对于高年级学生，可设计一些解决实际问题的应用性实验和探索实验，将化学与现代生产、生活和科技联系起来，诱导学生形成热爱化学、勤于探索的志趣。

根据中学化学课程标准和学期（年）教学计划，选择演示实验内容的要求是：验证主要化学原理和概念的实验；实验装置复杂，操作要求高，不适宜学生操作的实验（如接触法制硫酸、合成氨和混合气体的爆炸等）；有一定毒性或学生操作时可能有危险的实验；必须使用大量试剂才能有明显实验效果的实验等。

**三、师生共同实验和基本要求**

师生共同实验又称边讲边实验，其特点是在课堂上将教师的讲授、演示和学生实验结合起来进行教学的一种综合实验形式。讲课中，当需要学生通过实验来认识物质化学性质或形成新的概念时，组织学生立即进行相应的实验。学生在课堂上一边听取教师讲解、观察演示实验，一边自己动手做实验，通过观察、思考和交流来验证相应的概念和原理。相比之下，学生能够更加清楚地观察实验现象，得到更深刻的印象，加深理解程度。同时，学生动手的机会增多，也培养了他们的实验技能。在对现象解释和交流中，可以更好地培养学生听取他人意见、合作与表达的能力。

师生共同实验适用于新知识课和复习课的教学。教学要求是：

### 1. 恰当选择实验内容

紧密配合教学和教材内容，有利于教师组织教学；实验比较简单，多为试管实验，3～5 min即可完成，易于控制教学进度；实验现象要显著，较少副反应或其他现象，便于教师引导学生进行分析、推理、得出结论。在这种全班学生人人动手，并有一定速率要求的实验中，要注意实验安全，实验数量也要有所控制（3～5个/次），使学生能够在规定的时间内顺利完成，而不手忙脚乱。

### 2. 充分做好准备工作

教师要对上课时学生做的实验进行预做，把握成败关键，估计可能出现的问题和需用的时间，做到心中有数；做好学生实验所用的材料、试剂的准备工作，将所需物品放在学生的课桌上，并留有适当的储备，以供补充和调换。

### 3. 精心设计教学过程

上课时将课堂讲授、引导与学生实验有机地结合起来，真正做到边讲边做，边讨论边交流。实验前，明确提出实验目的、要求、步骤、注意事项，必要时可先做演示，而后学生再动手实验。在学生进行实验时教师要细心地观察、指导，使学生能获得预期结果。实验做完后，要求学生立即报告实验的现象与结果，并且作出解释与分析。同时组织学生补充、讨论和交流，最后师生共同做出结论性的总结。

## 四、学生分组实验和基本要求

学生分组实验是指以学生为主体，由学生在化学实验室自己动手操作完成（有些是学生自己设计）的实验，主要以学生分组的形式进行，是中学化学实验教学的重要部分。学生分组实验主要由实验课、实验习题课和实验设计构成。这种实验是学生开展合作学习，培养和训练自己的实验技能的好形式。

### 1. 实验课

实验课内容主要是来自学生的自主实验。大多是在学完了一节或一章后进行的。目的在于巩固学生已学过的教材内容，把已获得的知识运用到实际中去。实验课的内容有物质的制备和认识他们性质的实验，使理论问题转化到具体论证的实验，根据物质性质鉴别物质的实验，以及运用实验方法解决一些不太复杂问题的实验等。目前中学学生实验课基本上是按照教材的要求，用教师配备好的现成仪器和试剂进行的，这是因为中学里分配给实验课的时间不多，大都在一节课的时间内，在专用实验室里进行。所以主要要求学生运用一些不太复杂的装置，按照实验指导操作，仔细观察现象；收集一些制得的产物再验证它们的性质；分析一些比较简单的实际问题并通过实验得到正确的结论。在实验后要求拆卸仪器，并把它们洗涤干净，整理好所用的仪器和试剂，写好实验报告。

通过实验课学生可以系统地获得丰富的感知材料，巩固和扩大已学过的化学知识；掌握基本操作、培养实验技能；实验课也有助于发展学生的观察能力、实验能力和思维能力，有助于他们养成认真、细致的学风和严肃的科学态度。

目前，影响实验课教学效果的主要问题是课堂纪律不太好，场面混乱。其主要原因是教师未能使学生充分做好实验前的准备、预习，实验准备、课堂组织指导工作不利。因此，上好实验课应做好以下几方面的工作。

（1）做好课前准备工作

课前准备分为学生和教师两个方面。课前要求学生做好准备工作，教师要布置预习作业，让学生知道这次实验的内容，要求阅读教材或实验手册上的实验指导，复习相关内容，明确实验目的、要求、反应原理、实验步骤和操作方法等，扼要地做好预习笔记（报告）。

教师做好预试实验，掌握成败关键和条件，还要估计学生独立完成时可能发生的困难，制订实验课教案，教案中应包括重点指导的实验内容和操作技能，向学生交代注意事项和可能发生的问题，巡视指导路线等。指导、帮助实验员充分准备好仪器、药品和器材，并将仪器、试剂放置有序。

（2）组织与指导学生的实验过程

实验课开始教师先检查学生的预习情况，如检查学生的预习笔记（或报告）。讲解实验目的和内容，交代实验过程和安全注意事项，进行操作示范或课堂讨论，然后开始学生实验。

在学生进行实验的过程中，教师应进行巡回指导，对学生的实验操作进行辅导、帮助。如果发现有共同的问题，要在全班作必要提醒。

在巡回指导时要注意以下几方面：

第一，督促学生严格遵守化学实验操作规则和程序。实验课中，学生常常会违反操作规程，如倒取液体试剂时，不注意标签方向和瓶塞的摆放，以及滴管的交叉使用，违反加热要求等等，从而导致实验失败或发生事故。为此，在指导中要使学生了解正确的操作程序，认识错误操作可能发生的危害，更要多给学生练习机会，以培养正确操作的习惯和熟练的技巧。

第二，指导学生认真观察和积极思维。教师给学生恰当的提示观察要点。如观察反应中的特殊现象；反应物或生成物的特征、性质的体现；如何判断反应的进行程度等。当学生观察到不同现象或实验失败时，教师应予以及时的帮助，尽可能找出原因，使之获得成功。如浓硫酸和铜片在不同条件下的反应现象的差异，银氨溶液配制的关键。通过指导保证实验进度，提高实验效果。

第三，指导学生做好有关实验的记录。如实验现象、实验数据、装置图形等，要求学生记录真实的实验现象和数据，不要任意修改，在此基础上并能作出初步的解释和推论，从而将对学生科学方法、科学态度的教育落到实处。

安排学生洗涤仪器、整理实验用品，做好实验室的卫生工作，并将废液、废物倾倒在指定地点后进行处理。最后，切断电、水和煤气，关好门窗，有利于学生养成良好的实验习惯。

2. **实验习题和设计**

实验习题和设计是学生综合应用已学的化学知识和掌握的化学实验技能，通过自行设计实验方案来解答化学问题。中学化学课本上规定的实验习题课的次数不多，但一次的习题数往往有 6～10 个。这些题目，就学生的知识水平和实验技能来说，是可以独立完成的。因此，要求学生在实验之前，查阅资料，进行独立的设计，探索最佳实验方案，并预测实验结果，用书面的形式形成实验方案的设计，从而对学生提出较高的实验要求。

实验习题和设计特别在培养学生综合运用所学的化学知识独立设计实验方案的能力、创新和探索能力、科学方法和科学素质培养以及进一步激发学生更加自觉地探索化学的奥秘等方面有很好的效果。

为了保证实验习题和设计获得良好效果，还应达到下列要求：

(1) 教师要做好实验习题和设计的准备工作

教师在课前应对所有的实验习题进行方案设计。对可能有的设计方案、相应的实验条件和关键点都要充分掌握，并且还要亲手预做可能的实验方案。同时，教师在充分了解学生的知识水平和实验能力的基础上，准备好学生可能所需的仪器和药品。

(2) 加强习题实验方案的设计指导

预先向学生布置实验习题，要求学生先仔细审阅实验习题，然后提出实验原理、方法和步骤；预计所需的仪器和药品；推断实验的结果和关键点等。最后设计形成实验初步方案——预习报告。报告应包含实验题目、仪器药品、操作步骤（含有装置图形）、实验注意事项、预计反应现象和结论等方面。

学生应于课前将各人的实验方案交教师审阅。由教师对各种方案进行逐一分析、评阅，肯定好的方案，并提出修订意见。选择几种可行性好、效果理想的实验方案，推荐给学生进行讨论，并选定方案。请实验员准备好学生设计所需的仪器和药品。

(3) 实验方案实施中加强指导

实验习题和设计实施中，学生根据自己确定的实验方案取用仪器和药品，独立按方案进行实验。课堂上教师针对学生实验过程中出现的问题给予解答，帮助学生按步骤完成所设计的方案。实验结束后做好实验室的整洁、清理工作，归还仪器、药品，最后进行小结，对实验报告提出具体的要求。

### 五、探究活动和家庭实验

探究活动和家庭实验是近年来基础教育课程改革中所强调的一种化学实验形式，主要由学生自己独立设计、规划和完成，教师的指导和引导作用较少。实验内容多为与生活、社会、生态环境、资源能源等相关的真正实际问题，由学生应用所学习的化学知识和综合其他学科的知识，进行类似于科学研究的过程尝试去解决特定的问题。在活动和实验中体验探究科学的过程，巩固和系统化自己的化学知识体系，培养动手、查阅资料、组织和设计简单实验的能力，并有效地转化成科学素养，感受化学科学知识在实际中应用的结果和乐趣。多在课余时间、综合实践活动、校外以小组方式进行。

家庭实验是指采用生活中一些常见的用品作为实验用品，由学生在家庭或校外独立完成的实验活动，具有一定的趣味性、验证性和创新性。可以丰富学生生活，将化学知识寓于生活中，不仅普及了化学知识，还提高了生活质量。如清洁剂、自制汽水、非处方药成分、植物色素酸碱指示剂，这些多由学生个人进行。

探究活动和家庭实验除与实验习题要求相同外，还需要注意探究活动和家庭实验的一些特别要求。

（1）选取生活和社会中的化学现象或社会现象作为实验内容，生活、社会中的化学现象或素材为师生所熟悉，内容丰富。如雨水 pH 的测定、日常用品和食品的 pH、金属锈蚀或淬火实验等。

（2）选取学生身边常见的物品作为实验仪器或试剂，如砂糖、面粉、醋、旧电池锌皮、纯碱等。

（3）实验要体现绿色化学思想，重视实验的信息化、微型化、无毒化、节能化、应用化、趣味化、效果化。

（4）事前做好选题、设计工作，事后及时交流、汇总和评价工作。

# 第四节　中学化学实验教学改革展望

中学化学实验是中学化学教学内容的重要组成部分，也是中学生学习化学的基本方法。随着我国基础教育改革的深入发展，中学化学实验教学的改革也在逐步进行。就目前发展情况而言，中学化学实验教学改革的动向主要有三种趋势。

### 一、分组实验向"微型化"方向发展

分组实验是学生实验的主要方式。它是在单元教材学习之后，为了复习、巩固和验证课堂上所学的化学知识，并系统培养学生的实验技能和独立工作能力而

进行的一种课堂实验教学形式。这种教学形式，过去由于实验条件、实验经费等诸多方面的问题，有些学校常常将实验室进行的实验改为黑板上讲实验，失去了实验本身的意义。

为了解决这个问题，有人根据美国学者在大学进行微型实验教学的成功经验，将中学学生分组实验改为微型实验，获取了良好的社会效益和经济效益。

微型化学实验是 20 世纪 80 年代美国 Dana W. Mayo 博士首先提出的。它的核心就是使"实验药品微量化，实验仪器微型化"。其特点是：在降低药品用量、减少环境污染、节约实验经费的同时，还可使我们在较短的时间内，完成规定的实验内容，克服常规实验的不足，获得更准确、更可靠的知识信息。例如在"浓硫酸特性"实验中，有关浓硫酸氧化性的内容，按中学教材（必修1）给出的实验步骤，沉淀往往显示的是黑色，影响了教学的效果。反应结束后，倒去试管中的清液，观察试管中固体的颜色（白色）。向试管中加几滴水，观察溶液的颜色（蓝色）。改进后，通过先加热硫酸的方法，使反应体系的温度尽可能在较高的温度下进行，这样就有效地防止或减少黑色物质（氧化铜）的生长，达到预期的实验目的。

微型实验的开展在我国还刚刚起步，为了使学生实验更好地向微型实验转化，保证微型实验的可行性和规范化。中国化学学会于 1994 年 11 月在郑州召开了"首届全国中学微型实验研讨会"。与会代表对我国微型实验的发展提出了广泛而又有建设性的意见。同时，北京师范大学和辽宁师范大学在会上展出的"初中微型实验仪器盒"和"高中微型实验仪器盒"，受到了与会代表和专家的好评。有关专家指出：这两套微型仪器的推出为微型实验的推广、应用以及规范化发展，提供了可行性的证明。中学化学教学应及早引进微型实验。

## 二、进进式实验向"点滴化"方向发展

进进式实验（又称边讲边实验）是学生实验与教师讲授新课相结合的一种课堂教学形式。这种教学形式的实验内容多为定性实验，并且具有使用仪器简单、药品的用量和种类较少等特点。为了使这类实验在较短的时间内取得较好的实验效果，提高教学效率，许多教育工作者将这类实验尽可能设计在简单的仪器中进行。例如：在"元素周期表"的教学过程中，许多教师将这节课与学生实验结合起来，采用进进式的教学方法进行教学，收到了良好的教学效果。如将该实验改在点滴板上进行，减少水的用量，相对增加了碱的浓度，同时，选用变色灵敏的pH 试纸进行检测，既缩短了实验时间，又大大提高了实验的准确性，具体步骤如下："在点滴板两穴上各放一小块 pH 试纸，在试纸上滴一滴水，分别将去掉氧化膜的镁条和铝条按压在湿润的试纸上，观察现象。"实验结果是镁条立刻在 pH 试纸上留下蓝色的印迹，铝条一段时间（约 30 秒）后出现浅绿色印迹，说明镁比铝的金属性强。另外，为了拓宽学生的知识面，开发学生智力，我们还可以用锌、

铁、铅、铜等金属重复上述实验，观察到锌、铁、铅均有显色现象，而铜没有，从而可以定性区分金属的活动性。

为了便于点滴化实验的普及和推广，杭州师范大学化学系周宁怀教授主持设计和制作了"多孔井穴板"。该仪器是集点滴板、试管、烧杯等功能于一体的新型化学实验仪器。它具有药品用量少、操作简便、效果明显、易于观察等诸多优点。该成果已通过国家教委鉴定，并获国家教委"基础教育优秀教学仪器"二等奖。现已在我国南方部分中学推广使用。

### 三、演示实验向"无污染化"方向发展

演示实验是化学课堂教学中配合知识的讲授，由教师或教师指导个别学生所做的表演示范性实验。在化学教学中，演示实验占有极其重要的地位，它可以及时地给学生提供必要的化学事实，使学生获得正确、系统的化学知识和化学实验技能。为了做好演示实验，确保课堂教学的顺利进行，广大教育工作者做了大量的研究工作。随着社会文明的发展，人们在研究演示实验时，除了注意演示实验的"五性"外，更要注意演示实验的"污染性"问题。因为演示实验一般是在教室中进行，教室并无良好的实验通风设备，实验所扩散的有害物质，势必污染教学环境，影响师生的健康。例如：在红磷与白磷的着火点实验中（必修1，P160），燃烧生成的五氧化二磷扩散在教室的空气中，危害了师生的身心健康，同时，这种实验装置及操作方式也不利于培养学生的环保意识。为此，有人提出用"可控全封闭式无毒无害化学实验装置"来解决这类问题。这样，该实验既获得了直观生动的结果，又杜绝了有害气体的扩散，保护了教学环境。有关"可控全封闭式无毒无害化学实验装置"的研究，齐齐哈尔师范大学高清廉老师做了大量的工作，有关杂志也介绍了他们的成功经验，1993年国家教委已审定该课题为国家级重大科技成果。我国北方部分师范院校也相继于1994、1995年邀请高清廉老师就"无污染化"化学实验的研究为中学化学教师开办讲习班，受到中学教师的普遍欢迎。我们相信，演示实验的"无污染化"研究，随着人们环保意识的加强，必将在全国迅速推广普及。

# 第五节　对普通高中课程标准化学实验
# 教科书的研究分析

《普通高中课程标准化学实验教科书——化学》是贯彻执行教育部制订的《普通高中课程方案（实验）》的要求，根据社会发展的需要、学生身心发展状况及学科本身的规律，依据《普通高中化学课程标准（实验)》（以下简称课程标准）而编写的。其设计的思路体现在以下几方面：

## 一、全面落实高中化学课程目标

课程标准指出："高中化学课程在九年义务教育的基础上，以进一步提高学生的科学素养为宗旨，激发学生学习化学的兴趣，尊重和促进学生的个性发展；帮助学生获得未来发展所必需的化学知识、技能和方法，提高学生的科学探究能力；在实践中增强学生的社会责任感，培养学生热爱祖国、热爱生活、热爱集体的情操；引导学生认识化学对促进社会进步和提高人类生活质量方面的重要影响，理解科学、技术与社会的相互作用，形成科学的价值观和实事求是的科学态度；培养学生的合作精神，激发学生的创新潜能，提高学生的实践能力。"教科书全面落实这些目标，从"知识与技能""过程与方法""情感态度与价值观"相融合的角度出发，构建教科书体系，着眼于提高全体学生的科学素养和培养终身学习的能力。

## 二、以学生的发展为本，促进学生学习方式的转变

学生是学习的主体，是对教科书进行能动的实践创造的主体。教科书的设计力求关注学生在教学过程中所表现的积极性、自觉性、创造性，变"要我学"为"我要学"，尽可能为学生留有发展的余地，使编制过程本身延伸到课堂和学生的学习之中。改变以学科为中心的传统教科书设计，最大限度地满足学生的需要，贴近学生的生活，注重学生个性的养成、潜能的开发和智能的发展。例如，教科书设计从保护和鼓励学生的创造性出发，重视学习过程和学习结果的创造性和个性化，这是一条重要的原则。鼓励学生提出个人创造性的意见，不处处强求统一的"标准答案"。引导学生在主动探索和创造的过程中，培养探索技能、反思能力、与人交流的能力、搜集和整理信息的能力等。

## 三、保证基础性，突出时代性，体现选择性

必修模块教科书精选基础知识和基本技能，突出重点，既为全体学生的发展提供必需的化学基础知识和基本技能，又为继续学习选修课程的学生打下必要的基础，也为学生适应现代化社会生活打下基础。同时注意对学生进行过程与方法、情感态度与价值观的教育，以提高全体学生的科学素养。

选修模块教科书以学生个性发展的多样化需要为主，注意到与必修模块教科书的合理衔接，促进基础知识的深化，拓宽知识面，促进学生解决问题能力的提高。

教科书内容的选择力求反映现代化学发展的成就，积极关注与化学相关的社会问题，树立可持续发展的观念，体现课程的时代特色。

教科书中除正文外，还编有多种资料供学生阅读或选学，提供带有 * 号的习题，供学生选做，以适应不同学生的学习需求。

#### 四、有利于学生科学探究活动的开展

科学探究是重要的学习内容和学习方式。教科书创设学生自主活动和积极探究的情境，激发学生的探究欲望，引导学生积极参与和体验探究过程，获取知识，学会合作与分享。通过对科学家的介绍、探究性实验的设计、运用化学知识解决实际问题的活动等，有计划、有步骤地培养学生的科学探究能力，使学生学习科学方法和养成科学态度。

重视实验在学习化学中的基础性作用，精心设计实验方案，积极开发探究性实验，鼓励学生通过实验学习化学知识与技能，掌握科学研究的方法。学生在设计实验方案、进行实验操作、观察记录现象、进行数据处理、获得实验结论的过程中，不仅能获取知识、技能和方法，提高探究能力，还能形成良好的情感态度与价值观。

#### 五、反映科学、技术、社会的相互关系

教科书不仅提供学生未来发展所需要的化学基础知识和基本技能，还使学生了解化学在科技发展和社会进步中的重要作用，如化学在促进生产发展、资源开发、材料制造、保障健康等方面的巨大贡献，使学生知道其他相关科学如医学、生命科学、环境科学、材料科学、信息科学等与化学科学的密切关系等。内容的选择适当地反映由于人类不恰当地运用科学技术成果而产生的负面影响，体现社会发展对化学科学提出的新要求，帮助学生理解科学、技术与社会和谐发展的重要性。

教科书提供丰富的与学生生活背景相关的素材，从学生的已有经验和兴趣出发，以激发学生的学习兴趣，增强对科学的亲切感并学习实用性知识。积极引导学生将所学知识应用于实际，从学科角度对日常生活、生产和其他学科中出现的某些实际问题进行研究，以便学生全面了解化学、技术与社会的相互关系。

#### 六、结合学生的认知特点，重视学生的生活经验，注重学生的亲历性

教科书是学生学习活动的重要资源，因此力求增加其对学生的亲和力。例如，教科书尽可能联系学生已有的生活经验，从学生关心的具体问题引入，让学生亲自体验探索、思考和研究的过程，引导学生积极参与教学活动。在学习活动的设计上提倡主动的、建构的、体验的和发现的学习方式，使学生真正成为学习的主体，从而为终身学习打好基础。

教科书融知识学习、能力培养、方法训练、过程体验、情感态度与价值观的形成于一体。例如，设计多种多样的学习活动形式；版面设计做到人性化，力求活泼大方，美观优雅；文字尽可能精练流畅，具有趣味性、启发性和可读性；适当以图代文，以表格代文，以增大信息容量；为体现选择性，教科书设置各种栏目供学生自学或复习之用，并为教师教学留有自由发挥的空间。

## 门捷列夫

在化学教科书中都附有一张元素周期表。这张周期表揭示了物质世界的秘密，把一些看来似乎互不相关的元素统一起来，组成了一个完整的自然体系。元素周期表的发明，是近代化学史上的一个伟大创举，它对促进化学的发展起了巨大作用。看到这张表，人们便会想到它的最早发明者——门捷列夫。

图1-4 门捷列夫纪念邮票

门捷列夫1834年2月7日生于俄国西伯利亚的托波尔斯克市。他出生不久，父亲就因双目失明出外就医。14岁那年，父亲逝世，接着火灾又吞没了他家中的所有财产。1850年，家境贫困的门捷列夫靠着微薄的助学金开始了他的大学生活。在大学学习期间，他表现出了坚韧、忘我的超人精神。当时，疾病折磨着门捷列夫，可是在他的手里总是握着一本化学教科书。他用生命的代价，在科学的道路上攀登着。由于门捷列夫学习刻苦和在学习期间进行了一些创造性的研究工作。1855年，他以优异成绩从学院毕业。1857年成为彼得堡大学的副教授，当年年仅23岁。

他担任化学副教授以后，负责讲授"化学基础"课。在理论化学里应该指出自然界到底有多少元素？元素之间有什么异同和存在什么内部联系？新的元素应该怎样去发现？这些问题，当时的化学界正处在探索阶段。年轻的学者门捷列夫毫无畏惧地冲进了这个领域，开始了艰难的探索工作。

他不分昼夜地研究着，探求元素的化学特性和它们一般的原子特性，然后将每个元素记在一张小纸卡上。他试图在元素全部的复杂的特性里捕捉其共性。虽然他的研究一次又一次地失败了，可他不屈服，不灰心。他的脑子因过度紧张而经常昏眩。终于，在1869年2月19日，他发现了元素周期律并依此编制出了第一张元素周期表。

门捷列夫在排列元素周期表的过程中大胆指出，当时公认的原子量不准确。如金的原子量公认为169.2，按此在元素周期表中应排在锇、铱、铂的前面（因它们被公认的原子量分别为198.6、196.7、196.7），但门捷列夫坚定地认为金应排在这三种元素的后面，原子量应重新测定。大家重测的结果，锇为190.9、铱为193.1、铂为195.2、而金是197.2。实践证实了门捷列夫的诊断，也证明了元素周期律的正确性。

在门捷列夫编制的周期表中还留有很多空格，他从理论上推断出这些尚未发现的元素的重要性质，并断定他们介于邻近元素的性质之间。例如，在锌与砷之间他预言有两个未知元素，性质分别为类铝和类硅。就在他预言后的第四年，法国化学家布阿勃朗用光谱分析法，从锰锌矿中发现了镓，也就是门捷列夫预言的类铝。镓的发现，充分说明元素周期律是自然界的一条客观规律，为以后元素的研究，新元素的探索，新物资、新材料的寻找，提供了一个可遵循的规律。至此，人们对元素的认识跨过漫长的探索历程。1907年2月2日，这位享有世界盛誉的化学巨人，因心肌梗塞与世长辞了。但他给世界留下的宝贵财产，永远存留在人类的史册上，他献身科学的精神，深深地影响着后人。

## [本章小结]

本章从各方面全面论述了中学化学实验及教学的理论基础，并以实例和图表等图文并茂的形式，进一步加以深刻论证说明，从而激发学生学习的积极性，并且全面深刻地论述了中学化学教学改革的方向，使学生根据当前实验教学改革的要求投入到教学实践中去。练习和讨论本章重点难点，可达到巩固练习，学以致用的目的。

## [思考练习]

1. 中学化学实验教学的目的和任务是什么？
2. 中学化学实验教学的要求和原则是什么？
3. 中学化学实现教学改革的展望是怎样的？你认为如何改革更好？

# 第二章　气体制备与性质实验教学研究

## [内容提要]

本章选取了中学化学最具代表性的，在生活、生产、科技、社会发展等方面都具有广泛应用的气体 $O_2$、$H_2$、$CO_2$、$CH_4$ 的实验室制备和性质实验等内容，从教学目的、用品、实验原理、基本操作、装置等方面作了深入的讨论，并以图文并茂和韵语的方式，加以展示和帮助学生记忆。本章的研究重点是各个实验的注意事项、成败关键、教学方法、仪器药品的代用、改进与创新，以培养学生的创新精神、实践能力及实验教学的研究能力。最后，阐述了工业制法和应用，以达到新课程要求的学以致用、联系实际、发展综合创新能力的目的。

## [学习指导]

1. 了解本章气体制备和性质实验的目的任务。

2. 理解各实验的原理、装置、操作方法、步骤。

3. 掌握各实验的注意事项、实验现象、成败关键、仪器药品的代用、改进和创新。

4. 掌握各实验的教学方法、规律及其气体的应用价值和代表哪类气体并进行规律性的教学。

5. 进行试讲学习，进行规律性的教学以达到举一反三的目的。

气体在中学化学教学中，占有十分重要的地位和作用。通过有关气体的教学，不仅能使学生掌握有关气体本身的化学知识，而且有利于学生掌握化学基本概念和基本理论。它紧密地联系生产生活实际，便于对学生进行辩证唯物主义观点教育、安全教育、防止空气污染的环境保护教育。在教学中尽可能地通过实验使学生学好这部分内容。

中学阶段学习到的气体物质大致有氧气、氢气、二氧化碳、一氧化碳、氯气、氯化氢、硫化氢、二氧化硫、氮气、氨气、二氧化氮、甲烷等。实验室里制取气体的一般要求是：

（1）实验要保证安全，注意环保。

（2）反应速率适中，能产生平稳的气流便于控制和收集。

（3）利用较少的药品制得较多的气体。

（4）试剂易得，价格便宜。

气体易于扩散，易与空气混合，其体积变化受温度、压力的影响很大，容易造成收集的气体不纯，可燃性气体与空气混合遇火、遇热可能引起爆炸；有毒气体逸散会污染空气，再加上实验装置和操作比较复杂，操作过程中容易造成手忙脚乱，给制备和收集增加了一定的难度。因此，在实验中一定要认真对待，切不可粗心大意。装置必须正确无误，既不能漏气，又不能使气体通路受阻，操作要正确而熟练。尤其应注意的是在点燃或加热可燃性气体（氢气、一氧化碳、硫化氢、甲烷、乙炔）之前，一定要有防爆措施（如赶空气、验纯、装防爆装置），在做有毒气体（氯气、氯化氢、硫化氢、二氧化硫、二氧化氮、一氧化碳）实验时，要采取措施防止它们污染空气。成功与失败、安全与事故在一定的条件下是会互相转化的，只要思想重视，实验中又有一定的安全措施并严格按照操作规程进行，就能顺利地完成实验任务。

# 第一节　氧气的制取与性质实验教学研究

## 一、实验教学研究的目的

（1）掌握氧气的实验室制取及性质实验反应原理，并学会演示这些实验的操作技能，从而培养学生观察、分析及综合实验能力。

（2）分析"氧气制法"和"氧气性质"的实验在教材中的地位和作用，并掌握演示它们时的讲解方法，理解催化剂和催化作用的概念。

（3）体会教师如何做好预备实验，以及仪器、药品的代用和探索实验的改进创新，从而培养创新精神和实践能力。

（4）探索快速演示"氧气的性质"的简易仪器装置及方法，培养演示实验的能力和教学法，掌握排水取气法和氧气的广泛用途。

（5）理解用实验研究物质性质的科学方法及总结实验的注意事项和成功关键。

## 二、实验用品

仪器和材料：硬质试管、具支试管、水槽、玻璃棒、导管、集气瓶（7个）、毛玻片（7个）、研钵、托盘天平、药匙、铁架台、铁夹、酒精灯、燃烧匙、铁盘、橡皮管、砂纸、马粪纸、坩埚钳、火柴、镊子、木块、湿细沙子、试管。

药品：固体氯酸钾、二氧化锰、高锰酸钾、硫粉、红磷、木炭（或高粱秆或木条）、细铁丝（24号）、10%过氧化氢溶液、过氧化钠、蜡烛、工业酒精、镁带、石灰水（新制的）、铝带、pH试纸、$CuO$、$HgO$、$H_2SO_4$（1:1）。

### 三、实验教学原理

**1. 实验室制取氧气的原理**

实验室制取氧气一般是利用含氧原子较多、稳定性较低、加热易分解的化合物分解的办法制取。中学化学常用以下几种方法制取：

（1）氯酸钾在二氧化锰催化的条件下，加热 300 ℃ 左右分解产生氧气。

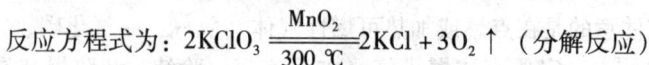

反应方程式为：$2KClO_3 \xrightarrow[300\,℃]{MnO_2} 2KCl + 3O_2 \uparrow$（分解反应）

总结：①催化剂的概念；②催化作用的概念。

**制氧气韵语**

加热固体氯酸钾，二氧化锰来催化，

木条余尽检验它，收集宜用排水法。

二氧化锰氯酸钾，混合均匀把热加，

试管倾斜口略下，制完取管防裂炸。

（2）高锰酸钾加热（200 ℃）分解制取氧气。

反应方程式为：$2KMnO_4 \xrightarrow{200\,℃} K_2MnO_4 + MnO_2 + O_2 \uparrow$（分解反应）（总结：分解反应的概念）

（3）过氧化氢（10%）在二氧化锰催化下，常温即可迅速地分解放出氧气。

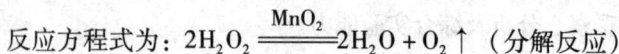

反应方程式为：$2H_2O_2 \xrightarrow{MnO_2} 2H_2O + O_2 \uparrow$（分解反应）

（4）氧化汞受热分解制取氧气：$2HgO \xrightarrow{\triangle} 2Hg + O_2 \uparrow$

**2. 净化原理**

由于在氯酸钾分解反应中可能有氯气产生，因此应对反应生成的氧气进行净化。根据氧气和氯气的性质，可将混合气体通入盛碱液 10% 的 NaOH 洗气瓶中，再经过干燥后可得到纯净的氧气。

**3. 氧气的收集方法**

（1）因为氧气不易溶于水，所以可以用排水取气法。（见图 2-1）

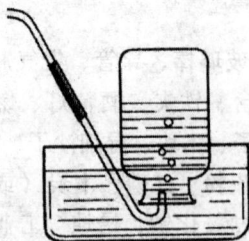

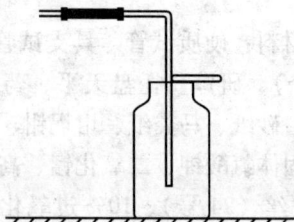

图 2-1　排水取气法　　　　图 2-2　向上排空气取气法

（2）因为氧气的密度（1.429 g·$L^{-1}$）比空气的密度（1.293 g·$L^{-1}$）大，所以可以用向上排空气取气法。（见图2-2）

（3）操作方法及步骤。

**排水取气法韵语：**满水、无泡、倒立水中，放空、充气、撤管、撤灯。

**排空气取气法韵语：**放空、充气、撤管、撤灯。

**4. 氧气的检验方法（验满方法）**

余烬复燃。（带火星的木条伸到瓶口，如木条复燃则满了）

### 四、实验研究步骤及方法

**1. 氧气的实验室制法**

（1）氯酸钾加热分解法

取1.5 g二氧化锰放入铁盘或坩埚，用酒精灯加强热，不断地用玻璃棒搅拌直至二氧化锰微红，以除去其中可能混有的有机杂质和炭屑。取6 g氯酸钾，在研钵中轻轻压碎（切不可研磨）。把二氧化锰和氯酸钾混合均匀，倒入预先准备好的干燥试管里，用手指轻弹试管底部，使混合物尽可能平铺在试管底部附近。这样在加热时易于控制氯酸钾分解的速率，以利于氧气的均匀生成。

按图2-3所示组装好装置制取和收集氧气。预热后，从试管的中下部开始加热，之后逐渐移向试管底部加热。收集完氧气后应先将导管移出水槽，再移走加热仪器。

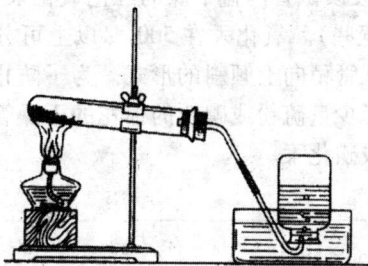

图2-3　制取氧气装置图

氯酸钾受热分解所产生的氧气中，常含有少量氯气和微量的二氧化氯与臭氧等，通入水中时往往会产生白雾。氯酸钾受热分解后的剩余固体中，可能含有少量的高氯酸钾。

加热6 g氯酸钾，大约可收集1 600 mL的氧气。

（2）高锰酸钾加热分解法

此方法所用的实验装置和氯酸钾加热分解法相同。为防止高锰酸钾因受热沿导气管逸出，可在导气管的管口塞一团棉花或玻璃棉。

高锰酸钾受热分解时，反应进行得比较平稳。所以此法适用于学生实验。但由于高锰酸钾所含的氧不能全部放出，故利用率较低。

15 g 的高锰酸钾可收集氧气约 1 000 mL。

（3）过氧化氢分解法

实验装置如图 2-4 所示。在具支试管（或锥形瓶）中加入 0.5~1.5 g 的二氧化锰作为催化剂，并加入少量水。

过氧化氢的分解反应不需要加热且反应速率较快，因此在操作时，过氧化氢宜用分液漏斗逐滴滴入。此外，过氧化氢的浓度一般采用 10%~15% 为宜，以免反应过于剧烈而引起爆炸事故。

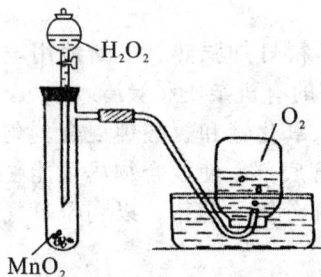

图 2-4　过氧化氢分解法制取氧气装置　　图 2-5　氧化汞加热分解法制取氧气装置

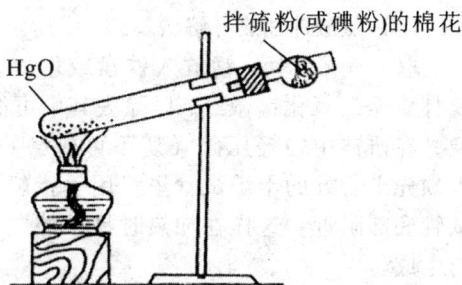

（4）氧化汞加热分解法

如图 2-5 所示，在硬质试管内盛干燥的红色氧化汞 0.5 g（均匀地平铺在试管底部，铺得薄些、面宽些）。氧化汞在 500 ℃ 以上可分解为汞和氧气。由于汞呈液态，故本装置采用试管稍向上倾斜的形式。为了防止汞蒸气污染空气，可在试管口加装一个盛有拌了少量硫粉或碘粉的棉花的干燥管，这样少量逸出的汞蒸气可以化合生成硫化汞或碘化汞。

**2. 氧气的工业制法**

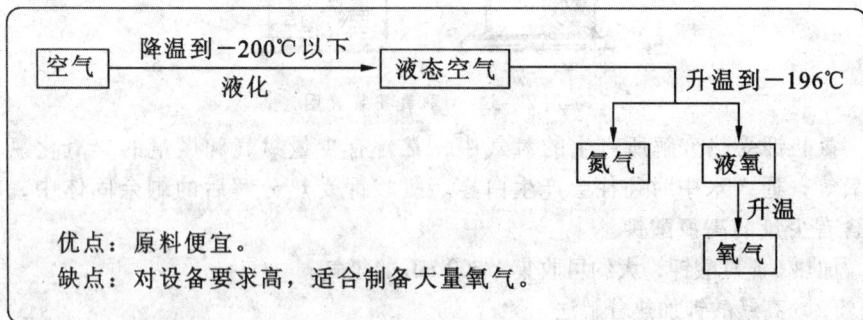

优点：原料便宜。
缺点：对设备要求高，适合制备大量氧气。

### 五、氧气的化学性质

氧气是一种强氧化性物质，在点燃或高温条件下能跟金属、非金属、化合物等发生剧烈的燃烧，同时还能放出大量的热量。

#### 1. 氧气与金属反应

| 实验原理 | 实验现象 | 总结概念 |
|---|---|---|
| $3Fe + 2O_2 \xrightarrow{\text{点燃}} Fe_3O_4 + Q$ | 剧烈燃烧，火星四射，生成黑色固体 | 1. 化合反应 |
| $4Al + 3O_2 \xrightarrow{\text{点燃}} 2Al_2O_3 + Q$ | 剧烈燃烧，火星四射，生成白色固体 | 2. 氧化反应 |
| $2Mg + O_2 \xrightarrow{\text{点燃}} 2MgO + Q$ | 发出耀眼的白光，放出热量，生成白色固体粉末 | |

实验注意事项：

（1）因为以上反应都是放热反应，所以为防止爆裂集气瓶，瓶底都要放少量湿细沙。

（2）要用砂纸打去金属表面的氧化膜。

（3）要用坩埚钳夹住金属慢慢放入瓶内，让 $O_2$ 充分燃烧。

#### 2. 氧气与非金属反应

（1）实验原理：$C + O_2 \xrightarrow{\text{点燃}} CO_2 + Q$

$$CO_2 + Ca(OH)_2 \xrightarrow{\quad} CaCO_3 \downarrow（白）+ H_2O$$

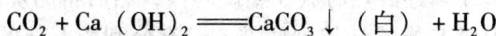

实验现象：发光放热，生成无色气体，该气体能使澄清的石灰水变浑浊。

图 2-6　氧气与碳反应　　图 2-7　氧气与磷反应　　2-8　蜡烛在氧气里燃烧

（2）实验原理：$S + O_2 \xrightarrow{\text{点燃}} SO_2 + Q$

$$SO_2 + H_2O \xrightarrow{\quad} H_2SO_3$$

实验现象：产生明亮的蓝紫色火焰，产生有刺激性气味的气体。瓶内放入 1 mL 水、pH 试纸变红。

（3）实验原理：$4P + 5O_2 \xrightarrow{\text{点燃}} 2P_2O_5 + Q$

$$P_2O_5 + 3H_2O \xrightarrow{\quad} 2H_3PO_4$$

实验现象：发出耀眼的光亮，并有白烟生成。瓶内加入 1 mL $H_2O$，pH 试纸变红。

实验注意事项：

（1）S 取少量，否则产生大量 $SO_2$ 刺激人的呼吸道。

（2）P 燃烧的过程不要打开瓶盖，以免放出大量气体。

### 3. 氧气与化合物反应

（1）实验原理：蜡烛在氧气里燃烧就是石蜡和硬脂酸（为了提高软化点）在氧气里燃烧，它们燃烧后的生成物是 $CO_2$ 和水。

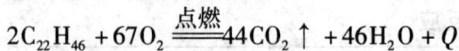

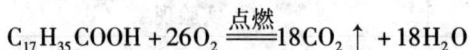

$$2C_{22}H_{46} + 67O_2 \xrightarrow{\text{点燃}} 44CO_2 \uparrow + 46H_2O + Q$$

$$C_{17}H_{35}COOH + 26O_2 \xrightarrow{\text{点燃}} 18CO_2 \uparrow + 18H_2O$$

瓶内放入少量澄清的石灰水后变浑浊。

$$CO_2 + Ca(OH)_2 =\!=\!= CaCO_3 \downarrow (白) + H_2O$$

（2）实验现象：发出白光，放出热量，瓶壁上有水雾出现。

小结：氧气的化学性质很活泼，能跟许多物质发生化学反应，同时放出热量，并能助燃、供呼吸等。

## 六、氧气性质的实验研究步骤及方法

### 1. 木炭在氧气中燃烧

取一小块木炭，用镊子夹着，在酒精灯上将木炭加热到发红，观察其在空气里燃烧的情况。趁木炭还红热时放在燃烧匙内，然后将燃烧匙放入盛有氧气的集气瓶里（注意：从瓶口慢慢地伸到底部，以充分利用上部的氧气）。此时可观察到木炭燃烧得很剧烈并发出白光。待集气瓶里的氧气基本上耗尽、木炭熄灭以后，取出燃烧匙并立即向集气瓶中倒入一些澄清的石灰水并振荡，可见到澄清的石灰水变浑浊，从而证明木炭和氧气化合后生成了二氧化碳。

### 2. 铁丝在氧气中燃烧

细铁丝可取自废旧的铁丝网、石棉铁丝网或市售的 24 号铁丝，太粗则不易点燃。将铁丝用砂纸打磨光亮并在火柴梗上绕成螺旋形。引发反应时一定要等火柴梗烧到没有火焰而只有余烬时，才将铁丝伸入盛有氧气的集气瓶中，以免部分氧气消耗于火柴梗的燃烧中。

集气瓶底必须垫一张润湿的马粪纸或放一层湿的细沙。若是仅在集气瓶里面有少量水，瓶底会破裂。因为生成的四氧化三铁温度很高，落到水中后即被一层传热性很差的水蒸气所包围，落到瓶底时，仍然处于高温熔化状态，它会粘在瓶底，使瓶破裂。

### 3. 镁在氧气中燃烧

取 3~4 cm 的镁带，用砂纸打去氧化膜，用坩埚钳夹住一端，在酒精灯上加热并点燃，再慢慢放入瓶底有湿细纱的氧气瓶中观察现象并描述，写出反应方程式。

### 4. 硫在氧气中燃烧

取一洁净的燃烧匙，底部铺上细沙，放入少量硫粉，加热到发生燃烧。硫在空气中燃烧只有微弱的淡蓝色火焰。将燃烧的硫从收集有氧气的集气瓶口慢慢地伸到瓶底。硫在氧气里燃烧时发出明亮的蓝紫色火焰并生成有刺激性气味的二氧化硫气体。待硫的火焰熄灭，取出燃烧匙，向集气瓶中注入少量蒸馏水并振荡。此时用蓝色石蕊试纸检验，有红色出现，也可用 pH 试纸测试其 pH。

### 5. 磷在氧气中燃烧

取少量红磷放入带有少量细沙的燃烧匙中，在酒精灯上加热并点燃，燃着后放入氧气瓶中观察现象并描述，燃烧完后，瓶内放入少量水，用 pH 试纸测试 pH，并写出各步反应方程式。

## 七、实验注意事项及成败关键

（1）用氯酸钾分解的方法制取氧气，取用的氯酸钾和二氧化锰的质量比以4:1为最佳，此时反应速率适中。教师课堂演示可用6:1，学生实验可用10:1。研细氯酸钾晶体时，要用杵慢慢压碎，不可研磨，以防其中混有还原性物质引起爆炸。此外，由于棉花易燃，氯酸钾的放氧速率较高锰酸钾快，所以不能在导气管口塞一团棉花，以免发生危险。

（2）对试管中的氯酸钾或高锰酸钾加热时，灯焰应该从试管前部往试管底部移动，以防剧烈反应时将固体反应物喷散。

（3）为防止过氧化氢在保存时分解，可以加入少量磷酸作为稳定剂，使用时再加入少量的碱；也可用焦磷酸钠（$Na_4P_2O_7$）作为稳定剂。稳定剂的作用是抑制过氧化氢溶液中混入杂质的催化分解。

（4）做铁丝和硫在氧气中燃烧的实验时，燃着的铁丝、硫应放置在集气瓶的中央，不要太靠近或触及瓶壁，以防集气瓶壁炸裂。

（5）$KClO_3$ 在催化剂（二氧化锰）催化作用下加热制 $O_2$。

①取 6 g $KClO_3$、1.5 g $MnO_2$，用药匙在纸上均匀混合，并送入试管，平铺在试管的底部。

②试管口部要低，且略向下倾斜，并检查气密性。

③先均匀受热，然后在药品部位加热。

④排水法收集氧气结束后，先撤导管，后撤灯。

（6）高锰酸钾受热分解制氧气。

在装入 $KMnO_4$ 药品的试管口处放少许棉花，以防高锰酸钾的微粒随 $O_2$ 流冲出试管，使收集到的 $O_2$ 带有紫色。其他操作与 $KClO_3$ 制氧过程相同。

（7）澄清的石灰水要新制的、饱和的实验效果好。因为石灰水放置过久，其中的 $Ca(OH)_2$ 会与空气中的 $CO_2$ 起反应而失效。浓度小的石灰水遇到较多的 $CO_2$ 容易生成可溶性的碳酸氢钙，使开始时出现的浑浊，一会儿又变得澄清了。

（8）把硫粉粘附在玻璃棒上。方法是：取一支干燥清洁的玻璃棒，在酒精灯焰上把一端预热，然后插入硫粉中，则硫粉粘附在玻璃棒上，备实验用。

注意：玻璃棒温度不宜太高，否则硫粉熔融，反而不宜粘上。

（9）铁丝一定要细，把 15 cm 左右经擦亮的细铁丝，用砂纸擦去表面的氧化物，绕成螺旋形，一端系上火柴梗，做实验时，要待火柴梗大部燃烧后或快烧完时，再将铁丝伸入集气瓶中。过早伸入，氧气消耗多，火星四射的现象不明显。

为了防止反应放出的热量炸裂瓶，故瓶底要放少量的湿细沙，厚度为 2~3 cm。

（10）在氧气里燃烧 S、P 等，一般要用清洁的燃烧匙。为了防止燃烧匙被烧坏，并使用过的燃烧匙易于洗净，在燃烧匙底部要先放（铺）一层细沙子。厚度可达 2~3 cm。在将燃烧匙放进氧气的集气瓶里时，必须自上而下慢慢伸到瓶底，不能和瓶壁接触。这样可以充分利用 $O_2$，使燃烧时间延长，效果明显。

（11）为看清蜡烛在氧气中燃烧后有水生成，收集氧气必须用向上排空气法收集，使集气瓶壁干燥。

蜡烛长度为 1~2 cm，在瓶内燃烧时间不要太长，以免影响到观察水雾形成。

（12）$KClO_3$ 或 $MnO_2$ 是一种强氧化剂，若混有少量可燃性杂质（如炭粉、纸屑、硫粉等），在加热或摩擦情况下都能引起爆炸，因此在使用药品前要进行检查。

方法是：取少量 $KClO_3$ 或 $MnO_2$ 放入洁净试管中加热，如果发现有火星出现，则说明这种药品是不纯净的，不可以使用，应立即停止加热，需要重新提纯。

$KClO_3$ 的提纯：将 $KClO_3$ 溶于少量水中，趁热过滤，并迅速冷却析出。

如果 $MnO_2$ 中混有可燃物（如炭粉）或有机物时，在加热过程中容易发生爆炸，因此，在制 $O_2$ 之前要先将 $MnO_2$ 放在坩埚里加热、烘干，去掉可燃物后再使用。

粗晶体的 $KClO_3$ 必须先研细，可将它放在瓷研钵里，用杵慢慢压碎，千万不可研磨，因为如果其中混有杂质，研磨时很可能引起爆炸事故。

将 $MnO_2$ 和 $KClO_3$ 混合时要用玻璃棒慢慢搅拌。

（13）盖集气瓶的玻璃片上应抹点凡士林。

（14）在做性质实验时，应将玻璃片盖在瓶上一半，以免气体逸出。

（15）氯酸钾受热分解所放出的氧气中，常含有少量 $Cl_2$ 和微量的二氧化氯与臭氧等，通入水中时往往会产生白雾。氯酸钾受热分解后的剩余固体中，可含有少量的高氯酸钾。为得到较纯的氧气，可将产生的气体通过盛有氢氧化钠溶液的洗气瓶，然后再用集气瓶收集。

（16）使用洁净的硬质大试管盛装药品。铁夹应夹在距离管口 1/3 处，且试管口应略向下倾斜。

（17）玻璃导管末端（伸入试管那端）应伸出胶塞 0.5 cm 左右，以使气体顺利排出。

（18）水槽中的水不要加得太多，否则会使水溢出水槽，也易使集气瓶翻转。

（19）实验时，应等气泡连续放出时，再收集氧气，不要在刚有气泡放出时就收集，因为此时试管中和导管里的空气还没排尽，氧气是不纯的。

（20）实验完毕，应先将导管从水槽中取出（或拔下带导管的胶塞），然后再撤去酒精灯，顺序不能颠倒，否则易引起倒吸，使试管炸裂。

## 八、氧气的用途

（1）炼钢、气割、气焊。
（2）航天飞机、宇宙飞船升空时参与燃烧等。
（3）潜水、登山、供给呼吸、供氧呼吸。

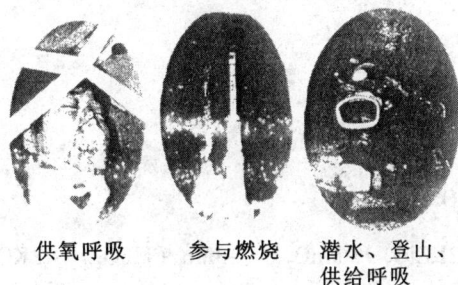

供氧呼吸　　参与燃烧　　潜水、登山、
供给呼吸

图 2-9　氧气的用途

## 九、实验教学研究思路

（1）要求教师演示操作要规范。

实验时引导学生观察和分析实验现象，主要观察的内容有：

①反应前后物质的色、态和种类。

②反应发生的条件。

③反应发生前后观察到的现象

引导学生描述所观察到的现象，并用文字将现象记录在黑板上。

（2）催化剂研究。

几乎一切金属氧化物如二氧化铅、氧化铜、氧化镁、氧化锌、三氧化二铁、三氧化二铝等对氯酸钾的热分解反应都具有催化作用，其中二氧化锰和氧化铜的催化性能为最好。氯酸钾在几种催化剂存在时开始发生分解反应和反应最激烈时的温度如表 2-1 所示。

表 2-1　金属氧化物对氯酸钾的热分解反应和反应最激烈时的温度

| 温度/℃　氧化物 反应程度 | $MnO_2$ | $Fe_2O_3$ | $Al_2O_3$ | $PbO_2$ | $CuO$ | $MgO$ |
|---|---|---|---|---|---|---|
| 缓慢反应 | 370 | 470 | 515 | 380 | 305 | 490 |
| 激烈反应 | 405 | 490 | 540 | 440 | 350 | 545 |

（3）催化原理研究。

关于二氧化锰的催化机理，已有人提出，二氧化锰对氯酸钾分解的催化作用是由于产生了容易分解的中间产物的缘故。

一种解释是：

$$2KClO_3 + 2MnO_2 \xrightarrow{\triangle} 2KMnO_4 + Cl_2 + O_2 \uparrow$$

$$2KMnO_4 \xrightarrow{\triangle} K_2MnO_4 + MnO_2 + O_2 \uparrow$$

$$K_2MnO_4 + Cl_2 \xrightarrow{\triangle} 2KCl + MnO_2 + O_2 \uparrow$$

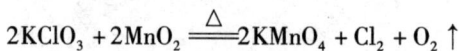

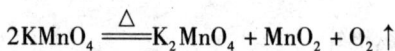

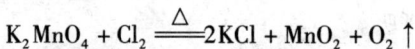

另一种解释为：

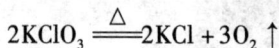

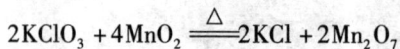

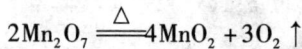

$$2KClO_3 \xrightarrow{\triangle} 2KCl + 3O_2 \uparrow$$

$$2KClO_3 + 4MnO_2 \xrightarrow{\triangle} 2KCl + 2Mn_2O_7$$

$$2Mn_2O_7 \xrightarrow{\triangle} 4MnO_2 + 3O_2 \uparrow$$

也有人认为是：$2KClO_3 + 9MnO_2 \xrightarrow{\triangle} 3Mn(MnO_4)_2 + 2KCl$

$$Mn(MnO_4)_2 \xrightarrow{\triangle} 3MnO_2 + O_2 \uparrow$$

通过上述实验的仔细观察，你认为能否接受此观点？为什么？

（4）无催化剂时加热氯酸钾，368℃时氯酸钾熔化，用带火星的木条在试管口检验，发现放出的氧气并不多。加热到较高的温度（395℃左右），氯酸钾照下式分解：

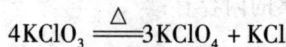

$$4KClO_3 \xrightarrow{\triangle} 3KClO_4 + KCl$$

同时有少量的氯酸钾分解产生氧气：

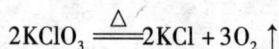

$$2KClO_3 \xrightarrow{\triangle} 2KCl + 3O_2 \uparrow$$

（5）若往反应后的锰酸钾和二氧化锰混合物中加入硫酸（1:1），再加热，还能放出一部分氧气。

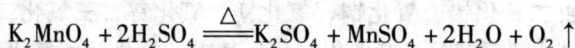

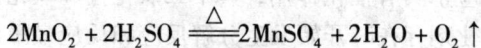

$$K_2MnO_4 + 2H_2SO_4 \xrightarrow{\triangle} K_2SO_4 + MnSO_4 + 2H_2O + O_2 \uparrow$$

$$2MnO_2 + 2H_2SO_4 \xrightarrow{\triangle} 2MnSO_4 + 2H_2O + O_2 \uparrow$$

（6）用过氧化钠制取氧气。

制取时，只要向过氧化钠中加入少量水，立刻就有 $O_2$ 产生。

（7）制 $O_2$ 的代用材料和回收问题。

①实验室中没有氯酸钾，可以用氯酸钠代替。氯酸钠易潮解，可以用不超过573K（300℃）火焰烘干后备用。

②缺少二氧化锰，可以将废干电池中的黑色填充物取出，用水浸泡搅拌使氯化铵、氯化锌等溶解，倾去上层液体，再用清水洗涤黑色物质，过滤，得到成分

大致为83%的二氧化锰，16%的炭黑，1%的石墨混合物。滤干，放在铁盘上灼烧至发暗红，为了烧尽炭黑，应继续烧5 min，所得黑色物质即为二氧化锰。

（8）安全操作。

过氧化氢显弱酸性。30%的过氧化氢对皮肤有强烈的腐蚀作用，使用时要特别注意，有条件应带上防护手套操作。若沾到皮肤上，用大量清水或用碳酸氢钠溶液清洗。

（9）由于过氧化氢不稳定，放置时间过长见光会分解，容易失效。因此在使用时，最好使用刚开封的新溶液。取完一定体积的过氧化氢后，应及时盖上盖子，并套上黑罩，放置于冷暗处。

（10）氧气的生成速率受过氧化氢的质量分数和二氧化锰用量的影响。过氧化氢的质量分数和二氧化锰的用量过大，则容易爆发式地产生氧气，给收集带来困难。因此在使用时，过氧化氢的质量分数一般以10%为宜。二氧化锰用0.5~1.5 g较合适。也可事先在锥形瓶中加入适量水，以稀释从分液漏斗滴下的过氧化氢溶液。

（11）滴加过氧化氢溶液时，必须缓缓滴入，否则若一次迅速注入，则会因短时间内产生大量气体，造成气体夹带液体迅速上升而逸出锥形瓶。

（12）用过的二氧化锰可以回收，经洗涤、烘干后可再使用。

（13）若实验室中无二氧化锰，也可用硫酸铜、三氯化铁等代替，它们对此反应也都有催化作用。

（14）加热 $KMnO_4$ 的试管不易用水洗去，可用少量草酸（$H_2C_2O_4$）洗去。

（15）氧气改进实验的教学研究（供参考）。

### 十、二氧化锰对氯酸钾催化作用演示实验的改进

改进方法一：装置如图2-10，将2~3 g氯酸钾放入自制的弯头试管底部（用量不得超过弯头部分），把弯头试管管口稍向下倾斜固定在铁架台上，再将二氧化锰装入弯头试管的中部。注意千万不要将二氧化锰掉入弯头部分。

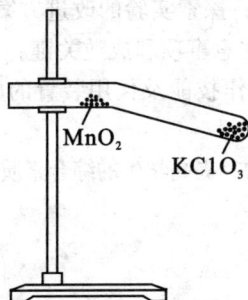

图2-10　改进实验装置1　　　　图2-11　改进实验装置2

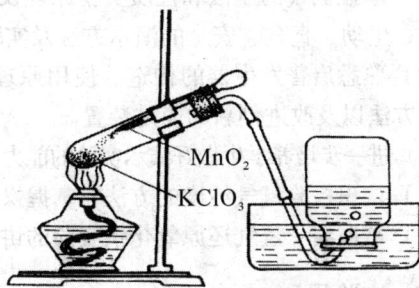

演示时，先用酒精灯加热弯头试管中部的二氧化锰，并用带火星的木条伸入

弯头试管里，检验有没有氧气放出。然后用酒精灯加热弯头试管底部的氯酸钾。当氯酸钾全部熔化，并有小气泡产生时，再用带有火星的木条伸入弯头试管检验，有少量氧气放出。检验之后，再将酒精灯撤去，使氯酸钾温度稍微降低，检验有无氧气放出。随后立即将弯头试管的管口稍向上抬，使中部的二氧化锰滑到液态的氯酸钾中，再用带火星的木条检验，可见木条复燃，说明二氧化锰促进了氯酸钾的分解，起到了催化作用。

改进方法二：实验装置改进如图2-11。演示时，先将氯酸钾加热熔化成液态，待有氧气泡徐徐产生时，用集气瓶收集，并使学生注意所需时间及氧气的体积。稍后另换一个大集气瓶，移去酒精灯，迅速压缩滴管橡皮帽，使二氧化锰射入熔融的氯酸钾中。可见氧气泡沸腾似的上升，瞬时充满集气瓶，效果非常显著。

**［思考练习］**

1. 氧气是一种无色无味的气体，但用氯酸钾分解制得的气体常呈烟雾状，同时还稍带有刺激性气味，为什么？如何排除这些干扰？

2. 为了有利于催化概念的形成，如何演示氯酸钾（加催化剂）的热分解实验为好？

3. 如何杜绝用氯酸钾制氧气的不安全因素？

4. 制备氧气的仪器装置有何特点？这套装置还可以用来制取哪些气体？

5. 比较教材中所列有关氧气的演示实验与学生实验在目的要求、内容和操作上有哪些异同点？为什么要这样安排？

# 第二节　氢气的制取与性质实验教学研究

## 一、实验教学研究目的

（1）掌握氢气的制法和性质实验原理及操作技能，探索实验的改进方案。探讨鲜明、生动、直观、安全的演示方法及实验的安全注意事项和成败关键。

（2）熟悉启普发生器的构造、使用原理，掌握操作技能及代用装置的原理、使用的方法以及改进创新的简易装置。

（3）进一步培养学生做好演示实验的能力及教学能力，提高学生的综合素质。

（4）认识检验氢气纯度的方法，掌握操作技术。

（5）掌握演示氢气还原氧化铜实验的讲解法。

## 二、实验用品

仪器和材料：气球30个、启普发生器、烧杯（250 mL）、漏斗、15×150 mm

试管一支、15×75 mm 试管、硬质试管（中号）、具支试管、分液漏斗、水槽、集气瓶、大试管、干燥管、毛玻片、蒸发皿、导管（80 dm）、玻璃棒、铁架台、铁夹、塑料试剂瓶、橡皮管、橡皮筋、砂皮纸、火柴。

药品：锌粒、高锰酸钾（固体）、硫酸溶液（1:4）、洗涤剂、甘油、凡士林、铜丝、细木条、NaOH（固体）、CuO、铝粒（片）、铁片、镁粒或镁带、$Fe_2O_3$、$CuSO_4$、无水 $CaCl_2$、HCl（稀盐酸）。

### 三、氢气制备实验教学研究思路

（1）在深入钻研实验内容及相应课文和资料的基础上，写出预备实验的计划（要特别写明实验的改进方案）交指导教师审阅，并准备好实验仪器。

（2）在实验课内练习启普发生器的操作，并设计装配一个简易启普发生器，用它制取氢气还原氧化铜。按照预备实验的计划进行实验，记录有关基本操作的规范和实验改进的效果，以及操作中的安全注意事项。

（3）实验后写好实验报告，总结探索改进方案的实验结果，指出采用什么方法改进效果最好。

（4）按演示实验的要求，写好"氢气的还原性"一节教材的讲稿，并在实践活动时间内进行试讲评议。

选择制 $H_2$ 的金属应根据金属活动顺序表：

K Ca Na Mg Al Zn Fe Sn Pb (H) Cu Hg Ag Pt Au

太快　　较好　最好　较好　太慢　　　　　不反应

金属活动顺序表的作用：

①H 前面的金属能置换出酸中的 H，后面的则不能。

②H 前的金属能把 H 后面的金属从它们的盐溶液里置换出来。

### 四、实验内容

（1）氢气的实验室制法。

（2）氢气的物理性质和化学性质（用自制简易气体发生器制取氢气，并用氢气还原氧化铜）。

（3）探索改进氢气化学性质的实验方法。

（4）氢气的实验室制法及教学法。

①氢气制取原理

实验室中一般是用金属锌和稀硫酸反应来制取氢气，也可用 NaOH 与金属 Al 反应来制取，反应的化学方程式及现象如下表所示。

| 反应方程式 | 现象 | 总结概念 |
|---|---|---|
| $Zn + H_2SO_4\ (3\ mol \cdot L^{-1}) = ZnSO_4 + H_2\uparrow$ | 有无色气泡生成 | 1. 置换反应 |
| $Zn + 2NaOH\ (固体) = Na_2ZnO_2 + H_2\uparrow$ | 有无色气泡生成 | |
| $2Al + 3H_2SO_4\ (稀) = Al_2(SO_4)_3 + 3H_2\uparrow$ | 有无色气泡生成 | |
| $2Al + 2NaOH + 2H_2O = 2NaAlO_2 + 3H_2\uparrow$ | 有无色气泡生成 | 2. 原子团 |
| $Fe + 2HCl\ (稀) = FeCl_2 + H_2\uparrow$ | 有无色气泡生成 | |
| $Mg + H_2SO_4\ (稀) = MgSO_4 + H_2\uparrow$ | 有无色气泡生成 | |

**制氢气韵语** 锌粒不纯硫酸稀，加入启普发生器，

不用加热催化剂，点燃验纯要牢记。

②氢气净化原理

实验室中由于所使用的锌和酸不纯，因此使制得的氢气往往略微带有气味，产生这一气味的气体可能是硫化氢、砷化氢、$SO_2$（二氧化硫是硫酸被还原而产生的）和由氢气带出的微量酸蒸气（特别是由盐酸来制取氢气时，会有氯化氢逸出）。因此，若要获得纯净的氢气，必须经提纯处理。如将气体通过水，可除去酸蒸气，再通过硫酸铜溶液或高锰酸钾溶液除去砷化氢，通过 NaOH 溶液除去硫化氢、二氧化硫，通过浓硫酸除去水。

③氢气干燥原理

氢气属中性气体，一般常使用浓硫酸、氯化钙、五氧化二磷和碱石灰作为干燥剂来进行干燥。

④氢气检验原理

空气中只要含有 4% ~74.2% 体积的氢气，点燃时就会爆炸。因此使用氢气前必须进行纯度检验。使用容积较大的（200 mL 以上）发生器，务必十分小心。

检验氢气的方法是根据其具有可燃性，即当点燃氢气时其火焰呈淡蓝色，不纯时有爆鸣声，且其燃烧的产物只有水。

⑤氢气收集原理

a. 根据氢气的密度小于空气的密度，可选用向下排空气法收集。

b. 根据氢气难溶于水的性质，可选用排水法收集。

⑥氢气制取实验装置

a. 简易氢气发生器及使用方法如图 2-12 所示。

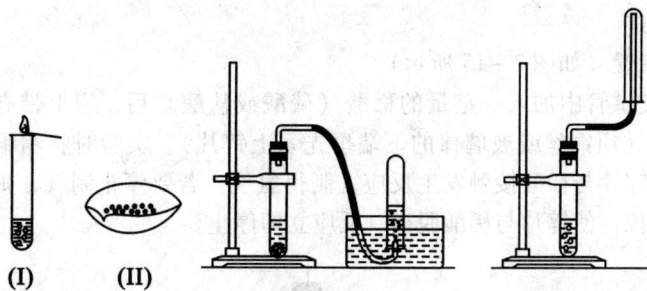

(I)　　(II)

锌粒和稀硫酸反应　　排水法收集氢气　　向下排空气法收集氢气

图 2 - 12　简易氢气发生器制取氢气实验装置图

b. 启普发生器及简易启普发生器如图 2 - 13 所示。

**制取氢气韵语**

扭开活塞，导出氢气。
酸降遇锌，反应继续。
关闭活塞，容器储气。
压酸上升，锌酸分离。

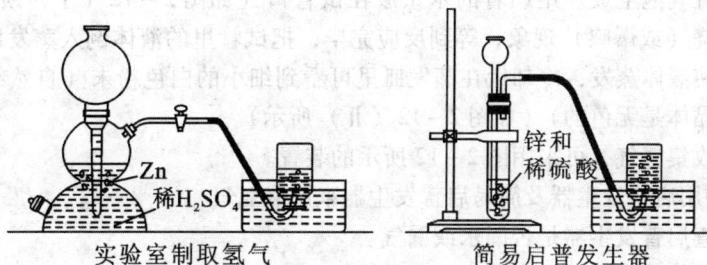

实验室制取氢气　　　　　　简易启普发生器

图 2 - 13　启普发生器及简易启普发生器制取氢气实验装置图

c. 自制的简易启普发生器如图 2 - 14 所示。

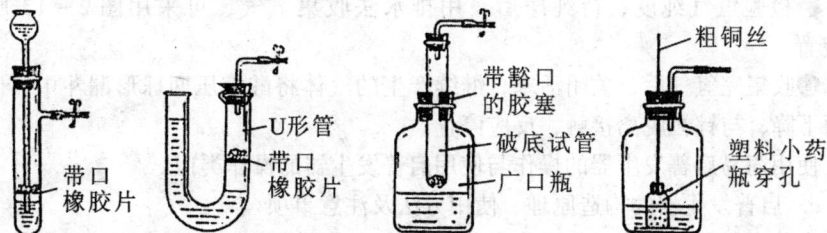

图 2 - 14　自制简易启普发生器

⑦实验改进

a. 实验装置（如图 2 - 15 所示）。

b. 向具支试管中加入一定量的稀酸（硫酸或盐酸）后，塞上带有粗铜丝或玻璃棒的胶塞（粗铜丝或玻璃棒的下端事先系上锌片）。实验时将粗铜丝或玻璃棒向下插，使锌片与稀酸接触发生反应，制得氢气。若要停止制气，则将粗铜丝或玻璃棒向上拉，使锌片与稀酸脱离，反应立即停止。

图 2 - 15　简易氢气发生器制取氢气实验装置图

如将锌片换为已扎上孔的盛锌粒的瓶盖，则可做锌粒与稀酸反应的实验。

⑧实验操作过程

a. 利用简易装置来制取氢气

❶在试管里放几粒锌粒，再向其中加入 5 mL 稀硫酸，可看到锌粒与稀硫酸发生反应，有气泡生成。用燃着的木条放在试管口（如图 2 - 12（Ⅰ）所示），可观察到燃烧（或爆鸣）现象，等到反应完毕，把试管里的液体倒入蒸发皿里，小心加热，使液体蒸发，冷却后在蒸发皿里可看到细小的白色粉末（自然结晶得到的硫酸锌晶体是无色的）（如图 2 - 12（Ⅱ）所示）。

❷要收集氢气，可采用图 2 - 12 所示的装置。

b. 利用启普发生器及简易启普发生器来制取氢气

❶检查启普发生器是否漏水或漏气。

❷将锌粒装入启普发生器中。

❸由球形漏斗口向启普发生器中加入稀硫酸或稀盐酸。

❹开启活塞，使酸与锌粒接触，并产生氢气。

❺检验氢气纯度，待纯净后，用排水法收集氢气，可采用图 2 - 13 所示的装置。

❻收集完氢气后，关闭活塞，继续产生的气体将酸液压回球形漏斗中，使酸液面下降，与锌粒脱离接触，反应停止。

使用简易启普发生器的操作与使用启普发生器的操作类似。

c. 启普发生器的构造原理、使用方法及注意事项

启普发生器是由荷兰化学家启普在 1862 年设计的。它是用来作不需加热且由块状固体与液体反应制取难溶性气体的发生装置。如制取 $H_2$、$CO_2$、$H_2S$ 等气体

时，均可使用启普发生器。

启普发生器构造：

启普发生器由三部分组成：上面部分是大的球形漏斗（a），下面一部分是玻璃球型和玻璃半球型所组成的容器（b），第三部分是导气管（c），如图 2－16 所示。容器上部的玻璃球体有两个开口，上方的开口是球形漏斗插入的孔道，旁边一个开口是气体的出口，配有橡皮塞和带活栓的导气管就装在这个开口上。玻璃半球体旁侧有一个小口，是倾倒废液用的，用磨砂玻璃塞塞紧。球形漏斗的长颈几乎伸到半球形体的底部，它和容器上玻璃球体相接处都是磨砂的，很密合，可防止漏气。

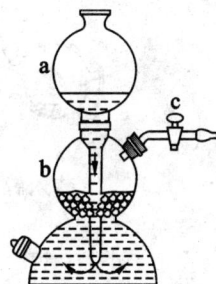

图 2－16　启普发生器

规格：启普发生器的规格是以球形漏斗的容量计，有 50 mL、100 mL、250 mL、500 mL、1000 mL。

使用方法：

❶在使用启普发生器前，应把容器半球体部分的玻璃塞、球形漏斗及导气管的活塞磨砂部分先薄薄地涂上一层凡士林，在球形漏斗颈靠下口处缠一些玻璃丝或套一橡胶圈，然后将球形漏斗、玻璃塞和活塞插入磨口内旋转，使之装配严密。

❷检查启普发生器的水密性及气密性。检查的方法是：打开导气管上的活塞，从球形漏斗口向容器注水至充满半球体时，检查半球体上的玻璃塞是否漏水。若漏水，则重新处理塞子；若不漏，则关闭导气管上的活塞，继续从球形漏斗注水至漏斗球体的 1/2 处，停止加水，并标记水面的位置，静置，观察水面是否下降。若水面不下降，则说明装置不漏气；若水面下降，则说明装置漏气，需找出原因，进行处理。

❸向容器（球体部分）中加固体药品的方法有两种：一种是从容器球体的上口加入。具体方法是：卸下球形漏斗，将容器横放在桌面上，把适当大小的块状固体药品从球形漏斗进入口装入容器球体内，装入固体的量以不超过球体容积的一半为度，然后把球形漏斗插入并旋牢，再把发生器竖直，轻轻摇动，使固体颗粒分布均匀。另一种方法是从容器上导气管口加入。方法是：让启普发生器直立在桌上，拔下带导气管的胶塞，从塞孔把块状固体加入到容器中，轻轻摇动，使块状固体分布均匀。

启普发生器的使用方法如图 2－17 所示。

❹液体试剂是从球形漏斗口注入，注入时应先打开导气管上的活塞，待注入的液体试剂快要充满半球体部分时，关闭导气管上的活塞，再继续注入一些液体试剂，使进入容器内液体的量刚刚浸没块状固体。

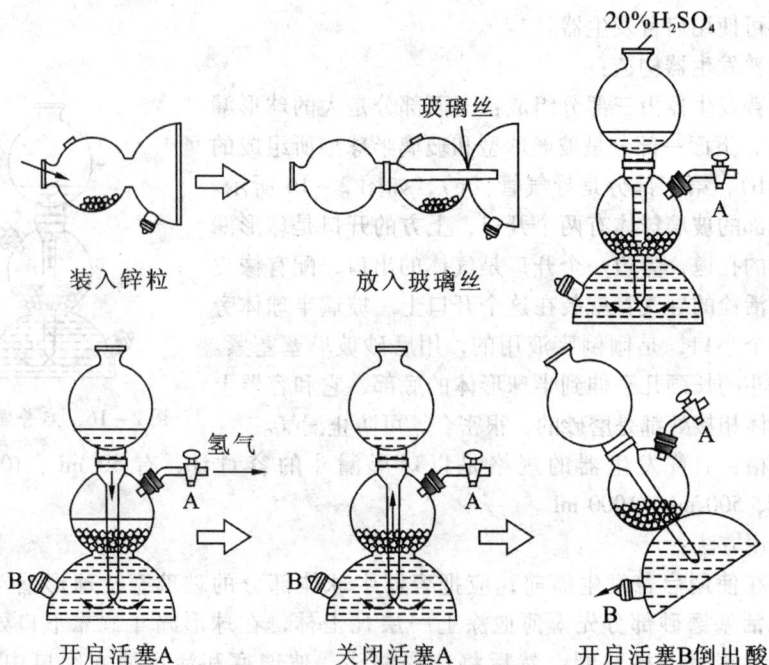

图 2-17　启普发生器的使用

❺反应中途药品的添换。反应过程中，当固体药品接近用完，或液体试剂变稀，使反应减慢到不合要求时，应及时添加固体药品或调换液体试剂。添加固体药品的方法是：先关闭导气管的活塞，把容器球体里的液体试剂压出，使固液分离，然后用胶塞塞严球形漏斗口，再取下带导气管的胶塞，从胶塞孔加固体药品即可。添加完毕后，重新塞上带导气管的胶塞，再拔下球形漏斗口上的胶塞，就可重新使用了。

调换液体试剂的方法有两种：一种方法是关闭导气管的活塞，把液体试剂压入球形漏斗中，然后用移液管将液体试剂吸出后再添加新的液体试剂；另一种方法是拔下带导气管的胶塞，把启普发生器倾斜放在废液缸上，使半球体上的玻璃塞孔对准废液缸，拔下玻璃塞，使液体缓缓流入废液缸中。待废液流出后，再把塞子塞紧，重新从球形漏斗口注入液体试剂。

❻在反应过程中，要通过开关导气管上的活塞，使反应随时发生或停止。

❼反应完毕后，应关闭导气管上的活塞，使液体与固体脱离，反应即停止，然后根据需要决定是否倒出液体试剂或固体药品。

使用启普发生器注意事项：

❶实验前必须检查水密性及气密性。

❷由于球形漏斗颈及容器的球形与半球体间的凹进部分（即蜂腰处）之间形成的缝隙较大，而块状固体颗粒又较小，这会导致固体反应物掉入半球体部分，

使反应无法控制，甚至产生危险，因此要在接近蜂腰处的球形漏斗颈上缠上玻璃丝，或套上橡胶圈，以防止固体药品落入半球体内。

❸移动或手拿启普发生器时，一定要避免用一只手握住球形漏斗进行移动或提起，否则容易使容器脱落，造成仪器损坏或发生伤害事故。

❹反应需加热时，切不可使用启普发生器。

❺反应过程中产生大量热的反应，也不可使用启普发生器。

❻粉末状固体，或固体与液体相遇而溶解的，如制 $SO_2$、$C_2H_2$、氮的氧化物等物质时，不宜使用启普发生器。

⑨氢气实验的注意事项及成败关键

a. 经实验测定，在空气和氢气的混合物中，当含氢的体积在4% ~ 74.2%的范围内遇到火，就会立即产生爆炸。因此，在发生器导管口应装入一点玻璃丝，防止回火爆炸。在点燃氢气前，一定先要检验氢气的纯度，当证明氢气已经纯净时，才可以点燃。连续检验氢气纯度时，不能用同一试管。实验过程中，火源要远离启普发生器，防止氢气不纯引起爆炸，中途加酸或加锌以后，仍要检验纯度。

b. 收集氢气时，如果用排空气法难以判断容器里氢气是否已经收集满，而且当气流较小时，收得的氢气常常不够纯净，所以在没有特殊要求的情况下，一般用排水法收集。

c. 按照初中课文的要求，点燃纯净的氢气时，要让学生看到产生淡蓝色火焰，烧杯壁上有水珠生成。如果演示时，在玻璃管口点燃，由于玻璃口钠离子的干扰使火焰呈淡黄色。要看到淡蓝色的火焰，必须在玻璃管口套上洁净的金属管或小瓷管。为了使罩在火焰上方的烧杯较快地出现水珠，宜用较大的烧杯，火焰不宜过大，也不能太靠近杯壁，否则温度迅速升高，使水蒸气难以凝结。

d. 演示氢气与空气混合点燃发生爆炸的实验时，要用肥皂泡法，以防危险发生。

e. 演示氢气还原氧化铜的实验，所取用的氧化铜最好少一些，而且要在试管底部铺成一薄层。通入的氢气流也不需很大。这个实验所用的试管不宜太短，口径也不宜过小，否则在灼烧时试管受热，生成的水蒸气不易凝集在试管口，只能看到管口有水蒸气逸出。一般采用 15×150 mm 试管为宜。

## 五、氢气性质实验教学研究

### 1. 氢气纯度的检验

（1）实验教学研究目的

①认识氢气纯度检验的原理和方法。

②掌握氢气纯度检验的操作技术、技巧。

（2）实验教学原理

若氢气不纯（混入25.8%～96%的空气），在点燃时就会发生爆炸。在实验室中点燃不纯的氢气会发出尖锐的爆鸣声，纯净的氢气点燃时发出"噗"的响声或安静地燃烧。根据点燃时氢气发出声响的强弱，可判断氢气的纯度。

（3）实验研究步骤及方法

①用排水法收集一试管氢气，用拇指堵住管口，移近火焰，移开拇指点火（如图2-18所示）。如果听到尖锐的爆鸣声，就表明氢气不纯，需要再收集，再检验，直到响声很小。

I. 用拇指堵住集满
氢气的试管口

II. 靠近火焰，移开
拇指点火

图2-18　氢气纯度的检验方法示意图

②经检验不纯而需要再检验时，应用拇指堵住管口一会儿，然后再收集氢气检验纯度，直到响声很小为止。

（4）注意事项及成败关键

①氢气验纯时，一定要集满，否则无法证明氢气是否纯净。

②在用排水法收集氢气检验纯度时，第一次检验氢气不纯时，需要再重复进行检验。在每次重复实验时一定要更换一支新的试管，或用拇指堵住试管口一会儿，待试管里残余的火焰熄灭后，再重新收集氢气。否则刚检查过纯度的试管中可能还有没熄灭的氢气火焰，如果此时马上收集氢气，就会点燃氢气发生器内混有空气的氢气，而使氢气发生器发生爆炸。堵住管口会使管内的火焰因缺氧而熄灭。

③验纯时应将试管口斜向下移近火焰，这样试管中的氢气不易逸出，空气也不易进入，使验纯的准确度提高。

④一般不采用排空气法收集氢气进行验纯。这是因为用排空气法无法判断试管中何时集满气体。

**2. 氢气吹肥皂泡（氢气比空气轻）**

把通氢气的橡皮管口在加有几滴甘油的洗涤剂溶液（1:1）中蘸一下，管口仍朝向下方。通氢气，待泡泡有蚕豆大时，将管口迅速反转朝上。泡涨大到一定程度时，平移振荡，泡泡就脱离管口而上升。用嘴对管口轻轻吹一下，也能使泡泡脱离管口。如图2-19所示。

$H_2$

图2-19　氢气吹肥皂泡

本实验不宜用玻璃管吹泡，因为它表面光滑，沾不到洗液，而且泡泡容易从管口滑落。用海鸥洗涤剂或洗发香波效果比用钠肥皂或其他合成洗涤剂要好。

### 3. 氢气和空气混合气的爆炸实验

（1）肥皂泡爆炸法实验

取一蒸发皿，把上面制得的洗涤剂溶液放入少量，用玻璃棒搅拌进入空气形成气泡，再往里通入氢气。大约氢氧比为 2:1 时，用小木棒点燃气泡，形成响亮的爆鸣声。如图 2-20 所示。

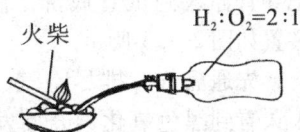

图 2-20 氧气和空气混合点燃爆炸实验

（2）氢气和空气扩散相混合的爆炸

取 120 mL 的塑料瓶，在底部烫一个圆孔，把一短玻璃管（直径为 0.3 cm）紧插入圆孔，即成为爆炸瓶，如图 2-21 所示。若漏气，可用胶布缠绕一圈贴在塑料瓶上。

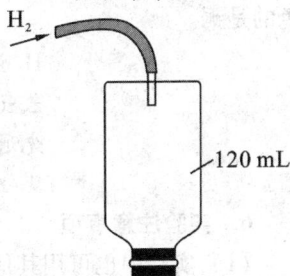

将塑料瓶竖立在桌面上，接上通氢气的橡皮管，用向下排气法由启普发生器通入氢气。氢气流要大，当估计塑料瓶内氢气纯度已很高时，停止通氢气，将橡皮管从玻璃管口拔去，改用左手的食指按住管口。左手提住瓶子，右手立即用引火棒移到玻璃管口点燃。由于氢气比空气轻，瓶内氢气就不断通过玻璃管而在管口燃烧。而空气不

图 2-21 氢气和空气扩散相混合的爆炸

断从下部瓶口扩散到瓶口，成为氢气和空气的混合气体，当氢气浓度小于 74.2% 时（氢气的爆炸上限），即发生爆炸。点燃到爆炸的时间由尖嘴口的大小决定。

### 4. 氢气点燃生成水实验

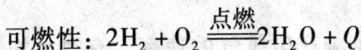

可燃性：$2H_2 + O_2 \xrightarrow{\text{点燃}} 2H_2O + Q$

（1）点燃前务必要检验氢气的纯度，确保安全。

（2）用烧杯作冷凝器，在烧杯壁上沾上微量的高锰酸钾粉末，将烧杯罩在氢焰上方，开始可以看到水汽，过一会儿，就可观察到高锰酸钾紫色溶液顺着烧杯壁往下流，如图 2-22 所示。

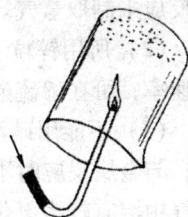

图 2-22 氢气燃烧

为了加强观察效果，可在烧杯下面垫一张干燥的滤纸，让流下的高锰酸钾溶液滴在滤纸上，产生紫色积痕。

氢焰本来为极淡的蓝色，但在玻璃管口点燃时，由于玻璃中钠离子的挥发，使火焰呈黄色。可以在管口套上一短段干净的铝质尖嘴管，使火焰呈淡蓝色。可用火柴梗、棉花等放在氢焰上点燃，以显示其存在。氢焰不易吹熄，但只要把橡皮管一捏，气流中断，氢焰自然熄灭。

### 5. 氢气还原氧化铜实验

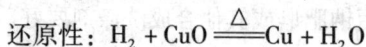

还原性：$H_2 + CuO \stackrel{\triangle}{=\!=\!=} Cu + H_2O$

将黑色氧化铜粉末放入干燥的试管底部，把导管伸入到试管底部，使管口微向下倾斜，装置如图 2 – 23 所示。

先通氢气，排尽空气，片刻后加热试管，不久看到黑色氧化铜开始发红，慢慢由土红色变成紫红色。同时试管口有水滴凝聚并有水蒸气逸出，生成的土红色物质是氧化亚铜，紫红色的是铜。

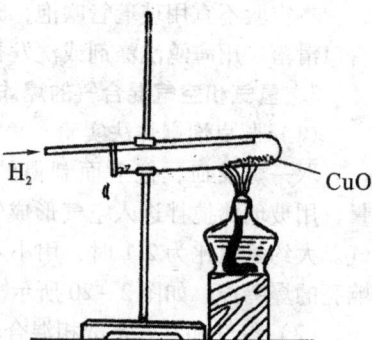

图 2 – 23　氢气还原氧化铜

### $H_2$ 还原氧化铜实验的操作方法韵语

氢气还原氧化铜，马虎操作不能容。
先通氢气后加热，直到黑色变成红。
变红以后先熄灯，继续通氢等管冷。

### 6. 实验注意事项

（1）实验中也可用其他金属如镁、铝、铁等与稀酸反应制取氢气。但由于镁与酸反应较剧烈，反应中产生的气流会把大量的酸蒸气甚至酸液带入导管中，造成制得的气体中含大量酸蒸气，也浪费了很多药品；又由于铝的表面易形成致密的三氧化二铝，使铝跟冷的稀酸反应很慢；再由于铁中含有的杂质较多，使产生的气体不纯。另外，由于稀盐酸与金属反应时往往有氯化氢气体挥发出来而混入氢气中，也会使气体不纯。因此，综合考虑上述情况，在实验室中应用锌与稀硫酸反应来制取氢气。

（2）所用锌粒不能太纯，如太纯往往会影响产生氢气的速率。有时为加快反应速率，可在稀硫酸中加入少量硫酸铜溶液。

（3）不能用硝酸、浓硫酸与金属反应制取氢气，因为它们都有较强的氧化性，与金属反应时不能产生氢气。也不宜用浓盐酸，因浓盐酸易挥发，使产生的氢气中混有较多氯化氢气体。

（4）若要得到较纯净的氢气，可对产生的气体进行提纯。

（5）做氢气的燃烧和氢气还原氧化铜实验前一定要检验氢气的纯度。

（6）在启普发生器导管口放一团细铜丝，起防爆作用，但在点燃时，还要检验氢气的纯度。

（7）做氢气和空气扩散相混合爆炸实验所用的塑料瓶一定不能漏气。

（8）氢气还原氧化铜时，通入的氢气要纯，而且加热前必须排净试管中的空气，以免引起爆炸；冷却时应在还原环境下进行（停止加热后，可继续通一会氢气），以免还原出的铜再被氧化。即：$H_2$ 早来晚走，酒精灯迟到早退。

（9）将 Zn 粒放入大试管时，应把试管斜放，然后把锌粒放在试管口，慢慢滑下去，再直立试管。

## 六、$H_2$ 的用途

（1）充气球。

（2）燃料、能源。

（3）燃料电池。

（4）还原金属 Fe、Cu 等。

（5）生产 $HCl$、$NH_3$、化肥等。

## 七、讨论与研究

### 1. 锌粒与酸的反应

如果用的锌和酸的纯度都较高，开始时反应很慢，可加少量硫酸铜溶液或加一些铜丝，使形成原电池，从而加快反应速率。

因为使用纯度较高的锌，反应时在锌表面会附着氢气，锌是对氢超电势比较高的金属，产生的超电势影响反应的继续进行。如用粗锌，因含有杂质，超电势较小，且所含的杂质微粒可和锌形成许多微小的 Cu – Zn 原电池，因此可使反应能够继续进行。有时为了使反应迅速进行，除用粗锌外，还常加少量硫酸铜。这时锌和铜离子发生氧化还原反应，析出的铜沉在锌的表面，从而形成无数微小的原电池。当锌继续溶解时，过剩的电子通过铜传递给 $H^+$，氢就在铜表面逸出，使反应继续进行。粗锌反应后残余的锌粒表面附着一层黑色的物质（若锌粒全部溶解，也可看到有黑色物质残留在液体中），这是由于不纯锌粒中含有的 Pb、Bi、Cu、As、Sn 等杂质微粒游离出来，并沉积在残余锌粒的表面，而这些金属的微粒状态是黑色的。

### 2. 氢氧混合气体的爆炸机理

氢气与氧气（或空气）混合后能否爆炸，主要决定于混合气体的组成、温度和压强等条件。

氢气与氧气（或空气）的混合气爆炸时发生如下反应：

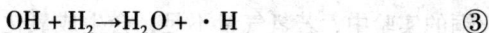

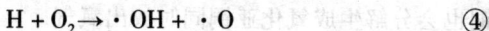

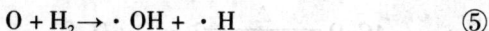

$$H_2 \rightarrow \cdot H + \cdot H \qquad ①$$

$$H + O_2 + H_2 \rightarrow H_2O + \cdot OH \qquad ②$$

$$OH + H_2 \rightarrow H_2O + \cdot H \qquad ③$$

$$H + O_2 \rightarrow \cdot OH + \cdot O \qquad ④$$

$$O + H_2 \rightarrow \cdot OH + \cdot H \qquad ⑤$$

在①式中氢分子离解成氢的自由原子，然后自由原子作为链锁反应的传递者，引起数目众多的链锁反应。在②、③两个基元反应中，自由原子既不增加也未销毁，属直链反应。在④、⑤两个基元反应中，每一个自由原子参加反应后可以产生两个自由原子，即增加了一个自由原子，属支链反应。因而在反应气体中的自由原子浓度就会上升，这些自由原子又可以参加直链反应或支链反应，所以反应速率也就相应地加快，这样又会增加更多的自由原子。如此迅速发展，很快使反应加速而达到爆炸的程度。

### 3. 爆鸣气实验的改进

爆鸣实验中氢气与氧气的最佳混合比为 2:1。如何能制得这一最佳比例的混合气体？采用图 2-24 所示装置。在锥形瓶中加入 $1.5 \sim 2.5 \ mol \cdot L^{-1}$ 的氢氧化钠溶液作为电解液。

将制得的氢氧混合气通入肥皂液中鼓泡（有 4、5 个爆鸣气泡即可），如图 2-25 所示。用点燃的长木条接触气泡，立即产生较剧烈的爆鸣声。

此实验方法安全、简便，重现性好。

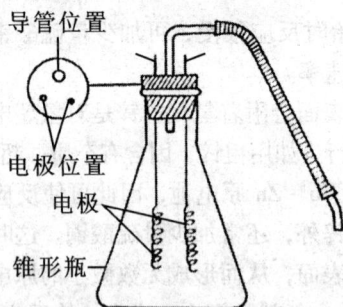

图 2-24　制爆鸣气装置　　　　图 2-25　通入爆鸣气

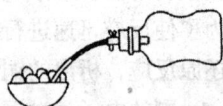

### 4. 氢气还原氧化铜实验的研究

亦可用如图 2-26 的装置将氢气的制取与还原氧化铜合二为一。反应原理为：

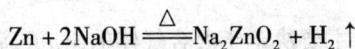

图 2-26　氢气还原化铜装置

$$Zn + 2NaOH \xrightarrow{\triangle} Na_2ZnO_2 + H_2 \uparrow$$

$$CuO + H_2 \xrightarrow{\triangle} Cu + H_2O$$

实验时，锌和固体氢氧化钠的质量比取 4:5，而氧化铜的用量要尽可能少一些。该实验装置简单，操作方便，安全可靠，成功率 100%，省时、省事，科学性强。

氢气还原氧化铜的实验中，若氢气量不足，会生成氧化亚铜。而在温度超过 1000 ℃时，氧化铜也会分解生成氧化亚铜同时放出氧气。

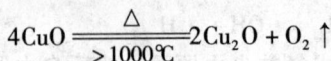

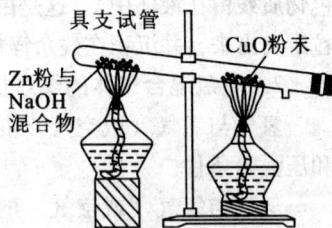

$$4CuO \xrightarrow[>1000℃]{\triangle} 2Cu_2O + O_2 \uparrow$$

高温时，熵增大了，故 Cu（Ⅰ）比 Cu（Ⅱ）稳定。反应条件不同时，氧化亚铜可呈现黄、橙、红等不同的颜色。氧化亚铜是一种呈弱碱性的有毒物质，其对热稳定性很好，在 1235 ℃熔化时，也不分解。

但在溶液中，$Cu^+$ 很不稳定，可歧化为 $Cu^{2+}$ 和 Cu：

$$2Cu^+ =\!=\!= Cu + Cu^{2+}$$

氧化亚铜溶解于稀硫酸的反应如下：

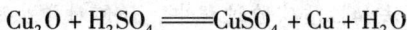

$$Cu_2O + H_2SO_4 =\!=\!= CuSO_4 + Cu + H_2O$$

### 5. 用纯锌和稀硫酸反应制取氢气时，加硫酸铜的作用

用纯锌与稀硫酸反应制取氢气，此反应本身就是一个原电池，其中一部分锌作为原电池的正极而另一部分则为原电池的负极。反应刚开始时，氢气是由锌表面逸出的，但由于氢在锌表面上的超电位约为 −0.7V（$[H^+] = 1\ mol \cdot L^{-1}$），和锌的电位（−0.79V）很接近，所以反应开始后不久即停止。当在稀硫酸溶液中加入活泼性不如锌的其他可溶性盐，例如硫酸铜溶液时，就会发生下列氧化还原反应：

$$Zn + Cu^{2+} =\!=\!= Zn^{2+} + Cu$$

置换出来的铜疏松地被覆于锌粒的表面上，形成了无数铜–锌微型原电池。由于锌比铜更活泼，所以在原电池中原来作正极的锌电极被铜电极所取代。氢在铜电极上的超电位是 −0.23V，比氢在锌电极上的超电位小，所以当锌继续溶解时，电子通过铜传递给 $H^+$，使氢在铜表面不断逸出，反应能持续进行。

$$Zn \rightarrow Zn^{2+} + 2e^-$$

$$2H^+ + 2e^- \rightarrow H_2$$

通过实验测定，对 10 g 锌加入硫酸铜的最适的用量为 0.2～0.4 g。

同理，如用粗锌，因含杂质，也能使反应持续进行。

### 6. 实验室中制取氢气时，锌粒表面的黑色物质是什么？为什么制得的氢气可闻到一种特殊气味

将锌粒溶于稀酸制取氢气以后，残余的锌粒表面附着一层黑色物质，或者将锌粒全部溶解后剩下黑色的悬浮物。这些黑色物质是什么呢？据文献记载，有人曾经将这些黑色物质收集起来，用浓硝酸溶解，随后进行定性分析，结果发现黑色残渣中含有 Pb、Fe、Cu 和 As、Sn 等杂质。这些物质的存在对于氢气发生的速率有促进作用。特殊气味主要是在反应中生成硫化氢、砷化氢、二氧化硫等气体造成的。硫化氢来自锌中的微量硫化锌与硫酸作用而产生的；砷化氢是从硫酸中所含的微量砷而来的；二氧化硫则是硫酸被还原而产生的。若要制取纯净的氢气，可将制得的气体通过铬酸洗液或者分别通过高锰酸钾溶液除去砷化氢；通过氢氧化钠溶液除去硫化氢、二氧化硫；通过浓硫酸除去水。

## [思考练习]

1. 为什么实验室里常用锌和稀硫酸反应来制取氢气?为什么不能用纯净的锌?

2. 启普发生器的适用范围如何? 哪些气体可以用启普发生器制取?

3. 从实验的安全性、直观性等方面来比较各种爆鸣实验的方法,你认为怎样做爆鸣气实验比较安全,效果好?

4. 在演示氢气的制法和性质实验过程中,如何对学生进行安全与危险的辩证关系的教育?

---

· 阅读材料 ·

### 稀有气体的功与过

空气里含有少量的氦、氖、氩、氪、氙、氡等气体,这些气体在空气里含量很少,叫做稀有气体。因为这些气体化学性质不活泼,一般情况下很难与其他物质发生反应,所以又叫惰性气体或钝性气体,另外还有珍贵气体和空素的叫法。自从合成多种惰性气体的化合物后,即改称稀有气体,稀有气体只占空气体积的 0.94%。

氦的发现与日食有关。1868 年法国天文学家让森来到印度观察日全食现象,同时第一次做分化研究,在观察仪器上出现了一个未知的新元素,命名为"Helium",中文译为氦,意思是"太阳的元素"。27 年后,在地球上找到氦。

氦气是除氢气外密度最小的气体,密度约为空气的 1/7,可以填充高空探测气球和飞艇,不会着火或爆炸。

将氦气和氧气按一定比例混合可以得到人造空气,它能供探海潜水员呼吸。因为在压强较大的深海里,用普通空气呼吸,会有较多的氮气溶解在血液里,当潜水员出水后,压强减少,血液里的氮气就会释放出来,产生气泡而堵塞微血管,引起气塞症。而氦气在血液里溶解度比氮气小得多,不会发生上述现象。

液态氦的沸点是 -269 ℃,利用液态氦能使周围的环境形成低温状态,这种性质可用来接收宇宙飞船发来的传真照片和接收卫星转播的电视信号。一些国家研制的磁悬浮列车,就是利用某些物质在液态氦的低温下能产生超导现象这个原理。液态氦被人们称为"最冷的液体",利用它可获得接近绝对零度( -273.15 ℃)的超低温。"低温粉碎新技术"就是利用低温性质将废钢铁、废塑料、废橡胶等进行回炼、再生,完成破碎或粉碎任务。

氙气在液态和冷凝状态时,是电绝缘体,如果压力达到 $3.24 \times 10^{10}$ Pa 时,它就变成像金属一样的导电体。

在放电管中充入少量的氖气和氩气，会分别发出红光和蓝光，如果改变管中的气体成分还能发出其他颜色的光，霓虹灯就是利用这些稀有气体制成的。氖灯发出的光能穿云透雾，用于航空、航海的指示灯。

　　我国已制成 10 万千瓦的氙灯，称为人造"小太阳"，它射出的光接近日光，功率从一万瓦到几十万瓦。一盏五万瓦的氙灯发出的光相当于 1000 盏 100 瓦的日光灯。氙灯的灯管选用耐高温、热膨胀系数小、透明的石英制成，管内充入高纯度的氙气，两端封接钨电极。它广泛用于拍摄电影、舞台照明，以及广场、体育场等照明。

　　氩气在稀有气体中含量较多，主要用于填充白炽灯泡。氩有较低的导热率，它比氮气有更能阻止钨丝挥发、延长灯泡使用寿命、增加亮度的优点。

　　家家户户用的日光灯，是灯管壁涂有荧光物，内充氩和汞蒸气混合气的荧光灯。通电时汞蒸气放电产生紫外线，激发荧光物质，产生近似日光的可见光。

　　稀有气体对人类有"功"也有"过"。1975 年发现"氦脆现象"，在金属中加入少量氦，它即聚集，直接影响金属的牢固程度。当金属某位置上聚集的氦量大时，会引起金属脆裂，这就是"氦脆现象"。近年来发现氡气会危害人体健康，据调查，美国每年由于氡气的危害而丧生的有 5000~20000 人。氡的辐射可引起肺癌、白血病等。随着科学技术的不断发展，人们在不久的将来会解决这一问题，使氡气在地球上变害为益，造福于人类。

　　随着科学技术的发展，稀有气体（rare gas）的用途越来越广泛，这些用途都跟它们的性质密切相关。如图 2-27 所示。

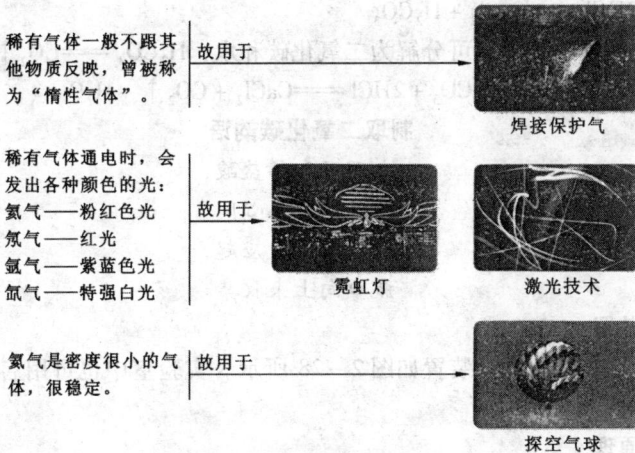

图 2-27　稀有气体的用途

稀有气体一般不跟其他物质反映，曾被称为"惰性气体"。　故用于→　焊接保护气

稀有气体通电时，会发出各种颜色的光：
氦气——粉红色光
氖气——红光
氩气——紫蓝色光
氙气——特强白光
故用于→　霓虹灯　激光技术

氦气是密度很小的气体，很稳定。　故用于→　探空气球

# 第三节　二氧化碳的制取与性质实验教学研究

## 二氧化碳的实验室制取和收集

### 一、实验教学研究目的

（1）了解实验室制取二氧化碳的原理、性质实验原理和检验原理。

（2）理解和掌握二氧化碳的收集方法及验满的方法。

（3）掌握有关的实验操作技能、注意事项、成败关键及有效的教学法。

### 二、实验用品

仪器：启普发生器、小烧杯（50 mL）、广口瓶、集气瓶、长颈漏斗、自由夹、胶管、导管、托盘天平、烧杯、铁片、中号试管、火柴玻片、紫色石蕊溶液、澄清的石灰水、镁条。

药品：大理石、盐酸（20%）。

### 三、实验教学原理

#### 1. 制取原理

在实验室里，常用稀盐酸跟大理石或石灰石（主要成分为 $CaCO_3$）反应来制取二氧化碳。反应的化学方程式为：

$CaCO_3 + 2HCl =\!=\!= CaCl_2 + H_2CO_3$

生成的碳酸极不稳定，可分解为二氧化碳和水：$H_2CO_3 =\!=\!= CO_2\uparrow + H_2O$

总的化学方程式为：$CaCO_3 + 2HCl =\!=\!= CaCl_2 + CO_2\uparrow + H_2O$

制取二氧化碳韵语

大理石和稀盐酸，
固液制气记心间。
两物混合反应起，
瓶口向上来收集。

#### 2. 实验装置

实验室制取二氧化碳的装置如图 2 - 28 所示。实验室中也可用启普发生器来制取二氧化碳。

#### 3. 净化原理

实验室中制得的二氧化碳中常含有氯化氢气体。为除去氯化氢可将制得的气体通过饱和碳酸氢钠溶液，氯化氢气体与碳酸氢钠反应生成二氧化碳、氯化钠和水，从而达到净化目的。

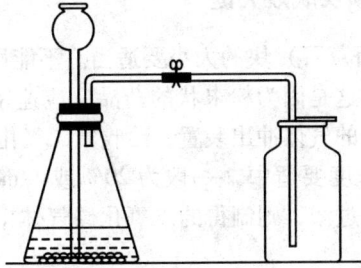

图 2-28 实验室制取二氧化碳的装置

**4. 干燥原理**

二氧化碳属酸性气体，因此，除不能用碱性干燥剂（如碱石灰）干燥外，其他性质的干燥剂均可（如浓硫酸、五氧化二磷、氯化钙等）。

**5. 检验原理**

把生成的气体通入澄清石灰水中，石灰水变浑浊，且气体本身为无色无味的，可证明是二氧化碳，如图 2-29 所示。

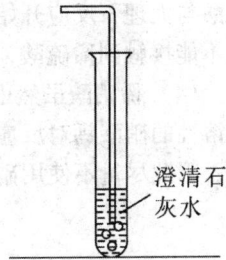

图 2-29 检验二氧化碳

反应方程式为：$Ca(OH)_2 + CO_2 \xrightarrow{\quad\quad} CaCO_3 \downarrow （白） + H_2O$

**6. 验满原理**

如图 2-30 所示，用燃着的火柴放在集气瓶口（不能伸入集气瓶中）试验，火焰熄灭，证明瓶里已充满二氧化碳。

**7. 收集原理**

由于二氧化碳能溶于水，且和水反应生成碳酸，因此不能采用排水法收集。

根据二氧化碳的密度比空气大的性质，可选用向上排空气法来收集。

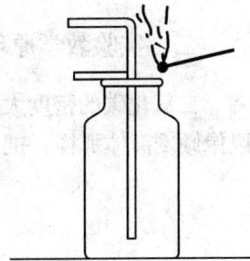

图 2-30 $CO_2$ 验满实验

## 四、实验研究步骤及方法

按照图 2-28 所示的装置，在锥形瓶里放些大理石（或石灰石）的小块，从长颈漏斗向锥形瓶中注入稀盐酸。可看到大理石（或石灰石）与稀盐酸反应很剧烈，产生大量气泡。

### 五、实验注意事项及成败关键

（1）大理石（或石灰石）块的大小要适当。不能用粉末状的碳酸盐跟稀盐酸反应来制取二氧化碳，这是因为粉末状的药品反应速率太快、太剧烈，会使反应物形成泡沫，且随生成的气体冲出装置，给收集二氧化碳带来困难。

（2）所用盐酸的浓度要适中 [一般为 20% 或 1 mol·L$^{-1}$（1:1）为宜]。过稀，则反应速率太慢；过浓，则制得的二氧化碳气体中会含有较多的氯化氢气体而影响其纯度。

（3）不能用稀硫酸跟大理石（或石灰石）起反应来制取二氧化碳。这是因为硫酸与大理石反应开始时生成不易溶解的硫酸钙，会包住没有反应的碳酸钙，使之不能接触到稀硫酸，导致反应很难继续进行。

（4）稀硝酸虽然也可以跟大理石（或石灰石）迅速反应放出二氧化碳，生成可溶性的硝酸钙对反应无影响，但由于硝酸的价格较盐酸贵，比盐酸的腐蚀性也强，因此尽量不使用硝酸。

## 二氧化碳的物理性质
### 二氧化碳密度比空气大的实验研究

### 一、实验教学研究目的

认识二氧化碳的密度大于空气的密度。

### 二、实验教学原理

二氧化碳的密度大于空气。在标准状况下，其密度约是空气的 1.5 倍，因此可以像倾倒液体那样，把二氧化碳从一个容器倾倒到另一个容器里，如图 2-31 所示。

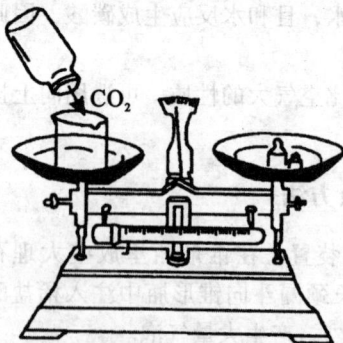

图 2-31　倾倒二氧化碳

### 三、实验研究步骤及方法

（1）在一根细木棍的两端各系上一个大小相同的小烧杯（或小塑料袋），在木棍的中间部位系一根细绳，使两端平衡，并把它挂在铁架台上。

（2）取一瓶事先收集好的二氧化碳，迅速倾倒入其中一个小纸筒中，可看到倒入二氧化碳的纸筒一端向下倾斜，说明二氧化碳的密度比空气大。

### 四、实验注意事项及成败关键

（1）实验要在无风的室内进行。

（2）倾倒二氧化碳时要迅速，以免受风等因素的影响而使二氧化碳不能进入烧杯中。

## 二氧化碳熄灭燃着的蜡烛实验教学研究
### 二氧化碳不支持燃烧（灭火性）和比空气重实验研究

### 一、实验教学研究目的

（1）进一步理解二氧化碳比空气重，可以向烧杯里倾倒。

（2）掌握二氧化碳不能燃烧，也不支持燃烧的性质。

### 二、实验教学原理

二氧化碳的密度比空气大，它既不能燃烧，也不能支持燃烧，能灭火。如图 2-32 所示。

图 2-32 二氧化碳
使蜡烛火焰熄灭

### 三、实验研究步骤及方法

（1）点燃两支短蜡烛，分别放在白铁皮架的两个阶梯上，把白铁皮架放在烧杯里。

（2）沿烧杯壁倾倒二氧化碳，可看到二氧化碳使蜡烛火焰熄灭，下层阶梯上的蜡烛火焰先熄灭，上层的后熄灭。

### 四、实验注意事项及成败关键

（1）烧杯容积要小于集气瓶的容积，这样当集气瓶收满二氧化碳后向烧杯里倾倒时，能保证有足够多的二氧化碳。

（2）倾倒二氧化碳要慢，且要使二氧化碳气体沿着烧杯壁流下。这样二氧化碳先聚集在烧杯底部，然后逐渐上升，把杯内空气自下而上排出，蜡烛自下而上依次熄灭。如果对着燃着的蜡烛把二氧化碳骤然灌入，则会使高位的蜡烛先熄灭，或使两支蜡烛同时熄灭。为了防止二氧化碳骤然灌入瓶内，倾倒二氧化碳时，集气瓶口的玻璃片不要拿掉，只需露出瓶口的三分之一左右即可。

（3）两支燃着的蜡烛应有明显的高度差。

## 五、实验改进

使用如图 2－33 所示的装置也能说明二氧化碳的密度比空气大，且二氧化碳不能燃烧，也不能支持燃烧的性质。

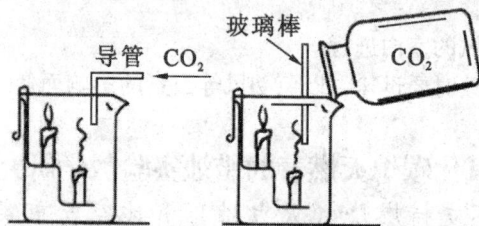

图 2－33　实验改进装置

# 二氧化碳与水反应实验教学研究

## 一、实验教学研究目的

（1）了解二氧化碳与水反应的性质（即二氧化碳溶于水）。

（2）掌握碳酸不稳定易分解的性质和实验操作技术及实验的注意事项和成败关键。

## 二、实验教学原理

二氧化碳跟水反应生成碳酸，且能使紫色石蕊试液变红，化学方程式为：

$$CO_2 + H_2O =\!=\!= H_2CO_3$$

生成的碳酸极不稳定，很容易分解成二氧化碳和水，加热时分解更快，又使红色石蕊试液变为紫色，化学方程式为：

$$H_2CO_3 =\!=\!= H_2O + CO_2 \uparrow$$

## 三、实验研究步骤及方法

（1）向盛有紫色石蕊试液的试管里通入二氧化碳，可看到紫色石蕊试液变为红色。此时停止通入二氧化碳。

（2）取少量溶液放在酒精灯火焰上加热，可看到红色石蕊试液又变成紫色。

## 四、实验注意事项及成败关键

（1）实验中所通入的二氧化碳应是纯净的，即要经过净化处理，特别是应除去二氧化碳气体中所混有的酸雾，否则会影响实验的准确性。

（2）紫色石蕊试液不要太稀，否则颜色变化不明显。

# 二氧化碳灭火原理实验教学研究

## 一、实验教学研究目的

（1）理解常用灭火器的主要反应原理。

（2）掌握实验教学方法及操作方法。

## 二、实验教学原理

碳酸盐与酸反应可放出二氧化碳，二氧化碳具有不能燃烧和不支持燃烧且密度比空气大等性质，它能覆盖在燃烧物的表面，使燃烧物与空气（氧气）隔绝且温度降低，从而达到灭火的目的。本实验采用的是碳酸钠与盐酸反应来制取二氧化碳，反应的化学方程式为：

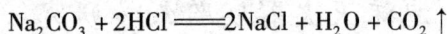

$$Na_2CO_3 + 2HCl \longrightarrow 2NaCl + H_2O + CO_2\uparrow$$

## 三、实验研究步骤及方法

（1）在吸滤瓶里注入碳酸钠浓溶液，把盛有浓盐酸的小试管用线系住，小心地放进吸滤瓶中，把塞子塞紧，如图 2 - 34（Ⅰ）所示。

（2）把吸滤瓶倒转过去，使两种溶液混合，可看到碳酸钠与浓盐酸剧烈反应，产生大量气体，气体连同液体从吸滤瓶的侧管口喷出，如图 2 - 34（Ⅱ）所示。

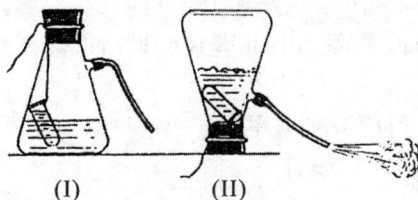

(Ⅰ)　　　(Ⅱ)

图 2 - 34　灭火器原理

## 四、实验注意事项及成败关键

（1）所用吸滤瓶不能有裂痕，否则实验时易造成装置因瓶内压强过大而炸裂的事故。

（2）吸滤瓶的瓶塞必须塞紧，否则易被气体冲开。

（3）所用碳酸钠浓溶液及浓盐酸的量要适当。过多，易造成吸滤瓶炸裂事故；过少，气体及液体难以从瓶中喷出。

（4）演示时，要用一只手压住胶塞，以免压强大冲开瓶塞；另一只手握住橡皮导管，使它对准喷射的方向。

## 五、实验改进

（1）为提高演示效果，可用碳酸氢钠溶液代替碳酸钠溶液。

（2）可向反应液中加入甘草（或皂角）液，以使实验能产生大量泡沫。

（3）可用下面装置代替吸滤瓶进行实验，如图 2－35 所示。

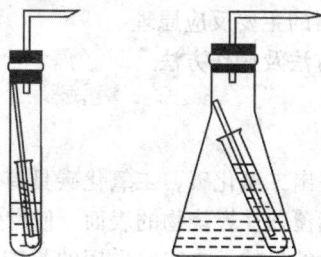

图 2－35　灭火器的模拟装置

# 泡沫灭火器实验教学研究

## 一、实验教学研究目的

（1）理解 $CO_2$ 灭火的原理。

（2）掌握 $CO_2$ 灭火实验的操作技能及在实际中的应用。

（3）掌握实验的注意事项、成败关键及教学方法。

## 二、实验用品

仪器：台秤、100 mL 量筒、10 mL 量筒、200 mL 烧杯、药匙、玻璃棒、铁皮水槽、火柴、长木条。

试剂：$Al_2(SO_4)_3$、$NaHCO_3$、甘草末。

## 三、实验教学原理

泡沫灭火器中的药剂由 $Al_2(SO_4)_3$、$NaHCO_3$、泡沫稳定剂组成。$Al_2(SO_4)_3$ 具有酸性，与 $NaHCO_3$ 作用生成大量的 $CO_2$ 气体。

泡沫稳定剂使 $CO_2$ 气体产生大量稳定的泡沫，把火源与空气隔绝，起到了灭火的作用。

泡沫灭火器又称酸碱灭火器，是利用二氧化碳泡沫来灭火的设备。钢制圆桶内分开装盛含有起泡剂（甘草或皂角等作原料制取的液体）的碳酸氢钠溶液和硫酸铝溶液（有时用硫酸）。使用时把泡沫灭火器倒转，两种药液混合，发生如下化学反应：

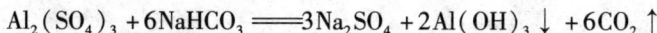

$$Al_2(SO_4)_3 + 6NaHCO_3 == 3Na_2SO_4 + 2Al(OH)_3\downarrow + 6CO_2\uparrow$$

从喷嘴中喷射出大量的二氧化碳泡沫，覆盖在燃烧物上，使燃烧物隔绝空气和降低温度，达到灭火的目的。泡沫中含有水分，不宜用于扑救遇水发生燃烧的物质（如钾、钠、电石等）。对于电器火灾，要在切断电源后才能使用泡沫灭火器。

除此之外，还有干粉灭火器、液态 $CO_2$ 灭火器等，它们在灭火时，根据燃烧物的不同，有各自不同的灭火作用。

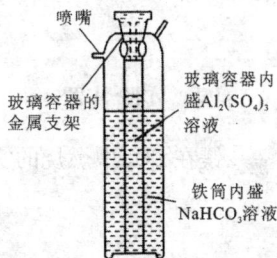

喷嘴
玻璃容器内盛 $Al_2(SO_4)_3$ 溶液
玻璃容器的金属支架
铁筒内盛 $NaHCO_3$ 溶液
图 2-36　泡沫灭火器剖面图

## 四、实验教学研究步骤

（1）$Al_2(SO_4)_3$ 溶液的配制。将 20 g 固体溶于 100 mL 水中。

（2）泡沫稳定剂溶液的配制。将 4 g 甘草末溶于 100 mL 沸水中，冷却后加入 10 g $NaHCO_3$ 固体。

（3）分别用量筒量取上述溶液 100 mL 备用。

（4）在铁皮水槽中加水至半满，再加入 3 mL 汽油，用燃着的长木条将汽油点燃，汽油立即着火。迅速用泡沫灭火器喷向火焰，立刻产生大量的泡沫，将火焰包围起来而使火熄灭。

## 五、实验注意事项

人要离水槽远一些，以确保安全。

# 镁在二氧化碳里燃烧实验教学研究

## 一、实验教学研究目的

（1）通过性质实验，验证 $CO_2$ 的性质，了解活泼金属能在 $CO_2$ 气体中燃烧，并能夺取 $CO_2$ 中的氧，生成金属氧化物。

（2）掌握有关实验的操作技能及教学方法。

## 二、实验用品

仪器：集气瓶、坩埚钳、砂纸、酒精灯、火柴、二氧化碳发生装置、烧杯。
药品：盐酸（20%）、烧杯、镁带。

## 三、实验教学原理

金属镁的还原性：燃着的镁带还原能力较强，夺取二氧化碳中的氧，析出游离态的碳。

$$Mg + CO_2 \xrightarrow{\text{点燃}} 2MgO + C$$

## 四、实验装置

镁在 $CO_2$ 中燃烧的实验装置如图 2 – 37 所示。

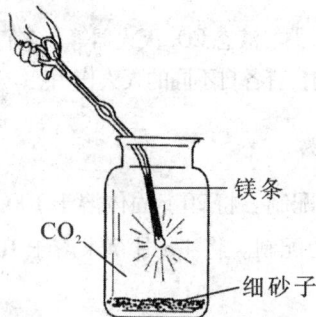

图 2 – 37　镁在 $CO_2$ 中燃烧

## 五、实验研究步骤方法

（1）取 250 mL 集气瓶，收集满二氧化碳。

（2）取一段镁条，观察它的颜色。用砂纸把表面的氧化膜打磨干净，观察金属镁的颜色和光泽。用坩埚钳夹住镁条，点燃后伸入盛有二氧化碳的集气瓶中（集气瓶底部要放一些细沙或少量水），观察发生的现象，完成实验记录表格。

| 实验内容 | 反应方程式 | 实验现象 | 结论 |
|---|---|---|---|
| 镁与氧气反应 | | | |
| 镁与二氧化碳反应 | | | |

镁是较活泼的金属，它的还原性较强，不仅能与氧气反应，而且在一定条件下能与某些氧化物反应，将其中的某些元素还原出来。

## 六、现象研究及结论

镁在空气中燃烧产物的确定：镁带在空气中燃烧产生耀眼白光，因为空气中 78% 的是氮气、21% 的是氧气，所以向上冒的炭色烟是生成的少量 $Mg_3N_2$ 固体，$Mg_3N_2$ 极易与水反应生成白色的氢氧化镁。向下掉的白色粉末是生成的氧化镁。将燃烧的镁带伸到盛有二氧化碳的烧杯中能继续燃烧，但激烈程度稍差，并在烧杯壁上有黑白相混的粉末生成，也就是生成了碳和氧化镁。反应式为：

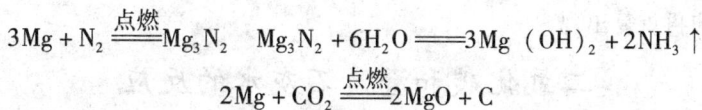

$$3Mg + N_2 \xrightarrow{点燃} Mg_3N_2 \quad Mg_3N_2 + 6H_2O \Longrightarrow 3Mg（OH）_2 + 2NH_3\uparrow$$

$$2Mg + CO_2 \xrightarrow{点燃} 2MgO + C$$

## 七、实验讨论

（1）二氧化碳和强还原剂（例如与镁在一起）在一定条件下（高温）可以作为氧化剂，说明二氧化碳的灭火性也是相对的。实验中若用一根木条开一个口，代替坩埚钳夹持镁带。镁带燃烧完后，木条上布满白色氧化镁，但木条本身没有任何燃烧的痕迹。实验效果比用坩埚钳还好。

（2）关于二氧化碳的物理性质和化学性质实验可以增加如下几个：

①二氧化碳密度比空气大且不助燃

用薄铁片做一个三层的阶梯，阶梯上放置燃着的小蜡烛，放在 500 mL 的烧杯中。在另一个 500 mL 的集气瓶中收集满二氧化碳，顺着点燃蜡烛的烧杯壁缓缓倾倒。可看到蜡烛由下而上熄灭。

这个实验说明二氧化碳比重比空气大。在倾倒二氧化碳时，二氧化碳沿烧杯壁先沉到底，然后自下而上排走空气。

②二氧化碳和氧化钙（或氢氧化钠）反应

取 250 mL 平底烧瓶一个，并配有带尖嘴玻璃管的胶塞，尖嘴玻璃管的平口一端套上胶管，胶管用弹簧夹夹紧。这个装置可借用氯化氢或氨溶于水的喷泉实验仪器。当收集满一平底烧瓶二氧化碳后，迅速加入粉碎的氧化钙（或氢氧化钠），塞好带尖嘴的胶塞，往复振荡，手摸烧瓶发热为止。另取一个 250 mL 的烧杯，内盛带颜色的水（或加有酚酞指示剂的水），将烧瓶胶塞上连着的导管插入水中，打开弹簧夹，水像喷泉似的自尖嘴导管喷出。

实验的成功关键在于二氧化碳要充满烧瓶；氧化钙要新制的（最好事先从建筑工地拾些新卸下的石灰，放入塑料袋中，封口保存备用）；氧化钙（或氢氧化钠）要用研钵粉碎。

③在做完镁带和二氧化碳反应后，可以把前边做过的镁与氧、镁与氮、

镁与二氧化硫反应的实验现象做一总结。镁带与氧反应产物为白色粉末状氧化镁；镁带在氮中燃烧得到灰色粉末状氮化镁；镁带和二氧化硫反应得到黄色粉末状硫和白色粉末状氧化镁；镁带和二氧化碳反应得到黑色固体碳和白色粉末状氧化镁。通过镁带在氮气和二氧化碳中的燃烧也说明了不助燃和可燃的相对性。

四种粉末加水后，再滴入酚酞指示剂都能变红，若在灰色粉末氮化镁与水反应的上方，悬一根沾有浓盐酸的玻璃棒，则能看到白烟生成（氯化铵）。

以上总结对同学解答综合练习题有利。这个总结在讲完高中化学镁的性质一节后，还应再重复出现。

# 二氧化碳和澄清石灰水的反应

$CO_2$ 和 $Ca(OH)_2$ 溶液的主要反应：

第一步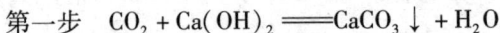

第二步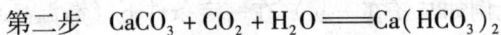

$CO_2$ 和 $Ca(OH)_2$ 溶液反应的实验的主要目的是：（1）检验 $CO_2$ 气体；（2）解释天然溶洞的形成原理。

## 一、检验 $CO_2$ 气体

由于 $Ca(OH)_2$ 在常温时的溶解度不大（约 $0.02\ mol \cdot L^{-1}$ 或 $0.15\%$），在检验 $CO_2$ 时，最好用饱和的澄清石灰水。从另一个角度看，由于澄清石灰水浓度低，反应速率小，不宜作为 $CO_2$ 的吸收剂，如除去 CO 气体中的 $CO_2$ 气体，应用一定浓度的 NaOH 溶液作为洗气剂，一般不能用澄清石灰水。

## 二、溶洞的"形成"

石灰岩里不溶性的碳酸钙受水和二氧化碳的作用转化为微溶性的碳酸氢钙。由于石灰岩层各部分所含碳酸钙的多少不同，被侵蚀的程度不同，石灰岩就逐渐被溶解分割成互不相依、千姿百态、陡峭秀丽的山峰或被溶解侵蚀成奇异壮观的溶洞。

溶有碳酸氢钙的水，当从洞顶向洞底滴落时，水分的蒸发、压强的减小及温度的升高都会使其析出碳酸钙沉淀。如图 2-38 所示。

这些沉淀经过千百万年的聚积，渐渐形成了钟乳石、石笋等。洞顶的钟乳石与地面的石笋连接起来，便形成奇特的石柱。

溶洞"形成"反应的方程式：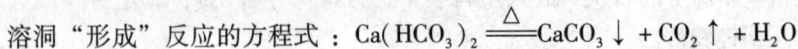

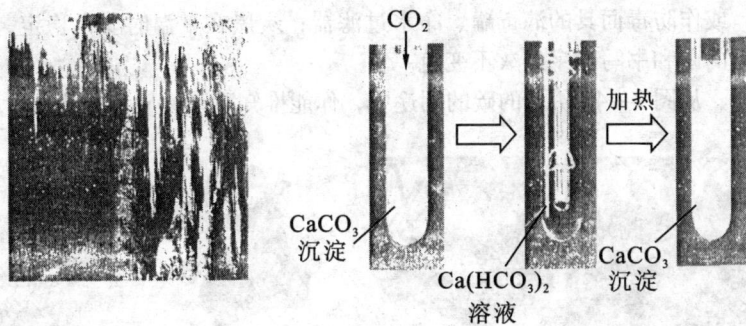

CO₂

CaCO₃
沉淀

Ca(HCO₃)₂
溶液

加热

CaCO₃
沉淀

图 2-38 溶洞的"形成"

# 生活中二氧化碳的用途

二氧化碳可用于灭火，制纯碱、尿素、糖、汽水，并用于钢铸件的淬火和铅白的制造等。干冰可作制冷剂，用来保藏食物，也可用于人工增雨。植物利用 $CO_2$、水在叶绿素的作用下合成淀粉等有机物。温室里可施用 $CO_2$ 作肥料，植物叶部、地上部分和根部都会吸收 $CO_2$。直接施用二氧化碳或施用能分解出二氧化碳的肥料，可以增进植物的光合作用，促进农作物生长，增加产量。例如人粪尿里含有的尿素，在储藏过程里，由于微生物的作用会转变成碳酸铵，从而分解出氨和二氧化碳。碳酸氢铵肥料施在土壤里也会放出氨和二氧化碳。上述有机肥料和无机肥料都能供应农作物所需要的二氧化碳，如图 2-39 所示。

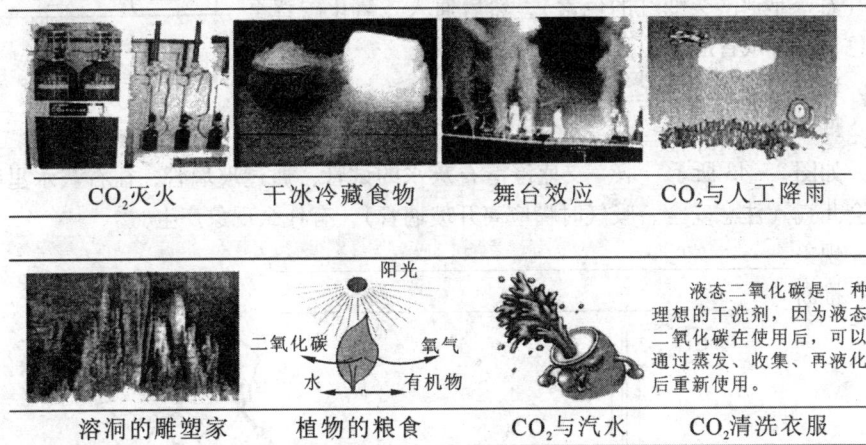

| CO₂灭火 | 干冰冷藏食物 | 舞台效应 | CO₂与人工降雨 |

阳光

二氧化碳 ———— 氧气
水 ———— 有机物

液态二氧化碳是一种理想的干洗剂，因为液态二氧化碳在使用后，可以通过蒸发、收集、再液化后重新使用。

| 溶洞的雕塑家 | 植物的粮食 | CO₂与汽水 | CO₂清洗衣服 |

图 2-39 二氧化碳的作用

碳的用途：碳单质包括金刚石、石墨的细小晶体与少量杂质形成的多种多样的无定形碳（amorphous carbon），如焦炭、木炭、活性炭和炭黑，它们在生产生活中也有广泛的应用。如活性炭疏松多孔，有很强的吸附能力，可作防毒口罩的滤毒层，或作防毒面具的滤毒罐、净水过滤器；炭黑在常温时非常稳定，故用炭黑墨汁绘的画和书写的字经久不变色。

思考：从图2-40所示的碳的用途中，你能推知下列物质各有什么性质吗？

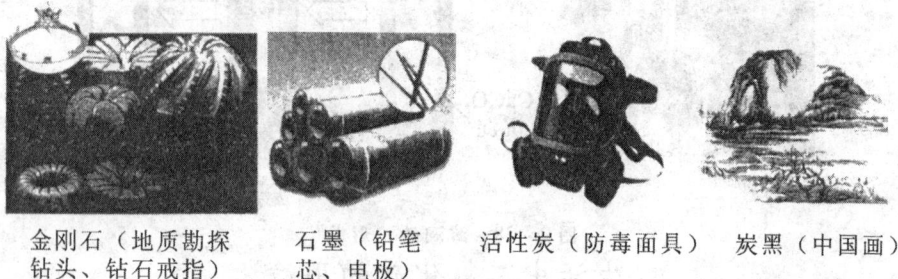

金刚石（地质勘探　　石墨（铅笔　　活性炭（防毒面具）　炭黑（中国画）
钻头、钻石戒指）　　芯、电极）

图2-40　碳的用途

**探究活动练习**

[问题]　二氧化碳有哪些性质？

如图2-41所示，在大烧杯中放置一个铁皮架，架上固定两支点燃的蜡烛，将一瓶二氧化碳通过漏斗向烧杯中倾倒。

现象_____。

推断_____。

如图2-42所示，取一支试管，滴进适量紫色石蕊溶液（石蕊是遇酸会变红的色素），然后通入二氧化碳直至变色，再将试管加热，又有什么现象出现？

图2-41　二氧化碳
倒入烧杯中

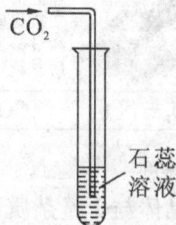

现象_____。

推断_____。

如图2-43所示，取一支盛澄清石灰水的试管，通过玻璃管，往石灰水里吹一会儿气（注意安全，吸气时嘴应离开玻璃管），有什么现象产生？

现象_____。

推断_____。

图2-42　二氧化碳通入石蕊溶液　　图2-43　往澄清石灰水里吹气

[解释与结论] 通过上述的实验活动，我们认识到二氧化碳具有以下性质：

（1）$CO_2$ 是密度明显大于空气且可用来灭火的气体。

（2）$CO_2$ 可溶于水，跟水反应生成碳酸，碳酸不稳定，受热容易发生分解：

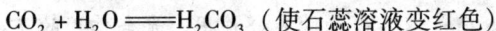

$$CO_2 + H_2O == H_2CO_3 \text{（使石蕊溶液变红色）}$$

$$\text{（碳酸）}$$

$$H_2CO_3 == H_2O + CO_2 \uparrow \text{（石蕊溶液又变成紫色）}$$

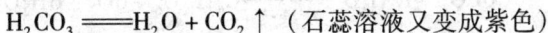

（3）跟氢氧化钙反应生成白色的碳酸钙沉淀：

$$CO_2 + Ca(OH)_2 == CaCO_3 \downarrow + H_2O$$

$$\text{（氢氧化钙）} \qquad \text{（碳酸钙）}$$

由于这个反应的现象明显，所以常用来检验二氧化碳。

[观察与思考]

当大理石和稀盐酸接触后，可看见的现象是：＿＿＿＿＿＿＿＿＿＿。

实验所用的气体收集方法是向上排空气法，因为二氧化碳气体比空气＿＿＿＿＿。

实验中用什么方法检验集气瓶内已装满 $CO_2$ 气体？根据是什么？实验装置中的长颈漏斗管口为什么要浸入溶液中？

大理石跟盐酸的反应可表示为：

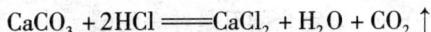

$$CaCO_3 + 2HCl == CaCl_2 + H_2O + CO_2 \uparrow$$

---

· 阅读材料 ·

### 碳 – 12 和碳 – 14 对考古学的意义

碳 – 12（即 $_6^{12}C$）和碳 – 14（$_6^{14}C$）都是碳元素的同位素。

碳 – 12 在科学上用来定义阿伏伽德罗常数。0.012 kg 的碳 – 12 所含有的原子数就是阿伏伽德罗常数。在现代科技水平条件下，测得这一常数的近似值为 $6.02 \times 10^{23}$。在通常情况下，采用此值进行运算。

碳 – 14 在考古学上用途很大，这是由它的特殊性质决定的。碳 – 14 具有放射性，碳 – 14 的半衰期为 5 730 年，也就是说 5 730 年碳 – 14 有一半的原子变成了一种新元素的原子，另一半碳 – 14 则未发生变化。这就是碳 – 14 可用来推算有机物年龄的重要条件。另一方面依据是基于这样的分析，即在宇宙线强度不变的条件下，碳 – 14 的生成和衰变速率达到平衡时，碳 – 14 在碳元素中含量不变（碳 – 12 稳定，无放射性）。碳 – 14 的生成和衰变可分别用核反应表示如下：

$$N \rightarrow {}^{14}C + P \qquad\qquad {}^{14}C \rightarrow {}^{14}N + \beta^-$$

由于这个关系，我们可认定在活的有机体内，碳 – 12 和碳 – 14 的比例是不变的。

碳 – 14 是怎样进入有机体的呢？有机体死亡后如何变化呢？碳 – 14 进入有机体（包括人体）是依靠植物的光合作用。光合作用的正确表述是：

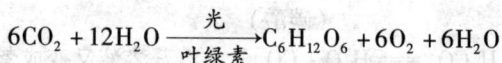

$$6CO_2 + 12H_2O \xrightarrow[\text{叶绿素}]{\text{光}} C_6H_{12}O_6 + 6O_2 + 6H_2O$$

碳 – 14 与氧结合成 $CO_2$，通过上述作用构成葡萄糖，成为有机体的重要成分或为人所食用。而当有机体死亡后，因新陈代谢的停止，碳 – 14 无法得到补充。由于衰变，碳 – 14 含量不断减少，每隔 5730 年减少一半，因此化石和遗体中的碳 – 12 和碳 – 14 的比例发生变化，时间越久远，碳 – 14 的含量越小，用科学方法测定碳 – 14 含量即可推算出古生物生活的年代。

放射性同位素半衰期越长（如铀 – 238 的半衰期为 $4.5 \times 10^9$ 年）就越能用来测定更古老的物体的年龄。如用铀 – 238 同位素测得太阳系的年龄约为 45 亿年。

碳的同位素除了碳 – 12（98.89%）、碳 – 14（$1.2 \times 10^{-10}$%）外，还有碳 – 13（1.11%）。

## 确定金刚石是纯净的碳

早在 1694 年，意大利佛罗伦萨学院的院士们用凸透镜把日光聚集在金刚石上，它被烧红，体积缩小，不熔化，然而没有留下任何痕迹就消失了。

1776 年，拉瓦锡把金刚石放在玻璃钟罩内，重复意大利佛罗伦萨科学院院士们燃烧金刚石的实验，得到了无色的气体，将它和澄清的石灰水作用，形成白色沉淀。这正和燃烧木炭所得的结果一样。于是他作出结论：在金刚石和木炭中含有相同的物质，称为碳。正是拉瓦锡，首先把碳列入元素周期表中。

1797 年，法国化学家淡拉德观察到赤热的金刚石在熔化了的硝酸盐中强烈燃烧的现象，并且测得生成二氧化碳的量等于相同的石墨燃烧时所获得的量。这一实验，证实了金刚石是纯净的碳。

# 第四节　甲烷的制取与性质实验教学研究

## 一、实验教学研究目的

（1）掌握甲烷的实验室制法和性质实验的反应原理。

（2）熟练掌握制取甲烷和甲烷性质实验的操作技能，研究实验成败的关键和注意事项。

（3）掌握本实验的教学法。

## 二、实验用品

仪器：铁架台、酒精灯、硬质试管、铝箔、具支试管、烧杯、火柴、大试管、水槽、集气瓶、毛玻片、小塑料瓶。

药品：碱石灰、无水乙酸钠、氢氧化钠、稀溴水、酸性高锰酸钾溶液、澄清的石灰水、饱和食盐水、二氧化锰、浓盐酸、锌粒。

## 三、实验教学原理

实验室中甲烷的制取是用无水乙酸钠和氢氧化钠固体混合加热，发生如下反应（碱石灰预先均匀脱水，干燥处理）。

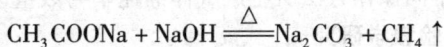

$$CH_3COONa + NaOH \xrightarrow{\triangle} Na_2CO_3 + CH_4\uparrow$$

## 四、实验研究步骤及方法

### 1. 制取甲烷的研究

制取甲烷之前首先要制取碱石灰：取 15 g 氢氧化钠和 5 g 新鲜的生石灰粉末，放入蒸发皿中加热，用玻璃棒不断搅拌，待混合均匀后，停止加热。放置在干燥器内冷却后再研成粉末，装入带盖的玻璃瓶中，密封贮存备用。准备工作做好即可开始制取甲烷，其方法有如下几种：

（1）称取 2.5 g 无水醋酸钠粉末和 2 g 新制的碱石灰粉末，混合均匀，将混合物装入用铝箔卷成的比试管内径略小的圆筒中，把圆筒装入试管，使封闭的一端紧贴着试管底部，如图 2-44（Ⅰ）所示。再在试管口配上带有导管的单孔胶塞，并检查装置的气密性。

（2）称取 2.5 g 无水醋酸钠粉末，装入干燥的硬质试管中，用试管夹夹持着在酒精灯火焰上加热，待醋酸钠熔化后，离开火焰，将试管平放在桌上（管口略高一些），并慢慢转动 180°，使醋酸钠在试管底部的内壁形成半圈长约 2 cm 的薄膜。然后把

2.0 g新制的碱石灰粉末装入试管中，并使碱石灰粉末均匀地铺在醋酸钠的薄膜上，把试管固定在铁架台上加热。估计装置中的空气排尽后，将生成的气体继续收集。

（3）称取1.0 g干燥的石灰粉末，装入干燥的硬质试管中，在试管底部均匀地铺开（约2 cm长），然后把2.5 g无水醋酸钠粉末与2.0 g新制的碱石灰粉末的混合物装入试管中，均匀地放在石灰粉末上面，如图2-44（Ⅱ）所示，把试管固定在铁架台上加热，估计装置中的空气排尽后，将生成的气体仍收集到贮气瓶中，观察产生气体的速率，估计生成气体的量。

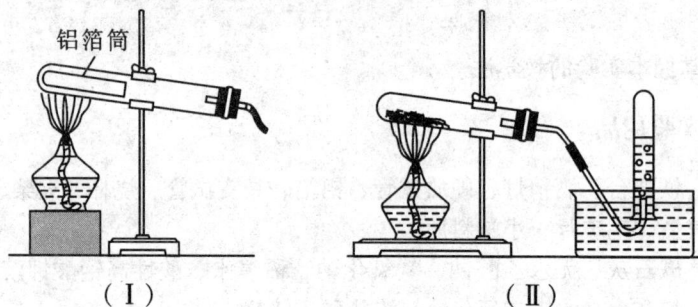

铝箔筒

（Ⅰ）　　　　　　　　（Ⅱ）

图2-44　制取甲烷的装置图

**制取甲烷韵语**

碱石灰和醋酸钠，混合均匀把热加，

试管倾斜口向下，点燃检纯防爆炸。

最后对以上三种不同操作方法所生成气体的速率与数量进行比较。

**2. 甲烷的性质实验教学研究**

（1）物理性质

甲烷是无色、无臭的气体，密度是$0.717\ g \cdot L^{-1}$（标准状况），极难溶于水。

甲烷是池沼底部产生的沼气和煤矿的坑道所产生的气体的主要成分，这些甲烷都是在隔绝空气的情况下，由植物残体经过微生物发酵的作用而生成的，如图2-45所示。

图2-45　沼气的产生

（2）化学性质

通常情况下，甲烷稳定，如与强酸、强碱和强氧化剂等一般不发生化学反应，在特定条件下甲烷能与某些物质发生化学反应，如可以在光照的条件下发生取代反应等。

甲烷虽然能燃烧，但不能被高锰酸钾等强氧化剂氧化。另外，实验证明甲烷也不与酸、碱等物质反应。因此，在通常条件下甲烷的化学性质稳定。甲烷与高锰酸钾不发生反应，也不与溴水发生反应。

①甲烷的稳定性

将贮气瓶中的甲烷通入 $0.002 \, mol \cdot L^{-1}$ 高锰酸钾酸性溶液中，观察溶液是否褪色。再将贮气瓶中的排气导管与图 2-46 所示的装置相连，使气体先通过浓硫酸洗涤，再依次通入盛高锰酸钾溶液和溴水（用饱和溴水加三倍水稀释）的试管，观察溶液是否褪色。

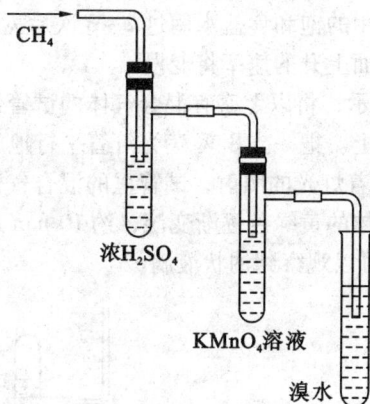

图 2-46　甲烷的稳定性实验示意图

注意：实验时，导管插入浓硫酸、高锰酸钾溶液和溴水液面下不要太深，否则会因导管液柱造成的压强太大，影响气流畅通。

②甲烷跟氯气的取代反应

甲烷在光照条件下能与氯气发生反应，生成多种含氯有机化合物和氯化氢，其反应的化学方程式为：

$$CH_4 + Cl_2 \xrightarrow{\text{光照}} CH_3Cl + HCl$$
一氯甲烷

$$CH_3Cl + Cl_2 \xrightarrow{\text{光照}} CH_2Cl_2 + HCl$$
二氯甲烷

$$CH_2Cl_2 + Cl_2 \xrightarrow{\text{光照}} CHCl_3 + HCl$$
三氯甲烷

$$CHCl_3 + Cl_2 \xrightarrow{\text{光照}} CCl_4 + HCl$$
四氯甲烷

说明：有机化合物参加的反应往往比较复杂，常有副反应发生。因此，有机反应的化学方程式通常不用等号而用箭头（→）表示。

在上述反应中，甲烷分子中的氢原子逐步被氯原子代替。有机化合物分子里的某些原子（或原子团）被其他原子（或原子团）代替的反应叫做取代反应（substitution reaction）。

a. 在试管中用少量二氧化锰跟浓盐酸制取氯气，并用排饱和食盐水的方法，在大试管中收集 4/5 体积的氯气，接着再从贮气瓶中收集 1/5 体积的甲烷（收集顺序不宜颠倒，以便使两种气体迅速混合均匀）。

注意：收集气体用的饱和食盐水用过 2~3 次后需要更换，否则收集的气体在进行氯代反应时，液面上升的速率将变慢。

b. 如图 2-47 所示，将以上盛有混合气体的试管倒置在饱和食盐水槽中，并用铁夹固定在铁架台上。把一支 8 W 荧光灯管平行地放置在离试管 2~3 cm 处。

c. 接通电源，随着灯光的照射，试管里的混合气体开始反应，可以观察到液面缓慢上升，混合气体的黄绿色逐渐变淡，约 10 min 后液面可上升到试管容积的 4/5 处，在试管内壁可以观察到油状液滴。

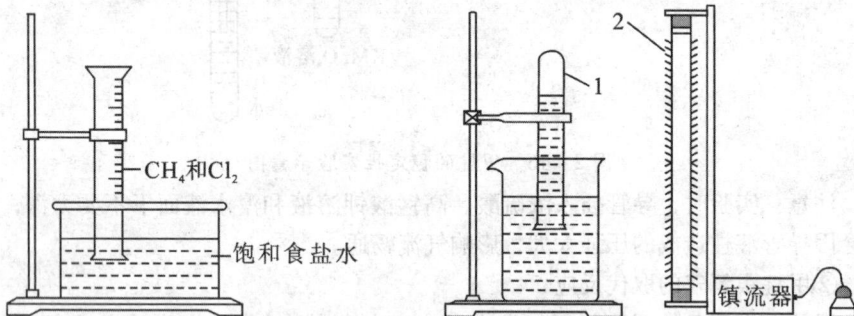

1—装有 CH₄、Cl₂ 的试管　　2—日光灯

图 2-47　甲烷与氯气的取代反应实验示意图

③甲烷与空气混合爆炸

可燃性气体与空气混合后，遇火能够引起爆炸的浓度范围称为爆炸极限，一般用该气体在混合气体中的体积分数来表示。能引起爆炸的最低浓度称为爆炸下限，能引起爆炸的最高浓度称为爆炸上限。例如，甲烷的爆炸极限为 5%~15%。

取一个塑料瓶，配上一个单孔胶塞，塞孔插一根短玻璃管，玻璃管通过一段短胶管与玻璃尖嘴连接，胶管用弹簧夹夹住。将塑料瓶底开一个圆口，用排水集气法收集一瓶甲烷，然后用大胶塞将瓶底上的圆口堵住。将塑料瓶固定在铁架台上，如图 2-48 所示。拔去瓶底上的胶塞，打开瓶口上夹在橡皮管上的弹簧夹，点燃从玻璃尖嘴出来的甲

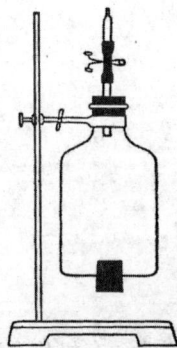

图 2-48　甲烷与空气混合遇火爆炸

烷。由于甲烷不断地燃烧，瓶内甲烷逐渐减少，空气从瓶底的圆口进入，当塑料瓶里甲烷跟空气的混合物达到爆炸极限（甲烷在空气中爆炸极限为 5% ~ 15%）时，就会发生爆炸。

④甲烷与氧气混合爆炸

我国的许多煤矿瓦斯含量较高，容易发生瓦斯爆炸事故，造成人员伤亡和财产损失。请分析：在什么情况下容易发生矿井瓦斯爆炸？对此应该采取哪些安全措施？

甲烷的化学式是 $CH_4$，它是无色、无味、密度比空气小的气体，不溶于水。甲烷是一种很好的气体燃料，燃烧时放出大量的热，火焰呈蓝色。爆炸极限为 5% ~ 15%。

$$CH_4 + 2O_2 \xrightarrow{\text{点燃}} CO_2 + 2H_2O$$

a. 取一支 50 mL 注射器，从盛有纯净甲烷的贮气瓶中抽取 15 mL 甲烷，再从盛有纯净氧气的贮气瓶中抽取 30 mL 氧气（氧气跟甲烷的混合气体的爆炸极限为甲烷占 5.4% ~ 59.2%）。

b. 在蒸发皿或塑料烧杯中盛有配好的肥皂液或洗涤剂的水溶液，将盛有混合气体的注射器的针管插入肥皂液中，用手推压注射器，针筒中压出的混合气体吹成许多大小不等的肥皂泡。

c. 从蒸发皿中移走注射器，用一根燃着的木条点燃肥皂泡，立即发生强烈的爆鸣声。

⑤甲烷的燃烧

a. 将甲烷气依次通过酸性高锰酸钾溶液和氢氧化钠溶液，以除去其中混有的不饱和烃以及丙酮等杂质。在玻璃尖嘴点燃，如图 2 - 49 所示，观察纯净甲烷燃烧时火焰的焰色（应该是淡蓝色，但在玻璃导管口直接点燃时，由于玻璃中含有钠盐，可使火焰略呈黄色，若将玻璃尖嘴换接一个金属尖嘴，可以消除此种现象）。

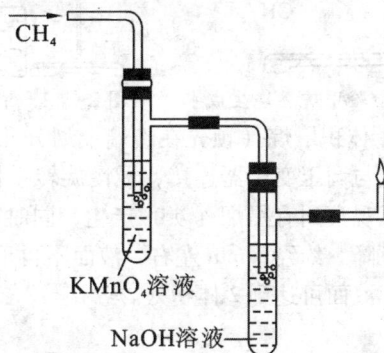

图 2 - 49　甲烷的燃烧

b. 取一个洁净透明的小烧杯，加入 10 mL 澄清石灰水，使烧杯倾斜，将甲烷燃烧的火焰伸入烧杯的液面上，如图 2 - 50 所示，约 15 min 后，将火焰移开，摇动烧杯，如此反复 3 ~ 4 次，烧杯中的石灰水即变浑浊。

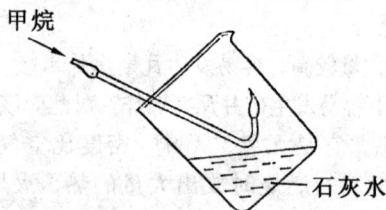

图 2 - 50　检验甲烷燃烧生成二氧化碳

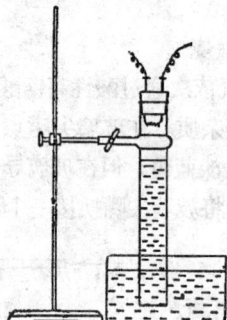

c. 选择一支无底的粗试管，从上口装入一支盛冷水的小试管（用橡皮圈固定好），把粗试管固定在铁架台上，将甲烷燃烧的火焰从底部伸入粗试管中，如图 2 - 51 所示，不久就可以看到在小试管底部和粗试管的中部有许多小水珠生成，甚至有小水珠滴落下来。

⑥甲烷的热解

a. 取一根硬质玻璃管，一端用小胶塞堵住，胶塞上插入两根细金属丝（或大头针），两根金属丝的尖端用电灯泡中的钨丝（或细电炉丝）相连。将玻璃管装满水（不留一点气泡），倒置于水槽中，如图 2 - 52 所示。

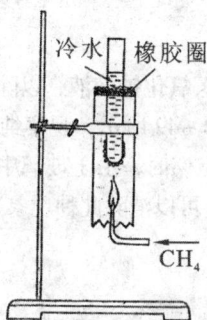

图 2 - 51　检验甲烷燃烧生成水　　图 2 - 52　甲烷的热解

b. 向玻璃管里通入 1 体积甲烷（预先在玻璃上划分几个等分），然后将胶塞上的两根细金属丝用导线与调压变压器连接，慢慢旋转手柄，使钨丝达到红热而不熔断的程度。这时可以观察到有黑烟（炭）产生，同时生成氢气。由于管内气体增多，迫使管内液面下降。约经 5 min 左右，液面不再下降。此时可切断电源，待玻璃管冷却至室温时，液面可达到 2 体积处。

（3）甲烷的用途

甲烷的燃烧产物是二氧化碳和水，与相同条件下等体积的一氧化碳和氢气相比，甲烷燃烧时放出的热量多，因此，以甲烷为主要成分的天然气是一种理想的洁净燃料。

甲烷是沼气的主要成分。用稻草、麦秆、杂草、人畜粪便等，投入密闭的沼气池中，经发酵，产生甲烷，并形成沼气，可作燃料，如图2-53所示。

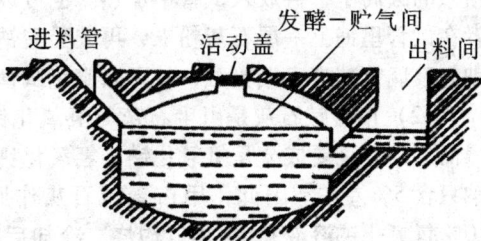

图2-53 沼气池

沼气是可再生的生物能源，在农村大力提倡建造沼气池，既可解决燃料问题，又可以改善环境卫生，提高肥料质量，这对于发展农村经济、全面建设小康社会很有实际意义。

在自然界，甲烷存在于天然气和海底"可燃冰"中，煤矿的坑道瓦斯中也含有大量甲烷。由于甲烷和空气的混合物遇火容易发生爆炸，因此在矿井里作业时，要十分注意通风和防爆。

## 五、研究和讨论

(1) 用无水醋酸钠跟碱石灰制甲烷的成败关键有哪些？怎样才能保证实验成功？

(2) 为什么有时在实验室制取的甲烷能使高锰酸钾溶液和溴水褪色？在实验过程中，如果发生这种现象应该如何处理？

(3) 甲烷跟氯气发生取代反应实验的成败关键有哪些？怎样才能在短时间内取得理想的实验效果？

(4) 点燃甲烷以前为什么必须先检验纯度？设计一种既简便、效果又明显的检验甲烷燃烧生成物的方法。

## 六、实验探究资料

(1) 用无水醋酸钠跟碱石灰反应制取甲烷，反应物是否干燥无水，是实验成败的关键之一。如果使用晶体醋酸钠或受潮的无水醋酸钠跟市售的碱石灰或已经受潮的自制碱石灰，都可能因产气量少或没有气体生成而导致实验失败。反应物的配比也是实验成败的关键之一。据资料介绍，氢氧化钠可稍过量，反应速率快、产气量大。例如：用2.5 g无水醋酸钠与1.5 g氢氧化钠、0.5 g生石灰混合均匀，加热5~6 min，可收集到约700 mL甲烷。但由于氢氧化钠熔化后对玻璃具有很强的侵蚀力，在反应中会使试管炸裂。如果改用2.0 g无水醋酸钠与1.0 g氢氧化钠、0.5 g生石灰混合均匀，加热5~6 min，可收集到约500 mL甲烷。产气量虽少，但试管不易炸裂。如果用2.0 g无水醋酸钠和1.0 g氢氧化钠、5.0 g生石灰混合均匀加热，试管肯定不会炸裂，但反应很慢，产气量也很少，只能达到理论量的40%，而且由于反应慢，加热时间长，可能有更多的副反应发生。为了保证实验成功，应该稍加大氢氧化钠用量。为了不使试管炸裂，可以将反应物装入铝箔做的圆筒中，再放入试管中加热。也可以先在试管里形成一层醋酸钠薄膜，或者在试管里铺上一层石灰粉末，再放醋酸钠与氢氧化钠的混合物，只要使氢氧化钠与玻璃管减少直接接触，就可以避免试管炸裂。

（2）市售碱石灰是由生石灰与氢氧化钠浓溶液反应后，在 200 ~ 250 ℃下干燥而成的，主要成分是氢氧化钠、氢氧化钙，并含有一定量的水分。其中氢氧化钠只含 5% 左右。因此，用市售碱石灰作原料时，必须添加固体氢氧化钠（或 20% 氢氧化钠溶液），并加以灼烧，冷却后再研成粉末，贮存于密闭容器中（不宜长期存放，最好处理后 1 ~ 2 天内就用完）。

（3）晶体醋酸钠（$CH_3COONa \cdot 3H_2O$）的熔点是 58 ℃，在 123 ℃时失去结晶水成为无水醋酸钠。无水醋酸钠的熔点为 319 ℃，在实验室自制无水醋酸钠时，把晶体醋酸钠放在蒸发皿中加热，熔化成液体后，仍继续搅拌、加热，水分蒸发后渐渐变成固体，继续加热又熔化，并有气体生成。当气泡变小时应停止加热，否则醋酸钠分解而逐渐变黑。停止加热后仍要继续搅拌至冷却为止，然后研成粉末，贮存于密闭的容器中备用。

市售的无水醋酸钠在使用前应放入烘箱中（105 ℃）烘去水分后再用。

实验室内若没有无水醋酸钠或晶体醋酸钠，可以用醋酸和氢氧化钠在蒸发皿里直接反应，蒸干后即得无水醋酸钠。

（4）用无水醋酸钠与氢氧化钠为主要试剂制取甲烷时，可以用氧化镁代替生石灰作辅助试剂。配比为无水醋酸钠:氢氧化钠:氧化镁 = 2:2:2.5。反应可在 8 ~ 10 min 内完成，产气量能达到 90% 以上，而且反应时生成的水量少，丙酮气味小，反应过程中试管也不易破裂。另外，还可以用二氧化锰代替生石灰，配比为无水醋酸钠:氢氧化钠:二氧化锰 = 2:1.2:1。混合均匀后装入试管中加热 1 ~ 2 min 就有气体生成，而且产气量大（90% 以上）。由于产气速率快，在导管口点燃时火焰高度可达 5 ~ 20 cm，整个反应可在 5 min 内完成。

（5）醋酸钠与碱石灰反应，不需要高温。在高温下可能发生副反应，生成丙酮、乙烷以及不饱和烃等。

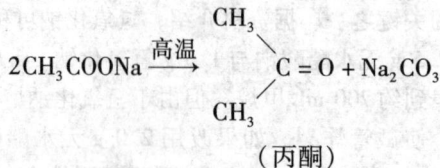

$$2CH_3COONa \xrightarrow{\text{高温}} \underset{CH_3}{\overset{CH_3}{\diagdown}}C=O + Na_2CO_3$$

（丙酮）

$$2CH_4 \xrightarrow{\text{高温}} C_2H_6 + H_2$$

因此，在实验室制取甲烷时，不宜用喷灯加热，也不宜长时间加热，以防发生副反应。在生成的气体中如果混有丙酮，点燃时火焰会呈现黄色。如果混有不饱和烃，气体通入高锰酸钾溶液或溴水中也能使溶液褪色。因此，在做甲烷稳定性实验时，应先使气体通过浓硫酸洗涤，使不饱和烃发生下列反应生成硫酸氢乙酯而被除去。

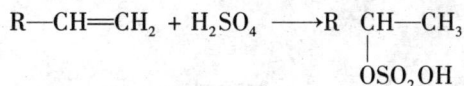

$$R—CH{=}CH_2 + H_2SO_4 \longrightarrow R \underset{\overset{|}{OSO_2OH}}{CH}—CH_3$$

如果甲烷中不含不饱和烃，那么通入溴水中溴水不应褪色。但如果通气时间较长，溴容易挥发，可能被甲烷带走，溶液也会褪色。

（6）甲烷与氯气的取代反应是游离基反应。

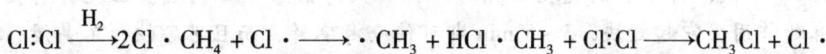

$$Cl{:}Cl \xrightarrow{H_2} 2Cl \cdot\ CH_4 + Cl \cdot \longrightarrow \cdot CH_3 + HCl \cdot CH_3 + Cl{:}Cl \longrightarrow CH_3Cl + Cl \cdot$$

光的能量使氯分子分裂成两个氯原子，这是引发反应的前提。光的波长越短，能量越高。波长在4000Å以下的紫外辐射最为有效。普通白炽灯泡发出的可见光波长在4000Å以上，是不能引发上述反应的。经试验，用"200 V，250 W"高压汞灯芯作光源效果好。如果用一支"220 V，250 W"高压汞灯芯和一盏250W溴钨灯同时照射混合气体［体积比甲烷:氯气 = 1: (4~5)］，能使混合气体发生爆炸。

甲烷与氯气取代反应的成败关键有两点。首先是所用的氯气和甲烷必须纯净，在混合时要防止空气混入；其次是两种气体的混合比以氯气:甲烷 =4:1为宜。另外，为了使两种气体迅速混合均匀，应先通入密度较大的氯气，后通入密度较小的甲烷。引发反应的光源采用上述250 W高压汞灯芯最好，用荧光灯也可以。在距试管15~20 cm处用点燃的镁条照射，也能引发反应。把试管放在照亮的窗台上（不能让阳光直射，以防混合气体爆炸），自然光也能引发反应，但所需时间较长（约需20 min左右）。

（7）甲烷燃烧的实验，如欲同时检验生成的水和二氧化碳，可按图2 - 54所示装置实验。

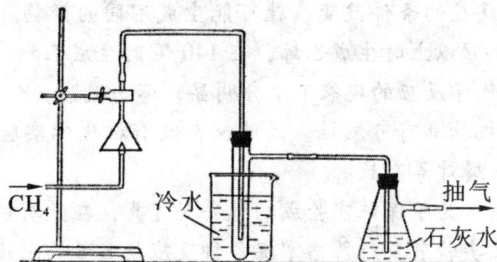

图 2 - 54 检验甲烷燃烧产物

使甲烷在倒置的漏斗下燃烧，用吸气球在吸滤瓶侧支管上连续吸气，使燃烧生成的水蒸气和二氧化碳进入具支试管中，水蒸气被冷凝成水珠聚集在试管内壁上，二氧化碳气体进入吸滤瓶，跟澄清的石灰水发生反应，2~3 min后，可使石灰水变浑浊。

·**阅读材料**·

### 麻醉剂

三氯甲烷（氯仿，chloroform）是最早（1847年）应用于外科手术的全身麻醉剂之一。但是，由于氯仿的毒性较大，人们一直在寻找它的替代物。20世纪50年代，科学家们发现乙烷的一种取代产物——三氟氯溴乙烷具有良好的麻醉作用，它起效快，3~5 min即可使全身麻醉，而且苏醒快，不易燃、不易爆。

随着科学技术的发展，目前三氟氯溴乙烷已被七氟烷等麻醉剂代替。

### 有机化学实验的特点

中学化学教学中的有机化学实验约占全部中学化学实验的四分之一。其中包括：制取气体（甲烷、乙烯、乙炔）、制取液体（乙酸乙酯、硝基苯等）、制取高分子化合物（酚醛树脂）的实验，研究各类化合物代表物质的性质和检验方法的实验，揭示工业生产原理（石油催化裂化、煤的干馏）的实验以及测定实验（如测定乙醇分子结构）等几种不同类型的实验。

有机化学实验一般具有以下特点：

1. 反应速率较慢。像酯化反应、缩聚反应等要几十分钟或几小时才能完成。

2. 许多有机化学反应需要加催化剂。不加催化剂甚至不能发生反应。

3. 有机化学反应容易发生副反应。尤其是当反应物配料比不同、改变催化剂或其他反应条件时，更容易发生副反应。

4. 有机化学反应的条件改变，就可能生成不同的产物。例如：乙醇跟浓硫酸反应，在170 ℃以上时生成乙烯，在140 ℃时生成乙醚。

5. 许多有机化学反应的现象不十分明显，不易观察。

6. 大多数有机物具有可燃性。因此，在做有机化学实验时，必须注意安全，以杜绝燃烧、爆炸等事故。

根据上述特点，为了保证实验成功、安全可靠，在做有机化学实验时，必须认真设计和安装实验装置；严格掌握各种反应物数量的配比；筛选最佳效果的催化剂；严格控制反应温度和时间；仔细观察实验现象，分析实验中出现的异常现象，并及时处理以保证实验能安全、顺利地完成。因此说，有机化学实验对培养学生的实验操作能力、观察能力、思维能力、分析问题和解决问题的能力等，具有重要意义。

## [本章小结]

通过本章的学习，学生可以对各类气体的制备原理、装置原理、操作原理、收集原理及方法、检验原理及方法、尾气处理及应用都获得很深刻的理解，并对理论加深认识，起到相辅相成的作用。

另外，在最后安排了思考练习，以巩固本章的重点，并且加入了生活中常用的稀有气体的应用，C – 12、C – 14 对考古学的意义，麻醉剂及有机化学实验的特点等阅读材料，以帮助学生激发兴趣、扩展知识、学以致用，进行规律性的教学，培养综合能力。

## [思考练习]

1. 练习讲解各气体制备及性质实验，并示范操作、研究教学方法。

2. 你如何改进创新本章所讲的几个实验？提出改进意见，并深入研究教学方法。

# 第三章　电解化学实验教学研究

## [内容提要]

    本章主要介绍中学阶段利用直流电源进行的一类化学实验，主要内容包括电解水、电解饱和食盐水的实验。通过此类实验，加深对相应化学基础知识的理解，并使学生在利用电解装置进行实验的基本操作技术和技能方面有所提高。了解实验的成败关键、注意事项、教学技巧和方法、实验仪器、药品的代用和匹配以及实验条件的选择，以培养学生根据现有条件及仪器药品，确定改进和创新的能力。最后，阐述了实验在工业上的应用等以达到学以致用的目的。

## [学习指导]

1. 了解实验教学研究的目的。
2. 理解实验原理及装置原理。
3. 掌握实验的注意事项、成败关键及教学方法。
4. 掌握实验条件、操作方法以及应用等。

    在化学实验室里，除照明和一些仪器使用交流电外，对许多化学实验，如电解、电泳、电镀、离子定向移动实验的基本特点是必须用直流电源。其目的是利用直流电源使电子定向移动的特点，使电极上发生电化学反应或提供能量的实验现象得以实现，借此加深对相应化学基础知识的理解，并使学生在利用电学装置进行实验的基本操作技术和技能方面有所提高。在实验过程中，一定要注意遵守安全用电和操作规程。

    实验室常用的直流电源有蓄电池、干电池和学生电源等。

# 第一节　电解水实验教学研究

## 一、实验教学研究目的

（1）用实验证明 $H_2O$ 是由氢、氧两种元素组成，水电解生成氢气和氧气。

（2）熟练掌握电解水演示实验的操作技术和成败关键。

（3）掌握实验的教学方法及应用。

## 二、实验用品

仪器：烧杯、玻璃棒、托盘天平、砝码、试管、导管、胶管、保险丝、曲别针、干电池、直流电源、霍夫曼电解器、火柴。

药品：硫酸、氢氧化钠、氯化钠、石蕊试剂。

## 三、实验研究原理

电解水实验就是通直流电使水分解成氢气与氧气的实验，为了增加水的导电性，一般使用氢氧化钠或硫酸溶液，简单分述如下：

### 1. 以氢氧化钠溶液为电解液

当电流通过时溶液中的 $H^+$ 和 $Na^+$ 都移向阴极，但因为 $Na^+$ 获得电子的倾向小，故在阴极上析出的是氢气而不是钠。在阳极上，$OH^-$ 放电析出氧气。

### 2. 以硫酸溶液为电解液

通电时，溶液中 $SO_4^{2-}$ 与 $OH^-$ 都移向阳极，由于 $SO_4^{2-}$ 的电位较高，因而 $OH^-$ 先放电，在阳极上析出氧气。

故电解反应方程式应为：

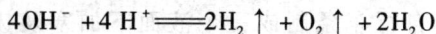

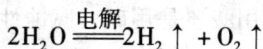

$$4OH^- + 4H^+ = 2H_2\uparrow + O_2\uparrow + 2H_2O$$

$$2H_2O \xrightarrow{\text{电解}} 2H_2\uparrow + O_2\uparrow$$

电解水实验分析：

电解水的电流必须用直流电源，不可用交流电源，因为只有用直流电源，才可以在两个电极之间形成稳定的电势差，从而使水中的带电粒子定向移动（带正电荷的 $H^+$ 向负极移动，带负电荷的 $OH^-$ 向正极移动）。

## 四、实验研究步骤及方法

### 1. 用霍夫曼电解器进行实验

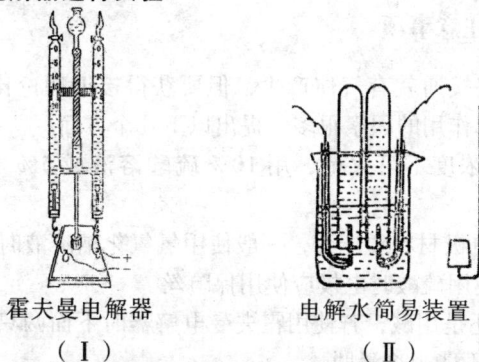

霍夫曼电解器　　　　电解水简易装置

（Ⅰ）　　　　　　　（Ⅱ）

图 3-1　电解水装置

霍夫曼电解器是一种利用电流使水分解的仪器，它有两支各为 50 mL 带刻度的测气管，管的上端各有一玻璃旋塞，下端有三通管连接。测气管的下口用嵌有铂电极的橡皮塞塞紧，三通管中间的玻璃管接有一支球形漏斗。整个装置固定在铁架台上，如图 3 - 1(Ⅰ) 所示。

（1）实验时，先打开测气管上端的旋塞，把准备好的 10% 的稀硫酸，从球形漏斗注入，当稀硫酸充满测气管后，上下调整球形漏斗的位置，使稀硫酸的液面刚刚充满两个旋塞孔，然后关闭两个旋塞（必要时用滤纸卷吸去渗入旋塞上面的液体）。

（2）用导线把电解器的两极分别跟 12 ~ 24 V 电解水装置的低压直流电源的正极和负极连接好。

（3）通电后，待收集的气体达到一定数量，便可停止通电。同时观察并记录两管中气体的体积比。然后把球形漏斗位置升高，把带有火星的小木条放在正极的测气管尖端，再打开旋塞，可观察到木条复燃。打开另一管上的旋塞，用火在尖嘴处燃点，有轻微的爆鸣声和蓝色火焰。

### 2. 用烧杯、试管制作的水电解器简易装置

（1）用胶塞及废自行车条制成一个液面下加塞及拔塞的专用工具，如图 3 - 1 （Ⅱ）所示，因为不管用酸还是用碱，腐蚀性都较大，无法下手去液面下操作。

（2）在烧杯中加入硫酸或氢氧化钠电解液。

（3）两支试管中装满电解液，靠加塞工具放入液中，不能留气泡。

（4）以玻璃管套导线接上电极制两个电极，浸入烧杯里，伸入两支试管中，注意不能把接口露在液中。

（5）接通电源，有气泡生成，观察氢、氧两种气体的体积比。

（6）取出试管，检验两种气体。

### 五、实验探究注意事项

本实验只要电路接通就有气体产生，但要获得接近理论比例的氢气和氧气，并不是很容易的，起作用的因素很多，提出以下几个方面。

（1）电解液的浓度不可太稀，用 10% 硫酸溶液或 5% ~ 10% 氢氧化钠溶液即可。

（2）电解液与电极材料要配套，一般使用氢氧化钠溶液时电极可以用曲别针和钢笔尖或镍板。使用硫酸时电极应使用保险丝。

（3）无论用酸还是用碱，若使用霍夫曼电解器时下面两只胶塞必须塞牢，如图 3 - 2 所示，千万不能半途滑脱。

（4）电压尽量高些，可以缩短演示时间，有直流电源的应设在 12 ~ 24V，若

用干电池也要用 4 节串联为 6V。

（5）若是蓄电瓶或其他旧的电源，无法判定正负极，则可以把含酚酞的饱和食盐水浸润的滤纸接触两极，红色出现的一极是负极。也可用硫酸钠溶液加石蕊浸湿滤纸做类似实验，变蓝的极是阴极，变红的靠近阳极。两极不能接触，但距离不可过远。

（6）用代用或自制的电解器进行实验所需条件的探索。

①选择或自制电解器，用 5% ~ 10% 稀硫酸为电解液，直流电压为 12 ~ 18 V，用保险丝或电阻丝等作电极，在相同条件下，分别进行实验，观察并记录电解速率以及氢气和氧气的体积比。

②在同一电解器中，用 5% ~ 10% 的氢氧化钠为电解液，直流电压为 12 ~ 18 V，用铁丝或铁钉作电极进行实验，观察并记录电解速率和气体的体积比。

图 3 - 2　霍夫曼电解器

③在同一电解器中，电解液和电极都相同时，再改变两电极之间的距离（由远移到近），观察和比较两电极之间的距离变化对电解速率的影响。

④水电解器的电极材料和电解液的选择。

用不同的电极材料进行电解水的实验，铂电极最好。铂在一般中学不易找到，价格较高，因而在自制水电解器时，多采用其他材料作电极。

根据实验证明，用 5% ~ 10% 的氢氧化钠作电解液时，用铁钉或粗铁丝等是较好的电极材料。如果用 10% 的稀硫酸作电解液，用保险丝含 Pb 不锈钢丝或镀铬曲别针等作电极较好。

总之，用非铂电极时，电极材料与电解液的匹配非常重要，其基本原则是，所选的电极材料应不与所用的电解液起化学反应，而且在电解时能在阳极表面形成不溶于该电解液的保护膜。如铁在碱性溶液中是比较好的电极材料，但在酸性溶液中则不行。

⑤电解液浓度的选择。

如果用作电解液的酸或碱的浓度过稀，电解速率太慢，时间太长，不合演示要求。相反，酸或碱的浓度过浓，腐蚀性大，操作不安全。经验证明，酸或碱电解液的浓度一般选择 5% ~ 10% 为宜。

⑥电极距离和电压的选择。

当电极材料和电极面积相同且电解液的浓度一定时，电压高、电极距离近，则电解速率快。反之，电压低、电极距离太远，则电解速率慢，不合演示要求。

⑦电极的处理。

不管是用保险丝还是粗铁丝等金属作电极，在正式做实验前，最好先进行几

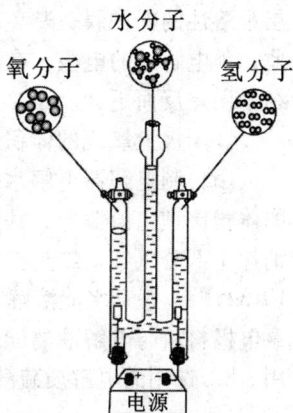

分钟的预电解。一方面可使气体在电解液中饱和,另一方面在阳极表面可形成一层难溶性的保护膜,避免在电解过程中阳极继续被氧化而放不出足量的氧气。因此,预电解过的电极,在以后各次实验使用时,正、负电极不宜调换,否则实验结果误差反而更大。

⑧阳极上氧气的体积比理论量偏低的主要原因和改进办法。

用自制电解器电解水时,所得的氢气和氧气的体积比往往不等于2:1,氧气的体积比理论值偏低,其主要原因:一是用非铂作电极时,阳极本身常被氧化而消耗一部分氧气;二是在相同温度下,氧气在水中的溶解度比氢气大(在293K,101325Pa,每升水能溶解氧气30 mL,溶解氢气18 mL)。改进的办法是:a. 要注意电极材料与电解液的配合,在正式电解前进行预电解,并将正、负电极固定使用。b. 选用的电解质硫酸或氢氧化钠等要尽可能的纯净,并用蒸馏水配制。

### 六、几种简单易行的水电解器或代用装置

经过大量实验证明,在各种自制水电解器中,双管电解器具有易于观察,操作方便,电解速率快,收集的氢气和氧气的体积比接近2:1等优点。具体装备如图3-3所示。

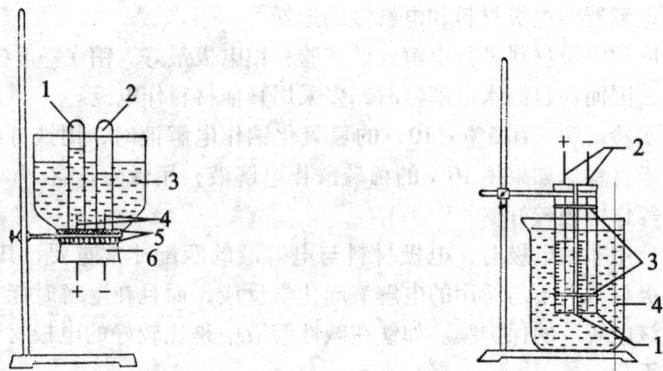

(I)

1-氧气 2-氢气 3-裁去瓶底的大口瓶,
装电解液(10%硫酸) 4-电极(保险丝)
5-石蜡层 6-胶塞

(II)

1-刻度玻璃管或普通玻璃管
2-穿有电极(粗铁丝)的胶塞
3-小胶阀
4-烧杯内装电解液(10%氢氧化钠)

图3-3 自制水电解器

总之,电解水的实验是一个为学生建立化学概念的重要实验,不仅可以使学生了解水的组成,也为学习分子的形成以及化合价等概念打下基础,所以没有霍夫曼电解器的学校也一定要自己动手因陋就简地做好这个演示实验。

## [思考练习]

1. 探索用硫酸或氢氧化钠作电解液时的最佳浓度。
2. 影响电解速率的主要因素有哪些？
3. 电解水所得的氢气和氧气的体积比往往不是2:1，原因何在？怎样改进？
4. 自制水电解器时，如果没有铂片和铂丝，选用哪些材料作电极较好？
5. 总结电解水演示实验最佳条件、成功关键和注意事项。

# 第二节　电解水实验的准备和演示案例

## 一、实验教学研究目的

（1）掌握电解水演示实验的操作技术。
（2）探索水电解器（霍夫曼电解器）的代用装置。
（3）培养学生"以教师的姿态"做好演示实验的预备实验以及进行演示讲解的初步能力。

## 二、实验研究题目

电解水实验的意义及装置介绍：

电解水的实验，是为学生形成化学概念的重要实验，不仅可以使学生了解水的组成，也为学习分子的形成以及化合价等概念打下基础，所以没有霍夫曼电解器的学校，也一定要自己动手，因陋就简地做好演示实验，故用代用装置"快速水电解器"，它是一种新型的理想的电解装置。

## 三、实验教学研究要求及步骤

### 1. 课前写出预备实验计划（预习）和演示（试讲）计划

预备实验计划：预习有关实验所有内容。

演示试讲计划：相当于教案中教学过程的一个片断，其内容包括以下四个方面：

（1）标题、引言、实验目的。
（2）实验装置的构造、原理、操作方法、药品的使用原理及作用。
（3）如何安装、如何演示，简述步骤及学生观察的要点。
（4）根据实验现象，分析、归纳，得出结论。

下面分别将以上四点加以说明：

（1）实验教学研究目的。

①用分解法确定水的组成。（了解水是由哪些元素组成。）

②了解在化学反应中，分子可以分成原子，而原子又重新组合形成了新的分子。

（2）实验教学原理。

仪器构造原理和药品的使用原理及作用如下：

①因为水在通常情况下，是很稳定的，只是在高温1000 ℃以上或在电流的作用下，才能分解。因为1000 ℃条件不允许，所以用电解的方法。

用电解器电解时，必须用直流（低压）电源，以确保电解所需的速率。

一般电压可用12～18 V、电压高些，电解速率快些，可缩短演示时间。

②为了增强导电性，水中可加入电解质（少量 $H_2SO_4$ 和 NaOH）以10%的 $H_2SO_4$ 溶液或5%～10% NaOH、KOH 作电解液。

③再用上述装置，将直流电压依次升高到12～18 V分别进行实验，注意练习操作，对比电解速率及直观效果。

（3）根据实验现象，分析、归纳，得出结论。

现象：①水电解器的两极上，有气泡产生，气体汇集在管口上。

②带"正"极的管内汇集的气体体积小，它能使带火星的木条重新复燃，证明此气体是 $O_2$。

③带负极的管内汇集的气体体积较大，此气体能燃烧并有蓝色火焰，用木条点能产生爆鸣声，证明收集的气体是 $H_2$。

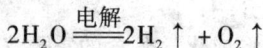

$$2H_2O \xrightarrow{\text{电解}} 2H_2\uparrow + O_2\uparrow$$

结论：实验结果表明水由 H、O 两种元素组成。体积比为 $V(H_2):V(O_2)$ =2:1，说明水的组成是 $H_2O$ 分子，并且 $H_2O$ 分子可以分成原子，原子又重新组合，形成新的分子。

**2. 进行预备实验**

实验操作步骤见快速水电解器说明书，教师边示范边讲实验操作步骤及注意事项，进行效果的初步体验。

采用新型快速水电解器，代替霍夫曼电解器实验装置，以5%的 NaOH 溶液作电解液（配200 mL 电解液，其中电解槽150 mL，长管量筒各20 mL），用直流电源的12～18 V输出进行电解实验。

观察和记录：①两极产生气泡的大小及速率。

②收得可检验量的氧气（到刻度"2"）15 mL 所需要的时间。

③所收得的氢气、氧气的体积比，以及检验氢气、氧气的直观效果，操作是否简便等。

**3. 进行实验**

运用上述装置，将直流电压依次升高到12～18 V分别进行实验。

注意练习实验操作，对比速率及直观效果。

（1）实验条件的探索。

用自制的水电解器电解水，所收集到的 $H_2$ 和 $O_2$ 的体积比往往不等于 2:1，$O_2$ 的体积比理论值要小，其主要原因是：

①阳极材料被氧化要消耗一部分氧。

②在相同温度下，氧气的溶解度比氢气大，如在 20 ℃时，氧气的溶解度为 31 mL·$L^{-1}$，氢气的溶解度为 18.2 mL·$L^{-1}$。

③两极的电流效率可能不同。

（2）实验装置的改进方法。

①注意电极材料与电解液的匹配，并将两极固定使用（给阳极套上一段红色塑料软管作为标记），在正式演示之前先进行一次电解（4~5 min），使阳极表面氧化而形成保护膜，在正式演示时，仍以该极作为阳极。

②电解开始后，暂不收集，使气体在电解液中饱和，或事先用 $O_2$ 使电解液饱和。

③所用 $H_2SO_4$（10%）或 NaOH（5%~10%）等电解质应尽可能纯净。

## 四、实验注意事项及成败关键

本实验只要电路接通就有气体产生，但要获得接近理论比例的 $H_2$ 和 $O_2$，并不是很容易的，主要起作用的因素有很多，提出以下几方面。

（1）电解液的选用与电极材料必须适应。

（2）电极材料选择的基本原则。

电极材料选择的基本原则：所选的电极材料应不与所用的电解液起化学反应，且在电解时，能在阳极表面形成不溶于该电解液的保护膜。

在各种电极材料中，以铂电极为最好。因为它不易氧化、氢和氧在铂电极上的超电压都小。

钨、钼电极也较好（用铂、钨、钼作电极均采用酸性电解液）。然而这些材料不易找到，因而在自制电解器中，多采用铁钉、不锈钢、铅棒、保险丝作电极。

总之，用非铂材料作电极时，电极材料与电解液的匹配非常重要。

例如：Fe 在碱性溶液中是较好的电极材料。但在酸性溶液中则不行。因为一方面铁要与酸反应置换出氢，同时，在电解时，作为阳极的铁又要不断被氧化而溶在酸中，使氧气生成的量大大减少。

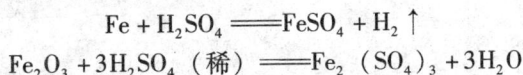

$$Fe + H_2SO_4 = FeSO_4 + H_2\uparrow$$
$$Fe_2O_3 + 3H_2SO_4（稀）= Fe_2(SO_4)_3 + 3H_2O$$

无论采用酸或碱的电解液，都不宜采用铜或碳棒作电极。

Cu 在电解时，其阳极要不断地被氧化溶解，减少氧气的生成。

碳棒的"超电压高"对气体的吸附作用强，产气慢。而且部分氧和炭极作用

生成 $CO_2$，使氧气的量减少。

## 五、实验讨论

（1）是否任何材料作电极，配以任何溶液作电解液都适用于电解水（证明水的组成）的演示实验？

（2）影响电解速率的主要因素有哪些？

①电极材料；②电解液的种类和浓度；③电压。

（3）在某些实验中，所得 $H_2$ 和 $O_2$ 的体积比远远偏离2:1，其原因何在？

①$H_2$ 和 $O_2$ 的溶解度不同；

②阳极被氧化消耗一部分氧；

③两极的电流效率可能不同。

（3）要设计一种霍夫曼电解器的代用装置，原则上应考虑哪些方面的问题？

①电解液和电极的匹配；

②电压（12～18 V）；

③浓度、实验装置等。

[思考练习]

1. 电解水实验的最佳条件是什么？

2. 电解水实验的演示（试讲）。

要求：以小组为单位，在小组内轮流试讲，小组成员相互观摩，并进行评议，提出优缺点和改进意见。

# 第三节　快速水电解器使用说明

## 一、产品简介

快速水电解器是重庆四十九中校办厂研制成功的新型水电解器，1985 年 8 月，由重庆市教仪公司主持，通过了技术鉴定。

它的作用与霍夫曼水电解器相同，但电解水的时间只有霍夫曼水电解器的三分之一，价格也只有霍夫曼水电解器的三分之一，它用透明聚苯乙烯塑压成型，经久耐用，不像霍夫曼水电解器那样易于损坏。

快速水电解器取代了价格高昂的霍夫曼水电解器。

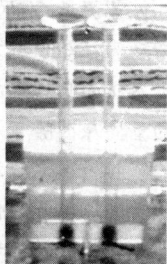

图 3 - 4　快速
水电解器

## 二、快速水电解器的使用方法

（1）如图 3 - 4 所示，将插有电极的两个橡皮塞分别塞入杯形槽下部的正极孔、负极孔。

（2）将 5% 的 NaOH 溶液 150 mL 加入杯形槽，并盖上"电解水"盖板。

（3）用洗瓶或 20 mL 移液管将 5% 的 NaOH 溶液 20 mL 加入两支长管量筒（要求在筒口形成球面）。然后倒立量筒，将只有刻度"1"的量筒通过盖板孔插入正极，将有刻度"1"和刻度"2"的量筒通过盖板孔插入负极。

（4）用直流电源的 12 ~ 18 V 输出进行电解，3 min 后可收集 $O_2$ 至刻度"1"，$H_2$ 至刻度"2"。

（5）$H_2$、$O_2$ 的检验。

①$H_2$ 的检验：

先备好一根燃着的火柴，然后取出收集 $H_2$ 的量筒正放在桌上，待管内 $H_2$ 和液体完全自动调换位置以后，再隔 3 ~ 4 秒钟，立即用燃着的火柴靠近筒口，此时可以听到"啪"的响声，同时可以看到筒内有浅黄色火焰。（因玻管含 $Na^+$）

②$O_2$ 的检验：

先备好一根 10 cm 左右一端带有火星的木条，取出收集 $O_2$ 的量筒正放在桌上，待管内 $O_2$ 和液体完全自动调换位置以后，立即将带火星的木条插入收集 $O_2$ 的量筒内，慢慢接近液面，此时可见木条重新燃烧。

## 三、实验研究注意事项

（1）实验完毕应将杯形槽和量筒清洗干净存放。

（2）正式实验之前可将 150 mol/L 溶液先电解 4 ~ 5 min，以使 $O_2$ 在溶液中饱和，取用这种 NaOH 溶液装入量筒能确保 1:2 的准确度。

·阅读材料·

## 珍惜水资源——让地球永葆青春

水是生命的源泉，是人类和一切生物赖以生存的物质基础，是人类生存、生产活动和社会发展不可或缺的重要物质。可以说，没有水，就没有生命。然而中国和世界正面临缺水的重大难题，水资源短缺的"水危机"迫在眉睫。造成"水危机"的重要原因除了人口增长、经济发展外，更重要的是人类污染。20 世纪后期，许多国家和地区水资源供应纷纷告急，缺水已成定势。21 世纪将是一个空前发展的时代，全球水资源供求矛盾也空前尖锐。水被喻为"21 世纪的石油"，这是因为随着人口增长和经济社会的发展，人类对水资源的需求量也在增加，水资源供求矛盾日益突出，尤其是水资源的短缺、水环境的污染已成为全球关注的热点。科学家们预言，比能源危机更为可怕的水资源的短缺已到了前所未有的程度，这一状况的继续恶化可能导致人类无法生存。为此，告诫人们要保护水资源、多元发展，满足经济社会发展需求，提高水资源使用率，从根本上改变缺水危机，让地球永葆青春。下面分别加以全面论述，以唤起和教育所有地球村人民的环境意识和行为，真正走可持续发展的道路。

### 1. 水的重要性

水是生命之源。没有水就没有生命，水是极其宝贵的自然资源，是人类和一切生物赖以生存的物质基础。人类的生存和发展都离不开水，它是其他任何物质所不能代替的。水在人的身体内不断循环，一直到生命结束为止。没有水就没有粮食，也不可能有人类生活需求的工业产品。植物在缺乏肥力的地方还可以生长，但没有水，就会很快枯死。

图 3-5 从太空拍摄的照片
看上去，地球实在像个"水球"

水是生命之源泉。

关心水就是关心我们未来。

3 月 22 日是世界水日。3 月 22 日~3 月 28 日为中国水周。

2009 年中国的水周宣传主题是："落实科学发展观，节约保护水资源。"

世界水日主题是："跨界水——共享的水，共享的机遇。"

2010 年中国水周宣传主题是："严格水资源管理，保障可持续发展。"

世界水日主题是："抓住机遇，应对挑战。"

## 2. 水的分布

水是地球上最多的物质，又是生命的源泉，但水不是人类取之不尽的自然资源。滔滔的流水往往易掩盖它缺乏的本质，地球上的水资源是有限的。我们休养生息的地球，虽是一个70%的面积由水覆盖的蓝色星球，水的总储量约为13.6亿立方千米，但其中97.3%为苦涩的海洋咸水，可供人类开发利用和饮用的淡水只占了2.7%左右。然而在这2.7%左右的淡水中，约有2%是人类难以开发利用的两极雪山冰川和永冻地带的冰雪，剩下的0.7%中，又有很大一部分被埋于极深的地下，现在的人类社会真正可以利用的淡水资源只相当于淡水资源储量的0.63%左右。根据现代科技手段分析调查显示，人类赖以生存繁衍的地球，有1/3的人口得不到安全用水的水平，地球上53亿人口中，有约34亿人平均每人每天只有50 L水，有近70个国家严重缺水。我国的情况又怎么样呢？我国人口占世界的22%，而淡水占有量仅占世界的8%，人均淡水拥有量不足世界人均的1/4。可是至今还有不少人不清楚在水资源的问题上，我们已经面临着可怕的危机。

从地域分布上看，长江流域及以南地区的耕地只占全国耕地的36%，却占有全国水资源的82%以上。这就使我国常常出现这样的情况：当长江流域连降暴雨、洪水泛滥之时，北部大部分地区却赤日炎炎、土地龟裂、河川断流。另外，水分循环是实现

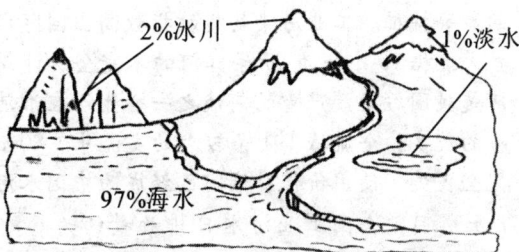

图3-6  地球水资源的分布比例

水体特别是淡水资源更新和补充的重要过程，但水分循环需要一个固定的周期，受时间和空间的限制，一定地域可利用的水资源特定时期内是基本不变的。而水资源无论在时间上还是在空间上的分布都是不均匀的，这就意味着有些地区或有些季节水资源供应是不足的。

## 3. 我国水资源短缺的原因

本世纪以来，世界人口剧增，使有限的水资源受到严重污染，正如欧盟的一份报告指出：自本世纪初以来，一方面由于农药污染，增至每年达3 800 km³；另一方面因水需求量增大，增加35倍，在2030年前后，将出现水资源需求超过供应形势而造成的悲惨局面。下面分别加以论述。

### 3.1  人口的急剧增长加速了水资源破坏

人是社会经济发展的动力，又是消费社会资源的主要群体，尤其是20世

纪中期以来，人口持续增长，盖房、办工厂等使全球每年有500万公顷土地丧失生产能力，有害物质正以每年3亿吨的速率剧增，是人类面临的一大灾难。由于人类的不断参与，更加剧了水资源短缺的现状。我国的人口增长过快（每年净增1600多万），从而导致了人均占有水量更是越来越少，我国人均占有水资源量不足世界人均占有水资源量的

图3-7　缺水造成的土地干裂

1/4，排名为第121位，是13个贫水国家之一。我国660多个城市中有400多个城市缺水，其中110多个城市严重缺水，全国约有12亿亩耕地缺乏灌溉条件，严重受干旱缺水影响。

### 3.2　污染严重

近年来，有些地方和部门特别是一些生产力落后的中小企业，他们单纯追求产值和利润，无视中央的三令五申和法律法规，肆意向江河湖海中排放污水，倾倒生产生活垃圾，致使水体污染、环境恶化。工业污染是我国河流污染的显著特征。工业污染物排放指数高出国际水平几倍到几十倍，且污染面不断扩大。据15个省市27条江河的不完全统计，2 800 km河段鱼类基本绝迹。淮河是我国污染最严重的河流之一。生活在淮河流域的1.5亿人面对这样一个严峻的现实：全流域191条较大的支流中，80%的河水已经变黑变臭，2/3河段完全丧失了使用价值，淮河已经成为中国水污染最严重的一条河流。据不完全统计，目前全国工业污水日排放量约为 $6 \times 10^7$ $m^3$，城市生活污水排放量为 $5 \times 10^7$ $m^3$，全国已有1/3以上的河段受到污染，不能用于灌溉的河段长 $1.28 \times 10^4$ km。严重的水体污染给下游的居民生活、农业生产、生态环境等都带来了巨大的影响。

### 3.3　水的分布及开发利用不平衡

我国的降水地区和时间分布不均匀。其特点是：东南多，西北少，由东南沿海地区向西北内陆递减，分布很不均匀，南北水资源分布悬殊。

我国北方水少，但集中了许多工业城市（如辽宁、华北等地区），需水量大，因缺水造成工农业经济损失累计约为268亿元，粮食减产 $9.86 \times 10^9$ kg。我国南方水资源丰富，工农业生产用水量较大，但河川径流利用率却低于16%。水资源的合理分布遭

图3-8　乱砍滥伐森林

到破坏，导致土地沙漠化日益严重，对森林等天然水库的乱砍滥伐使常规降水逐年削减，处在河湖沿岸的城市，特别是乡镇企业也使水污染加重。在此基础

上，由于用水量进一步增加，河湖水及地下水过度开采，结果使水环境容量大大下降，容量与污染排放量平衡失调，使水资源短缺雪上加霜。

### 3.4 浪费严重

#### 3.4.1 家庭用水的浪费

家庭用水浪费主要表现以下几个方面：

用水后未拧紧水龙头，导致水浪费。

这种现象主要是由于人们的疏忽，导致水从破旧的水龙头中白白流走。

洗涤用水的浪费。

洗衣服、洗菜、洗澡……每天我们要消耗掉大量的洗涤用水，这些水都没能够再次循环利用，导致用水的浪费。这种现象主要是由于人们缺乏节约用水的意识，洗衣服、洗菜后的水，淋浴后的水都没有循环利用。

#### 3.4.2 工农业用水的浪费

土渠输水，大水漫灌的农业灌溉方式仍普遍存在，灌溉用水一般在输水过程中就渗漏损失了，在农田灌溉方面，由于技术落后、工程不配套、管理不善等，水的利用率不到40%。工业用水方面循环利用率低，仅为发达国家的1/3左右。

图3-9　农作物干旱死亡图

现代工业、农业、科技发展的频率在不断加快，这给人类社会的发展和进步提供了物质条件。然而随着现代化城市的发展与工农业的增长，人类的用水量亦呈直线上升趋势，而且这种直线上升的趋势将会随着经济的发展而难以遏制，其势头将会越来越强劲。根据材料统计，一个百万人口的城市，每天的工业生产和居民生活用水约需60万吨以上，而全世界百万人口的城市难以计数，其每天的用水量不言而喻。

### 3.5 生态环境失调

因森林、植被不断减少，导致了陆地上水量的不断减少；水污染又使许多淡水资源失去了利用价值。这样的双重作用导致了全球性饮用水源的危机。另外，过度开采地下水还会造成城市的降沉，各种建筑的基础设施摇摇欲坠，市民的安全也岌岌可危。植被减少、天气干旱、过度开采等，不仅造成大量水库、河流、湖泊干涸缺水，而且造成地下水资源的下降，形成恶性循环。世界上天然湖泊在不断消失，数量不断减少；往日的湖泊河流干涸，河流的数量和干涸的里程在不断增多；过度开采造成地下水资源严重的失衡。

另外，水利建设、管理制度等滞后于经济发展，用水粗放、水分利用效率低、无效浪费严重等问题一直都没有得到很好的解决，它们从不同方面加剧了水资源短缺的程度。

## 4. 水污染物造成的危害

水污染是当今世界最严重和最普遍的环境问题。从水体污染源看，主要有重金属如汞、镉、铅、化肥、农药、酸雨、放射性物质和石油。如工业废水的排放，已使全世界河流稳定量的 40% 受到严重的污染，其污染物中有毒性很大的铬、汞、氰化物、酚类化合物、砷化物等。

水体受有毒化学物质污染以后，通过饮水或食物链便可能造成中毒，这样的急性和慢性中毒是水污染对人体健康危害的主要方面。

### 4.1 重金属污染

生命是蛋白质的存在形式，当人体被重金属污染，因重金属化学性质稳定，故可在生物体内积累，使人体蛋白质沉淀变性，从而失去应有的功能和作用。

汞的毒性最强。汞进入人和动物体内会逐渐积累起来，汞中毒以脑损害为主要特征。汞中毒的主要症状是神经系统受损，表现为急躁、手足麻痹、疯癫、失明等，这主要是甲基汞所致。

原来水中的无机汞在微生物的作用下，会转变成比 $HgCl_2$ 毒性更大的有机汞：

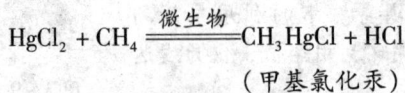

$$HgCl_2 + CH_4 \xrightarrow{\text{微生物}} CH_3HgCl + HCl$$

（甲基氯化汞）

日本的水俣病就是无机汞转变为有机汞而引起的汞中毒事件。

镉的毒性仅次于汞。镉通过饮食进入人体后，造成积累性中毒，它会使全身神经关节剧痛，直至大腿抽动、骨骼畸变，甚至轻微碰动或咳嗽也能导致骨折。许多病人经不住异常痛苦的折磨，不能进食，活活地饿死。人们称这种怪病为"骨痛病"或"痛痛病"。

如 1963 年发生在日本福山县神通川流域的"骨痛病"事件，使许多人受害，其中 81 人死亡。曾经有一死者骨折部位竟多达 73 处，身体缩短几十厘米。这是由于含镉工业废水污染水体造成的。原来，含镉工业废水污染了神通川水体，两岸农民利用河水灌溉农田，使稻米中含镉量高达 $4.23 \ mg \cdot kg^{-1}$。居民饮食了被污染的河水和稻米后中毒，导致"骨痛病"。

铅也是对人类健康危害较大的污染物。即使食入微量铅也会严重损伤人的肾脏、大脑和循环系统，铅对胎儿和 7 岁以下的儿童危害更大，因为小儿体内各种屏障机能比较差，铅对正在发育中的大脑、神经系统都会产生严重的、无法逆转的损伤，可以造成儿童智力低下、行为偏离、生长减慢和造血不良等，即使轻度的铅中毒也会造成儿童的注意力涣散、记忆力减退、理解力降低以及小儿多动症等。

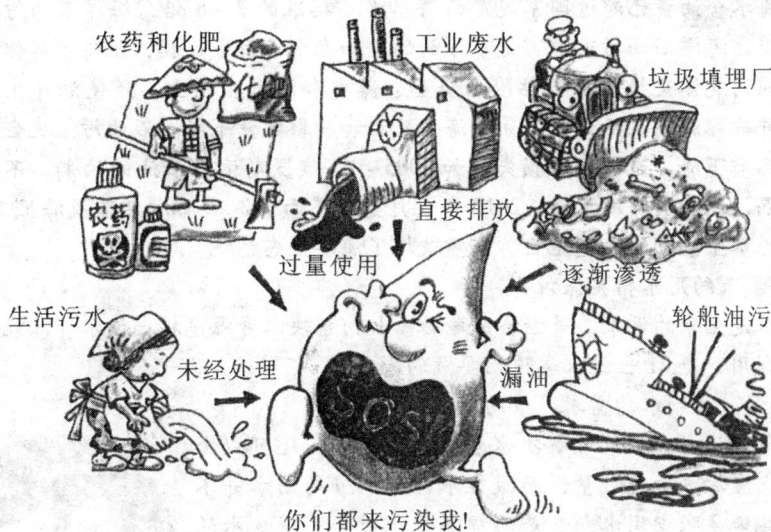

农药和化肥　　工业废水　　垃圾填埋厂

直接排放

生活污水　过量使用　逐渐渗透

未经处理　漏油　轮船油污

你们都来污染我!

图 3 - 10　水体污染源

### 4.2　农药及化肥污染

农田施用农药后，农药不仅长期残留在土壤里，而且也随径流水进入水体。同时生产农药的过程中还要排出大量废水，产生的废水量一般是生产成药的 $2\sim10$ 倍。我国是一个农业大国，化肥用量较大，造成水体富营养化，使水源缺氧，导致鱼类和有益生物死亡。

### 4.3　酸雨

酸雨，顾名思义是酸性的雨，一般指 pH 小于 5.6 的雨雪或以其他形式的大气层降水，它会造成水体污染，水生物死亡，甚至灭绝。而且酸雨会刺激人的眼睛，使眼睛红肿发炎。可见，酸雨的危害是相当严重的。

### 4.4　放射性污染

放射性物质产生的污染也是相当严重的。如 1986 年 4 月乌克兰切尔诺贝利核电站事故，导致 16.7 万人死亡，320 万人受到辐射伤害，水生物植物死亡等。

### 4.5　石油污染

石油污染最主要发生在海洋。据统计，每年通过各种渠道泄入海洋的石油和石油产品，约占全世界石油总产量的 0.5%，倾注到海洋的石油量达 $200\sim1000$ 万吨，由于航运而排入海洋的石油污染物达 $160\sim200$ 万吨，其中 1/3 左右是油轮在海上发生事故导致石油泄漏造成的。我国海上各种溢油事故每年约发生 500 起，沿海

图 3 - 11　石油污染

地区海水含油量已超过国家规定的海水水质标准的 2~8 倍，海洋石油污染十分严重。海洋石油污染危害是多方面的，如在水面形成油膜，阻碍了水体与大气之间的气体交换；油类粘附在鱼类、藻类和浮游生物上，致使海洋生物死亡，并破坏海鸟生活环境，导致海鸟死亡和种群数量下降。石油污染还会使水产品品质下降，造成经济损失。如 2005 年，俄罗斯运输石油的油船，不慎石油泄漏，造成周围海污染。2010 年 5 月美国墨西哥湾石油污染造成海里鱼类、鸟类、水生植物的大量死亡。严重破坏了海洋生态系统。

5. 节约用水措施探讨

水是生命的源泉，是经济的命脉。如何解决水资源危机，使水资源能够可持续利用，是 21 世纪人类迫切要做的事情。

5.1　控制水的需求，节约用水

节约用水，不仅可解决水量短缺的问题，还可以由于减少废污水的排放量，而减轻水污染。节约用水并不是单纯地主张少用水，而是指提高用水效率，减少水的浪费，利用较少的水资源支持更好更快的发展，调整工农业结构，对于节约用水有明显的功效。如在缺水地区"消灭"水稻田，改种旱地作物，淘汰那些耗水量大、污染严重的工业，发展需水量少的工业。同时也应积极发展节水的工业、农业技术，大力推广应用节水器具。

图 3 - 12　中国节水标志

在家庭、公共场所以及服务行业等大力推行节约用水也是十分重要的节水策略。节约用水的另外一件极有潜力的事是杜绝水的漏泄，包括用水器具及输水管网的漏泄。

5.2　完善法律法规，严格执法

我国已制定了《中华人民共和国环境保护法》《水污染防治法》和《水法》等，这些法律、法规在保护环境、保护水体、减轻污染方面起到了一定作用。

5.3　开源与节流并举

2001 年 3 月 15 日，在九届人大四次会议上通过的《国民经济和社会发展第十个五年计划纲要》提出："坚持开源节流并重，把节水放在突出位置。以提高用水效率为核心，全面推行各种节水技术和措施，发展节水型产业，建立节水型社会。"

南水北调工程是解决中国北方水资源短缺的特大型水利工程，该工程以实现水资源优化配置和满足北方的水资源需求为目的，其原则之一是先节水，后调水，这就要求

世界水日

呼唤地球的儿女，带珍惜每一滴水。

图 3 - 13　世界水日宣传画

我们要珍惜用水，另外还要大量植树造林、退耕还林、退耕还草、保持水土。建设绿色通道，就是在南水北调输水线路两侧，种植树、草、绿色无公害作物等，形成一条数百米宽的绿色长廊来保证调水水质。今后，湖泊、河流、水源工程都应该进行这种建设。

### 5.4 开展新的淡水资源和废水回收综合利用技术研究工作

#### 5.4.1 开展新的淡水资源

沿海地区可开发海水淡化业，向海水要淡水。

作为物质形态的水，地球上并不缺乏，例如海水。如果能把海水通过有效的、经济可行的技术手段变成淡水，人类就可以从根本上解决水资源短缺的问题。目前，全世界有120多个国家和地区采用海水或苦咸水淡化技术取得淡水。据统计，海水淡化系统与生产量以每年10%以上的速率在增加。亚洲国家如日本、新加坡、韩国、印尼与中国等也都积极发展和应用海水淡化作为替代水源，以增加自主水源的数量。

目前世界上已商业化的海水淡化技术主要有蒸发工艺和反渗透工艺。由于膜以及相应配套技术的发展，每吨淡水成本已经大大降低，用反渗透法淡化海水，解决城镇居民生活用水及工业用水已经获得越来越广泛的应用。因此向浩瀚的海洋汲取淡水，不仅能解决淡水总量的短缺问题，而且具有开辟新的永久性淡水来源的意义。

图 3-14 反渗透海水淡化装置

#### 5.4.2 废水回收、综合利用

当前，开展废水的回收综合利用研究是更可行的办法。据报道，在我国的城市供水中，直接性用水（含生产、生活）耗量只占5%~12%，大量的为非直接性用水，如冲洗、冷却、消防、建筑、绿化、公园景观等，这些地方用水量大，水质要求不高，可以将废水处理回收按质按需分别供应，这样，既减少了污染排放量，又节约和保护了水资源。

### 5.5 加强科学管理和水利工程建设，注意协调各方面的关系

我国水资源的许多问题，之所以长期未得到解决，除了认识问题外，很重要的原因是在水资源的管理体制、投资机制和水价政策中存在问题。

打破多龙管水的旧体制，进行水利系统改革，制定系统有效的水资源管理模式和政策措施，进行大量科技投入，改变传统的用水方式，推广应用节水新产品、新工艺、新技术。

### 5.6 改变传统观念，提高节水意识

破除陈旧观念，树立忧患意识。最紧迫的工作仍然是提高全民的节水惜水

意识，树立全社会的水资源忧患意识，共建节水型社会，以节水惜水为光荣，从节约爱惜每一滴水做起。

首先要在全国大力宣传我国面临的水资源危机的严峻形势，在全民中树立水危机的忧患意识。要破除"淡水是一种不花钱的、取之不尽的资源"的错误观念，树立爱水、惜水的新风尚。水是一种重要的自然资源，也是一种重要的商品，因而可以加大节水宣传力度，培养全社会节水意识，遵循市场经济规律，利用经济价格杠杆，逐渐变被动节水为主动节水。节水关系到人类的命运和前途，关系到世界的和平稳定和发展。节约用水应该成为每个公民的光荣义务和神圣责任。

总之，人类可利用的水资源供应量在减少，而社会需求量却在增加。水资源危机正在向我们逼近，生命之源会断流，黄河已断流这绝不是危言耸听，处理不好极有可能出现一系列问题，甚至发生水战争。面临水资源问题我们必须清醒认识到，节约用水势在必行，必须从旧观念、旧体制、旧的用水方式中走出来，进行水利系统、用水机制和用水管理制度的改革，即使在水资源充足的地区也要节水在前，用水在后，防患于未然。我们要在全社会进行环保教育，以唤起一种全民性的惜水、节水、防洪抗旱、保持水土、防止污染、充分利用水资源的意识，保护好人类的生命源泉。

# 第四节　电解饱和食盐水实验教学研究

## 一、实验教学研究目的

（1）巩固、加深对电解原理的理解，掌握两极发生的氧化还原反应及其产物。
（2）练习电解操作，掌握操作技能。
（3）掌握本实验的注意事项、成败关键及教学方法。

## 二、实验用品

仪器：小烧杯（或U形管）、玻璃棒、铁架台、碳棒、粗铁钉、导线、电流表、直流电源。
药品：饱和食盐水、淀粉碘化钾试纸、酚酞试液、蒸馏水。

## 三、实验教学原理

氯化钠是强电解质，在水溶液中完全电离：

$$NaCl = Na^+ + Cl^-$$

水是弱电解质，发生"部分电离"：

$$H_2O \rightleftharpoons H^+ + OH^-$$

因此饱和食盐水中存在 4 种离子，即 $Na^+$、$H^+$、$Cl^-$、$OH^-$。向饱和食盐水中通电后，带负电荷的 $OH^-$ 和 $Cl^-$ 移向阳极，带正电荷的 $Na^+$ 和 $H^+$ 移向阴极。

在这样的电解条件下，在阳极，$Cl^-$ 比 $OH^-$ 容易失去电子被氧化成氯原子，氯原子两两结合成氯分子放出。

$$2Cl^- - 2e^- \rightleftharpoons 2Cl$$

$$2Cl \rightleftharpoons Cl_2 \uparrow （氧化反应）$$

在阴极，$H^+$ 比 $Na^+$ 容易得到电子，因而 $H^+$ 不断从阴极获得电子被还原为氢原子，氢原子两两结合成氢分子，从阴极放出。

$$2H^+ + 2e^- \rightleftharpoons 2H$$

$$2H \rightleftharpoons H_2 \uparrow （还原反应）$$

由于 $H^+$ 在阴极上不断得到电子而生成氢气放出，破坏了附近的水的电离平衡，水分子继续电离成 $H^+$ 和 $OH^-$，$H^+$ 又不断得到电子，结果溶液里 $OH^-$ 的数目相对地增多了。因而在阴极附近形成了氢氧化钠溶液。电解饱和食盐水的总的化学方程式可以表示如下：

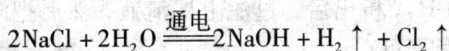

$$2NaCl + 2H_2O \xrightarrow{通电} 2NaOH + H_2 \uparrow + Cl_2 \uparrow$$

## 四、实验研究步骤及方法

方法一：在小烧杯（或 U 形管）里装入饱和食盐水，滴入几滴酚酞试液。用导线把碳棒、电池、电流表与铁钉相连，如图 3 – 15。

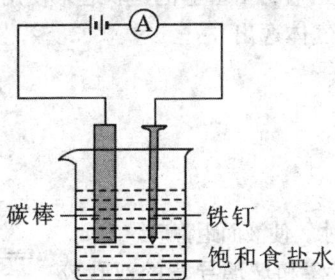

图 3 – 15　电解饱和食盐水

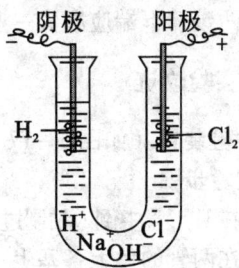

图 3 – 16　饱和食盐
水电解实验装置

接通直流电源后，注意观察电流表的指针是否偏转以及小烧杯内发生的现象，并用湿润的碘化钾淀粉试纸检验阳极放出的气体。

方法二：实验装置如图 3 – 16 所示。

115

实验步骤如下：

（1）按图在 U 形管里倒入饱和食盐水，插入一根碳棒作阳极，一根铁棒作阴极。

（2）在两边管中各滴入几滴酚酞试液，并在两端管口的内壁粘贴一小块湿润的碘化钾淀粉试纸。

（3）接通电源，可看到两极都有气体放出，阳极放出的气体有刺激性气味，且能使湿润的碘化钾淀粉试纸变蓝，证明是氯气。阴极放出的气体是氢气，同时发现阴极附近溶液变红，说明溶液里有碱性物质产生。

## 五、实验注意事项

（1）实验中所用的饱和食盐水必须是真正饱和的。否则会因食盐水浓度过小，使氯离子的电极电位降低，若氯离子的电极电位低于 $OH^-$ 的电位，则阳极的产物主要是 $OH^-$ 放电生成的氧气而不是氯气。

（2）饱和食盐水在实验前最好进行精制，以除去其中的 $Ca^{2+}$ 和 $Mg^{2+}$，否则通电后的阴极区将会出现乳白色沉淀 $[Mg(OH)_2$ 等]。精制时，可将 36 g 精食盐加入 100 mL 蒸馏水里，加热搅拌使之完全溶解，滴入 2 滴酚酞指示剂，继续加入 NaOH 和 $Na_2CO_3$ 混合溶液，边加边搅拌，加至酚酞呈稳定的红色为止。静止几小时，待 $CaCO_3$ 和 $Mg(OH)_2$ 析出后，过滤上层清液，然后把溶液煮沸，冷却后滴加盐酸至溶液变成无色即可。

（3）在装置中，与碳棒相连接的铜导线不能和溶液接触。

（4）作阴极的铁棒不能生锈，如有锈，应该用盐酸处理，再用清水冲洗干净。

（5）实验的快慢取决于电源电压及电流，电压高些，电流大些，反应就快。电源的电压最好为 12～18 V，或把 4 个新充电的铅蓄电池串联起来使用。

（6）两碳棒下端应磨尖一些，以便于气体逸出。

## 六、实验改进

### 1. 实验装置（如图 3-17 所示）

### 2. 实验步骤

（1）在 U 形管中倒入精制过的饱和食盐水，使液面距管口约 2 cm。

（2）在两管的口上各塞上一个带有碳棒和玻璃导管的双孔胶塞，在阴极玻璃导管上倒立一小试管，用来收集逸出的氢气。

（3）接上 12 V 直流电源，通电后，阴极上即有气体放出，收集在试管里，用爆鸣法检验，证明是氢气。在阳极上也有气体放出，但速率较慢，用润湿的碘化钾淀粉试纸放在玻璃管口检验，试纸立即显示蓝色，且可闻出氯气的气味，说明生成的气体是氯气。

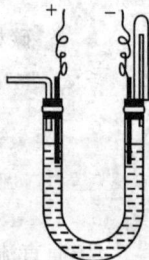

图 3-17 实验改进装置

## 七、用途

电解食盐水工业是生产烧碱、氯气、氢气等产品的重要基本化学工业，称为氯碱工业。它在国民经济中占有极为重要的地位。

## 氯碱工业

工业上用电解饱和食盐水的方法制取氢氧化钠、氯气和氢气，其反应原理为：

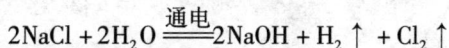

$$2NaCl + 2H_2O \xrightarrow{\text{通电}} 2NaOH + H_2 \uparrow + Cl_2 \uparrow$$

氢氧化钠、氯气和氢气都是重要的化工原料，可用于制取多种化工产品。氯碱工业是一个重要的化学工业分支，其产品涉及国计民生的各个方面。

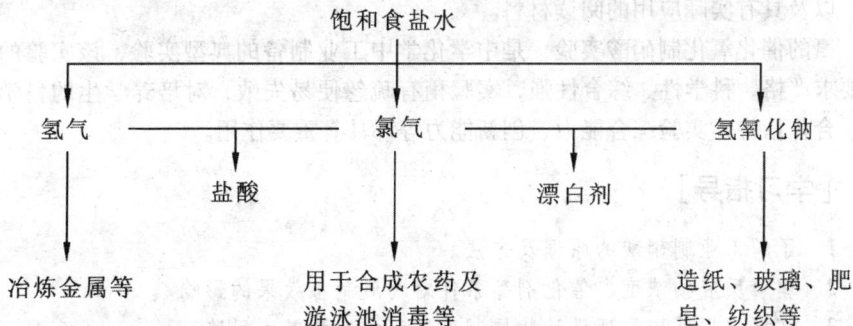

```
                          饱和食盐水
       ┌────────────────────┼────────────────────────┐
       ↓                     ↓                          ↓
      氢气 ──────────────── 氯气 ──────────────────── 氢氧化钠
                  ↓                    ↓                        ↓
                 盐酸                 漂白剂                    造纸、玻璃、肥
       ↓                     ↓                                皂、纺织等
   冶炼金属等          用于合成农药及
                      游泳池消毒等
```

图 3-18 氯碱工业及有关化工产品

## [本章小结]

通过本章内容的学习，可以掌握有关用电的一些实验技能和技巧，了解和掌握电解的原理、方法及实验的最佳条件，NaOH、$H_2$ 和 $Cl_2$ 的工业制法及用途，从而提高学生的能力和智慧，达到学以致用的目的。

## [思考练习]

1. 电解液与电极应该怎样匹配？
2. 练习讲解本章内容并演示实验。

# 第四章　硝酸工业生产原理及氨与氯化氢 制备和性质实验教学研究

## ［内容提要］

本章揭示了工业生产原理的实验，主要内容包括氨氧化制硝酸、氯化氢的制取及性质实验、合成盐酸、氨气的实验室制法及其性质实验、亚硝酸钠的检验方法，以及具有实际应用的阅读材料。

氨的催化氧化制硝酸实验，是中学化学中工业制备的典型实验，该实验的条件要求严格，科学性、综合性强，实验稍有疏忽便易失败，对培养学生的科学态度、合作精神、实验综合能力、创新能力等都具有重要作用。

## ［学习指导］

1. 了解工业制硝酸的原理及方法。
2. 理解反应物浓度、催化剂等条件对物质制备效果的影响。
3. 掌握根据反应原理设计物质制备实验方案的基本思路。
4. 熟练掌握连接复杂反应装置等的基本操作技术。
5. 掌握本实验的注意事项和成败关键及教学方法、演示操作技巧和在工业生产中的应用。

有关揭示工业生产原理的实验，在中学化学教学中占有一定的比例，主要内容有：接触法制硫酸、硝酸的工业制法、合成氨、合成盐酸、一氧化碳还原氧化铁等。通过这一类实验不仅有助于巩固和加深理解相关的化学基础知识、基本理论，掌握和提高相应的技能、技巧，而且能更好地揭示化学反应原理在化工生产中的具体应用，认识在化工生产中实现化学反应的重要性。意识到能源和原材料的充分利用，认真对待三废处理以及环境保护等具体措施在化工生产中的重要意义。

这类实验一般仪器装备比较复杂，要求实验技术的综合性也较强，对提高学生实验技术，培养学生观察能力以及分析和解决实际问题的能力等方面都是十分有益的。

# 第一节　氨催化氧化法制硝酸实验教学研究

## 一、实验教学研究目的

（1）了解氨催化氧化生成一氧化氮，并转化、吸收成为硝酸的原理和方法。

（2）掌握实验室催化氧化的实验技能。

（3）掌握本实验的成败关键、注意事项、操作技术及演示要点，并根据教学要求，结合中学化学实验室的现有条件，寻求氨催化氧化演示实验的合理装置。

（4）掌握环境保护的常识及教学法。

## 二、实验教学原理

在一定温度和催化剂作用下，氨被催化氧化成一氧化氮。一氧化氮极易被空气中的氧气氧化成二氧化氮，被水吸收生成硝酸和一氧化氮。利用这个原理来制备硝酸，化学反应如下：

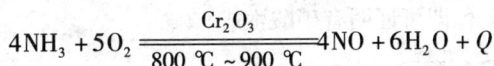

$$4NH_3 + 5O_2 \xrightarrow[800\ ℃\sim900\ ℃]{Cr_2O_3} 4NO + 6H_2O + Q$$

$$2NO + O_2 =\!\!=\!\!= 2NO_2$$

$$3NO_2 + H_2O =\!\!=\!\!= 2HNO_3 + NO$$

## 三、实验用品

仪器和材料：试管、具支试管、洗气瓶、U 型管、硬质玻璃管、铁架台及附件、酒精喷灯或酒精灯、细铜丝、玻璃纤维、气唧、乳胶管（或橡胶管）、火柴。

药品：1:1.5 氨水、二苯胺硫酸溶液、重铬酸铵、无水氯化钙。

## 四、实验研究思路

### 1. 催化剂的制备

实验中常用的催化剂为三氧化二铬，其制备原理和方法如下：

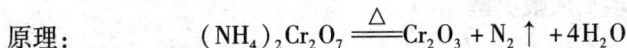

原理：
$$(NH_4)_2Cr_2O_7 \xrightarrow{\triangle} Cr_2O_3 + N_2\uparrow + 4H_2O$$

方法：取重铬酸铵 2~3 g，研细，放入一个干燥的大试管中，注意试管口下部放一张纸，以便收集喷出的 $Cr_2O_3$。用酒精灯均匀加热使其分解，当开始分解时，移开酒精灯，使之分解成疏松的暗绿色的 $Cr_2O_3$，再用小火将水分烘干，即可作为催化剂。

### 2. 氨氧化制取 $HNO_3$ 并验证其存在

具支试管内放 1:1.5 氨水（约 6 mol·$L^{-1}$）10~15 mL。硬质玻管（长约

15～20 cm）内放入新制备的三氧化二铬催化剂约 3 cm 长（两端可再放入卷成螺旋状的细铜丝），然后再塞入疏松的玻璃纤维固定。不要填塞过紧，以免影响气流畅通。

U 型管内装入块状的无水氯化钙，（作用是什么？）第一个洗气瓶是干净干燥的空瓶，第二个洗气瓶内放入少量的蒸馏水。

操作方法：（1）将装置按如图 4-1 所示连接好后，检查装置的气密性。（如何检查操作？）

（2）先用酒精灯（或酒精喷灯）均匀加热盛有催化剂的硬质玻璃管 2～4 min，直至催化剂呈现暗红色或红色。

（3）停止加热，用气唧间歇地往氨水中鼓入空气，使空气和氨气的混合气体进入玻管中进行催化氧化。此时，催化剂继续保持红热状态，说明氨被催化氧化时放出大量的热。催化氧化后的混合气体经 U 型管中氯化钙干燥（并吸收剩余的氨）后进入空洗气瓶和有水的洗气瓶。数分钟后，空瓶内气体逐渐变为红棕色，待实验现象明显之后，停止实验。

（4）用一支干净干燥的试管取 10 滴二苯胺硫酸溶液，加入几滴洗气瓶中的溶液，溶液呈深蓝色即可证明有硝酸生成。

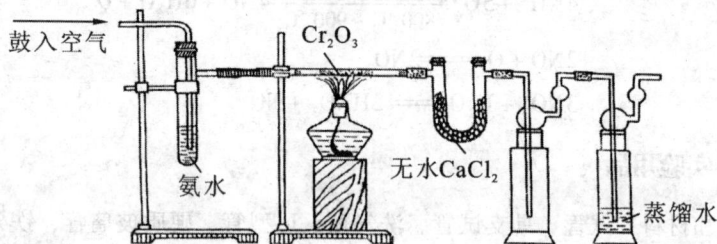

图 4-1　氨的催化氧化装置图

### 3. 制备硝酸

先用酒精灯加热催化剂，几分钟后，向氨水中鼓入空气、鼓气速度以维持催化剂红热为宜。观察实验现象，做好记录。

### 五、实验注意事项及成败关键

（1）整个装置体系要保证气路畅通，且不漏气。所用仪器必须干燥，尤其是硬质玻璃管和空瓶。

（2）用气唧鼓气要适中，鼓气太快，氨未完全催化氧化，气流过快，使反应体系温度下降，不利于催化氧化的进行。鼓气太慢，则氧气不足。二者均会在空洗气瓶中形成白色烟雾（形成硝酸铵微粒），观察不到红棕色气体。

（3）氨在空气中的爆炸极限为 15.7% ~27.4%，故氨水的浓度不能太大，否则反应中有发生爆炸的可能。为了防爆，可在催化剂的两端分别放入一小段螺旋状细铜丝，提高实验的安全性。

## 六、探究实验资料

### 1. 关于催化剂

能够对氨氧化起催化作用的催化剂种类较多，除三氧化二铬外，还可以用铂、铜丝、银石棉、钴石棉等金属和五氧化二钒、氧化铁等多种金属氧化物，效果均较好。

### 2. 关于氧气过量

从化学反应来看氨的催化氧化，氧气应过量，要使氧气过量可通过加大空气鼓入量或通入纯氧这两种途径。实验中多采用鼓入过量的空气，但空气过量多会使气体流速加快并降低反应温度，影响催化效果。因此，鼓入空气不宜太快。采用鼓入纯氧，氨可在氧气中燃烧，但混合气体在高温下会发生爆炸，有一定的危险性，往往放入防爆铜丝以防爆炸。

### 3. 关于氨水浓度

氨水的浓度对实验现象有较大的影响。实验证明，将 1 体积的浓氨水加 1.5 体积的水稀释，催化剂及空瓶内现象最为明显。在 20 ℃时，氨水的理想浓度约为 9% ~ 11%（$5 \sim 6 \, mol \cdot L^{-1}$）。实验室常用的浓氨水的浓度约为 28%（$15 \, mol \cdot L^{-1}$）。

### 4. 关于用二苯胺硫酸溶液检验硝酸根离子

将 1 g 二苯胺 $[(C_6H_5)_2NH]$ 在搅拌下溶解于 100 mL 密度为 $1.84 \, g \cdot cm^{-3}$ 的浓硫酸中，即成为二苯胺硫酸溶液：

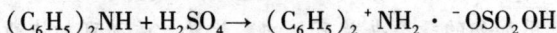

$$(C_6H_5)_2NH + H_2SO_4 \longrightarrow (C_6H_5)_2^+NH_2 \cdot {}^-OSO_2OH$$

用二苯胺硫酸溶液检验硝酸根离子的反应如下：

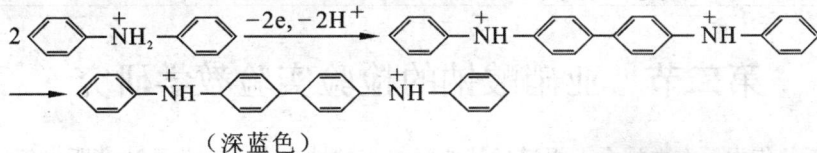

（深蓝色）

## 七、硝酸的用途

硝酸主要应用在化肥和炸药工业上，也用于染料、制药、照相材料、颜料、塑料和合成纤维等的生产。硝酸大部分用于制造硝酸铵和各种硝酸盐。用浓硝酸对有机化合物进行硝化，可以制得许多非常重要的有机产品和半成品。例如，苯经硝化可以制得硝基苯，

图 4 - 2　炸药

硝基苯可以用于制备苯胺，苯胺是染料工业以硝酸为原料制成的炸药中重要的中间体。硝酸氧化环己烷可得到己二酸和己内酰胺，这两种化合物分别是生产锦纶-66和锦纶-6的原料。在国防工业上用浓硝酸分别将甲苯、苯酚硝化来制TNT和苦味酸等烈性炸药。浓硝酸也用于制造硝化甘油、硝酸纤维素和雷汞等。此外，在冶金等工业生产中还使用硝酸来分离贵金属，如分离金和银。

---

· 阅读材料 ·

### 谨防硝酸盐中毒

人体摄入的硝酸盐有80%来自蔬菜。由于进入人体后的硝酸盐可在微生物作用下还原成亚硝酸盐，可诱发人体胃癌、肝癌、食道癌等疾病。据资料显示，近70年来，约有100万美国人因为某些农产品施用了含硝酸盐化肥而得了恶性肿瘤。

硝酸盐在蔬菜不同组织、器官内的含量一般为根系>茎>叶>柄>叶片，瓜果皮>瓜果肉，外叶>内叶。在日常生活中，人们应注意科学食用蔬菜或水果，以免摄入过多硝酸盐，像土豆、黄瓜、西葫芦、苹果、梨等宜去皮食用。以前人们总有个错觉，认为果皮中的维生素含量高，其实，苹果肉中的含量更高；白菜在食用时，应注意剥掉外面几层含有相当多硝酸盐的菜叶。再者，人们选购蔬菜时，应注意观察其外表，如果黄瓜、土豆、西葫芦的表皮下渗出黄点，则说明其硝酸盐含量高。

当然，要想完全不摄入硝酸盐是很难做到的，可以通过饮食让这种物质从体内排出去。研究表明，常喝牛奶的人，体内的硝酸盐可以减少67%~78%。食用植物油、粗粮食品和饮用加奶的绿茶也是有益的。此外，运动可加快新陈代谢，从而促使有害物质尽快排出体外。

---

## 第二节　亚硝酸钠的检验实验教学研究

近些年中，在电视台上报道过某地区街市的摊点上，一些不法商贩出售一种假食盐——亚硝酸钠（$NaNO_2$），以从中谋取私利，严重坑害了许多消费者。

因为含$NaNO_2$的块盐的外观、味道都很像食盐（块盐$NaCl$），但却有很大的毒性，急性中毒量为$0.3~0.5$ g（致死量为3 g），表现为头晕、恶心，继而因血红蛋白被破坏，失去载氧功能而导致缺氧及脑水肿死亡。此外，亚硝酸及亚硝酸盐又是致癌物质。因此，在我们日常生活中，能正确鉴别食盐与亚硝酸钠显得尤为重要。

根据亚硝酸根的性质，应采用如下三种化学方法加以鉴定和检验，其方法简单、易于操作，现象明显。

# 方法一、亚硝酸盐的氧化性法

## 一、实验教学目的

（1）了解 $NaNO_2$ 的物理性质、化学性质及对人体危害的机理及毒性作用。
（2）掌握鉴别 $NaNO_2$ 的原理和方法。
（3）熟练掌握鉴别的操作技术及教学方法。
（4）提高防范意识，确保安全健康。

## 二、实验用品

仪器：量筒（10 mL）、试管（10 mL 试管两支）、玻璃棒。
药品：0.5 mL 0.1 mol/L KI 溶液，2.0 mol/L $H_2SO_4$ 溶液，2%淀粉溶液。

## 三、实验教学原理

由于亚硝酸中 N 的化合价为 +3，处于中间价态，因此它既可当氧化剂，又可当还原剂。所以，亚硝酸或其盐在酸性溶液中既有氧化性，又有还原性，但主要是它较强的氧化性，当加入还原剂 KI 时，多数情况下，$NO_2^-$ 被还原为 NO。

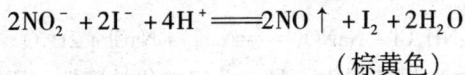

$$2NO_2^- + 2I^- + 4H^+ = 2NO\uparrow + I_2 + 2H_2O$$

（棕黄色）

## 四、实验研究步骤及方法

在试管中加入 0.5 mL 0.1 mol · $dm^{-3}$ KI 溶液及 1 mL 2 mol/L $H_2SO_4$ 溶液，逐滴加入 0.1 mol/L $NaNO_2$ 溶液。观察现象再滴加 2 滴 2%淀粉溶液，有何现象？写出反应式。
（1）实验现象。　　　　（2）结论。

# 方法二、亚硝酸盐的还原性法

## 一、实验用品

仪器：试管（小）、量筒（10 mL）。
药品：0.5 mL 0.01 mol/L $KMnO_4$ 溶液、2.0 mol/L $H_2SO_4$ 溶液、0.1 mol/L 的 $NaNO_2$ 溶液。

## 二、实验教学原理

在酸性溶液中，亚硝酸及其盐既有氧化性，又有还原性，氧化性是主要的。但当遇到强氧化剂时（如加入 $KMnO_4$）可为还原剂，被氧化成 $NO_3^-$。

$$2MnO_4^- + 5NO_2^- + 6H^+ \xrightarrow{\quad\quad} 2Mn^{2+} + 5NO_3^- + 3H_2O$$

$$2KMnO_4 + 5NaNO_2 + 3H_2SO_4 \xrightarrow{\quad\quad} 5NaNO_3 + 2MnSO_4 + K_2SO_4 + 3H_2O$$

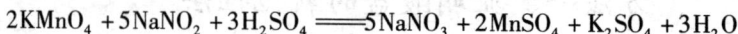

### 三、实验研究步骤及方法

在试管中，加入 0.5 mL 0.01 mol/L $KMnO_4$ 溶液及 2 滴 2 mol/L $H_2SO_4$ 溶液，逐滴加入 0.1 mol/L 的 $NaNO_2$ 溶液，观察现象。

（1）实验现象

$KMnO_4$ 溶液中加入 $NaNO_2$ 后，溶液的紫色褪去。

（2）结论

此现象的出现说明了 $NaNO_2$ 的存在。

# 方法三、亚硝酸铵的生成和分解法

## 一、实验教学原理

$$NH_4Cl + NaNO_2 \xrightarrow{\Delta} NH_4NO_2 + NaCl$$

$$NH_4NO_2 \xrightarrow{\Delta} N_2 \uparrow + 2H_2O$$

总反应方程式为：$NH_4Cl + NaNO_2 \xrightarrow{\Delta} N_2 \uparrow + NaCl + 2H_2O$

由于 $N_2$ 中的 $N\equiv N$ 键能很大，显示一定的化学惰性，所以产生的 $N_2$ 遇燃着的火柴，火柴熄灭。

## 二、实验用品

仪器：试管夹、酒精灯、火柴。

药品：1 mL $NaNO_2$ 饱和溶液、1 mL 饱和 $NH_4Cl$。

## 三、实验研究步骤及方法

取 1mL $NaNO_2$ 饱和溶液于试管中，再加入 1mL 饱和 $NH_4Cl$ 溶液，将试管微热，观察现象。用点燃的木条伸入试管中，观察现象。

（1）实验现象

激烈反应并有气体产生。

点燃的木条遇该气体立即熄灭。

（2）结论

此现象的出现说明有 $NaNO_2$ 存在。

另外，$NaNO_2$ 不只存在于各种工业用盐里，它还存在于烂蔬菜、苦井水、蒸锅水里以及腌制不还透的蔬菜里，所以这类物质也要严禁食用。

# 第三节　氯化氢的制取与性质实验教学研究

## 一、实验教学研究目的

（1）掌握实验室制取氯化氢的基本原理和方法以及仪器装置、收集方法和尾气的吸收。

（2）掌握氯化氢性质实验的操作技能、技巧。

（3）认识反应条件对化学反应的影响。

（4）掌握实验的注意事项和成败关键。

（5）熟练掌握演示实验的教学方法，并进行试讲示范，从而提高实验教学能力。

## 二、实验用品

仪器和材料：大试管、具支试管、圆底烧瓶（250 mL）、分液漏斗、烧杯、漏斗、酒精灯、T型管、导管、尖嘴玻管、玻璃棒、铁架台、铁圈、铁夹、止水夹、石棉网、橡皮塞、脱脂棉、火柴。

药品：浓硫酸、浓盐酸、浓氨水、紫色石蕊试液、蓝色石蕊试纸、食盐。

## 三、实验教学原理

### 1. 制取原理

用高沸点不挥发性的浓硫酸与固体金属氯化物（如氯化钠）发生复分解反应，来制取易挥发的酸——氯化氢。有关反应的化学方程式为：

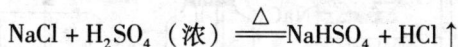

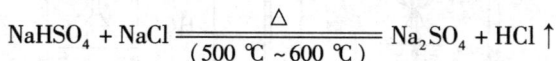

$$NaCl + H_2SO_4（浓）\xrightarrow{\triangle} NaHSO_4 + HCl\uparrow$$

$$NaHSO_4 + NaCl \xrightarrow[(500\ ℃\sim600\ ℃)]{\triangle} Na_2SO_4 + HCl\uparrow$$

总的化学方程式为：

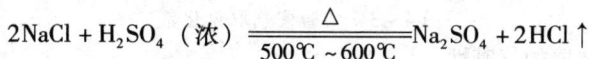

$$2NaCl + H_2SO_4（浓）\xrightarrow[500℃\sim600℃]{\triangle} Na_2SO_4 + 2HCl\uparrow$$

**制取氯化氢韵语**

固体食盐硫酸浓，加热生成氯化氢。空气潮湿白雾生，石蕊试纸蓝变红。

### 2. 干燥原理

由于氯化氢为酸性气体，故应选用浓硫酸或无水氯化钙作干燥剂。

### 3. 检验原理

（1）由于氯化氢溶于水生成盐酸，能使润湿的蓝色石蕊试纸变红，故可用蓝色石蕊试纸检验。

（2）由于氯化氢与氨反应有大量白烟生成（氯化铵晶体），故可用蘸有浓氨水的玻璃棒放在盛满氯化氢气体的集气瓶口进行检验。

（3）将气体通入已被硝酸酸化的硝酸银溶液中，有白色沉淀生成，说明该气体为氯化氢。有关反应的化学方程式为：

$$HCl + AgNO_3 \ \underline{\quad\quad}\ AgCl\downarrow + HNO_3$$

### 4. 收集原理

由于在相同条件下，氯化氢的密度比空气的密度大，故可用向上排空气法收集。因氯化氢极易溶于水，所以不能用排水法收集。

### 5. 吸收原理

利用氯化氢极易溶于水的性质可采用用水吸收的方法。为了防止液体倒流可用漏斗做缓冲器。当气体被吸收时，液体上升到漏斗中。由于漏斗的容积较大，导致烧杯中液面下降，使漏斗口脱离液面，漏斗中的液体又流回烧杯内，从而防止了倒吸。

### 四、实验研究步骤

（1）按如图4-3所示连接好装置。

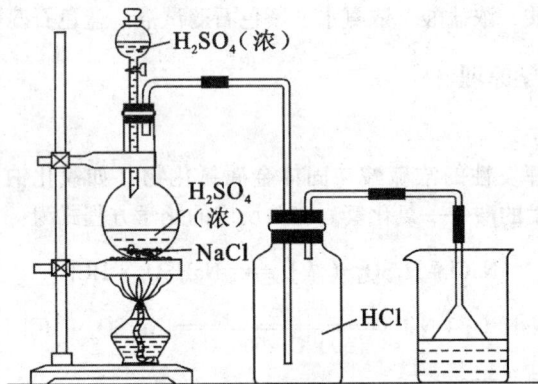

图4-3　实验室制取氯化氢

（2）检查装置的气密性。

（3）把8～10 g研细的食盐放在烧瓶中，先加水3～5 mL润湿，然后通过分液漏斗注入浓硫酸，由于浓 $H_2SO_4$ 溶于水时要放出热量，因此不必加热就有氯化氢逸出。浓 $H_2SO_4$ 用量为8～10 mL。当氯化氢放出缓慢时，再用小火加热。先用水润湿食盐是防止在实验中产生较多的气泡。若用1:2～1:3的硫酸，可以不加水润湿，再小火缓缓加热，使反应速率加快，气体均匀放出。

（4）用向上排空气法收集氯化氢。

（5）用润湿的蓝色石蕊试纸放在集气瓶口检验是否收集满。

（6）多余的氯化氢气体用水吸收。

（7）停止实验，先将漏斗从烧杯中移出，后撤酒精灯。

## 五、实验注意事项及成败关键

（1）硫酸一般采用 9 mol·$L^{-1}$ 的为宜，这是因为：①产生氯化氢的速率适当；②实验仪器容易刷洗。如用浓度很大的硫酸，且在加热的条件下，反应后烧瓶中的残留物很难刷洗掉。

（2）实验开始时反应较剧烈，不需加热，否则会使反应过快，产生的氯化氢会逸散到空气中。当反应缓慢时可用微火均匀加热，但加热温度不宜过高，以免烧瓶里产生的泡沫随气体一同逸出。

（3）倒扣的漏斗应刚接触水面，不应插入水中过深，否则会产生倒吸现象。

## 六、氯化氢的性质

### 1. 氯化氢在水里的溶解——喷泉实验

用干燥的圆底烧瓶（250 mL）收集一瓶氯化氢气体，用带有玻璃管和滴管（滴管里预先吸入水）的塞子塞紧瓶口。立即倒置烧瓶，将玻璃管放进盛有紫色石蕊试液的烧杯里。压缩滴管胶头，使少量水进入烧瓶。烧杯里的溶液即由玻璃管喷入烧瓶，形成美丽的喷泉，如图4-4（Ⅰ）所示。如果缺少适用的双孔塞，也可用单孔塞，如图4-4（Ⅱ）所示。当瓶内已充满氯化氢时，塞上塞子，然后进行喷泉实验。

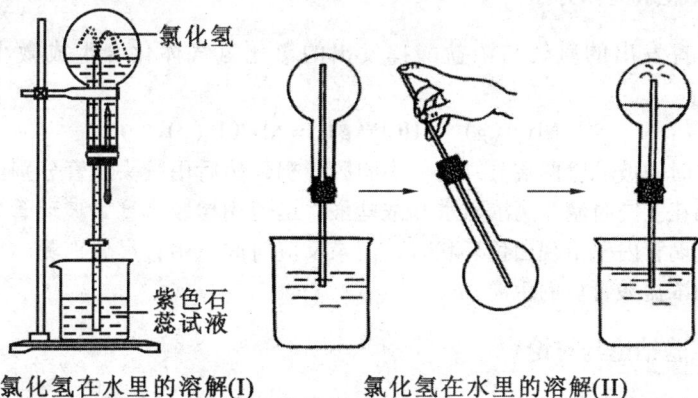

氯化氢在水里的溶解(I)　　氯化氢在水里的溶解(II)

图4-4　喷泉实验

### 2. 氯化氢和氨的反应

把长约30 cm的粗玻璃管水平固定于铁架台上。一端塞上蘸有浓盐酸的脱脂棉，另一端塞上蘸有浓氨水的脱脂棉，放置片刻观察，在距蘸浓氨水一端约20 cm处产生了白色环，如图4-5所示。之所以在近浓盐酸棉球一端产生白色环，是因为微粒质量越小，气体扩散速率就越快。

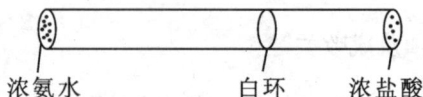

浓氨水　　　　　白环　　　浓盐酸

图4-5　氯化氢和氨的反应

## 氨气与氯化氢反应的研究性教学实验

为了克服旧版中学化学中氨气与氯化氢反应实验在敞口瓶中进行中的缺点，从根本上解决实验中的污染危害，把绿色化学思想渗透到实验教学中来，我们在室温条件下，采用密封玻璃管进行实验。一方面体现了实验操作的科学性和直观性，另一方面可以把该实验用于分子运动和气体扩散的教学中，通过实验可以观察到不同气体其扩散速度不同，且扩散速度的大小可用理论计算或实验来测定。

### 一、实验用品

实验仪器和材料：温度计、秒表、直尺、三角锉刀、玻璃管、胶头滴管、脱脂棉、橡胶塞。

药品：浓盐酸、浓氨水。

### 二、实验原理和方法

浓氨水挥发出的氨气与浓盐酸挥发出的氯化氢气体化合生成微小的白色$NH_4Cl$（s）：

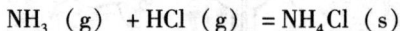

$$NH_3（g）+ HCl（g）= NH_4Cl（s）$$

在平放时的玻璃管两端分别塞一小团脱脂棉，然后用胶头滴管分别给玻璃管两端口内棉花上同时滴2滴浓氨水和浓盐酸，迅速用橡胶塞塞紧玻璃管口，启动秒表。当玻璃管内壁出现白色环状时，记录反应时间。用直尺分别测出反应点距离浓氨水和浓盐酸管口的距离。

### 三、实验结论与讨论

氨气、氯化氢气体在玻璃管内反应生成白烟时所需时间，随玻璃管长度、内径及实验温度而改变，通过反复实验，比较，我们可以选择出一种最佳的实验方法。当肉眼观察到玻璃管内壁出现白色环状时，氨气与氯化氢气体即开始反应，生成微小的白色晶体$NH_4Cl$。随着时间的延长，白色环向充满氯化氢气体一端移动，实验现象更加明显。

## 四、实验注意事项和成败关键

（1）做本实验时，要注意氯化氢气体的尾气吸收。用倒扣的漏斗可以保证尾气的吸收又可防止倒吸。

（2）做喷泉实验时，不可用平底烧瓶。这是因为氯化氢被水吸收后导致瓶内负压较大，有可能使容器破裂而发生危险。

（3）喷泉实验中用烧瓶收集氯化氢气体时要收满，用向浓盐酸中注入浓硫酸法收集氯化氢气体有利于本实验成功，在烧瓶中有白雾时，再继续收集 2 ~ 3 min。烧瓶必须干燥，烧瓶和橡皮塞之间不能漏气。

## 五、喷泉实验的研究

（1）利用如图 4 - 4（Ⅰ）所示装置做氯化氢在水里的溶解实验时，当用滴管向烧瓶中挤入少许水时，由于氯化氢溶解时放出大量的热，瓶内尚未溶解的氯化氢气体的体积增大，压强也随之增大，因此，尖嘴管内的水位暂时不上升或稍稍下降。待热量散失后，才开始喷泉。

氯化氢气体虽比空气略重，但因从发生器排出的气体是热的，由于热对流及扩散作用，在瓶内很容易与空气混合。因此，在收集氯化氢时，当瓶口开始冒白雾时，仍要继续通氯化氢 1 ~ 2 min，以提高瓶内氯化氢的浓度，从而增强演示效果。喷泉停止以后，瓶内未溶解的气体就是空气。

（2）喷泉实验也可用如图 4 - 6 所示的装置进行。

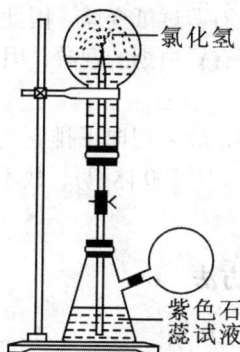

图 4 - 6　喷泉实验替代装置

在圆底烧瓶里装一支尖嘴长玻璃导管，它的下端插入一个带有鼓气球的吸滤瓶里。操作时，将鼓气球里的空气压入吸滤瓶里，使少量水通过玻璃导管压入圆底烧瓶。

# 第四节 氨气的实验室制法与性质实验教学研究

## 一、实验教学研究目的

(1) 使学生掌握氨气实验室制法的原理及方法。
(2) 熟练掌握实验的操作技术、注意事项和成败关键。
(3) 掌握本实验的教学法。

## 二、实验教学原理

### 1. 氨气制取原理

铵盐与碱在加热的条件下可生成氨气（以氯化铵与氢氧化钙反应为例），反应的化学方程式为：

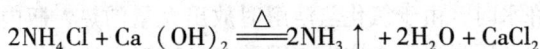

$$2NH_4Cl + Ca(OH)_2 \xrightarrow{\triangle} 2NH_3\uparrow + 2H_2O + CaCl_2$$

**制取氨气韵语**

氢氧化钙氯化铵，加热试管用外焰。检验氨气收集满，石蕊试纸红变蓝。

### 2. 干燥原理

氨为碱性气体，因此不能用五氧化二磷、浓硫酸等酸性干燥剂干燥，又由于氨有络合性，因此也不能用氯化钙干燥，因为氯化钙与氨可发生络合反应生成 $CaCl_2 \cdot 4NH_3$ 或 $CaCl_2 \cdot 8NH_3$ 等络合物，故应用碱性干燥剂（如碱石灰 $NaOH \cdot CaO$）干燥。

### 3. 检验原理

由于氨能使湿润的红色石蕊试纸变蓝，因此可用湿润的红色石蕊试纸进行检验；又由于氨与氯化氢反应有冒白烟的现象，因此又可用浓盐酸来进行检验。

### 4. 收集原理

由于氨的密度比空气小，故采用向下排空气法收集。又由于氨气极易溶于水（1：700 体积），故不能用排水取气法收集。

## 三、实验研究步骤及方法

(1) 实验装置如图 4-7 所示。
(2) 给试管里的氯化铵和消石灰（氢氧化钙）的混合物加热，用倒立的干燥的试管收集氨。把润湿的红色石蕊试纸放在试管口，观察试纸颜色的变化，以检验氨是否已充满试管。

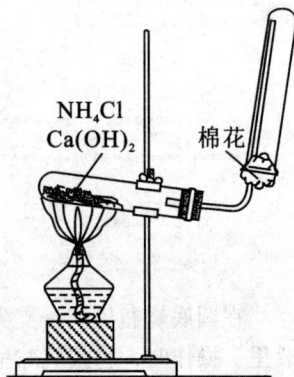

图 4-7 氨气制取装置

130

## 四、实验注意事项及成败关键

（1）由于氨极易溶于水，在常温下 1 体积水可溶解 700 体积氨，因此，应用干燥的试管或烧瓶进行收集。为防止氨扩散损失和空气中的水蒸气吸收氨，应在收集器的瓶口处放一团棉花。

（2）实验前应先检验消石灰是否变质，消石灰经长期存放后，可能大部分变成碳酸钙而不适用，检验的方法是向消石灰中加稀盐酸，若有气泡产生，则说明已变质，最好用新制的消石灰。

（3）消石灰应稍过量（氯化铵与氢氧化钙的质量比以 5:8 为宜），以防止生成氨的络合物。

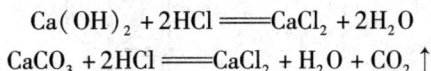

$$Ca(OH)_2 + 2HCl = CaCl_2 + 2H_2O$$
$$CaCO_3 + 2HCl = CaCl_2 + H_2O + CO_2 \uparrow$$

## 五、实验改进

改进 I：当实验需要大量的氨或无条件干燥收集器时，可用氢氧化钠固体与浓氨水混合的方法来制取氨，装置如图 4-8（I）所示。

改进 II：由于浓氨水不稳定，在加热条件下可分解产生大量的氨，故可采用加热浓氨水的方法来制取氨，如浓氨水浓度不够，可向氨水中添加适量的氢氧化钠固体和氯化铵固体。

改进 III：用托盘天平称取 2.0 g 氯化铵固体装入试管底部，再快速称取 2.0 g 氢氧化钠固体，将其覆盖在氯化铵上方，并将试管固定在铁架台上。立即用带有预先已吸入水的滴管和导气管的塞子塞紧。将干燥的收集器罩在导气管上，如图 4-8（II）所示，使滴管中的水滴在氢氧化钠固体上。将试纸放在收集器口，检验氨气是否集满。

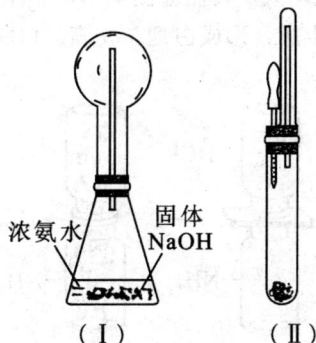

浓氨水　　固体NaOH

（I）　　（II）

图 4-8　实验改进装置

### 六、氨气的性质实验教学研究

#### 1. 氨气在水中的溶解——喷泉实验

将收集满氨气的圆底烧瓶上的橡皮塞取下，换上带有长玻璃管（一端有尖嘴）和滴管（吸入几滴水）的双孔橡皮塞。将烧瓶倒放在铁架台的铁环上，使长玻璃管插入盛水（滴几滴石蕊试液）的烧杯中，挤压滴管的乳头使水滴进入烧瓶内，观察现象。

操作装置如图4-9所示。

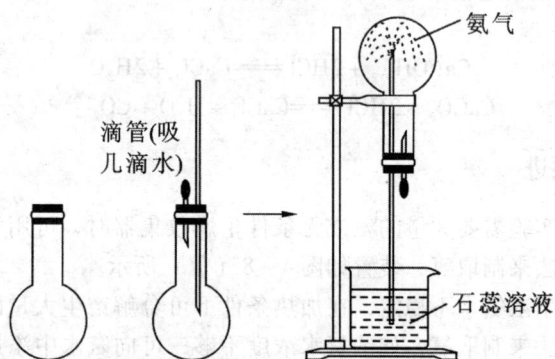

图4-9 喷泉实验装置图

从实验所观察到的现象，说明氨气具有什么性质？

#### 2. 氯化氢与氨的化合反应

[实验1] 取两只干燥的广口瓶，一只充有 HCl 气体，另一只充有氨（或滴几滴浓氨水于瓶中）。迅速把两只广口瓶如图4-10那样上下对着，抽去玻璃片，观察有氯化铵白色固体微粒生成，形成白烟，充满广口瓶。

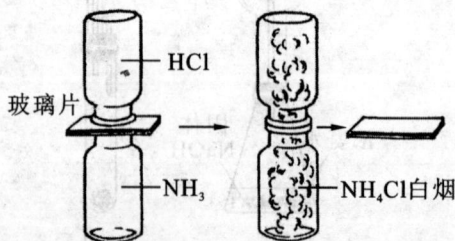

图4-10 氯化氢与氨的反应

[实验2] 分别在两个集气瓶中滴入几滴氨水和浓盐酸，盖上玻璃片，如图4-11所示放置，然后抽去中间的玻璃片，观察发生的现象。

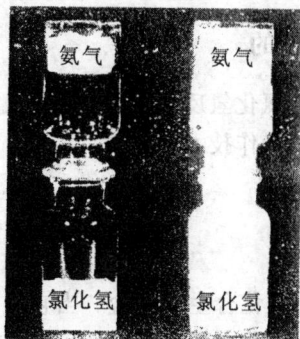

图4-11　氨与氯化氢的反应

| 实验记录 | 实验现象 | 反应式 | 结论 |
|---|---|---|---|
| $NH_3$ 和 HCl | | | |
| 氨的喷泉 | | | |

## [思考练习]

1. 氨溶解于水仅仅是简单的溶解吗？喷泉呈现红色说明了什么？

2. [实验2] 中的现象为什么会发生？这个实验说明浓氨水和浓盐酸各具有什么性质？

3. 氨中氮元素的化合价是 -3，请从化合价的角度分析，氨还可能具有什么性质？它可能与哪些物质发生反应？

# 第五节  氨与氯化氢的反应实验教学研究

## 一、实验教学研究目的

(1) 使学生了解氨与氯化氢反应的性质原理及反应时的现象。

(2) 熟练掌握实验的操作技术和方法。

(3) 掌握实验的教学法。

## 二、实验研究原理

氨为碱性气体，能与酸化合生成铵盐。当它与氯化氢气体反应时，可看到白烟产生。白烟是氨与氯化氢化合所生成的微小的氯化铵晶体。反应的化学方程式为：$NH_3 + HCl =\!\!=\!\!= NH_4Cl$。

## 三、实验研究步骤及方法

拿一根玻璃棒在浓氨水里蘸一下，再拿另一根玻璃棒在浓盐酸里蘸一下，使这两根玻璃棒接近（不要接触），可看到有大量的白烟产生，如图 4 - 12 所示。

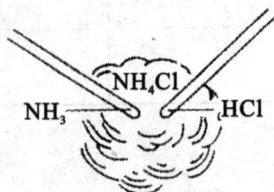

图 4 - 12  氨与氯化氢起反应

## 四、实验注意事项及成败关键

玻璃棒蘸取的浓氨水与浓盐酸的浓度一定要大，否则产生白烟的现象不明显。

## 五、实验改进

### 1. 改进一

用一长胶头滴管吸取少量浓氨水，并将其伸入到一直立试管的底部，挤出浓氨水后，小心取出滴管（注意不要使试管壁沾上浓氨水）。再用另一支滴管吸取少量浓盐酸，并将其伸入到上述试管中，透过试管壁可看到一条白色烟带从滴管口流向试管底部，绵绵不断，现象非常明显。

## 2. 改进二

在一试管中滴入几滴浓盐酸（或浓氨水），旋转试管使管壁润湿，用一根玻璃棒蘸取浓氨水（或浓盐酸），将它伸入到试管中，可看到试管中有大量白烟产生。

# 第六节　氯化氢的喷泉实验教学研究

## 一、实验教学研究目的

（1）认识氯化氢的溶解性。

（2）掌握喷泉实验的原理及方法。

（3）熟练掌握实验的操作技术、实验的注意事项、成败关键，并能迅速正确地进行演示。

（4）掌握实验的教学法。

## 二、实验研究原理

氯化氢和水都是极性分子，根据相似相溶原理，氯化氢极易溶于水。在标准状况下，1 体积的水大约能溶解 500 体积的氯化氢。这样在烧瓶中会因气体体积急剧减少而产生负压，水在外界大气压作用下被压入烧瓶中而产生喷泉现象。又由于氯化氢溶于水后变成盐酸，从而使紫色石蕊试液变红。

## 三、实验装置

实验装置如图 4 - 13 所示。

## 四、实验研究步骤及方法

（1）按图 4 - 13 组装仪器。

（2）在干燥的圆底烧瓶里集满氯化氢，用带有玻璃管和滴管（滴管里预先吸入水）的塞子塞紧瓶口。

（3）立即倒置烧瓶，将玻璃管放在盛有石蕊溶液的烧杯里。

（4）挤压滴管的胶头，使少量水进入烧瓶后，打开止水夹。观察现象，片刻烧杯里的溶液即由玻璃管喷入烧瓶，形成美丽的喷泉。

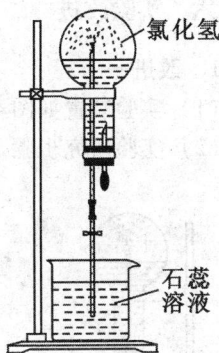

图 4 - 13　氯化氢
的喷泉实验装置

### 五、实验注意事项及成败关键

（1）烧瓶在收集氯化氢之前应烘干，冷却后再收集。

（2）预先吸好水的滴管和直玻璃导管的外部应干燥。

（3）用向上排空气法收集氯化氢时，烧瓶口应放一团棉花，防止氯化氢与空气对流。当验满后，还应再多通些时候，以保证排尽空气。

（4）应塞紧塞子，插滴管和直玻璃管的塞孔周围也不能漏气，直玻璃导管中部橡皮管上的弹簧夹也要夹紧。

（5）收集好气体后最好立即使用。

（6）伸入烧瓶内的尖嘴玻璃导管直径宜小，尖嘴口距烧瓶底 3 cm 为宜，这样既可保证喷水能碰到瓶底而飞溅，又可避免尖嘴很快被液面淹没而使喷泉现象不明显。

（7）若胶头滴管中的水倒流回胶头中，致使胶头中的水不易挤出时，可将止水夹关闭，然后正立烧杯，再挤压胶头，使胶头中的水滴入烧瓶，此时再做即可成功。

### 六、实验改进

#### 1. 改进一

（1）实验装置如图 4 - 14 所示。

（2）实验研究步骤。

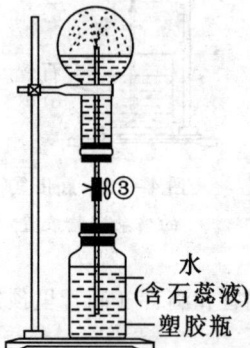

图 4 - 14　喷泉实验改进装置一　　　图 4 - 15　喷泉实验改进装置二　　　图 4 - 16　喷泉实验改进装置三

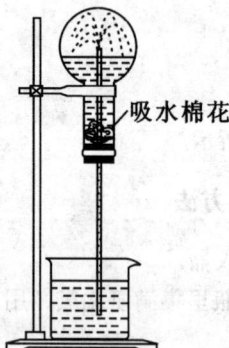

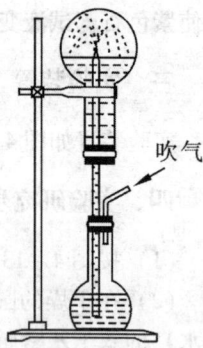

①把一根带上下两个胶塞的尖嘴玻璃管插入盛满水的塑料瓶里（塑料瓶的容积应比烧瓶的容积要大一些），塞紧胶塞。

②将已收集满氯化氢气体的烧瓶固定在尖嘴玻璃管上面的胶塞上，塞紧。

③用手指堵住塑料瓶上的小孔，轻挤塑料瓶，待有少量水挤入烧瓶后松开手指，片刻即可看到塑料瓶里的水喷入烧瓶中，形成喷泉。

2. 改进二

（1）实验装置如图 4 – 15 所示。

（2）实验研究步骤。

①在插有尖嘴玻璃管的胶塞上放一小团吸水棉花。

②将已收集满氯化氢气体的烧瓶塞上胶塞，固定在铁架台上。且同时将尖嘴玻璃管的下端伸入盛水的烧杯中。片刻即可看到喷泉现象。

3. 改进三：

（1）实验装置如图 4 – 16 所示。

（2）实验研究步骤。

①向平底烧瓶中注入滴有紫色石蕊试液的水。

②将已收集满氯化氢气体的烧瓶倒置在铁架台上，塞紧。

③向平底烧瓶中吹气，使水被挤入到烧瓶中，片刻即可看到喷泉现象。

---

· 阅读材料 ·

### 氯化铵在金属焊接中的作用

用焊锡（以锡和铅为主的合金）焊接金属的方法称为锡焊。在锡焊时用的焊药中含有氯化铵（$NH_4Cl$），焊药的作用主要是清除焊接处金属表面上生成的金属氧化物，确保焊接牢固。

焊接金属时产生的高温使 $NH_4Cl$ 分解成 $NH_3$ 和 $HCl$（$NH_4Cl \xlongequal{\Delta} NH_3 + HCl$）。

一方面，$NH_3$ 可与待焊接金属表面的氧化物发生氧化还原反应，金属氧化物被还原成金属单质，从而除去了金属氧化物。如焊接铜件时，发生的反应为：

$$3CuO + 2NH_3 \xlongequal{\quad} 3Cu + N_2 + 3H_2O$$

另一方面，$HCl$ 与金属氧化物发生复分解反应，将金属氧化物转变为金属氯化物，而有的金属氯化物的沸点（或分解温度）远低于相应的金属氧化物的沸点（或分解温度）。如：$Fe_2O_3$ 在 1560 ℃ 时分解，而 $FeCl_3$ 的沸点为 315 ℃（在此温度分解），并且从 100 ℃ 起就显著挥发。如焊接铁件时，在焊接温度下，发生反应 $Fe_2O_3 + 6HCl \xlongequal{\quad} 2FeCl_3 + 3H_2O$，生成的 $FeCl_3$ 可以挥发掉。

由于以上两方面的原因，所以 $NH_4Cl$ 在金属焊接中可以起到除去金属表面氧化物的作用。

### 王水的功绩

关于"王水"有这样一个故事：丹麦著名物理学家玻尔曾获得诺贝尔奖。在第二次世界大战期间，由于德军占领丹麦，玻尔被迫要离开自己的祖国。为了表示自己一定要返回祖国的决心，玻尔决定把诺贝尔金质奖章留在祖国。为了防止德军发现奖章，他把金质奖章溶解在一种溶液里存放在瓶中，还把瓶子放在柜面上。德军占领丹麦后，纳粹分子窜进玻尔家中，尽管那瓶溶有金质奖章的溶液就放在面前，而他们却一无所获。战争结束后，玻尔又从溶液中还原提取出金，并重新铸成奖章。

图 4-17 玻尔头像的邮票

故事中提到的溶液是什么呢？这种溶液就是王水。王水的氧化性比硝酸还强，可以使金溶解。

从这个故事可以看到，这位驰名世界的科学家利用智慧不仅保住了奖章，更重要的是还留给后人一种热爱祖国、蔑视侵略者的形象。而我们在听故事的情境中，不自觉地会对这种神奇的溶液产生好奇，进而产生浓厚的研究此溶液的兴趣。

## [本章小结]

通过这一类实验不仅有助于巩固和加深理解相关的化学基础知识、基本理论，掌握和提高相应的技能、技巧，培养学生的创新思维能力，而且能更好地揭示化学反应原理在化工生产中的具体应用。对提高学生实验技能，培养学生观察能力以及分析和解决实际问题的能力等方面都有重要作用。

## [思考练习]

1. 氨氧化制 $HNO_3$ 实验成功的关键是什么？
2. 练习讲解氨与氯化氢反应的内容。

# 第五章　定量测定实验教学研究

## ［内容提要］

本章主要介绍测定硝酸钾在水中的溶解度并绘制曲线图的方法、阿伏伽德罗常数的测定及投影演示实验教学研究、中和热的测定实验教学研究及案例和有关本章内容的阅读材料等内容。

## ［学习指导］

1. 了解定量测定实验的目的、意义和方法。
2. 理解并掌握数据处理的方法。
3. 掌握本实验的要求、注意事项、成败关键及其教学方法。
4. 学会运用电化教学手段进行实验教学。

定量测定实验要求用所测得的数据来表示实验的结果，对测得的数据不仅要求比较准确，而且要求能对所测得的数据进行处理。通过实验，不仅能加深学生对化学基础知识的理解，培养他们定量实验操作技能，提高对数据处理的能力，还可以训练他们研究物质的科学方法，养成严谨的科学态度。

中学化学课中常见的定量实验有测定硝酸钾在水里的溶解度、测定硫酸铜晶体里结晶水的含量、阿伏伽德罗常数的测定、中和滴定、中和热的测定、分子量的测定和乙醇结构式的测定等。在这些实验的测定项目中，涉及较多的是体积和质量的测量，少数实验还涉及温度和面积的测量，其中硝酸钾在水里的溶解度和阿伏伽德罗常数的测定两实验包括较多的测定项目，具有一定的代表性。

凡测定实验都要讲究准确度，也就是测得的数值与真实数值之间相符合的程度。误差愈小，表示测定结果愈准确，即准确度愈高。为此，测定过程中，在要求范围内要称准、量准，尽可能减少误差。

准确度一般可用相对误差（误差在真实数值中所占的百分率）的大小来表示：

$$相对误差 = \frac{测得数值 - 真实数值}{真实数值} \times 100\%$$

实验误差主要来源于三方面：

一是由于实验所用的仪器本身不够准确、测量方法的近似、试剂的不纯和实验者读数时偏于某一方面所引起的误差，即系统误差。系统误差的特点是在同一条件下多次测量同一量值时，误差的绝对值和符号不变，或在条件改变时，误差按一定的规律变化。为减小系统误差，在条件许可和学生能够接受的情况下，可以采取比较准确的仪器和方法以及较纯的试剂进行测定，并纠正读数时偏向某一方面的习惯，但是要找出和修正系统误差都是不容易的，在中学测定实验中，一般很少考虑。

二是在测定过程中由于振动、温度、气压、湿度、光照等环境因素的影响，或测量者读数不稳定所造成的误差，即偶然误差或随机误差。它的特点是误差来源不固定，误差的大小和符号均可改变。它有正误差与负误差出现的机会相等和小误差出现的次数多而大误差出现的次数少等特点。为了减小偶然误差，应同时做几次平行测定，取其平均值。平行测定的次数愈多，平均值的误差也就愈小。

三是由于实验者使用仪器的方法不正确，粗心大意，操作马虎，读错或记错数据而造成的过失误差。实验者只要认真对待，此类误差是可以避免的。

所测数据可列表整理，再算出测定结果和相对误差。

# 第一节　"测定硝酸钾在水中的溶解度并绘制溶解度曲线图"实验教学研究

## 一、实验教学研究目的

(1) 明确本实验在中学化学教学中的作用及实验目的。

(2) 探讨减小实验误差的方法，掌握做好实验的注意事项及技术关键。

(3) 进一步培养学生准备学生实验课的能力和教学能力。

## 二、实验教学原理

固体的溶解度，通常用在一定温度下，某物质（溶质）在 100 g 溶剂里达到饱和状态时所溶解的量（单位：g）来表示。

或表示为：

$$某物质在 t 时的溶解度 = \frac{饱和溶液中某物质的质量（g）}{饱和溶液中溶剂的质量（g）} \times 100 （g）$$

由上式可知，测定某固体物质的溶解度，就需要测知某物质在配制成饱和溶液时的温度、饱和溶液中某物质的质量和溶剂的质量。为此，可以通过两种途径来达到。

一种是固定温度，测定该温度下的饱和溶液及其中所含溶质（某物质）的质量，而计算出这个温度下的某物质的溶解度，这就是溶质质量法。

另一种是固定溶质（某物质）和溶剂二者的质量，测定制成的溶液处于饱和状态一开始析出结晶的温度，从而计算出所测温度下某物质的溶解度，这就是结晶析出法。

本实验测定不同温度下硝酸钾在水中的溶解度，根据实验目的，采用了溶质质量法和结晶析出法。

### 三、实验用品

仪器：托盘天平（带砝码）、烧杯（250 mL）、烧杯（50 mL）、试管（35 mm×130 mm）、试管（18 mm×180 mm）、5 根玻璃棒、温度计（100℃）、量筒（10 mL）、移液管（5 mL，带刻度）、坩埚钳、带圈玻璃搅拌器（大圈）、带圈玻璃搅拌器（小圈）、铁架台、铁夹、铁圈、石棉网、酒精灯、蒸发皿、干燥器（带干燥剂 $CaCl_2$）、洗瓶、胶头滴管、4 个研钵、火柴。

药品：硝酸钾（已经烘去水分并研细）。

### 四、实验研究步骤及方法

实验前认真钻研中学化学课本中有关这个实验的内容，明确该实验的实验目的，了解实验步骤后进行实验。

#### 1. 溶质质量法

（1）称量蒸发皿的质量。

用托盘天平准确称量 1 只清洁、干燥的蒸发皿的质量，将称量的数值记入表 5-1 中。

（2）安装仪器，制取指定温度下的硝酸钾饱和溶液。仪器安装如图 5-1 所示。

用量筒量取 10 mL 蒸馏水，倒入大试管中（大试管也可用 50 mL 的小烧杯代替，这样有利于下一步迅速地倾出恒定温度下的饱和溶液。如改用小烧杯，则需倒入 15～20 mL 蒸馏水）。然后把一支温度计放在试管里。在一只 250 mL 的烧杯里倒入约 150 mL 水作为水浴。将大试管固定在烧杯中，试管内的液面低于烧杯中的水面，而且试管底不与烧杯底接触。安装完毕，进行水浴加热。利用水浴控制温度，使试管里的温度在指定温度（如 20 ℃、30 ℃、40 ℃、50 ℃、60 ℃、70 ℃）保持恒定。同时逐渐向试管里加入少量硝酸钾晶体，边加边用玻璃棒充分搅拌，促使硝酸钾迅速溶解，直到在恒定温度下 5 min 内不再溶解为止。这时，溶液已达饱和状态。

（3）倾倒溶液，称量（蒸发皿＋饱和溶液）质量。

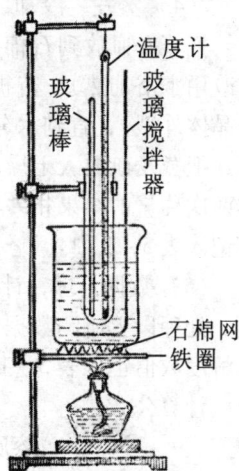

图 5-1 溶质质量法
测溶解度装置

在恒温下静置，待未溶解的硝酸钾晶体沉到管底后，取下试管，把里面澄清的硝酸钾饱和溶液迅速倾倒在已称量过的蒸发皿里（注意！既不要把未溶解的硝酸钾晶体倒入蒸发皿中，又要防止饱和溶液流经试管中途时温度下降而析出晶体），然后冷却称量，即得蒸发皿与饱和溶液的质量（$m_2$），把数值记入表5-1中。

表5-1 溶质质量法测 $KNO_3$ 溶解度的实验记录

| 温度/℃ | 次数 | 蒸发皿质量 $m_1/g$ | （蒸发皿+溶液）质量 $m_2/g$ | （蒸发皿+晶体）质量 $m_3/g$ | 水的质量 $(m_2-m_3)$ | 晶体的质量 $(m_3-m_1)/g$ | 溶解度 $S/g$（平均值） |
|---|---|---|---|---|---|---|---|
| 20 | | | | | | | |
| 30 | | | | | | | |
| 40 | | | | | | | |
| 50 | | | | | | | |
| 60 | | | | | | | |
| 70 | | | | | | | |

（4）蒸发、冷却、称量（蒸发皿+晶体）的质量。

把蒸发皿放到石棉网上用酒精灯加热，边加热边搅拌（注意防止溶液外溅，或改用水浴加热）。待析出晶体较多时，改用微火加热，继续边加热边搅拌（防止晶体外溅），直到水分完全蒸发掉为止（防止强热使晶体熔融、分解）。待稍冷后，把蒸发皿放入干燥器上冷却。冷却后，称量。再重复加热，冷却、称量，直到两次称量的结果相差不超过0.1 g为止，此即蒸发皿与晶体的质量（$m_3$）。把数值记入表5-1中。

（5）数据处理，计算溶解度。

处理以上所测数据，根据下式计算出硝酸钾在指定温度下的溶解度（$S$）。把溶解度数值记入表5-1中。

计算公式：

溶质（硝酸钾晶体）的质量 $= (m_3-m_1)$（g）

水的质量 $= (m_2-m_3)$（g）

硝酸钾的溶解度 $S = \dfrac{100 \ (m_3-m_1)}{m_2-m_3}$（g）

（6）绘出溶解度曲线。

以横坐标表示温度，纵坐标表示溶解度，根据本实验所得数据，绘出硝酸钾20 ℃~70 ℃的溶解度曲线。

**2. 结晶析出法**

按照中学化学课本中编写的这个实验的步骤以及下列实验步骤分别进行实验，对比它们的优缺点，探索较佳的方法步骤。

（1）称取硝酸钾，量取溶剂（蒸馏水）。

用托盘天平称取硝酸钾6.0 g，放入一支清洁、干燥的试管（35 mm×130 mm）中。再用移液管准确量取蒸馏水5 mL，注入同一支试管中。

（2）安装仪器，测定硝酸钾溶液处于饱和状态时的温度。

将100 ℃温度计和带圈玻璃搅拌器插入双孔中，再把它们插入试管中，并用塞子塞住试管口。用250 mL烧杯盛水约150 mL（作水浴用）。按如图5-2所示装配仪器。

用酒精灯加热烧杯，使试管在水浴里加热。同时，上下抽动烧杯中及试管中的玻璃搅拌器，使杯内、管内的液体温度均匀一致并平稳上升，到硝酸钾晶体全部溶解，即停止加热。将试管取出水浴，继续不断搅拌，让试管中溶液缓缓

图5-2 结晶析出法测溶解度装置

降温，同时仔细观察试管中的溶液和温度计，一旦有晶体出现，立即记录开始析出晶体时的温度。重复加热和降温，并记录每次开始析出晶体时的温度，到两次温度相差不超过0.5 ℃为止。取此两次温度的平均值（$t$）。

（3）增加溶剂量，测定稀释后溶液处于饱和状态的温度。

用移液管准确量取蒸馏水1 mL，注入试管中，使试管中的溶剂增加到6 mL。再按上述加热、降温的操作方法，测定溶剂为6 mL时溶液开始析出晶体时的温度。按同样操作方法，每次增加蒸馏水1 mL，依次分别测定溶剂量7 mL、8 mL、9 mL、10 mL、11 mL、12 mL等硝酸钾溶液（溶质都是6.0 g硝酸钾）在开始析出晶体时的温度，直到为30 ℃或更低温度时为止。

（4）数据处理，计算溶解度。

处理实验所测数据，根据硝酸钾和蒸馏水的质量以及相应的温度，计算出硝酸钾在不同温度下的溶解度（$S$）。

（5）绘出溶解度曲线。

以横坐标表示温度，纵坐标表示溶解度，根据以上所得的$t$值和$S$值，绘出

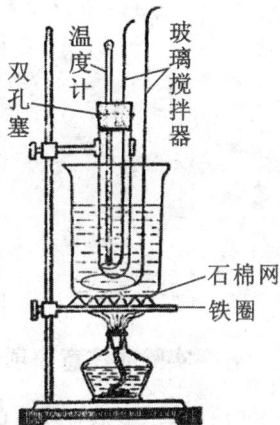

143

硝酸钾的溶解度曲线（如图 5 - 3 所示）。

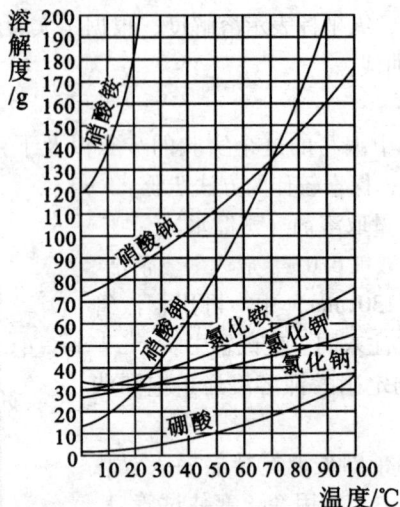

图 5 - 3　几种物质的溶解度曲线

### 五、实验的注意事项、成败关键

（1）本实验是一种简单的定量实验，所用器皿必须洁净、干燥，称量必须准确，否则可能影响效果。

（2）用水浴加热时，应在试管和烧杯之间再用一玻璃搅拌器不断搅拌，使试管受热均匀。

（3）加硝酸钾于试管后，要用玻璃棒小心搅拌，使硝酸钾加速溶解，切勿用温度计作搅拌器，以免温度计破损。

（4）蒸发溶液时，特别到接近蒸干阶段，应该用小火加热（或用小火烘烤），以免溶液和析出的晶体四溅，影响实验结果。

### 六、讨论总结

按照以下讨论题目、总结写出书面报告。

（1）列表整理实验记录。根据绘制的溶解度曲线与课本中溶解度曲线进行比较，判断实验结果的准确程度。根据自己在实验中的体会，对比分析"溶质质量法"和"结晶析出法"的实验方法、步骤、装置、操作中可能产生误差的主要因素有哪些，做好本实验的技术关键有哪些。对中学化学课本中编写的这个实验的方法步骤、装置、操作有何改进意见。

表 5-2　结晶析出法测 $KNO_3$ 溶解度的实验记录

| 硝酸钾的质量/g | 水的体积/mL | 开始析出晶体时的温度/℃ | | | 溶解度 $S$ /g |
| --- | --- | --- | --- | --- | --- |
| | | 1 | 2 | 温度平均值 | |
| | | | | | |
| | | | | | |
| | | | | | |
| | | | | | |
| | | | | | |
| | | | | | |
| | | | | | |
| | | | | | |

计算时以水的体积（mL）作为水的质量（g）。

（2）估计中学生按照中学化学课本独立进行这个实验时可能遇到的困难，找出上课时应向学生交代的注意事项及课中的巡视指导计划（计划内容包括重点指导的实验内容、操作技术和能力的培养等项目）。

测定硝酸钾溶解度的参考数据如表 5-3、表 5-4 所示。

表 5-3　溶质质量法

| 蒸发皿的质量/g | 蒸发皿和溶液质量/g | 蒸发皿和溶质质量/g | 水的质量/g | 溶质质量/g | 溶解温度/℃ | 溶解度/g | |
| --- | --- | --- | --- | --- | --- | --- | --- |
| | | | | | | 测定值 | 文献值 |
| 43.69 | 46.82 | 44.48 | 2.34 | 0.79 | 20 | 33.7 | 31.6 |
| 43.80 | 46.99 | 44.90 | 2.09 | 1.10 | 30 | 52.6 | 45.8 |
| 44.99 | 49.03 | 46.61 | 2.42 | 1.62 | 40 | 66.9 | 63.9 |
| 19.98 | 23.31 | 21.54 | 1.77 | 1.56 | 50 | 88.1 | 85.5 |
| 43.18 | 47.60 | 45.55 | 2.05 | 2.37 | 60 | 115.6 | 110.0 |

表 5-4　结晶析出法

| $KNO_3$ 的质量/g | $H_2O$ 的质量/g | 加热速率（℃/分） | 晶体全溶温度 $t_1$/℃ | 冷却速率（℃/分） | 晶体析出温度 $t_2$/℃ | $\dfrac{t_1+t_2}{2}$ | 溶解度/g | |
| --- | --- | --- | --- | --- | --- | --- | --- | --- |
| | | | | | | | 测定值 | 文献值 |
| 12.8 | 20 | 1.0 | 41.3 | 2.0 | 38.0 | 39.7 | 60.0 | 63.6 |
| 17.1 | 20 | 1.0 | 54.5 | 2.0 | 47.5 | 51.0 | 85.5 | 87.5 |

[思考练习]

1. 比较上述两种方法的实验步骤与结果的准确性。

2. 把你绘制的溶解度曲线与课本中的溶解度曲线进行比较，分析产生误差的原因。

3. 估计中学生做本实验会有哪些困难？要提醒哪些注意事项？

---

· 阅读材料 ·

### 硝酸钾的用途

　　硝酸钾为无色晶体，具有强氧化性，是制造火药、烟花等产品的主要原料之一，并广泛应用于陶瓷、玻璃、金属热处理、选矿、电镀和造纸等多种行业。硝酸钾还是一种重要的化肥。工业上多以硝酸钠和氯化钾为主要原料生产硝酸钾，副产品为氯化钠。将硝酸钾和氯化钠分离后，得到的硝酸钾粗品中常常含有少量氯化钠等杂质。那么，如何除去这些杂质呢？在生产中常用的方法是重结晶法。

图 5-4　硝酸钾制造烟花

---

# 第二节　阿伏伽德罗常数的测定及其投影演示实验教学研究

　　阿伏伽德罗常数的测定（单分子膜法）是高中化学实验教材的一个学生定量实验。对于高中学生来讲，该实验具有一定的难度。并且通过实践发现，如果按照教材所设计的做法来测定，有一定的困难，也存在一些问题，难以得到比较满意的结果，为此，笔者做了很多次试验，对实验的方法、使用的仪器进行了摸索、改进，终于取得了比较满意的结果，得出了 $5.5 \times 10^{23} \sim 6.5 \times 10^{23}$ 这样比较精确的数值。学生能做到 $5.0 \times 10^{23} \sim 7.0 \times 10^{23}$ 的人数相当多。所有学生的实验结果都在正确数量级范围内。

　　正因为实验难度较大，教师最好能进行示范。但按教材的操作方法，教师在课堂上演示时，由于学生不能围在讲台周围，所以无法观察到单分子膜的形成过程。为此，笔者试用了书写投影仪来演示单分子膜的形成过程。由于投影仪能把实验的现象放大到银幕上，因而直观、清晰，就是在大教室或大实验室里演示，每个学生也都能看得很清楚。而硬脂酸苯溶液的扩展过程又很形象，激发了学生的兴趣，取得了良好的实验效果。

## 一、实验教学研究目的

（1）掌握阿伏伽德罗常数的测定（单分子膜法）实验在中学化学教材中的地位和作用及基本原理和实验操作技能，掌握实验的成败关键和注意事项。

（2）学习和讨论阿伏伽德罗常数测定的基本方法和技能，提高运用所学知识解决问题的能力和实验设计能力。

（3）探讨组织中学生进行阿伏伽德罗常数测定实验的教学策略。

（4）学习单分子膜法的讲解方法，并进行规律性的教学。

## 二、实验用品

仪器：培养皿、5 mL 烧杯、250 mL 容量瓶 2 个、分析天平或托盘天平（感量为 0.2 g）、量筒、移液管（2 mL）、移液管（1 mL）、滴管。

药品：硬脂酸、苯溶液（分析纯）。

### 1. 实验原理和计算公式

硬脂酸是由亲水基因——羧基（—COOH）和憎水基因——羟基连接起来的直链状有机化合物 $[CH_3(CH_2)_{16}—COOH]$。它能溶于苯，但难溶于水。而溶剂苯的沸点低，易挥发，同时又难溶于水。因此，当把极稀的硬脂酸苯溶液一滴一滴地滴到平稳的水面上的时候，水分子对硬脂酸分子中的羧基的吸引，便使溶液向四周扩展，同时溶剂苯就迅速挥发。水分子力图把水面上的硬脂酸分子中的亲水基团拉到液相内，而憎水基团则被排斥在空气相中。这样就使水表面层的硬脂酸分子互相平行地定向排布，形成单分子膜。

当水面被硬脂酸分子布满后，硬脂酸苯溶液在水面上就不易再扩展，而呈一透镜状的珠滴。根据滴加的硬脂酸苯溶液中所含的硬脂酸质量以及它所覆盖的水面的表面积和每一个硬脂酸分子的截面积，就可以计算出 1 摩尔硬脂酸所含的分子数——阿伏伽德罗常数。

根据实验数据，可按下列公式计算阿伏伽德罗常数（$N$）：

$$N = \frac{MS}{AcV(d-1)}$$

式中：$M$——1 摩尔硬脂酸的质量（284.5g）；

$S$——培养皿里水的表面积（$cm^2$）；

$c$——所配的硬脂酸苯溶液的浓度（g/10000 mL）；

$V$——每滴硬脂酸苯溶液的体积（mL）；

$d$——实验时所滴入的硬脂酸苯溶液的滴数；

$A$——每一个硬脂酸分子的截面积（$2.2 \times 10^{-15}\ cm^2$，已知）。

本公式和教材上的公式略有不同，但实质仍一样，具体推导也相似，本文从略。

如果实验所用的硬脂酸溶液、培养皿和滴管没有更换，则上式可简化为：

$$N = K \frac{1}{d-1}。$$

式中 $K = \dfrac{MS}{AcV}$　　（$K$ 是一个常数，可先算出）。

### 2. 实验准备

（1）配制 1 g /10000 mL 的硬脂酸苯溶液。

用感量为 0.2 g 的托盘天平称取 2.50 g 分析纯的硬脂酸放在干燥的烧杯中，用分析纯的苯溶液分几次加入。而后完全转移到 250 mL 容量瓶中，用苯稀释到刻度。再取该溶液 2.50 mL 放到另一个 25 mL 容量瓶中，用苯稀释到刻度，便配制成了 1 g /10 000 mL 的硬脂酸苯溶液。

（2）测定每滴硬脂酸苯溶液的体积。

将配好的硬脂酸苯溶液注入 10 mL 的小量筒内，把滴管用硬脂酸苯溶液润湿，然后吸取 1.00 mL 溶液，垂直逐滴滴入烧杯中，数出滴数 $D$，则每滴溶液的体积 $V = 1/D$。重复一次，取其平均值。

（3）测定结晶皿的表面积。

用直尺从两个不同的方位量出培养皿的内径，读数误差不能大于 1 mm。取其平均值，算出其表面积 $S$。

（4）算出常数 $K$。

### 三、演示单分子膜的形成，并算出常数 $N$

把盛有蒸馏水的培养皿放在投影仪上，接通电源，调好焦距，用滴管吸取硬脂酸苯溶液，从离水面约 5 cm 的高度处垂直滴下一滴，如图 5-5 所示。这时，在银幕上看到一个暗点，即为水面上的硬脂酸溶液（见图甲）。但其亮度立即变大，同时水面上产生了波动（见图乙），说明溶液在迅速向四周扩展。待水面停止波动后（见图丙），再滴入第二滴。如此逐滴滴入，直到滴入某一滴后，水面不再产生刚才的波动现象，其亮度也不再变化（即硬脂酸溶液呈透镜状），说明溶液不再扩展了（见图丁），此时单分子膜也就形成。记下滴数 $d$，便可用公式算出阿伏伽德罗常数 $N$。

把培养皿中的溶液倒掉，洗净，按同样方法重复测定。

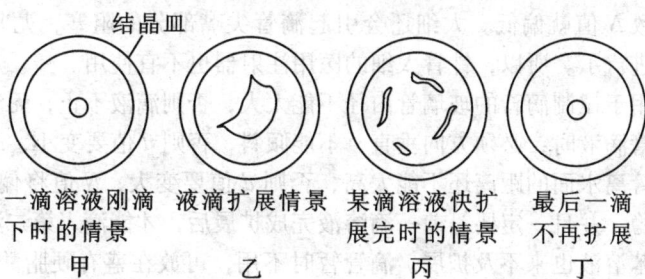

一滴溶液刚滴
下时的情景
甲

液滴扩展情景

乙

某滴溶液快扩
展完时的情景
丙

最后一滴
不再扩展
丁

图 5－5 滴入硬脂酸苯溶液后银幕上的图像

表 5－5 是多次实验中选出的有代表性的实验结果。

表 5－5 具有代表性的实验结果

| 编号 | 每滴溶液的体积 | 结晶皿的直径 | $K$ | 消耗溶液的滴数 | $N$ 值 |
|---|---|---|---|---|---|
| 1 | | | | 22 | $6.11 \times 10^{23}$ |
| 2 | | | | 21 | $6.42 \times 10^{23}$ |
| 3 | | | | 21 | $6.42 \times 10^{23}$ |
| 4 | $\frac{1}{140}$ mL | 9.4 cm | $1.284 \times 10^{24}$ | 24 | $5.57 \times 10^{23}$ |
| 5 | | | | 23 | $5.83 \times 10^{23}$ |
| 6 | | | | 22 | $6.11 \times 10^{23}$ |
| 7 | | | | 21 | $6.42 \times 10^{23}$ |

## 四、实验教学研究思路及注意事项、成败关键

（1）实验所用试剂的级别要在分析纯以上，水要用蒸馏水。

（2）实验教材中所用的水槽虽然面积较大，但内径很不规则，测定误差大。宜用内径规则，上下直径相等的培养皿代替。

（3）一个合格的滴管，并能准确使用，在本实验中特别重要。为此，必须自己拉制滴管。滴液的滴数以每毫升 130～150 滴为宜。不能小于 100 滴，也不宜大于 170 滴。如果滴管尖嘴太粗，那最后一滴中的一部分也往往起了形成单分子膜的作用，则 $N$ 值就要偏高。所以尖嘴太粗的市售滴管就不能使用。如果滴管尖嘴太细，那滴液时间就太长。又因为滴的过程中，苯挥发过快，使硬脂酸溶液来不

及扩展，以致 $N$ 值就偏低。太细还会引起滴管尖嘴部分的阻塞，尤其是在冬天，实验就无法进行了。所以，针管太细的医用注射器也不宜使用。

另外，用于拉制滴管的玻璃管内径不能太大，否则滴液不止，无法控制。

在用滴管滴液时，必须方向垂直，不能倾斜，否则 $d$ 值要变小，$N$ 值将偏高。操作时，滴管离水面的距离还不能太高，否则 $d$ 值要变大，$N$ 值将偏低。还要保持水面的平稳。并且一定要等前一滴溶液完成扩展后，才能滴入第二滴。不能快，否则硬脂酸苯溶液也来不及扩展。滴管暂时不用，可放在盛有硬脂酸苯溶液的小量筒里，以防碰碎尖嘴。

（4）测定每滴溶液的体积时，所用的 10 mL 的小量筒，宜取用中间的刻度，最好还要校正一下。

（5）硬脂酸苯溶液采用了比较低的浓度。实验证明，在本实验条件下，以 1 g /10 000 mL 左右为宜，这样可使误差大大减小。

（6）鉴于一般中学实验条件的限制和学生实验操作技能较差，可用托盘天平代替分析天平称量，但要经过一次稀释。这样配得的溶液精确度能完全达到要求。和其他因素带来的误差相比较，其对 $N$ 值的影响是微不足道的。

（7）在整个实验中，关键还在于所用的仪器必须十分干净。尤其是盛放水的培养皿，必须认真清洗。如果培养皿内沾有油污或上次实验后硬脂酸未洗净，那么它们就会参与单分子膜的形成，使 $d$ 值变小，$N$ 值偏高。清洗时不宜用碱性物质作洗涤剂，因为碱性物质的洗脱性不好，未冲净的碱要消耗硬脂酸，使 $d$ 值变大，$N$ 值偏低。所以最好用清除有机物效果特好的酸性铬酸洗液来洗。将培养皿洗净是实验成功的重要保证。

（8）在实验中，滴下的最后一滴溶液可能也扩展了一部分。这一部分可以估计为 0.3、0.5、0.7 等滴，这最好也加进形成单分子膜的液滴中去，这样处理实验数据就比较科学，比较合理（但本书实验数据还未这样处理）。

（9）形成单分子膜后余下的一滴，时间太长，也会扩展。应注意，不能把它作为形成单分子膜的液滴算入。

笔者对实验经过以上的改进和用投影仪进行演示，大大改善了实验条件，提高了实验的精确程度。在这样的实验条件下，即使滴下的液滴相差 4~5 滴，也不会给 $N$ 值带来太大的偏差。因此，学生都能顺利地、比较准确地测出常数。这就加深了他们对阿伏伽德罗常数和摩尔概念的理解，并培养了他们的观察能力、定量操作的能力、分析问题的能力和处理实验数据的能力。

### 分子概念与分子论思想的奠基者——阿伏伽德罗

阿伏伽德罗（Amedco Avogadro, 1776—1856），意大利化学家、物理学家，出生于官吏之家。1792 年进入都灵大学学习法律，1796 年获教会法律博士学位。曾从事律师工作 3 年，可对律师这一职业始终缺乏热情。1800 年开始转向学习数学、物理、化学和哲学，直至 1805 年。只有在这些科学领域里，他才找到了自己兴趣的真正所在。1809 年被任命为维切利皇家学院数学和物理学教授，并一度担任院长。他在该学院度过了一生中最重要的 10 年，著名的分子学说就是在这里孕育和提出的。1819 年，他成为都灵科学院的正式院士。次年在都灵大学设立了意大利第一个数学物理讲座，被选为这一讲座的第一任教授，一直任教直至 74 岁高龄退休。都灵市民为了表示对他的敬意，特命名市内一条大街为阿伏伽德罗大街。

图 5-6　阿伏伽德罗像

阿伏伽德罗不仅提出了分子学说，而且从这个理论出发去阐明气体的特性，比较各种气体的密度，然后再去探索各种气体的分子量。同时，在物理学方面，他也取得了众多成果，进行过有关热学、电学等方面的研究。一生共发表论文 50 余篇，其中包括分子学说 3 篇、电和电化学 10 篇、热容 15 篇、液体和气体的密度 7 篇等。此外，还出版了一部四大卷的《可度量物体物理学》，对分子物理学领域进行了重点探讨，该书是关于分子物理学最早的一部专著。

# 第三节　中和热的测定实验教学研究

## 一、实验教学研究目的

（1）掌握中和热的测定实验的成败关键及影响实验结果的因素。
（2）培养学生以教师的姿态去准备学生实验的初步能力。
（3）掌握实验的注意事项、成败关键和实验的教学方法。
（4）能自己设计其他方法，以培养学生改进创新的能力。

## 二、实验用品

仪器：大烧杯（500 mL）、硬纸板（有孔）、小烧杯（100～150 mL）、带圈玻璃搅拌器、温度计（100℃，1/10）、量筒（50 mL）2 只、保温杯、碎纸条。

药品：盐酸（1.00 mol·L$^{-1}$）、氢氧化钠溶液（1.1 mol·L$^{-1}$）。

### 三、实验教学原理及方法

将一定体积的已知准确浓度的强酸和强碱稀溶液，在绝热的量热器中进行中和反应。假设在反应中基本上没有热量散失，则反应所放出的热量 $Q$ 就全部被反应后的溶液和量热器吸收。用温度计准确地测出反应前后溶液的最大温度差 $\Delta t$，再利用有关数据就可计算出反应所放出的总热量 $Q$。由参加反应的稀酸和稀碱溶液的浓度和体积，可计算出反应所生成的水的量 $n$（mol）。$Q$ 与 $n$ 的比值，就是酸碱中和生成 1 mol 水时所放出的热量，即中和热。

$$Q_{中和} = \frac{Q}{n} = \frac{[(m_1 + m_2) + W] \cdot c \cdot \Delta t}{\dfrac{MV}{1000}} \qquad ①$$

式中：

$m_1$ 和 $m_2$ 分别为稀酸、稀碱溶液的质量，单位：g；

$W$ 为量热器的水当量，单位：g；

$c$ 为反应后溶液的热容，近似于水的比热，单位：J/（g·℃）；

$\Delta t$ 为反应前后溶液的最大温度差，等于 $t_末 - t_始$，单位：℃；

$M$ 为稀酸中的［H$^+$］或稀碱中的［OH$^-$］（以浓度小者计算），单位：mol·L$^{-1}$；

$V$ 为稀酸或稀碱的体积，单位：mL；

$\dfrac{MV}{1000}$ 为反应生成水的量，单位：mol。

当粗略计算时，可忽略量热器所吸收的热量。即：

$$Q_{中和} = \frac{(m_1 + m_2) \cdot c \cdot \Delta t}{\dfrac{MV}{1000}} \qquad ②$$

测定中和热所用的酸和碱都是稀溶液，反应生成的盐也必然是稀溶液，其密度和比热都近似地与水的相同。如果用 50 mL 1 mol·L$^{-1}$的盐酸与 50 mL 1.1 mol·L$^{-1}$的氢氧化钠（过量）中和，反应前溶液的温度为 $t_1$，反应的终止温度为 $t_2$，则②式变为：

$$Q_{中和} = \frac{(50 + 50) \times 4.184 \times (t_2 - t_1)}{\dfrac{1 \times 50}{1000}}$$

$$= \frac{100 \times 4.184 \times (t_2 - t_1)}{0.05} \text{（J）} \qquad ③$$

此即中学化学课本里测定中和热的计算公式。

氢氧化钠常会从空气中吸收二氧化碳而变质。为了保证所用的盐酸能完全被中和，故加大了氢氧化钠的浓度而使之过量。

## 四、实验教学研究思路

实验之前，应认真钻研中学化学课本中"中和热的测定"这个实验及相应课文的内容，明确实验的目的、步骤和要求，以便在本预备实验中，以教师的姿态自觉地为指导好学生实验，作好知识、技能、基本操作、重难点及实验关键的指导等方面的准备。

### 1. 酸碱溶液的配制

（1）$1.00 \ mol \cdot L^{-1}$ 盐酸溶液的准确配制。

用标准碱来测定配制 $1.00 \ mol \cdot L^{-1}$ 盐酸溶液的准确浓度。或测出浓盐酸的密度，从手册中查出其相应的浓度。

根据需要量，取上述已知准确浓度的浓盐酸，在容量瓶中稀释成 $1.00 \ mol \cdot L^{-1}$ 的盐酸溶液。

（2）$1.1 \ mol \cdot L^{-1}$ 氢氧化钠溶液的配制及浓度的检查。

配制：按需要量在托盘天平上称取氢氧化钠固体，用适量的水溶解，冷却，稀释成约 $1.1 \ mol \cdot L^{-1}$ 的溶液。

浓度的检查：取配制好的约 $1.1 \ mol \cdot L^{-1}$ 氢氧化钠溶液 10 mL 于小烧杯中，加酚酞试液数滴使之显红色。然后另取配制好的 $1.00 \ mol \cdot L^{-1}$ 盐酸 11 mL，用胶头滴管吸取并逐滴加入上述氢氧化钠溶液中，边滴边搅拌，到溶液的红色刚好消失为止。若消耗的盐酸超过 10 mL，则此氢氧化钠溶液合适；否则，此氢氧化钠溶液的浓度不足，应增大其浓度。

### 2. 量热器水当量的测定

（1）在 500 mL 的烧杯内垫一层绝热材料（例如干燥的纸屑、泡沫塑料、谷壳、锯木屑等），放入一只干净、干燥的 100～150 mL 的小烧杯，按图 5-7 所示装配成一个简易量热器。

（2）用量筒准确量取 50.0 mL 室温下的蒸馏水（冷水），倒入简易量热器的小烧杯中，用温度计测量温度（读准到 0.1 ℃），并记录其温度 $t_1$。

（3）准确量取 50.0 mL 比 $t_1$ 约高 10 ℃ 的蒸馏水（热水），量准并记录其温度 $t_2$ 后，小心而迅速地全部倒入上述冷水中。立即上下拉动玻璃搅拌器，使冷、热水混合均匀，并注意读取和记录混合后的恒定温度 $t_3$。固定温度计的高度，以后测定中和热时不要改变其高度。

（4）倾去小烧杯内的水。将烧杯、温度计和搅拌器用冷风吹干（或仔细擦干），并使绝热材料散热，冷却至室温。然后再按上述操作步骤重复测定两次。将有关数据填入表 5-6 中，并计算出量热器的水当量。

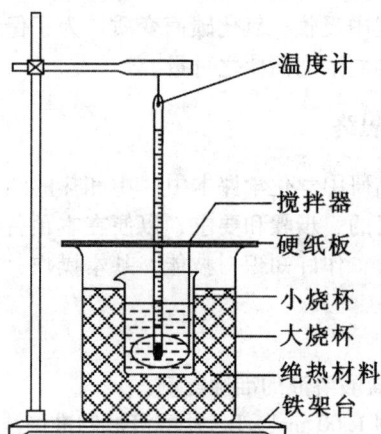

图5-7 简易量热器示意图

表5-6 测定量热器水当量的数据记录及结果处理

| 测定次数　　　　项　　目 | 第一次 | 第二次 | 第三次 |
|---|---|---|---|
| 冷水的温度 $t_1$ /℃ | | | |
| 热水的温度 $t_2$ /℃ | | | |
| 混和后水的恒定温度 $t_3$ /℃ | | | |
| 冷水吸收的热量 $Q_1 = 50 \times c_水 \times (t_3 - t_1)$ （J） | | | |
| 热水放出的热量 $Q_2 = 50 \times c_水 \times (t_2 - t_3)$ （J） | | | |
| 量热器的水当量 $W = \dfrac{Q_2 - Q_1}{t_3 - t_1} \div c_水$ （g） | | | |
| 水当量的平均值 $\overline{W}$ | | | |

［注］ 表中的 $c_水$，即水的比热容。

154

### 3. 中和热的测定

（1）按上述方法将烧杯、温度计和搅拌器干燥，照上图组装好简易量热器。

（2）用量筒准确量取 50.0 mL 1.00 mol·L$^{-1}$ 的盐酸溶液，倒入小烧杯中。准确测量温度（读准到 0.1℃），并记录其起始温度于表 5 – 7 中。将温度计上的酸用水冲洗干净，然后仔细擦干。

（3）用另一只量筒准确量取 50.0 mL 1.1 mol·L$^{-1}$ 的氢氧化钠溶液，并用温度计准确测量其起始温度，记入表 5 – 7 中。

（4）把温度计插入小烧杯内的盐酸中，并悬挂固定在原来（测定水当量时）的高度。将量筒中的氢氧化钠溶液小心而迅速地一次倒入小烧杯里（注意不要洒到外面），立即上下拉动搅拌器（或用玻璃棒轻轻搅动溶液）。连续观察混合后溶液温度的上升情况，并准确读取其最高温度，记为终止温度填入表 5 – 7 中。

（5）倾去小烧杯中的溶液，将烧杯、温度计和搅拌器用水清洗干净，再用冷风吹干（或仔细擦干），并使绝热材料尽量散热，冷却至室温。重复中和热的测定操作，并将有关数据一并记入表 5 – 7 中。

表 5 – 7　测定中和热的数据记录及结果处理

| 实验次数 | 起始温度（℃） | | | 终止温度 $t_2$（℃） | 温度差（℃）$(t_2 - t_1)$ | 计入水当量时的中和热 | | 不计水当量时的中和热 | |
|---|---|---|---|---|---|---|---|---|---|
| | HCl | NaOH | 平均值 $t_1$ | | | 数值（kJ·mol$^{-1}$） | 误差（%） | 数值（kJ·mol$^{-1}$） | 误差（%） |
| 1 | | | | | | | | | |
| 2 | | | | | | | | | |
| 3 | | | | | | | | | |
| 平均 | | | | | | | | | |
| 将稀盐酸的浓度数值增大 0.05 mol·L$^{-1}$ 时的中和热 | | | | | | | | | |
| 将温度差 $(t_2 - t_1)$ 的数值增大 0.5 ℃ 时的中和热 | | | | | | | | | |

### 4. 实验结果的计算及实验误差的讨论

根据上述测定数据，进行如下的计算和讨论：

（1）按照计算公式①，算出计入量热器的水当量时中和热的数值，并以中和热的理论值 ［25 ℃时一元强酸跟一元强碱的中和热为 57.26 kJ／（mol·L）］ 为基准，计算实验的百分误差，填入表 5 – 7 中。

（2）按照计算公式③，算出不计入量热器的水当量时中和热的数值，并以中和热的理论值为基准，计算实验的百分误差，填入表 5 - 7 中。

（3）取三次测定中和热数值的平均值，将盐酸的浓度数值增大或减小 0.05 mol·L$^{-1}$，而其他各种数据保持不变，代入公式计算这种情况下的中和热，并以原来的（未改变盐酸浓度数值时的）中和热数值为基准，计算出百分误差，填入表 5 - 7 中。

（4）取三次测定中和热数据的平均值，仅将温度差（$t_2 - t_1$）的数值增大或减小 0.5 ℃（即假定在测定温度的读数中，使温度差的误差达 ±0.5 ℃），而其他各种数据保持不变，代入公式计算这种情况下的中和热数值，并以原来的中和热数值为基准，计算出百分误差，填入表 5 - 7 中。

除以上情况外，分析和估计还有哪些引起实验误差的因素。

### 五、注意事项及成败关键

本实验的关键是要准确地配制一定摩尔浓度的溶液，量热器要尽量做到绝热；在量热的过程中，要尽量避免热量的散失，要求比较准确地测量出反应前后溶液温度的变化。为此要注意以下几点：

（1）所用的 NaOH 溶液最好是新配制的，久存的 NaOH 溶液往往由于吸收空气中的 $CO_2$ 而导致浓度不准，影响实验结果。

还要注意所配制的 NaOH 溶液要充分冷却至室温后，才能使用。

（2）要一次性迅速地将 NaOH 溶液倒进盐酸里，立即用硬纸板（或泡沫塑料板）盖好，及时观察温度上升的情况。读取温度时，读数要读到 0.2 ℃，最好由一个人负责读数（温度），防止人为误差。

（3）本实验若在温度低于 10 ℃ 时进行，因为散热太快，会造成较大的误差，此时最好用保温杯做。

（4）玻璃量热器保温性差，可以用一个 150 mL 聚乙烯瓶代替 100 mL 玻璃烧杯。碎纸条也可以用厚的泡沫塑料块代替。

（5）温度计的水银球应插在溶液中央，不要接触量热器的壁及底部，否则测量不准确。（读数要读取至反应开始下降时的温度）

（6）该实验要选用一元强酸、强碱的稀溶液。因为弱酸、弱碱、多元酸碱之间进行中和反应时，在反应过程中要伴随一定程度的电离和水解，从而吸收一些热量，使测得的中和热不准确。

（7）如果酸碱的浓度大，就会使反应液温度过高，而使部分水汽化吸热，失去一定热量，导致数据不准，还使生成的 NaCl 溶液的浓度变大，这样就使 NaCl 溶液的密度和比热与水相差很大，则不能把 NaCl 溶液看做水来进行计算。

（8）酸碱溶液的浓度和体积要准确，特别是 HCl 的浓度更要准确，因为计算热量，要以盐酸的浓度为标准。NaOH 溶液的浓度采取 1.1 mol/L，是为了保证盐酸完全中和，因而碱要过量一些（因为少量 NaOH 跟空气中的 $CO_2$ 反应生成 $Na_2CO_3$ 而失效）。

（9）测定量热器的热容量时，热水温度一般比室温高 20 ℃ 即可。

（10）实验用温度计最好用酒精温度计，便于观察，规格以 1 ℃ 一个刻度为宜。

（11）常用 HCl 和 NaOH 溶液进行反应，测定中和热。两者的浓度在 0.5 ~ 1 mol/L，最为适宜，原因如下：

①酸碱浓度太大，则酸与碱混合后进行反应时，不仅反应要放出热量，同时存在浓溶液稀释的过程，水合放出的热量大于扩散时吸收的热量，结果总的热量包括中和热及水合放出的热量，使测定值偏高。

②酸碱的浓度太小，生成水的摩尔数少，必然放出的热量少。而溶液中大量水吸收少量的热，温度上升得少，则温度计对微小温度的变化测量不准确，因此影响实验结果的准确性。

（12）NaOH 溶液的配制：由于 NaOH 在空气中易与 $CO_2$ 作用，生成 $Na_2CO_3$，因而配制 NaOH 溶液时，应除去 $Na_2CO_3$。方法有两种：

①用去离子水（或蒸馏水）迅速洗固体 NaOH 的颗粒 2 ~ 3 次后，便可配成溶液。

②用含 $Na_2CO_3$ 的 NaOH 直接配成 50% 的浓溶液，此时 $Na_2CO_3$ 不溶解，产生沉淀，吸取上层清液，稀释至所需浓度。

（13）由于 NaOH 易在空气中潮解，故取完后，要立即盖好装 NaOH 固体的瓶盖，以防潮解生成 $Na_2CO_3$。

## 六、讨论总结

（1）列表整理实验记录及计算结果。根据实验结果的分析对比及实验操作中的亲身体会，归纳总结造成本实验误差的主要因素及避免误差的主要措施，指出做好本实验的关键。

（2）为了使学生能顺利地完成本实验，教师在实验课前应为学生作好哪些准备？在实验课中应对学生重点指导哪些事项？写出本实验的指导提纲。

## 七、用途和作用

中和反应在生活中用途广泛，表现在以下几个方面：

（1）中和产生的热量可作为能源。

（2）生活中做馒头用 $Na_2CO_3$ 或 $NaHCO_3$ 中和。

（3）酸碱化肥，如 $(NH_4)_2SO_4$ 等。

（4）用 $Al(OH)_3$ 治疗胃酸等。

### 八、实验教学探究

（1）教师应在学生实验前讲本实验的主要操作步骤及方法，并示范演示，学生练习讲解。

（2）明确反应原理和计算数据公式及方法。

（3）教师讲本实验的成败关键及注意事项。

（4）实验小结，指出学生的实验优缺点。

## [本章小结]

通过实验，不仅能加深学生对化学基础知识的理解，而且能培养他们定量实验操作技能，提高数据处理的能力，还可以训练学生使用科学方法，使他们养成严谨的态度。

## [思考练习]

1. 讲解本课内容并演示操作。

2. "中和热的测定实验"成功的关键是什么？

# 第六章　中学生活化学实验教学研究

## ［内容提要］

本章以新课标要求的联系实际的理念为依据，主要介绍日常生活中应用广泛的、人体必需的碘元素——海带中碘的测定及案例，碘盐中碘含量的测定，碘在人体中的重要作用，指纹检查等实验教学研究，尿糖的测定，检验吸烟、饮酒实验教学研究，检验汽车废气的性质，白酒中甲醇的鉴定，居室中甲醛气体含量的测定等有实际应用价值的实验，帮助学生认识化学在生活中的作用，以激发学生的学习积极性，培养学生灵活运用知识的能力。

## ［学习指导］

1. 了解各实验的目的、要求及实验原理和装置。
2. 掌握实验的操作方法、注意事项和成败关键。
3. 掌握本实验的教学方法及改进措施。

化学知识广泛而深入到社会的各个方面，如人们的衣、食、住、行等，没有哪一方面不与化学原理和化学产品有关。使学生了解"化学与社会、生活、生产和科学技术等的密切联系及重要作用"，关心"环境、能源、卫生、健康等与现代社会有关的化学问题"，成为中学化学教学目的的重要内容。这就要求教师在教学中要有意识地联系相关的社会生活中的化学问题，适当地扩大学生的化学知识面，引导学生学会用化学知识去分析和解决社会生活中的化学问题。

"生活化学实验"是化学联系社会生活实际的重要方面，如尿糖的测定、白酒中甲醇的鉴定等。对于这些问题，人们在社会生活中经常进行讨论，若能从化学的角度给予探讨，学生会很感兴趣。生活化学实验在化学教学中的作用可以概括为以下几个方面：

（1）可以提高学生学习化学的兴趣。学生通过亲自解决平时自己关心的问题，可以体会到化学与社会生活的密切联系，从而激发他们的化学学习动机，增强学习化学的兴趣。

（2）能够培养学生解决化学问题的能力。所谓生活化学实验就是通过化学实验来解决社会生活中的某一问题，教师要积极引导学生主动参与化学实验，培养他们解决化学问题的能力。

（3）可以使学生将学过的知识应用于实际，同时，又能加深学生对所学知识的理解。

# 第一节　海带中碘的测定实验教学研究

## 一、实验教学研究目的

（1）了解测定海带中碘含量的原理和方法，体验运用化学知识、技能解决实际问题的过程。

（2）加深对碘元素化学性质的理解。

## 二、实验用品

仪器和材料：烧杯（250 mL）、量筒（10 mL、100 mL 各 1 只）、锥形瓶（250 mL）、碱式滴定管、胶头滴管、表面皿、玻璃棒、漏斗、酒精灯、铁蒸发皿、分析天平、铁架台、铁圈、三脚架、泥三角、滴定管架、火柴、滤纸、坩埚。

药品：1 mol·L$^{-1}$硫酸溶液、10%碘化钾溶液、0.03 mol·L$^{-1}$标准硫代硫酸钠溶液、20%甲酸钠溶液、甲基橙指示剂、饱和溴水、0.5%淀粉指示剂、蒸馏水、海带。

## 三、实验教学原理

海带中碘元素约有88.3%，以碘离子（I$^-$）的形式存在，10.3%以有机碘的形式存在，1.4%以碘酸根离子（IO$_3^-$）的形式存在。采用加热灼烧的方法使海带灰化，再以蒸馏水浸取，可以有效地将有机碘转变为 I$^-$，并可以将 I$^-$浸取至溶液里。当 I$^-$被蒸馏水从灰分中浸出后，用过量溴水将其氧化成 IO$_3^-$。

$$I^- + 3Br_2 + 3H_2O === IO_3^- + 6Br^- + 6H^+$$

过量的溴可煮沸除去，然后加入过量的碘化钾溶液，将 IO$_3^-$定量转化为游离碘。

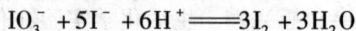

$$IO_3^- + 5I^- + 6H^+ === 3I_2 + 3H_2O$$

最后，用标准硫代硫酸钠（Na$_2$S$_2$O$_3$）溶液滴定释出游离碘。

$$I_2 + 2S_2O_3^{2-} === 2I^- + S_4O_6^{2-}$$

则海带中碘的质量分数为

$$\omega（I）= \frac{V \times c \times 126.9 \times 1/6 \times 1/1000}{m} \times 100\%$$

式中，$V$ 为滴定中所消耗的标准硫代硫酸钠溶液的体积；$c$ 为标准硫代硫酸钠溶液的浓度；$m$ 为海带的质量。

### 四、实验研究步骤及方法

[方法一]

（1）灼烧

将洗净、风干的市售海带剪碎后或研细后称量（约 5 g），然后转入铁蒸发皿或坩埚中，置于酒精灯上加热灼烧，并用玻璃棒不断翻搅，使所有海带碎片受热均匀，开始碳化成黑色的，继续加热，直至变为灰白色的灰分。

（2）碘离子（$I^-$）的浸取

将灰分转移到烧杯中，依次分别用 40 mL、20 mL、10 mL 蒸馏水熬煮（每次约 5 min）。每次熬煮后倒出上层清液，抽滤。将三次浸取液及滤液合并入锥形瓶中，总体积不宜超过 30 mL。

（3）氧化

在锥形瓶中加入 3~5 滴甲基橙指示剂，用 1 mol·$L^{-1}$ 硫酸溶液中和并酸化（过量 2 mL），加入饱和溴水溶液，直至回荡后仍保持淡黄色，加热煮沸至黄色消失，再煮 2 min。稍冷，加入 20% 甲酸钠溶液 5 mL，（为什么？）煮沸 2 min。冷却至室温，加入 4 mL 1 mol·$L^{-1}$ 硫酸溶液和 10 mL 10% 碘化钾溶液，摇匀后盖上表面皿，于暗处静置 10 min。

（4）滴定

用约 0.03 mol·$L^{-1}$（以实验过程中实际标定的数值为准）标准硫代硫酸钠溶液滴定上述溶液。滴定过程中，当溶液由橙黄色变为浅黄色时，加入 2 mL 淀粉指示剂，（为什么不在滴定前就加入？）继续滴加标准硫代硫酸钠溶液至溶液的蓝色消失。记录所用标准硫代硫酸钠溶液的体积。

按以上步骤重复三次。

（5）数据记录与处理

将实验过程中的数据记录在下表中，并计算海带中碘的质量分数平均值。

| 项目 | 数据　　　编号 | 1 | 2 | 3 |
|---|---|---|---|---|
| 海带质量 /g | | | | |
| 标准 $Na_2S_2O_3$ 溶液体积 | 始读数 /mL | | | |
| | 终读数 /mL | | | |
| | $V$（$Na_2S_2O_3$）/mL | | | |
| 标准 $Na_2S_2O_3$ 溶液浓度 $c$（$Na_2S_2O_3$）/（mol·$L^{-1}$） | | | | |
| 碘质量分数 /% | | | | |
| 碘质量分数平均值 /% | | | | |

[方法二]

（1）把干燥的海带（长约 50 cm）放在铁制的容器（如铁盒、铁盖）上，容器放在三脚架上，用强火加热使海带完全灰化。

（2）将灰化的海带倒入烧杯中，加入 20～30 mL 蒸馏水，煮沸 5～10 min 后过滤。

（3）往滤液里加稀 $H_2SO_4$ 酸化（酸性条件有利于氧化），再加用水稀释 20 倍的 $H_2O_2$，使其完全反应。可观察到有深褐色的 $I_2$ 出现。

反应的离子方程式为：$2I^- + H_2O_2 + 2H^+ \rightarrow I_2 + 2H_2O$

（4）将溶液转移到分液漏斗里，用 $CCl_4$ 将碘萃取出，再进行分液。

（5）将含碘的 $CCl_4$ 溶液放进蒸发皿里，在通风处于室温条件下将溶剂蒸发，就可得到单质碘。

用以上方法制得的碘比较纯净，可用于碘的性质的实验。

## 五、注意事项和成败关键

（1）实验所用海带应是已经风干的干海带。因为碘在海带中主要以碘化钠形式存在，碘化钠熔点很高，在加热灼烧时因为没有水存在，所以空气中的氧气不会氧化 $I^-$，因此，因转化为游离碘而挥发损失的 $I^-$ 很少，但以有机碘形式存在的碘元素则易转变为游离碘而损失。

（2）清洁海带时尽量避免水洗。因为海带浸泡于水中 5 min，其所含碘分会损失很多，当浸泡 30 min 后将损失 82.4% 的碘分。所以清洁时可以用刷子把干海带表面的附着物刷净，也可以用海水清洗海带再自然风干。

（3）为使实验结果更为精确，蒸发皿中的灰分移至烧杯中后，用蒸馏水将冷却后的蒸发皿进行冲洗，洗液倒入烧杯中。

（4）冷却锥形瓶中溶液时可以采用冷水浴以节省时间。

（5）溶液中加入过量 KI 溶液后要盖上表面皿并于暗处静置 10 min，再进行滴定。这样做的目的是使 $IO_3^-$ 与 $I^-$ 充分反应，稳定所生成的碘单质，尽量减少因挥发而损失的碘量。在滴定静置 10 min 后的溶液前，先用蒸馏水冲洗表面皿和锥形瓶内壁，洗液移入锥形瓶里，以减少因挥发而损失的碘量。

（6）为减少滴定过程中碘的挥发，应尽量缩短滴定所用的时间，因此，所用的标准硫代硫酸钠溶液的浓度可以稍大一些。

（7）要加入过量的溴水，否则氧化不完全则无 $I_2$ 析出或现象不明显。

（8）为使海带灰化完全，烧灼前可在海带上加入少量酒精，并搅拌均匀，从海带中提取碘。

（9）海带灰化后，在灰分中含有可溶性碘化物，用氧化剂将碘化物氧化，再用有机试剂萃取即可提取出单质碘。

这个实验步骤简便，操作容易，很适合中学生课外实验。

# 从海带中提取碘实验教学研究

碘是一种重要的工业原料，可用于半导体材料的研制和生产。碘元素还参与人体甲状腺素的合成，能够调节新陈代谢，是人体生长发育不可缺少的微量元素。

碘元素在海水中含量甚微，但在海带、海藻等某些海洋植物中含量较为丰富，其中海带产量高、价格低廉，常用做提取碘的原料。

图6-1是从海带中提取碘实验（转化及操作方法）的示意图。

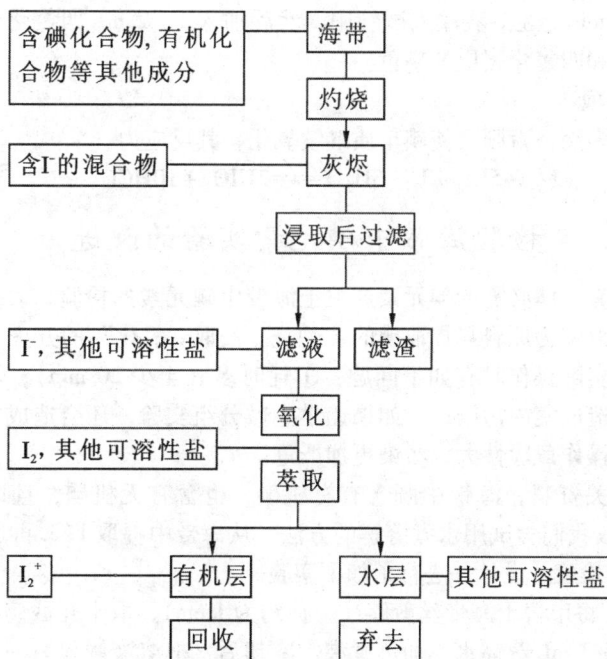

```
含碘化合物,有机化          海带
合物等其他成分
                           灼烧

含I⁻的混合物               灰烬

                        浸取后过滤

I⁻,其他可溶性盐      滤液        滤渣

                           氧化

I₂,其他可溶性盐           萃取

I₂⁺      有机层          水层    其他可溶性盐

         回收            弃去
```

图6-1 从海带中提取碘的实验示意图

## 1. 灼烧

称取5 g干海带，剪成小块，放入坩埚中。把坩埚置于泥三角上，用酒精灯加热灼烧（在通风橱中或室外进行），将海带烧成灰烬后，自然冷却。（思考：海带灼烧不完全，会对实验有什么影响?）

## 2. 浸取和过滤

将海带灰转移到小烧杯中，加入20 mL 蒸馏水，搅拌，煮沸2~3 min，使可溶物溶解。过滤，收集滤液，

图6-2 灼烧海带

弃去滤渣。

### 3. 氧化

向滤液中加入 1 mL 饱和氯水，振荡，溶液由无色变为棕黄色。

### 4. 萃取

将经氧化处理后的溶液转入分液漏斗中，再加入 2 mL 四氯化碳萃取。下层为富含碘单质的四氯化碳溶液，收集后置于指定的容器中；上层为水层，可以弃去。

### 5. 检验碘单质的存在

(1) 向 1% 淀粉溶液中滴入 2 滴上述棕黄色溶液，观察实验现象。

(2) 取 3 mL 上述溶液注入试管中，然后加入 1 ~ 2 mL 四氯化碳，振荡后静置，观察水层和四氯化碳层的颜色。

### 6. 注意事项

氯水不宜多滴，否则会使碘单质继续氧化，其反应为：

$$5Cl_2 + I_2 + 6H_2O \Longrightarrow 2HIO_3 + 10HCl$$

## 检验海带中碘元素实验的改进

海带中含有人体必需的碘元素。关于海带中碘元素的检验，大多数教科书都沿用工业上以海带为原料只提取碘的"灼烧、浸取、氧化"的方法。

该实验在实际操作时有如下问题：①耗时多（至少 20 min）；②灼烧后期产生大量浓烟，造成室内污染；③如果让学生做分组实验，还会造成大量的酒精浪费，同时学生操作危险性大，污染更加严重。

经查阅有关资料，海带中既含有有机碘，也含有无机碘，且以无机碘离子（$I^-$）为主。故我们尝试用水煮溶解的方法，从海带中提取 $I^-$，再加氧化剂将 $I^-$ 氧化为 $I_2$ 加以检验。设计并进行了如下实验。

[实验 1] 将市售干海带丝剪碎（一截约为 1 cm），取十几截碎海带丝置于试管中，加入 2 ~ 3 mL 蒸馏水，加热煮沸。冷却后，把溶液倾入另一支试管，加入几滴淀粉溶液，溶液无变化（此操作说明无单质碘存在），再滴加几滴 3 mol/L 稀硫酸和 3% $H_2O_2$ 溶液，发现溶液立即变为单质碘遇淀粉所呈现的蓝色。

由于上述实验所用海带表面有一层白色的"盐膜"，猜疑 $I^-$ 是否来自于该层盐膜，而非海带内部，又进行了如下实验。

[实验 2] 将市售干海带丝剪碎（一截约为 1 cm），取十几截碎海带丝置于试管中，加入 2 ~ 3 mL 蒸馏水，充分振荡 1 min（不加热），把所得溶液倾入另一支试管，加淀粉溶液、稀硫酸和 $H_2O_2$ 溶液，发现溶液立即变蓝。这说明上述担心不无道理。

[实验 3] 把上述经过实验 2 洗涤过的海带可再加 2 mL 水洗涤至表面无盐膜，干燥后表面不再呈白色（此操作可在课前做好）。加入 2 ~ 3 mL 蒸馏水，煮沸，把所得溶液倾入另一试管，加淀粉溶液、稀硫酸、$H_2O_2$ 溶液，发现溶液仍能立即

变蓝。说明海带中的确也含有 I⁻。

我们还可用 $CCl_4$、苯等有机溶剂分别对上述氧化后的溶液进行萃取实验，效果也十分明显，有机溶剂层明显显示出碘溶解于有机溶剂时特有的紫色。

教科书介绍的传统方法和改进方法对比如表6-1所示。

表6-1 传统方法与改进方法对比

| 比较项目 | 灼烧提取法 | 煮沸提取法 |
|---|---|---|
| 所用海带量 | 3~5 g | 0.5 g |
| 所需操作 | 至少2 min | 2 min |
| 检验效果 | 明显 | 明显 |
| 存在问题 | 费时、污染环境 | 无 |
| 其他教学效果 | 演示灼烧、过滤操作。但不能说明碘元素在海带中的存在形式 | 1. 可以说明海带中的碘不是以单质形式存在的<br>2. 可根据实验事实介绍海带食用中的注意事项（如不宜长时间用水浸洗，尤其是不宜先切碎再浸洗，否则会造成碘的大量流失） |

后经上网搜索，发现有人已发明关于海带综合利用（海带中提取碘和甘露醇等）专利，其中对海带中碘的提取，正是采用了水浸的方法，而非传统的灼烧浸取法。

---

· 阅读材料 ·

**多吃海带有益防病健身**

海带又名昆布，海带性寒而味咸，既有"海上之蔬"的美称，又被誉为"含碘冠军"，是一种长寿食品。

作为重要的海味蔬菜，海带所含的营养特别丰富。每100 g干海带含碘24 mg，蛋白质8 mg，脂肪0.1 mg，胡萝卜素0.57 mg，纤维素9.8 mg，维生素B 0.9 mg，维生素 $B_2$ 0.36 mg，尼克酸1.6 mg，钙445 mg，磷56 mg，铁4.5 mg，此外还含多糖物质等。

海带中含有丰富的碘元素，其可以有效地预防和克服单纯性甲状腺肿大，进而抑制由于碘缺乏而引起的甲状腺癌、乳腺癌、子宫内膜癌和卵巢癌的发生；海带所含的丰富钙质、硫酸脂及多糖物质（集中在海带黏液中），不仅可阻止血液酸化，而且对大肠癌等肿瘤有明显的抑制作用。因此海带被公认为抗癌食物。海带中的褐藻酸钠盐和褐藻氨酸，有预防白血病、骨痛病、动脉出血和高血压的作用。

　　海带中的甘露醇物质是海藻类食物中特有的营养成分，大约占海带总量的1/2，附着在晒干后的海带表面上，看起来像一层盐，实际上是一种贵重的药用物质。它可以有效地降低颅内压、眼内压，减轻脑水肿，因而对乙型脑炎、急性青光眼以及各种原因引起的脑水肿等病症有良好的防治效果。常吃水煮海带还可治疗急性肾功能衰竭。海带中的淀粉硫酸酯具有降低血脂的作用。

　　据统计资料可得出以下结论：长期食用海带的老人要比不食海带的老人患病率平均降低5%～8%，寿命延长4～8岁。中医认为，海带适宜于甲状腺肿大、粗脖子病、肥胖症、高血压、高血脂、冠心病、糖尿病、动脉硬化、淋巴结核、睾丸肿瘤、便秘、老年慢性支气管炎、夜盲症以及佝偻病、软骨病、骨质疏松症和营养不良性贫血者食用。

　　海带的吃法很多，可以凉拌，也可以清炒，还可以用它来炖鸡、炖排骨。食用海带时，需将其泡发好，配料比较方便，制作也不复杂，很适合经常食用。

# 第二节　从海带中提取碘实验教学研究案例

## 一、实验教学研究目的

（1）确定海带中含有碘实验的方法。

（2）理解提取碘的原理。

（3）掌握提取碘和碘含量的测定原理、操作方法和技能。

（4）掌握实验的注意事项、成败关键及教学方法。

## 二、实验教学原理

　　"从海带中提取碘"利用了有机物加热易分解而无机物相对稳定的性质，灼烧破坏海带中的有机化合物，再利用水浸取$I^-$。

　　知识框架如下：

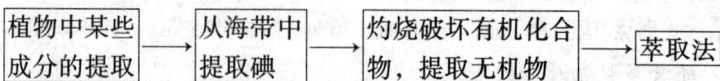

植物中某些成分的提取 → 从海带中提取碘 → 灼烧破坏有机化合物，提取无机物 → 萃取法

## 三、教学目标

　　**知识与技能目标**：通过从海带中提取碘的实验，使学生了解从植物中提取无机物的一般方法，复习萃取的原理，使学生掌握萃取的操作。

　　**过程与方法目标**：通过将$I^-$氧化为$I_2$再进行萃取分离的过程，使学生体会转化的方法在物质分离中的应用。

**情感态度与价值目标：**让学生体会从植物中提取某些成分的重要价值，增强将化学知识应用于生产、生活实践的意识，提高参与化学科技活动的热情。

## 四、教学重点、难点

通过"植物中某些成分的提取"问题的研究，了解解决提取任务的一般方法和思路。

## 五、教学准备

**学生准备**

学生准备上网查询：（1）碘在人体中的重要作用；（2）海带中碘的存在形式。

**教师准备**

教学用具：多媒体课件。

仪器：酒精灯、坩埚、泥三角、铁架台、玻璃棒、滤纸、铁圈、分液漏斗。

药品：干海带、饱和氯水、四氯化碳、蒸馏水。

教学研究方法：（1）启发讨论法；（2）讲授法；（3）实验法。

教学手段：（1）学生实验；（2）多媒体。

课时安排：1课时。

上课地点：实验室。

## 六、教学活动设计

[引言]

植物中一些成分有着重要的用途，从植物中提取这些成分是人们对植物利用的一个重要方面。随着近年来国际上"回归自然、绿色消费"渐成时尚，植物提取物已广泛应用于饮料、食品、烟草、洗涤剂、化妆品、制药等行业，它是一种新兴的高科技产品，有着非常广阔的发展前景，可能将来会有很多同学投入到这一领域中来。在本课题中我们将尝试提取植物中的某些成分，了解从植物中提取物质的一般方法。

[板书]

从海带中提取碘。

[过渡引导]

碘是一种重要的工业原料，主要存在于海水和海洋植物中，由于碘在海水中含量太低，目前还不能直接从海水中提取碘。但海洋植物，如海带、马尾藻等能把海水中的碘富集到是海水中的10万倍以上。所以我们所应用的碘通常来自于海带等海洋植物，那么如何从海带中提取碘呢？本课我们将着力解决这个问题。

[交流研讨] [媒体显示]

(1) 海带中碘的存在形式是怎样的?

(2) 水溶液中,如果碘以游离态存在,如何把碘分离出来?

(3) 水溶液中,如果碘以化合态存在,能否直接分离? 如何把碘由化合态变为游离态并分离出来?

[学生回答、教师总结]

海带中的碘与有机基(R)结合成碘化物(RI)。游离态的碘可用萃取的方法分离出来,化合态的碘难以直接分离,可用氧化剂氧化成单质碘,然后萃取分离。

[交流研讨]

如何将海带中的碘转移到水溶液中呢?

[学生活动]

讨论。

[学生回答]

学生可能设计出的方案:直接煎煮法、直接加热升华法。

[教师活动]

纠正学生答案的不合理性和错误。

[知识回顾]

草木灰中碳酸钾的提取。

[联想与迁移]

启发学生想到:灼烧海带,浸取过滤。

[交流研讨]

海带中提取碘的转化流程及实验步骤。

[学生活动]

将学生分成16个小组,以组为单位进行讨论。

[师生互动]

引导学生归纳出实验流程、实验过程、步骤,并进行完善。

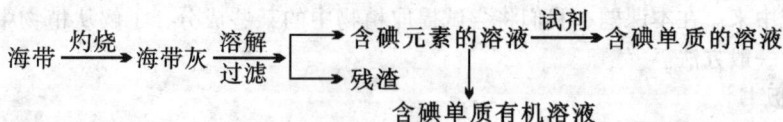

$$海带 \xrightarrow{灼烧} 海带灰 \xrightarrow[过滤]{溶解} \begin{cases} 含碘元素的溶液 \xrightarrow{试剂} 含碘单质的溶液 \\ 残渣 \end{cases}$$

含碘单质有机溶液

[媒体显示]

实验流程。

[交流研讨] [媒体显示]

(1) 实验前要用刷子将海带刷干净,为什么不能用水洗?

(2) 为什么要将海带进行灼烧? 如何使海带灼烧完全?

（3）将碘离子氧化的氧化剂可以选择哪一种？

（4）如果选择氯水，氯水可以过量吗？

［学生讨论］［教师总结］

（1）海带中的碘以碘化物形式存在，若用水浸泡，碘化物会部分溶解而损耗，故不能用水洗。

（2）海带灼烧可将有机物分解出去，使碘以碘化钠形式存在。

（3）为使海带燃烧完全，可将海带用酒精浸泡。

（4）氧化剂可选择氯水，但氯水不可过量。

［媒体显示］

实验方案及其实施。

［学生活动］

分组实验。

（1）可选用的实验仪器：酒精灯、蒸发皿、烧杯、三脚架、铁架台、玻璃棒、试管、分液漏斗。

可选用的药品：一定量海带。

氧化剂：氯水。

萃取试剂：四氯化碳。

试剂：淀粉溶液。

（2）实验结果表明：通过氧化剂氯水氧化海带，同学得到了单质碘。实验结束后，学生讨论，自然验证网上查询结论：碘元素在海带中以 $-1$ 价碘形式存在，加入氧化剂后，$-1$ 价碘被氧化成单质碘。

［教师活动］

宏观调控，指导学生操作。

强调实验关键：灼烧要充分和氧化时氧化剂要适量。

［课后小结］

从植物中提取无机物，一般采取的方法为灼烧、浸取。

如果从植物中提取有机物那又该如何提取？在下面的活动中我们将继续研究从植物中提取有机物的一般方法。

［课后研究性作业］

为学生提供淀粉碘化钾试纸，使用家庭米醋，测定市售食盐中是否加碘。调查研究"市售碘盐"的使用方法和注意事项。

［课堂设计说明］

本课题是一节实验课，目的在于让学生掌握一种从植物中提取无机物的一般方法和思路，在这一点上，课本上有现成的实验流程和实验方案，那么是直接让学生对照课本做实验，还是组织学生讨论，自己设计出实验方案。本教案坚持

"授之以渔"，变验证性实验为探究性实验。

在课堂设计中，因为学生已有了碘离子生成碘单质以及碘单质的萃取的有关知识，但是海带中的碘到底以什么形式存在，这一点却是未知的，而本节的重点在于"提碘"而不在于"验证碘"，于是先是让学生充分利用网络资源，从网上查询碘在人体中的重要作用，了解从海带中提取碘的实验意义，同时查知碘在海带中的存在形式，一方面为实验方案的设计提供信息，另一方面让学生自己动手获取知识，满足了学生的成就感，也教给学生探究未知知识的一种方法。

为了启发学生设计出实验方案，教学设计中设计了一系列的问题，由浅入深，步步深入，由已知推未知。引导带动学生发现研究方法，获得研究思路，指导学生实践，将其思想和行为引导到科学研究的轨道上来。

在课后设计了研究性课题"市售食盐中碘的检验"，使学生学以致用，提高学习化学的兴趣。

［案例评析］

新课程标准中有这样一条内容标准："认识化学实验在学习和研究化学中的作用"，教材中设置"从海带中提碘"正是为了体现课程标准中的这一要求。本案例很好地实现了这一点，在思路的设计上，变"提碘"为"如何提碘"，变验证性实验为探究性实验，层层设疑，体现了以学生为主体，培养学生终身发展所必需的方法和能力的教育理念，课堂结构紧凑而活泼。在问题的处理上，更是鼓励学生大胆设想，积极发言，取得了很好的教学效果。课前作业则体现了网络时代的学习方法，课后的实验探究，则进一步深化了新课程标准中的要求。

案例中集中体现了探究性实验的几个特点：

（1）实验结论是未知的，又是学生迫切想知道的，同时又是对学生理论联系实验的一个考验。探究性实验可以激发学生的求知欲，调动学生的积极性，有利于创造性思想的产生。

（2）学生自己设计实验方案，讨论实验步骤，分析实验结果，得出结论，体现出科学研究的一般思路和方法。

（3）分组实验是在教师指导下进行的，是在讨论分析后的探究，因此减少了实验的盲目性。

（4）合作探究，可以培养学生协作、互助、共同钻研的精神。

---

· 阅读材料 ·

**怎样复习《物质提纯》**

《物质提纯》是中学化学教学的一项综合性实验习题。它贯穿在好多章节中，同样是化学课总复习中的一个重要内容。为此，提出以下做法：

## 一、明确原则、注意方法

提纯的原则是不增、不变、易分。不增即在提纯过程中不增加新物质；不变即被提纯物的性质不能改变；易分是使杂质与被提纯物容易分离。提纯方法归结为"杂转纯，杂变沉，化为气，溶剂提"的顺口溜。

杂转纯：将要除去的杂质变为被提取物，这是提纯物质的最佳方案。如除去 $Na_2CO_3$ 中混有的 $NaHCO_3$，即可将混合物加热，使 $NaHCO_3$ 转变为 $Na_2CO_3$。

杂变沉：通过加入一种试剂将要除去的杂质变为沉淀，然后用过滤法除去。如除去盐酸中混有的硫酸，即可加 $BaCl_2$ 溶液，然后过滤除去生成的硫酸钡沉淀。

化为气：加热或加入一种试剂，使杂质变为气体逸去。如氯化钠中混有的氯化铵则可用加热除去氯化铵，$NH_4Cl \xrightarrow{\triangle} NH_3\uparrow + HCl\uparrow$。

溶剂提：加入一种溶剂（或溶液）将杂质（或被提纯物）提取出来。如混在水中的碘可用四氯化碳提取出来。

## 二、熟练操作，做好实验

在了解提纯原则和方法后，就必须让学生自己动手去做实验。我选择"除去盐酸中混有少量硫酸"、"除去氯化钙中混有石灰石"、"除去硝基苯中的苯胺"等几个实验，学生通过具体实践后不仅熟练了操作，并加深了印象，巩固了学得的知识。

## 三、提高学生比较、分析的能力

在上述基础上，引导同学分析、比较、练习，以加深对原则、方法的理解与掌握；提高分析和灵活运用的能力；促进对各具体物质知识的巩固。比如，我举了这样一些实例，让同学们认真分析、比较，鼓励大家提方案、议方法，这样做，使课堂气氛异常活跃。有时甚至引起激烈争论。通过比较、鉴别，落实最佳方案，选择最简方法。例如要求学生除去下列括号内的杂质。

(1) $FeCl_2$（$FeCl_3$）　　(2) $CaCl_2$（$CaCO_3$）　　(3) $AlCl_3$（$FeCl_3$）

(4) 硝基苯（苯胺）　　(5) NaCl（NaBr）　　(6) $BaSO_4$（$BaSO_3$）

(7) 碘片（细沙）　　(8) $HNO_3$（$H_2SO_4$）　　(9) $O_2$（$Cl_2$）

(10) 苯（甲苯）

此外，还要注意引导同学比较提纯与鉴定、鉴别的差异，避免将提纯错做成鉴定或鉴别。

# 第三节　碘盐中碘含量的测定实验教学研究

## 一、实验教学研究思路

为防止因缺碘而引起的甲状腺肿，食用的食盐要加入一定量的碘化物（主要是碘酸钠和碘酸钾），我国从 2000 年 10 月 1 日起，规定食盐中碘含量为 35 mg·kg$^{-1}$。

碘酸根离子（$IO_3^-$）在酸性条件下能被一些还原剂还原出游离态碘单质，碘遇淀粉变蓝，可用此法来检验。

（1）根据 $5I^- + IO_3^- + 6H^+ \stackrel{}{=\!=\!=} 3I_2 + 3H_2O$，加入 $CCl_4$ 萃取为紫红色。可向酸性碘盐溶液中加入几滴 KI 溶液，即能使 KI 淀粉溶液变蓝。该反应灵敏度高，但因人为加入碘离子，难免出现其他因素将碘离子氧化为碘单质，使其信度不高。

图 6-3　碘盐

（2）根据 $Fe^{3+} + e \stackrel{}{=\!=\!=} Fe^{2+}$　　　$E = 0.77V$

$2IO_3^- + 12H^+ + 10e \stackrel{}{=\!=\!=} I_2 + 6H_2O$　　　$E = 1.19V$

也可向其中加入亚铁盐，振荡，即能使淀粉溶液变蓝。如气温低，可稍加热。由于加碘食盐中碘含量较低，用于检验的溶液必须是"饱和溶液"才明显。一般是将 5 g 袋装食用盐全部倒入 50 mL 烧杯中，加适量蒸馏水，液面浸没食盐晶体稍过一点为宜，用玻璃棒充分搅拌，静置，取其清液 3～5 mL 于试管中，滴加 2～3 滴熟淀粉溶液，再滴加 2～3 滴 HCl，用于滴加 KI 溶液或亚铁盐溶液检验。

也可直接取少量食盐检验。将少量食盐放于洁净的玻璃片上，用滴管吸取由 1 mL 磷酸、1 mL 1% 的 KI 溶液及 100 mL 0.5% 淀粉溶液混合配制的试液 1 滴，滴于食盐上，若呈现蓝色，证明食盐中含有碘。

## 二、实验教学研究目的

（1）通过检验方法的讨论，掌握碘的检验原理，培养实验设计和探究能力。

（2）掌握加碘食盐中碘的检验方法、技能和教学方法。

（3）了解碘在人体中的重要作用，如何鉴别真假碘盐和使用碘盐应注意的事项。

### 三、实验用品

仪器：试管、铁架台、滴定管夹、碱式滴定管、锥形瓶、量筒、托盘天平、称量纸、烧杯、药匙、玻璃棒等。

药品：含碘食盐和无碘食盐、2% KI 溶液、0.0011 mol·$L^{-1}$ $Na_2S_2O_3$ 标准溶液、0.5 mol·$L^{-1}$$H_2SO_4$ 溶液、0.5% 淀粉溶液。

### 四、实验教学原理

加碘盐中碘元素是以碘酸钾的形式存在的，在测定食盐中的碘酸钾含量时，可在酸性条件下，用过量的碘化钾与其反应，生成一定量的 $I_2$（用淀粉作指示剂），然后再用已知浓度的硫代硫酸钠溶液来滴定 $I_2$（至溶液中的蓝色褪尽），根据硫代硫酸钠溶液的用量即可推算出 $I_2$ 的量，并进一步推算出碘酸钾的含量。

有关的化学反应方程式为：

$$KIO_3 + 5KI + 3H_2SO_4 =\!=\!= 3I_2 + 3H_2O + 3K_2SO_4$$

$$I_2 + 2Na_2S_2O_3 =\!=\!= 2NaI + Na_2S_4O_6$$

### 五、实验研究步骤及方法

**1. 鉴别真、假碘盐（食盐中是否含有碘）**

（1）配制淀粉碘化钾试剂：在约 10 mL 0.5% 的淀粉溶液中加入 2% KI 溶液约 2 mL 和几滴稀硫酸（使溶液 pH 约为 3）。

（2）取一支试管加入约 0.5 g 待测食盐，注入 2～3 mL 蒸馏水，振荡，溶解，再滴入几滴上述配制的淀粉碘化钾试液。如溶液呈现蓝色，说明食盐中含有碘酸钾；如无蓝色出现，说明是假冒碘盐。

**2. 测定碘盐中碘的含量（检验碘盐的含碘量是否合格）**

（1）准确称取 15 g 含碘食盐（精确到 0.1 g）。

（2）溶解食盐，并加入几滴淀粉溶液、稍过量的 KI 溶液及 1～2 滴稀硫酸。

（3）用 $Na_2S_2O_3$ 标准溶液滴定上述溶液至终点（滴定管的水洗、润洗等操作均参照分析实验的要求）。

### 六、实验注意事项及成败关键

（1）在定量实验中，被测盐溶液的 pH 应调节到 2～3 为佳，加入的 KI 溶液必须过量。

（2）上述测定法的前提是碘盐中除了碘酸钾之外，应不再有其他氧化剂。

（3）定性测试碘盐中是否含碘的方法有不少，建议同学们自行设计一些实验

方案并进行试验。如用还原剂法，除了上述测定方法外还可选用亚硫酸钠、硫化钠、硫代硫酸钠等作还原剂（反应式见下）。

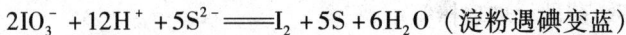

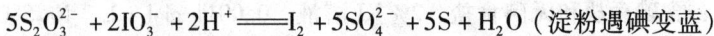

$$5SO_3^{2-} + 2IO_3^- + 2H^+ \Longrightarrow I_2 + 5SO_4^{2-} + H_2O \text{（淀粉遇碘变蓝）}$$

$$2IO_3^- + 12H^+ + 5S^{2-} \Longrightarrow I_2 + 5S + 6H_2O \text{（淀粉遇碘变蓝）}$$

$$5S_2O_3^{2-} + 2IO_3^- + 2H^+ \Longrightarrow I_2 + 5SO_4^{2-} + 5S + H_2O \text{（淀粉遇碘变蓝）}$$

这些方法由于没引进碘元素，故不会受碘盐中其他氧化剂的干扰，但这些还原剂中大多由于还原性较强而能进一步与产出的单质碘反应，生成碘离子，使淀粉的显色不明显，故必须控制其浓度及用量适当（还原剂不能过多）。另外，用这些还原剂最终获得的单质碘较少，显色的灵敏度较低。

另外，根据碘酸钾的性质（高温条件下会分解），还可选用加热分解法进行测试（反应式见下），具体操作可将碘盐（固态）置于试管中加热（加热时间不宜过短），冷却后再加水溶解，再加淀粉溶液。

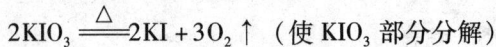

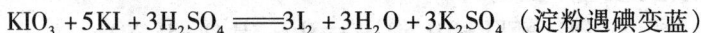

$$2KIO_3 \xrightarrow{\triangle} 2KI + 3O_2\uparrow \text{（使 KIO}_3 \text{部分分解）}$$

$$KIO_3 + 5KI + 3H_2SO_4 \Longrightarrow 3I_2 + 3H_2O + 3K_2SO_4 \text{（淀粉遇碘变蓝）}$$

# 第四节　指纹检查实验教学研究

## 一、实验教学研究目的

（1）通过指纹检查实验掌握碘的升华、碘蒸气呈紫色、碘蒸气能溶于油脂等性质和实验原理。

（2）通过该实验掌握实验的操作技术，从而培养学生实验能力和创新意识。

（3）培养学生理论联系实际的思维方式和实验的教学法。

## 二、实验用品

仪器：试管、橡胶塞、药匙、酒精灯、剪刀、白纸、试管夹、火柴。

药品：碘（固体）。

## 三、实验教学研究原理

碘分子受热后运动速率加快，分子间距离增大，从而变成碘蒸气，即碘受热时会升华变成碘蒸气。碘蒸气能溶解在手指印上的油脂等分泌物中，形成棕色指纹印迹。若手指过于干燥，用手指刮一下头发或脸，使手指沾上少许油脂。碘蒸气的浓度对实验效果影响较大，过浓、过稀对显色都不利，故初次尝试要注意控制好加热时间，使碘升华的速率和浓度达到较佳状态。

## 四、实验研究步骤及方法

（1）取一张干净、光滑的白纸，剪成长约 4 cm，宽不超过试管直径的纸条，用手指在纸条上用力摁几个手印。

（2）用药匙取芝麻粒大的一粒碘，放入试管中。把纸条悬于试管中（注意摁有手印的一面不要贴在试管壁上），塞上橡胶塞。

（3）将装有碘的试管在酒精灯火焰上方微热一下，待产生碘蒸气后立即停止加热，观察纸条上的指纹印迹。

## 五、实验注意事项及成败关键

（1）实验结束后，试管中残留的碘，不易用水洗去，应放入少量的硫代硫酸钠或酒精并加热，即可除去。反应式为：$I_2 + 2Na_2S_2O_3 \Longrightarrow 2NaI + Na_2S_4O_6$

（2）碘不可太多，否则纸上一片棕黄色，手指印不明显。

## 六、点评

该实验利用手指上的油脂，借助对指纹的呈现来吸引学生，使其领会碘的升华、碘蒸气呈紫色、能溶于油脂等性质。这个颇具侦察性质的实验充分调动了学生的积极性。

## 七、用途

警察用指纹鉴定法破案抓小偷。

## 八、实验教学研究总结

以上介绍的几个实验都或多或少地利用了碘元素，但是其原理侧重点均有不同，操作方法和现象也有很大的差异。所以，在教学中可在介绍完碘元素后，安排一节化学趣味实验活动课，介绍这一系列实验，不仅可以使学生对学过的知识加深理解，更能调动其学习化学的积极性，感受化学这门学科的独特魅力。

---

· 阅读材料 ·

### 中国向缺碘挑战——碘在人体中的重要地位

世界卫生组织的研究证明：碘缺乏是目前已知的导致人类智力障碍的主要原因。

中国现有智力残疾人 1017 万，其中 80% 以上是由于缺碘造成的，而且还以每年新增 100 万智残儿的速率增长。

碘，化学符号为 I，是人体必需的生命元素，被称之为"智慧之泉"。人体内的碘有 80%～90% 来自食物，10%～20% 来自饮水。

碘缺乏病（Iodine Deficiency Disorders 简称 IDD）是由于自然环境中缺乏碘而引起的生物地球化学性疾病。碘缺乏病是世界上分布最广泛、侵犯人群最多的一种地方病。据 1990 年第 43 届世界卫生大会报告，全球至少有 130 个国家的 10 亿人生活在缺碘的环境中。资料表明，中国内地除上海外，绝大部分地区都有碘缺乏病流行，病区人口达 4.25 亿，占全球病区人口的 50%。

碘缺乏病是目前已知的导致人类智力损害的最主要原因。同时，碘缺乏病直接引发地方性甲状腺肿、地方性克汀病（聋、哑、呆、小）、地方性亚克汀病等，妇女和儿童是主要受害者。缺碘和贫困互为因果。

1991 年 3 月 18 日，李鹏同志在《儿童生存、保护和发展世界宣言》和《执行 90 年代儿童生存、保护和发展世界宣言行动计划》上签字，代表中国政府庄严承诺：2000 年在中国实现消除碘缺乏病。1993 年 3 月 20 日，中国医学基金会正式成立并发起"智力工程——迎接 2000 年行动"，协助我国政府动员社会各界力量为中国 2000 年实现消除碘缺乏病而努力，为全球实现消除碘缺乏病作出更多贡献。

2008 年 5 月 15 日全国第 14 个防治"碘缺乏病日"主题是坚持食用碘盐，预防出生缺碘。

1. 食用含碘盐的重要性

碘是人体必需的一种微量元素，缺乏碘，人就会患甲状腺肿等许多病。

碘在机体的新陈代谢调节方面有重要作用。成年人体内的碘含量为 15～30 mg，其中 3/5 左右浓集于甲状腺内，与甲状腺形成一种激素——甲状腺素（$C_{10}H_{11}O_4NI_4$），其余的分布在循环血液中。

甲状腺激素能调节人体的能量代谢及氧化磷酸化过程，参与三大产热营养素的合成与分解过程，促进机体生长发育。当体内缺碘（饮食中缺乏碘），则合成甲状腺素发生困难，甲状腺就扩大，以便从血液中吸收更多的碘，从而甲状腺组织发生代偿性增生而出现甲状腺肿大。

孕妇缺碘会使胎儿生长迟缓，造成智力低下或痴呆、聋哑、行动蹒跚，甚至瘫痪即"呆小病"，医学上命名为"克汀病"，严重影响劳动能力，影响整个人口的素质。

由于甲状腺素（$C_{10}H_{11}O_4NI_4$）中含有碘，而且人体每日需碘量为 0.04～0.08 mg。因此人们一定要经常注意吃含碘丰富的食物，如海带、紫菜、鱼类等海产品和加碘的食盐（含碘化合物如 $KIO_3$ 含量为 1/30000 或 KI 含量为 0.0033%），可以很容易地预防并治疗甲状腺肿症。在此特别指出：在沿海地区生活的人们，由于平时常吃海产品，可以保证碘的摄入量，如果再每天吃碘盐很可能吸收的碘含量过多，也会引起大脖子病，故要根据地区不同情况来确定是否可以常吃碘盐。

尤其是山区人民吃海产品少，更应注意一定要食用加碘盐，以彻底根除缺碘的病症。

### 2. 保存含碘食盐的方法

为了防治碘缺乏病，我国专门生产了一种加了碘酸钾含量为 1/30000 和加了碘化钾含量为 0.0033% 的食盐。

碘的化合物不稳定，含碘食盐出厂后约两个月，碘的含量就会降到规定标准以下，食用这种已经挥发失效的食盐，就起不到防治甲状腺肿的作用。

因此，商店进货要勤进快销，先进先出，避免长期积压。仓库要密封，严禁风吹日晒。

居民买回含碘食盐，也应贮放在有盖的罐里，做菜时要晚放食盐，放盐之后，不要爆炒，避免持续加温加速碘的挥发。概括起来即为以下四句话：

长期吃碘盐，防治地甲病。

碘分易挥发，贮存应密封。

### 3. 识别食盐中是否含碘的方法

现在，有些地区有个别不法商贩，通过不正当的渠道搞了一些无碘盐，谎说成含碘盐，到处出售，从中牟取暴利，严重坑害了许多消费者。

全国政协委员梁从诫教授说："造无碘盐是谋财害命，危及几代，后果比假药、假酒更可怕，政府要立法，杜绝私盐。通过宣传，要全民族都吃碘盐。已得病的，要治病，防止蔓延。"

从台湾回来的陈云英博士说："消除碘缺乏病，不仅仅是中国人自己的事，也是中国人在为全世界作贡献。"

可见，识假打假是极其重要的。

那么怎样识别食盐中是否含碘呢？可用下列化学方法。

### 3.1 $KIO_3$ 的检验方法

#### 3.1.1 原理

碘可以从碘酸盐中制取出来。由于碘酸盐中碘呈正氧化态，故这是个还原过程，常用亚硫酸氢盐作还原剂。

即，要用还原剂使 $IO_3^-$ 还原为 $I_2$，最常用的还原剂为 $NaHSO_3$，其离子反应式为：

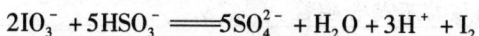

$$2IO_3^- + 5HSO_3^- \longrightarrow 5SO_4^{2-} + H_2O + 3H^+ + I_2$$

$I_2$ 遇 $CCl_4$，使 $CCl_4$ 层变为紫色。

### 3.1.2 实验方法

取一试管，加入少量含 $KIO_3$ 的食盐饱和溶液和少量 $CCl_4$ 液，然后逐滴加入 $NaHSO_3$ 溶液，并振荡，观察现象。

### 3.1.3 实验现象

①$KIO_3$ 遇 $CCl_4$ 液，试管中分上下两层无色溶液。

②当滴入 $NaHSO_3$ 后，$CCl_4$ 层变为紫色。

## 3.2 KI 的检验方法

### 3.2.1 方法一

取少量含有 KI 的食盐饱和溶液和 $5\sim6$ 滴 $CCl_4$ 于试管中，然后逐滴加入氯水，边加边振荡，若 $CCl_4$ 层出现紫色，表明有 $I^-$ 存在。（若加入过量的氯水，紫色会褪去，因生成 $IO_3^-$）

①原理：卤素都是氧化剂，而碘离子具有比较明显的还原性，所以用 $Cl_2$ 氧化 $I^-$，可制得 $I_2$。$I_2$ 被 $CCl_4$ 萃取，故 $CCl_4$ 层变为紫色。

$$Cl_2 + 2KI =\!=\!= 2KCl + I_2$$

生成的碘单质使 $CCl_4$ 层变成紫色。

②实验现象：当加入 $CCl_4$ 后，试管中呈两层透明溶液；当加入氯水后，$CCl_4$ 层变为紫色。

### 3.2.2 方法二

取少量 $KClO_3$ 溶液，加入少量含 KI 的食盐饱和溶液和 $0.5$ mL $CCl_4$，再加入少量 $3$ mol $\cdot$ $L^{-1}$ $H_2SO_4$，观察有无 $I_2$ 生成（可放入水浴中）。

原理：在酸性介质中，$KClO_3$ 可将 KI 氧化生成 $I_2$。$I_2$ 被 $CCl_4$ 萃取，使 $CCl_4$ 层变为紫色。

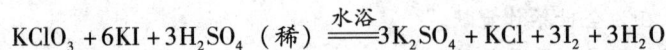

$$KClO_3 + 6KI + 3H_2SO_4（稀）\xrightarrow{\text{水浴}} 3K_2SO_4 + KCl + 3I_2 + 3H_2O$$

### 3.2.3 方法三

还可用 $KMnO_4$ 在酸性溶液中与过量的 KI 作用析出 $I_2$，或 NaClO 溶液与含 KI 的食盐溶液作用来鉴定。

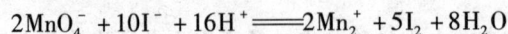

$$2MnO_4^- + 10I^- + 16H^+ =\!=\!= 2Mn^{2+} + 5I_2 + 8H_2O$$

$$NaClO + 2KI + H_2O =\!=\!= I_2 + NaCl + 2KOH$$

生成的 $I_2$ 遇 $CCl_4$ 使 $CCl_4$ 层变成紫色。

若实验后无上述现象，说明该盐不是含碘盐。

# 第五节　化学雕刻实验教学研究

## 一、实验教学研究目的

（1）认识化学雕刻的目的、原理及方法。
（2）练习掌握本实验的操作技术、技巧。
（3）掌握实验的注意事项及成败关键。
（4）练习掌握实验的教学方法。

## 二、实验用品

仪器：方块玻璃、小刀、大头针、小毛刷。
药品：石蜡、氢氟酸、硫酸铜溶液、大苏打、油漆、鸡蛋、铝片或铝筒、盐酸。

## 三、实验原理教学研究

（1）玻璃和瓷器的主要成分是二氧化硅和硅酸盐，氢氟酸能跟它们发生特性反应。

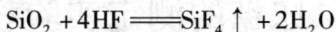

$$SiO_2 + 4HF = SiF_4\uparrow + 2H_2O$$
$$CaSiO_3 + 6HF = CaF_2 + SiF_4\uparrow + 3H_2O$$

所以会产生雕刻效果。
（2）铝跟 $CuSO_4$ 溶液发生下列反应。

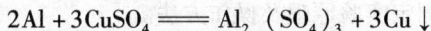

$$2Al + 3CuSO_4 = Al_2(SO_4)_3 + 3Cu\downarrow$$

这一反应析出的铜附着在铝制品上，便形成上述铜字或图案。
（3）鸡蛋壳的主要成分是碳酸钙，它能与盐酸发生下列反应：

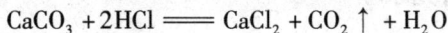

$$CaCO_3 + 2HCl = CaCl_2 + CO_2\uparrow + H_2O$$

所以会留下图案。

## 四、实验研究步骤及方法

### 1. 在玻璃或瓷器上的雕刻

（1）将要雕刻的玻璃器或瓷器洗净擦干，再在要雕刻的部位涂上一层薄薄的石蜡，等石蜡凝固后，用小刀或大头针在石蜡上刻出需要的图案或字迹，用小毛刷小心地将石蜡屑刷掉。
（2）用洁净的毛刷小心地将氢氟酸涂在刻好的图案或字迹上，放置在通风处。
（3）10 min 后再涂上一次，再放置约 10 min，便可以洗去氢氟酸。刮掉石蜡，玻璃上或瓷器上就会出现所雕刻的图案或字迹。

### 2. 在铝制品上的雕刻

（1）将要雕刻的铝制品全部涂上油漆，等油漆干了之后，根据自己的需要，用小刀在其表面刻好图案或字迹，立即将其浸入浓的 $CuSO_4$ 溶液中，浸泡 4~8 min。

（2）将上述制品从溶液中取出，用大苏打水洗去多余的油漆，刻画字画的部位即显示出凸出的红色铜字或图案。这是发生置换反应析出的铜附着在铝制品上形成的。

### 3. 在鸡蛋上的雕刻

（1）将鸡蛋两端各打一个小孔，使里面的蛋白、蛋黄流出。

（2）再在蛋壳上涂一薄层石蜡，用小刀或铁笔轻轻地刻上所需的图案，浸在稀盐酸里约 1 min，取出清洗干净，用颜料将图案着色，鸡蛋壳就能成为一个漂亮的装饰品了。

### 五、实验注意事项及成败关键

进行玻璃或瓷器的雕刻实验时，小刀或大头针一定要划破蜡层，露出玻璃；氢氟酸有剧毒，又会严重伤害皮肤，反应过程中产生的四氟化硅也有毒，操作时一定要戴上胶皮手套和围裙，并在通风处进行。

# 第六节　尿糖的测定实验教学研究

### 一、实验教学研究目的

（1）了解尿糖的测定实验原理及操作方法。

（2）掌握测定实验的操作技术及联系实际的教学方法。

### 二、实验教学研究原理

糖尿病人尿中含葡萄糖量比较高，可用普通定性方法测出。葡萄糖分子中含有醛基，在热碱性溶液中可使 Cu(Ⅱ) 还原为 Cu(Ⅰ)，并生成砖红色氧化亚铜沉淀。反应的化学方程式为：

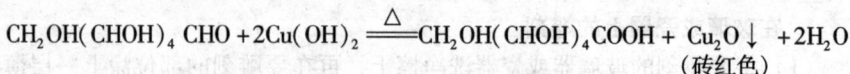

$$CH_2OH(CHOH)_4CHO + 2Cu(OH)_2 \xrightarrow{\triangle} CH_2OH(CHOH)_4COOH + Cu_2O\downarrow + 2H_2O$$
$$（砖红色）$$

根据是否有砖红色沉淀产生来测定尿中有无葡萄糖。

### 三、实验用品

仪器：试管、酒精灯、试管夹。

药品：斑氏糖（Benedict）定性试剂、1% 葡萄糖溶液、尿液。

## 四、实验研究步骤及方法

在一支试管中加入 2.5 mL 斑氏糖定性试剂，加热至沸腾，此时试剂为蓝色。然后滴加 5 滴尿液，加热煮沸 2 min，冷却后观察颜色变化，根据表 6－2 判定结果。若无含糖的尿液，可按同法滴加 1% 的葡萄糖溶液，观察各种颜色的变化。

表 6－2　葡萄糖含量对照表

| 颜色 | 符号 | 约含葡萄糖量 | 颜色 | 符号 | 约含葡萄糖量 |
|---|---|---|---|---|---|
| 蓝色 | （－） | 无 | 土黄色 | （＋＋＋） | 约 $55.6 \sim 111.2$ mmol·$L^{-1}$（中等量） |
| 绿色 | （＋） | 约 27.8 mmol·$L^{-1}$（微量） | 砖红色 | （＋＋＋＋） | 约 $111.2 \sim 166.8$ mmol·$L^{-1}$（大量） |
| 黄绿色 | （＋＋） | 约 $57.8 \sim 55.6$ mmol·$L^{-1}$（微量） | | | |

实验说明：斑氏糖定性试剂的配制为 17.3 g $CuSO_4$·$5H_2O$，100.0 g 无水 $Na_2CO_3$，173.0 g 柠檬酸，溶于 1 L 蒸馏水中而得。也可用费林试剂代替斑氏糖定性试剂。

## 五、应用

测定病人是否有糖尿病，以便及时治疗。

# 第七节　检验吸烟与饮酒的实验教学研究

## 一、实验教学研究目的

（1）帮助学生了解香烟的有害成分，树立吸烟有害健康的正确观念。

（2）理解反应原理及现象。

（3）掌握实验操作方法及教学方法。

（4）掌握检验饮酒的实验方法。

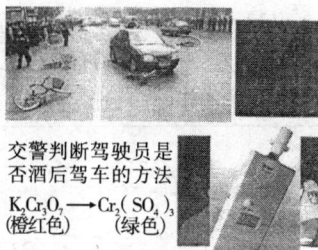

交警判断驾驶员是否酒后驾车的方法
$K_2Cr_2O_7 \longrightarrow Cr_2(SO_4)_3$
（橙红色）　　（绿色）

图 6－4　吸烟有害健康

## 二、实验原理

吸烟者唾液中会有少量硫氰酸盐，硫氰酸根与 $Fe^{3+}$ 结合呈现血红色，其反应的化学方程式为：

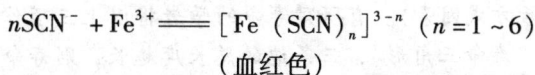

$$n SCN^- + Fe^{3+} \Longrightarrow [Fe(SCN)_n]^{3-n} \quad (n = 1 \sim 6)$$
$$\text{（血红色）}$$

各种酒都含有一定量的酒精（乙醇），在酸性条件下，乙醇可将重铬酸钾还原，使颜色发生变化，反应的化学方程式为：

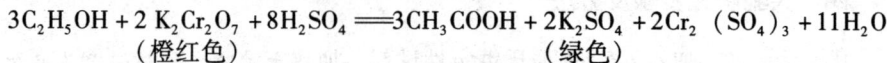

$$3C_2H_5OH + 2K_2Cr_2O_7 + 8H_2SO_4 \stackrel{}{=\!=\!=} 3CH_3COOH + 2K_2SO_4 + 2Cr_2(SO_4)_3 + 11H_2O$$
（橙红色）　　　　　　　　　　　　　　　　（绿色）

### 三、实验用品

仪器：烧杯、塑料吸管（或玻璃导管）、试管。

试剂：$1\ mol \cdot L^{-1}$ 盐酸、浓 $H_2SO_4$、$10\%\ FeCl_3$ 溶液、$0.1\ mol \cdot L^{-1}\ K_2Cr_2O_7$ 溶液、纯净水、$0.1\ mol \cdot L^{-1}\ KSCN$ 溶液、无水乙醇。

### 四、实验操作方法

（1）请试验者含一口（约 20 mL）纯净水，漱口后吐进一小烧杯中，往烧杯中加入 1 mL $1\ mol \cdot L^{-1}$ 的盐酸和 1 mL $10\%$ 的 $FeCl_3$ 溶液，略加搅拌。若小烧杯中溶液变为浅红色，说明试验者吸过烟。

（2）在试管内加入 2 mL 蒸馏水和 0.5 mL 浓 $H_2SO_4$（小心滴加），振荡混匀，再滴加 3 滴 $0.1\ mol \cdot L^{-1}$ 的 $K_2Cr_2O_7$ 溶液，振荡混匀。试验者用一支塑料吸管（或玻璃导管）插入试管中的溶液底部，徐徐吹气。若刚饮过酒的人吹气，溶液会由橙红色变为绿色。饮酒量越多，则变色越快。

说明：向未吸烟者的测试溶液中加入 1 滴 $0.1\ mol \cdot L^{-1}$ 的 KSCN 溶液，或向未饮酒者的测试溶液中滴加 2 滴无水乙醇，均不会出现上述变化现象。

### 五、乙醇用途

（1）用作燃料，如酒精灯等。（2）除用于制造饮料和香精外，还应用于食品加工业。（3）乙醇是一种重要的有机化工原料。（4）制造乙酸、乙醚等。（5）乙醇是一种有机溶剂，用于溶解树脂，制造涂料。（6）医疗上常用 75%（体积分数）的酒精作消毒剂等。

---

· 阅读材料 ·

#### 21 世纪人类健康长寿的要素

——扩大寿命三角形，健康活到 100 岁

人的寿命有长有短，那是许多因素共同作用的结果，包括个人、遗传、社会、医疗条件和气候的影响。其中，起主要作用的是遗传因素和个人因素（比如精神因素和生活方式因素）。有研究寿命的学者将以上三项作为三角形的三个边，组成一个"寿命三角形"，三条边的总长度越长，则寿命三角形面积越大，其寿命也就越长。

---

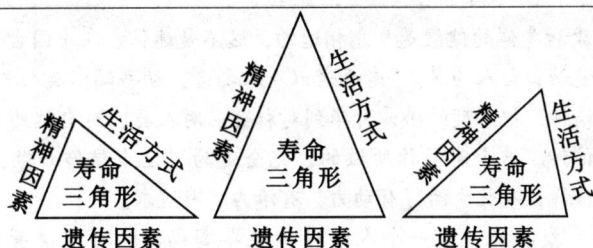

在底边等长——遗传因素不能改变的情况下，另两条边——精神因素和生活方式的改变将对寿命三角形的面积产生重大影响。

图6-5 影响寿命的三大因素

一、遗传因素

从寿命三角形看，遗传因素对寿命有很大影响。我们生来具有的元气，是先天之本，气血是一切生命活动的后天之本。气血不正，百病丛生；气身充盈，百病不生。在后天的生长过程中，元气不断消耗，当元气消耗尽之时，就是生命结束的那天。天年就是母亲给我们的年岁，是无法选择的。现代医学研究也发现长寿老人的"染色体"中有一段几乎完全相同，这就是所谓的"长寿基因"。在其序列中包含了多种防病基因，对于人寿命的延长起了重要的作用。但是遗传并不是决定寿命的唯一因素，对于寿命的长短，我们自己还把握着相当程度的主动权。

二、精神因素

1. 精神愉快可使寿命延长

①保护大脑要有良好的情绪。人的情绪不好会大量伤害脑细胞。

②乐观的情绪是身心健康的灵丹妙药。

情绪是生命的指挥棒，健康的核心是心理健康，而情绪健康是心理健康的重要标志。长寿老人的最大特点之一，就是具有乐观的情绪、胸怀宽广、从容、温和，而情绪不好则百病生。

从寿命三角形看，其面积可以通过延长"精神因素"这条边来扩大，也就是说，精神愉快可以使寿命延长。英国诗人培根有句名言："经常保持心胸坦然，精神愉快，这是延年益寿的秘诀之一。"心情愉快会给人精神和躯体带来双重调节作用，有利于调节脑细胞的功能，并改善血液循环，增强免疫力，促进身心健康。家庭和谐、较高的文化修养、丰富的兴趣爱好，都可以使我们的心境愉快，有助于延缓衰老，延长寿命。

2. 健康离不开美丽的心灵

以慈善心待人，以平常心待事。

心灵的健康和身体的健康是息息相通的，这不是迷信。在中国古代文化中，就一直提倡尊老爱幼、与人为善。"老吾老以及人之老，幼吾幼以及人之幼"，提倡的就是一种大爱精神，把家庭的小爱升华到对社会、对人类、对自然的大爱上来，就是一种更高的信仰。这个时候你所做的，完全是为了这个信仰而做，而不是为个人。有这样的信仰，人就生活得有动力、有活力、有追求。

人有许多自愈功能，当一个人的精神境界高尚时，可以使身体走向正常，恢复人类与生俱来的许多功能。实践表明，一个人在从事慈善事业的时候，内心会得到一种愉悦、一种满足，这种感觉可以增长机体细胞的活跃度，提升免疫力。一个心灵美好的人，一定是健康快乐的，而忧愁、抱怨、贪欲一定会带来疾病。将来一定会把精神与疾病的联系提升到科学的高度，会把重视心灵的健康放在更重要的位置。

三、生活方式

同样的道理，寿命还可以通过健康的生活方式来延长。反之，即使有很长的天年——长寿的遗传因子很多，但如果不注意生活方式这条边的养护而任其折损，其寿命三角形面积也会大大缩小，最终使寿命缩短。无度的吸烟喝酒、缺乏运动而导致的过度肥胖、严重的睡眠不足等不良生活方式，正严重威胁着我们的健康。"保持健康，这是对自己的义务"，自己不善待自己，那么延长寿命的努力，也就无从谈起了。

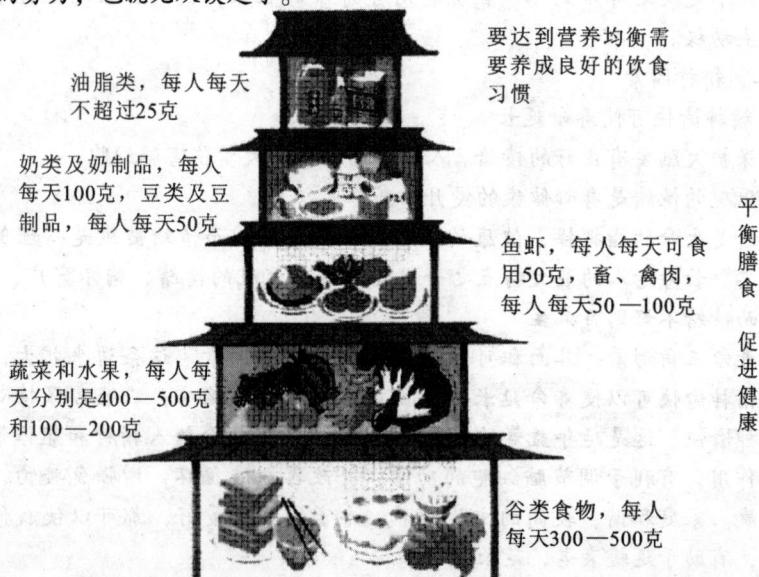

油脂类，每人每天不超过25克

奶类及奶制品，每人每天100克，豆类及豆制品，每人每天50克

蔬菜和水果，每人每天分别是400—500克和100—200克

要达到营养均衡需要养成良好的饮食习惯

鱼虾，每人每天可食用50克，畜、禽肉，每人每天50—100克

谷类食物，每人每天300—500克

平衡膳食 促进健康

图6-6　膳食营养图

1. 养心在静，养身在动，动则不衰，生命在于运动。积极锻炼身体是保证身心健康的首要途径。

2. 加强脑力运动是增强大脑功能、延缓大脑衰退的关键。

（1）加强体育锻炼，对神经系统，尤其对大脑功能的增强有很重要的作用。大脑不仅需要营养，还需要大量的氧气。

（2）坚持学习是加强脑力活动的重要方法。学习是脑细胞体操，要不断学习新知识。

（3）要保护大脑，不要人为地伤害大脑。不要过分劳累、生气伤害大脑，营养过度伤害大脑。大脑60%是脂肪，35%是蛋白质，抽烟、酗酒易伤害大脑。抽烟的人，吸烟6秒钟，烟中有毒物质就跟随血液进入大脑，伤害大脑。不要人为地伤害别人，也不要接受别人的伤害。

（4）重视营养，对改善脑细胞、增强脑功能具有决定性作用。大脑营养决定大脑功能的优劣，起80%决定作用的是营养，营养不平衡、营养过剩都会给脑的发育带来恶劣的影响。

3. 营养合理、膳食平衡是保证身心健康的物质基础。

4. 健康、科学、文明的生活方式和行为是保证身心健康的重要原则。

认识现代病的危害，提高自我保健意识。

不良的生活方式和行为又称为"自我创造的危险"，主要是指那些不懂得养生、不懂得营养、不讲卫生、性格不健全的生活方式和行为。如吸烟、酗酒、吃盐吃糖过多、喜欢吃肥肉、不喜欢吃新鲜蔬菜和水果、爱吃熏烤食物、吃霉变和腐败的食物、吃滚烫的食物、暴饮暴食、偏食挑食、不爱运动、性格过于内向、过度急躁和忧郁、生活不规律、贪图舒适、滥用药物等等。

1991年世界卫生组织向全世界提出6种最不健康的生活方式，它们是吸烟、酗酒、营养不平衡、运动不足、应急能力下降、交通事故。

吸烟是对青年及中老年人健康危害最大的首要因素，有人称它是"头号杀手"。近几年来，吸烟的人数还在上升，吸烟的年龄也越来越小，目前我国已成为世界上香烟生产国、消费国和吸烟人数第一的三项冠军。

世界卫生组织吸烟与健康专家委员会指出："在吸烟比较流行的国家里，90%的肺癌、75%的慢性气管炎和25%的冠心病的死亡，是由吸烟引起的。吸烟的人比不吸烟的人患肺癌的几率高10倍，患喉癌的几率高8倍，患食道癌的几率高6倍，患膀胱癌的几率高4倍，患冠心病的几率高15倍。"最近英国心脏学会调查表明，香烟中含有43种致癌物质，吸烟会得14种癌症，每日吸烟支数乘以吸烟年龄大于400便是肺癌的对象。调查结果还表明，39.75%的不吸烟者受到被动吸烟的危害，尤其是对婴儿和老人危害最大。在吸烟的环境中逗留1小时，等于自己吸4支烟。

吸烟者有 1/4 最终将由于吸烟而招致死亡。

总而言之，戒烟有益于健康与长寿。为了自身的健康和家庭的幸福，吸烟的中老年人还是戒烟的好，青少年要拒绝第一支烟。

酗酒是一种不良的饮食习惯，过量饮烈性酒对大脑皮层、心血管系统、消化系统都会带来严重的损害。对健康的中老年人来说，适量饮低度酒、优质酒可增进食欲，有提神、助消化、暖胃肠、御风寒和活血通络的作用。但饮酒量应控制在胃内容物总量的 0.5% 以下，每天约 50 g 左右，即白酒 1 两，葡萄酒 2 两，啤酒半斤，这是饮酒的安全量。

长期过量饮酒，首先会对大脑造成极为严重的损伤，酒精引起大脑血管收缩，血流量减少，使大脑皮层细胞缺氧，智力减退，注意力涣散，记忆力和判断力下降，思维障碍，部分人还可发生幻觉，手、舌、全身明显震颤。过量饮酒会促进内源性胆固醇的合成，使血浆胆固醇和甘油三脂浓度升高，容易发生动脉硬化。酒精能强烈刺激心血管系统，使心跳过速，引起血管痉挛性收缩，血压升高。酒精对食管、胃、十二指肠也有刺激作用，容易引起慢性胃炎、胃溃疡，甚至诱发胃出血。有些人喝了酒就不想吃饭，长期持续饮酒可引起食欲减退，造成营养缺乏。长期过量饮酒对肝脏的损害更为明显，因为大部分酒精是经肝脏解毒和代谢的，酒精的产物乙醛不但直接损害肝脏，促使周围组织中的脂肪进入肝内，并加速肝内脂肪合成的速率，引起肝脏内脂肪和结缔组织增生，严重时会发展成脂肪肝和肝硬化，甚至肝癌。暴饮暴食会引起急性胰腺炎而死亡。

假如过量饮酒又长期吸烟，会使患口腔癌、唇癌、喉癌、食管癌、肝癌的危险性大为增加。由于酒精对脑、胃、肝、心等器官都有一定的刺激作用，所以，中老年人患有神经衰弱、胃炎、胃溃疡、肝炎、冠心病、高血压、动脉硬化时，最好禁酒。

把健康的生活方式高度概括为 4 句话 20 个字，也就是"健康四大基石——平和的心态，均衡的营养，适量的运动，充足的睡眠。

每个人的长寿遗传因素是无法选择的，但另外两个方面的因素是有机会创造或者改变的，这也就是我们要延长寿命的努力方向和主攻方向。忙碌紧张的生活在逐日侵蚀现代人的健康，聪明的人们别忘了时时为自己的健康把脉。我们要创造美好的精神世界，并不断改善自己的生活方式。

请牢记：平衡是根本，适度是核心，坚持是基础，细节是关键。预防和控制疾病，天天注意储蓄健康。从而掌握健康的金钥匙，把握自己的命运，这样才能活到 100 岁。

# 最佳的美容方法——养心

中国有一句古话，叫做"相由心生"；外国也有一句至理名言"一个人要对他四十岁后的形貌负责"。两句话都表明人的形貌既受先天遗传因素的影响，更重要的是后天的修行。表情是心的折射，形成习惯的表情会影响一个人的容颜。所以，养颜必先养心。

养心，首先要不断的学习。因为当你在学习的时候，心境是单纯的，神态是好奇的。单纯的心境和好奇的神态，让我们如心无杂念的孩童，引导我们的身心接近年轻人的外形和内心。读书是女人最好的美容方法，"腹有诗书气自华"，一个没有经过文学艺术熏陶的女人也许"漂亮"，但绝不会永久美丽。

经常欣赏或参与艺术，让高雅艺术陶冶性情、净化心灵，你的举手投足之间自然会有一种高雅的气韵。很难想象经常沉浸在艺术氛围里的人，会用一种恶劣低俗的心态对待周围的人或事。

养心还要保持良好的心态，要铭恩、忘仇、做好事。因为总把别人往坏处想的人绝不会快乐。当你在嫉妒、诽谤、埋怨、挖苦别人的时候，自己的心境是阴暗的，表情也会随之丑陋起来。而经常的丑陋，会定格在你原来端庄的容颜上。所以，受助不能忘，施恩不图报。以律人之心律己，以恕己之心恕人，心怀善意和感激，多帮助别人，我们就会为自己拥有真诚的友情而快乐。不要因贬损别人而破坏了心中的平和安宁，让自己面目变得狰狞。此外，不要和喜欢搬弄是非、嫉妒诽谤别人的小人在一起，否则不是被小人的谗言坏了心情，就是不知不觉地变成了小人。所以，远离小人能耳根清净，心平气和，而且不流于低俗。

我们曾经一睹美国著名影星奥黛丽·赫本在《罗马假日》里的绝代风华。可是你们见过她60岁的容貌吗？端庄、纯善、优雅，美得像一位圣母。因为她几十年来一直保持阅读的习惯，一直接受高雅艺术的熏陶，一直向慈善机构捐款，一直向困难的人们伸出援助之手，因此她的和善而优雅的气质让她的面容更加美丽。

珍珠和面膜也许能滋润我们的肌肤，抹平我们的皱纹。但是假如我们的心境不平和，修养没提高，那么，我们的美貌就像聊斋里的画皮一样是暂时的，骨子里的庸俗却让人望而生畏。

快乐地迎接每一个早晨，真诚地向周围的亲友和同事展开笑容，无论遭受多大的误解和不公，只要保持真诚和从容，那么，即使我们满头白发、一脸皱纹，我们依然美丽如新。

# 第八节　一氧化碳对血液的作用实验教学研究

## 一、实验教学研究目的

（1）了解一氧化碳对人体危害的原理。

（2）掌握一氧化碳对血液作用的实验操作技术。

（3）掌握本实验的教学方法。

## 二、实验教学原理

二氧化碳和氧气都能与血红蛋白形成不稳定的化合物，这种不稳定的化合物又能把氧气或二氧化碳释放出来。而一氧化碳与血红蛋白结合的能力是与 $O_2$ 的200多倍，且一氧化碳与血红蛋白结合形成的是稳定的化合物，从而使血液失去同 $O_2$ 结合的能力。吸入一氧化碳会使人窒息以至死亡。

## 三、实验准备

（1）课前用三个大软塑胶瓶，瓶口配上带有导管的胶塞，导管上连止水夹，制成三个储气瓶，分别备用收集氧气、二氧化碳、一氧化碳。

（2）取新鲜的鸡血或鸭血，加少量草酸钠（作抗凝剂）备用。

## 四、实验操作

（1）取两支试管分别注入混有少量抗凝剂的新鲜鸡血 2 mL，用储气瓶向一试管通入氧气，另一试管通入二氧化碳。片刻，通入氧气的鸡血颜色变鲜红，通入二氧化碳的鸡血颜色变暗红。

（2）再将原先通入氧气和通入二氧化碳的鸡血调换各通入二氧化碳和通入氧气，片刻，看到血液的颜色和原先的现象相反。

（3）另取两支试管，分别加入已含少量抗凝剂的鲜鸡血 2 mL，用储气瓶向一试管通入二氧化碳，另一试管通入一氧化碳。片刻，通入一氧化碳的鲜鸡血变鲜红色，通入二氧化碳的鲜鸡血变暗红色。

（4）再将原先通入一氧化碳和二氧化碳的鸡血调换各通入二氧化碳和一氧化碳，结果，一氧化碳通入暗红的血液里，很快变成鲜红色，而二氧化碳通入鲜红色的血液里，不能改变成暗红色。

## 一氧化碳对人体的毒性机理和解毒方法

一氧化碳无色无味，有剧毒。一氧化碳吸进肺里，能跟血液里的血红蛋白结合成稳定的碳氧血红蛋白，随血流遍布全身。一氧化碳与血红蛋白的结合力要比氧与血红蛋白的结合力大 200 多倍，而碳氧血红蛋白的解离却比氧合血红蛋白缓慢约 3 600 倍。因此，一氧化碳一经吸入，即与氧争夺血红蛋白。同时，由于碳氧血红蛋白的存在，妨碍氧合血红蛋白的正常解离，使血液的携氧功能发生障碍，造成机体急性缺氧。在一氧化碳浓度较高时，还可与细胞色素氧化酶中的铁结合，抑制组织细胞的呼吸过程，阻碍其对氧的利用。由于中枢神经系统对缺氧最敏感，中毒时先觉疲倦乏力，出现组织低氧症。如果血液中 50% 的血红蛋白与一氧化碳结合，即可引起心肌坏死，继而发生一系列的全身症状。

一氧化碳的中毒程度，主要与空气中一氧化碳的浓度及接触时间有关。当浓度为 0.02%（体积分数）时，2～3 h 可出现症状；浓度为 0.08% 时，2 h 可昏迷；如浓度再高，10 min 即可致死。

轻微中毒者，应吸收大量新鲜空气或进行人工呼吸。医疗上常用静脉注射亚甲基蓝进行解毒，这是因为一氧化碳与亚甲基蓝结合比碳氧血红蛋白更牢固，从而利于一氧化碳转向亚甲基蓝而释放出血红蛋白，恢复正常呼吸作用。

## 大气污染的危害

人必须依靠呼吸新鲜空气来维持生命，一个成年人，平均每天呼吸 20 000 次，平均吸入 15 kg 空气，其质量大约相当于每天所需食物及饮水质量的 10 倍。有报道指出，人可以几天不喝水，不吃东西，但不能几分钟不呼吸。

大气污染物主要通过呼吸道进入人体，也有少量通过接触和刺激体表进入人体。人体吸入的空气经过鼻腔、咽部、喉头、气管、支气管后进入肺泡，并在肺泡上进行气体交换。当血液通过肺泡毛细管时，放出二氧化碳，吸收氧气。含氧的血液被输送到人体各部分，供人体组织和细胞新陈代谢用。如果生活在烟雾弥漫的环境中，空气中的有毒、有害污染物就会溶于体液或沉积在肺泡上，轻者会使上呼吸道受到刺激而有不适感，重者会引起疾病，使呼吸道和肺功能受到损害，引起病变。

大气污染对人体健康的危害大致可分为急性中毒、慢性中毒和致畸致癌作用等三种。

急性中毒发生在某些特殊条件下。例如，工厂在生产过程中发生事故，造成大量有害气体泄漏，外界气候条件突然变化等，都会引起人群的急性中毒。

例如，震惊世界的伦敦烟雾事件、美国联合碳化物公司印度博帕尔市农药厂剧毒气体泄漏事件等。

慢性中毒主要表现在人体长期连续地吸入低浓度的污染物导致患病率上升。二氧化硫、飘尘、氮氧化物等即使浓度很低也能刺激呼吸系统，诱发呼吸道的各种炎症。日本"四日市哮喘病"是慢性中毒的典型例子。

致畸致癌作用指的是随着空气污染的加剧，空气中致畸致癌物质的含量日益增多，造成婴儿畸形和癌症的发病率增高。城市中肺癌发病率、死亡率往往高于农村就是一个典型的例子。

除硫氧化物、氮氧化物、飘尘等对人体健康有很大危害外，氟化物、有毒重金属，如铅、镉、锌、钛、锰、钒、钡、汞以及砷等，都可能引起人体慢性中毒，有的可引起癌症。

### 汽车尾气净化催化剂——三效催化剂

汽车尾气的主要有害成分是碳氢化合物（$C_nH_m$）、一氧化碳（CO）和氮氧化物（$NO_x$）。这三种物质对人体都有毒害，其中 $C_nH_m$ 及 $NO_x$ 在阳光及其他适宜条件下还会形成光化学烟雾，危害更大。消除汽车尾气中这些有害成分的方案主要有两种：一种是改进发动机的燃烧方式以减少有害气体的排放；另一种是采用催化转化器将尾气中的有害气体净化。首先，1975 年美国在新型车上安装了催化转化器，接着日本、西欧等国家也先后采用催化转化器以满足自己国家汽车排放法规的要求。汽车催化转化器有两种类型，一种是氧化型催化反应器，使尾气中的 $C_nH_m$ 和 CO 与尾气中的余氧反应，生成无害的 $H_2O$ 和 $CO_2$，从而达到净化目的。其化学反应如下：

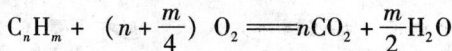

$$2CO + O_2 == 2CO_2$$

$$C_nH_m + \left(n+\frac{m}{4}\right)O_2 == nCO_2 + \frac{m}{2}H_2O$$

$$2H_2 + O_2 == 2H_2O$$

由于对 $NO_x$ 等污染物排放标准的强制化和降低燃料消耗的要求，一方面应尽量控制空燃比在 14.6 附近运转，另一方面应采用控制点火时间和废气再循环等方法，以减少尾气中的 $NO_x$。然而这些方法的缺点是往往会增加尾气中的 $C_nH_m$ 和 CO。为了解决这个问题，出现了三效催化剂（英文名为 Three-Way Catalyst），简称 TWC。这种催化剂的特性是用一种催化剂能同时净化汽车尾气中的一氧化碳、碳氢化合物和氮氧化物，但为了发挥其催化性能，必须将空燃比经常控制在 14.6±0.1 附近，这种催化净化器具有较高的净化率，但需要有氧传感器、多点式燃料电子喷射、电子点火等闭路反馈系统相匹配。这种催化净化器是利用尾气中的 $O_2$、$NO_x$ 为氧化剂，$CO$、$C_nH_m$［以（$CH_2$）$_n$为代表］和 $H_2$ 为还原剂，在理论空燃比附近可发生如下反应：

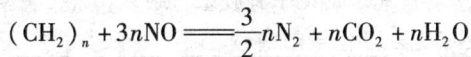

$$2CO + O_2 === 2CO_2$$

$$2CO + 2NO === N_2 + 2CO_2$$

$$(CH_2)_n + 3nNO === \frac{3}{2}nN_2 + nCO_2 + nH_2O$$

$$2NO + 2H_2 === N_2 + 2H_2O$$

现在应用的三效催化剂大部分是以多孔陶瓷为载体，再附着上所谓的活化涂层（Washcoat），最后用浸渍的方法吸附活性成分。催化剂的活性成分主要采用贵金属铂（Pt）、钯（Pd）、铑（Rh）等。由于贵金属资源少、价格贵，各国科学家都在致力于研究经济上和技术上都可行的稀土/钯三效催化剂。预计这种催化剂将有很好的应用前景。

三效催化净化器的优点是净化率与燃料经济性都比较好，主要问题是成本费用昂贵。由于柴油机排放的气体中残留的氧较多，使氧传感器的控制不灵敏，故三效催化净化器一般不用于柴油机，而只适用于汽油机。

### 检验汽车废气的性质实验教学研究

一、准备

（1）取新鲜鸡血和少量草酸钠抗凝剂，备用。

（2）收集三袋汽车废气，备用。

二、实验装置

如图 6-7 所示。

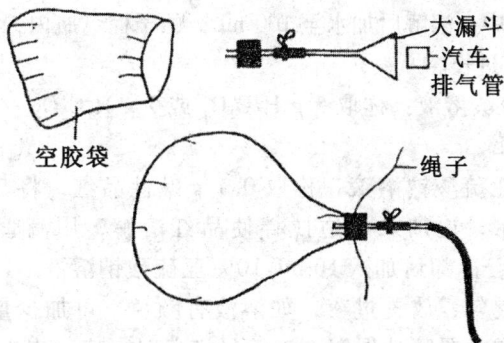

图 6-7 检验汽车废气的装置

三、实验操作

（1）将汽车废气通入澄清石灰水中，观察反应现象。

（2）将汽车废气通入石蕊溶液中，观察反应现象。

（3）将汽车废气通入带抗凝剂的新鲜血液中，观察反应现象。

四、说明

（1）汽车废气收集的多少，直接影响实验效果，因此，要用体积大的塑胶袋尽可能多收集一些废气。用绳子将胶塞与胶袋扎紧，夹紧止水夹，防止漏气。

（2）此实验可作为课外活动实验。

# 第九节　白酒中甲醇的鉴定实验教学研究

## 一、实验教学研究目的

（1）了解白酒中含甲醇的危害，提高防范意识。

（2）掌握甲醇的鉴定方法，树立化学与社会、生活相互联系的观念。

（3）掌握实验的教学方法。

## 二、实验用品

高锰酸钾、草酸、磷酸、硫酸、盐酸、亚硫酸钠、品红、白酒、甲醇、乙醇、具塞比色管、活性炭。

## 三、实验研究步骤及方法

### 1. 试剂的配制

（1）高锰酸钾—磷酸溶液：称取 3 g 高锰酸钾，加入 15 mL 磷酸（85%）与 70 mL 水的混合物中，溶解后加水至 100 mL，贮于棕色瓶内，为防止氧化能力降低，保存时间不宜过长。

（2）草酸—硫酸溶液：称取 5 g $H_2C_2O_4$ 或 7 g $H_2C_2O_4 \cdot 2H_2O$，溶于 $H_2SO_4$（1:1）中至 100 mL。

（3）品红—亚硫酸钠溶液：称取 0.1 g 碱性品红，将其研细；分批加入共 60 mL 80℃ 的水，边加入水边搅拌使品红溶解，用滴管吸取上层溶液于 100 mL 容量瓶中，冷却后加入 10 mL 10% 亚硫酸钠溶液、1 mL 浓盐酸，再加水至刻度，充分混匀，放置过夜，如溶液有颜色，可加少量活性炭搅拌后过滤，贮于棕色瓶中，置暗处保存，溶液呈红色时，应弃去重新配制。

### 2. 鉴定分析步骤

（1）取样酒、甲醇、乙醇、甲醇和乙醇的混合液各 10 mL，分别置于 4 只 25 mL 的具塞比色管中，然后各滴加 1 mL 高锰酸钾—磷酸溶液混匀，放置10 min，再滴加 1 mL 草酸—硫酸溶液混匀，于20℃以上静置 30 min。

（2）观察 4 只具塞比色管中的颜色。甲醇为蓝紫色液体，乙醇为无色液体，滴入甲醇和乙醇为蓝色液体。

## 四、实验探究

（1）白酒中含有 50% ~ 70% 的酒精（乙醇），一些不法之徒利用工业酒精兑制假酒，而工业酒精中常混有甲醇，饮后使人眼睛失明，量多会中毒致死。为此，广大消费者应增强防假意识，提高辨假能力。

（2）样酒颜色若为无色则不含甲醇或是甲醇含量低于 0.02 g /100mL，如果显示出蓝紫色，证明样酒中一定含有甲醇，且蓝紫色越深，甲醇的含量越高。由于此试验甲醇的最低检出量为 0.02 g /100mL，而国家规定谷类酿酒含甲醇禁用量为 0.04 g /100mL（薯干等代用品禁用量为 0.12 g /100mL）。为确保生命安全，用该方法鉴定，只要略显出蓝紫色时，则不宜饮用，或定量分析后再定。

（3）鉴定原理。

甲醇、乙醇能分别被氧化成甲醛、乙醛，甲醇在弱酸性环境中与品红—亚硫酸钠作用易生成稳定的蓝紫色的化合物。主要化学方程式如下：

舒亦服试剂（无色）

$$2RCHO \longrightarrow \left\{ \begin{array}{c} HO \quad O \\ H-C-S-NH-\text{(苯环)} \\ R \quad O \end{array} \right\}_2 \quad C=C-\text{(苯环)}-NH_3^+Cr-\\ SO_3H$$

$$\xrightarrow{-H_2SO_3} \left\{ \begin{array}{c} HO \quad O \\ H-C-S-NH-\text{(苯环)} \\ R \quad O \end{array} \right\}_2 \quad C=C-\text{(苯环)}=NH_2^+Cr$$

中学化学实验教学研究

Zhongxue Huaxue Shiyan Jiaoxue Yanjiu

---

· 阅读材料 ·

### 鉴别真假白酒实验教学研究案例

生活情景：经广州市政府证实，2005 年 5 月 11 日至 14 日，广州市白云区发生严重散装白酒中毒事件，有 4 人因饮用有毒散装白酒致死，8 例疑似甲醇中毒病人入院。经调查核实，该散装白酒是不法分子为牟取暴利，用工业酒精勾兑的假酒。怎样防止这种悲剧在我们身边发生呢？这里为你介绍一种检验假酒的实验方法。

实验原理：假酒中往往含有较多的甲醇，甲醇在酸性条件下容易被高锰酸钾氧化成甲醛，甲醛可与某些试剂反应而呈现不同的颜色，根据颜色的深浅可以判断甲醛含量的高低，从而确定是真白酒还是假白酒。

实验用品：试管、甲醇、乙醇、样品 I、样品 II、Schiff 试剂、$KMnO_4 - H_3PO_4$ 溶液、$H_2SO_4 - H_2C_2O_4$ 溶液。

实验操作：

1. 取 4 支试管依次编号为 A、B、C、D。

2. 取甲醇、乙醇、样品 I、样品 II 各 2 mL，依次加入编了号的试管中。

3. 向上述试管中依次分别加入 4 滴 $KMnO_4 - H_3PO_4$ 溶液混匀，放置 8~10 min，再依次分别加入 4 滴 $H_2SO_4 - H_2C_2O_4$ 溶液，摇动到褪色为止。

4. 再向上述 4 支试管中依次分别加入 6~8 滴 Schiff 试剂，摇动混匀，静置 30 min 后，观察试管中溶液的变色现象。

实验说明：

1. 样品 I 为市售白酒，样品 II 为假酒。

2. 所用试剂均为新配制的。

3. 在酸性条件下，只有甲醛与 Schiff 试剂作用，生成很稳定的蓝色物质，永久不褪色。甲醛的最低检出限量是 $0.2 \ g \cdot L^{-1}$。实验过程中切忌加热。

4. 鉴别试剂的配制。

Schiff 试剂：称取 0.1 g 品红，放入烧杯中，分批加入热水，搅拌溶解，冷却后取上层清液，加入 10 mL 10% $Na_2SO_3$ 溶液和 1 mL 浓 $H_2SO_4$，再加水到 100 mL，摇匀，加活性炭过滤即可。

$KMnO_4 - H_3PO_4$ 溶液：称取 3.0 g $KMnO_4$ 晶体，加入 15 mL $H_3PO_4$（85%），与 70 mL 水混合溶解后，加水至 100 mL。

$H_2SO_4 - H_2C_2O_4$ 溶液：量取 50 mL 浓硫酸，在搅拌下倒入盛有 50 mL 水的烧杯中，冷却后，加入 5.0 g $H_2C_2O_4$ 晶体，搅拌，使之溶解。

# 第十节　空气中甲醛气体含量的简易测定实验教学研究

随着生活水平的提高，人们对居室装修的要求越来越高，装修后的居室越来越美观、舒适，但千万不要忘记装修造成的污染。室内环境污染可分为化学污染、物理污染（可吸入颗粒物、电磁波）、生物污染（细菌、病毒）和放射性污染（氡）。

化学污染指有毒物质造成的污染，污染源主要来自人造板材、涂料和施工用的黏合剂等。装修材料会挥发出多种有机化合物如甲醛、苯、甲苯、丙酮、硝基苯、卤代烃等，装饰材料所用颜料中含有铅、镉、铬等重金属，这些物质对人体都有毒害作用。

图6-6　中国环境标志

随着科学技术的发展、环保意识的增强以及监管力度的加大，绿色环保型装修材料会越来越多。为确保安全，装修好的房子必须通风换气一定时间后方可居住，最好是经过检测合格后再入住。

总之，依靠科学技术的进步，我们的居室将被装修得更加舒适、美观，人们的生活将变得更加美好。

## 一、实验教学研究目的

（1）学习和探讨空气中甲醛（HCHO）气体含量简易测定的方法和技能。

（2）通过对空气中 HCHO 气体含量测定装置和操作方法的设计，培养实验设计和创造性思维能力。

我叫"中国环境标志"，也有人把我叫做"十环标志"，通常可以在洗涤剂、气雾剂、水性涂料、包装制品、儿童玩具、再生纸制品、无汞干电池、空调、复印机、轻型汽车、低辐射电视机等产品上看到我，如果你在购买产品时发现了我，代表：你选择的产品不仅质量合格，而且在生产、使用和处理处置过程中符合特定的环境保护要求，与同类产品相比，具有低毒少害、节约资源等环保优势。

（3）通过 HCHO 气体含量测定的研究性学习实验的体验，探讨组织中学生进行研究性学习实验的方法。

## 二、实验原理

甲醛的分子结构为 $H\!-\!\overset{\displaystyle O}{\overset{\|}{C}}\!-\!H$，含有醛基，因而 HCHO 与其他醛一样易发生氧化反应。HCHO 与强氧化剂高锰酸钾在酸性条件下，可发生如下反应：

$$2MnO_4^- + 5HCHO + 6H^+ \longrightarrow 2Mn^{2+} + 5CO_2\uparrow + 8H_2O$$

反应时，可利用 $MnO_4^-$ 离子自身的颜色变化指示反应是否完成。

## 三、实验教学研究思路

### 1. 实验研究方案的初步设计

（1）在个人思考的前提下，以研究小组为单位讨论下列问题：

①HCHO 分子结构中含有什么基团？此基团决定了 HCHO 具有什么重要的化学性质？

②酸性 $KMnO_4$ 溶液具有什么重要的化学性质？高锰酸钾溶液显何颜色，其显色的灵敏度如何？

③气态物质跟溶液中的物质发生化学反应的一般装置是怎样的？要使气态物质跟溶液中的物质发生完全反应，其实验装置和操作各应注意什么？

④如果通过用酸性 $KMnO_4$ 溶液来氧化 HCHO 测定室内 HCHO 的含量，这对 $KMnO_4$ 溶液的浓度有何要求？

⑤$KMnO_4$ 溶液的稳定性如何？如何配制和存放 $KMnO_4$ 标准溶液？

（2）阅读与资料收集。

阅读下列内容，明确实验目的与要求，在"问题与讨论"的基础上，研究小组进行分工合作，收集好与本实验研究相关的资料。

①本实验内容。

②中学、大学化学教材中有关本实验的内容。

③本实验中"参考资料"及与本实验研究内容有关文献。

（3）实验研究方案的设计。

研究小组针对实验研究课题，在收集资料的前提下，经过小组充分讨论，统一方案后，由组长或组员（可轮流）执笔，设计出本课题的实验研究初步方案。

设计实验方案时应注意从以下几点考虑：

①从 HCHO 易被氧化的性质着手，选择在溶液中有颜色变化的 $KMnO_4$ 作氧化剂。

②从空气中 HCHO 含量不多的特点，配制低浓度的 $KMnO_4$ 溶液。

③从气体与液体尽可能完全反应的需要出发，设计实验测定装置和操作方法。

④从化学反应方程式中 $KMnO_4$ 的质量可推知 HCHO 的质量，将 HCHO 的质量与相应的通入空气的体积联系起来，设计相应的实验装置和计算方案。

⑤以室内空气中 HCHO 气体的最高允许浓度 $20\ mg \cdot m^{-3}$ 为标准，设计出相应的超标和不超标的方案。

⑥从 $KMnO_4$ 溶液的不稳定性出发，设计相应的标准溶液配制与存放方法。

⑦从可能存在的测定误差出发，设计误差尽可能小的实验测定方案。

**2. 实验探究步骤**

（1）实验研究方案的介绍与评价。

由组长介绍本组设计的实验测定方案，教师组织学生评析。研究性学习实验方案的评析可灵活机动，对于分组共题的，可相互评析；对于一组一题的，可由教师与组员评析。评析的时间、地点也可不一。本实验方案的评析重点围绕以下几方面进行：

①实验方案（尤其是实验装置、实验操作）的科学性、可行性。

②$KMnO_4$ 标准溶液的配制与存放方法。

③实验测定结果的计算与讨论。

各研究小组通过评析，各自调整实验测定方案。

（2）实验研究。

研究小组按评析调整后的实验方案进行研究性学习活动——居室中实地测定空气中 HCHO 的含量，教师参与一个组的实验活动或巡视指导。

**3. 实验教学研究总结**

（1）实验研究的表达交流。

各研究小组汇报本组实验研究的方法、过程和结果以及存在的问题，教师组织学生讨论、分析，引导学生分析、解决实验测定中存在的问题，引导学生对测定结果的误差进行分析。本实验测定存在的主要问题是 $KMnO_4$ 的不稳定性，会导致实验测定结果的偏高，再有就是抽气的速率过快，会造成甲醛反应不完全，导致测定结果偏低。

教师在组织各组汇报交流的基础上，进行小结、评优，强化和激励研究性学习活动。

（2）实验教学研究结果的报告。

课后结合实验报告重点总结如下内容：

①本组实地测定的结果及其误差分析，减少误差的措施。

②HCHO 含量测定的实验装置（气体与液体物质充分反应）对自己的启示。

③组织中学生开展此研究性学习实验的组织方案。

④本次实验的最大收获。

## 居室中甲醛的来源及其含量的测定

### 1. 居室的豪华装潢往往带来 HCHO 对室内空气的污染

现代居室装修特别关注因装修造成的污染。污染物中，最引人关注的是甲醛。甲醛是一种无色、易溶于水、有刺激性气味的气体，可经呼吸道进入人体。目前生产人造板使用的有些黏合剂（脲醛树脂胶、酚醛树脂胶等）是以甲醛为主要原料生产的。在长期使用过程中，人造板材中残留的甲醛会逐渐向周围环境释放。

室内空气中允许的甲醛浓度为 $0.08\ mg/m^3$。由于一些装修板材中含有超量的甲醛，使得使用这些材料装修的环境里的甲醛含量严重超标，从而对人体健康造成了很大威胁。因此，需要经常检测环境中的甲醛含量是否超标。

随着科技的发展，出现了许多快速、简便地检验甲醛的方法。其中之一是将某种特殊化合物以固体的形式"被包"在检测盒中，这种特殊化合物能捕捉空气中的甲醛并经显色剂作用显色，其颜色深浅与甲醛含量成正比，通过肉眼观察并与色阶比较，就可以检验出空气中甲醛的浓度范围。

被装潢的天花板、墙壁贴面、使用的塑料、地毯、隔热材料、塑料家具、油漆涂料以及衣服织物等一般都会有有机化合物 HCHO、苯、甲苯、二甲苯、丙酮、硝基苯、卤代烃、氨。一般 HCHO 污染的程度随装潢的豪华程度而加大。HCHO 是一种无色易溶于水的有刺激性气味的气体。HCHO 对人体有害，主要是因为 HCHO 可经呼吸道、消化道及皮肤吸收，引起组织蛋白的凝固坏死，从而具有杀伤力。长期接触低剂量的 HCHO 还可引起呼吸道疾病，引起新生儿体质降低，染色体异常，甚至引起鼻咽癌。室内空气中 HCHO 气体最高允许浓度为 $20\ mg \cdot m^{-3}$。

### 2. HCHO 具有强还原性，易被氧化剂所氧化

以 $KMnO_4$ 作氧化剂，$KMnO_4$ 物质的量浓度为 $10^{-5}\ mol \cdot L^{-1}$ 即可显示出紫红色，与 HCHO 气体反应则溶液由紫红色变为无色，化学反应方程式如下：

$$2MnO_4^- + 5HCHO + 6H^+ \longrightarrow 2Mn^{2+} + 8H_2O + 5CO_2 \uparrow$$

### 3. 利用 $KMnO_4$ 作氧化剂和指示剂对 HCHO 的简易测定

（1）测定装置

如图 6-9 所示。（依据此原理你还可以设计出更简单的装置吗？）

（2）实验步骤

①$KMnO_4$ 标准溶液配制。准确称取 1.5800 g $KMnO_4$ 固体，用少量水溶解

后转移到 1000 mL 容量瓶中，准确定容（注意：$KMnO_4$ 溶液颜色深，液面凹液面不易看出，读数时应参看液面的最高线）。取此溶液 1 mL 稀释 100 倍，即得 $1 \times 10^{-4}\,mol \cdot L^{-1}$ $KMnO_4$ 溶液。配制好的溶液存放在清洁带塞的棕色瓶中，注意随配随用。

②用 2.5 mL 注射器准确移取 2 mL $1 \times 10^{-4}\,mol \cdot L^{-1}$ $KMnO_4$ 溶液，注入六孔井穴板的一个孔穴内，加入 3 滴 $6\,mol \cdot L^{-1}$ $H_2SO_4$ 溶液，盖好盖子，按图连接好装置。将此装置置于待测的居室内，缓慢抽气（应慢慢抽拉活塞，否则反应不完全，测定结果会偏低），每次抽气 50 mL，直到紫红色褪尽为止。记录抽气次数。

③计算室内 HCHO 气体浓度。依据抽气次数及化学方程式计算室内空气中 HCHO 的含量（近似含量）。

### 4. $KMnO_4$ 的不稳定性

$KMnO_4$ 氧化能力强，易和水中的有机物、空气中的尘埃及氨等还原性物质作用，$KMnO_4$ 还能自行分解：

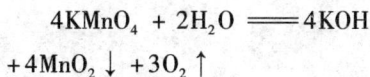

$$4KMnO_4 + 2H_2O \xrightarrow{\quad\quad} 4KOH + 4MnO_2\downarrow + 3O_2\uparrow$$

在中性溶液中，$KMnO_4$ 自行分解的速率很慢，但 $Mn^{2+}$ 和 $MnO_2$ 的存在能加速其分解，见光分解得更快。另外，市售的

50 mL注射器 抽气口

六孔井穴板（带盖）

进气口

酸性$KMnO_4$溶液

图 6-9　实验装置图

$KMnO_4$ 中常会有少量 $MnO_2$ 等其他杂质。可见，$KMnO_4$ 溶液的浓度容易改变，必须正确地配制（精确地分析测定时必须对 $KMnO_4$ 溶液进行标定）和保存。正确配制和保存的溶液应呈中性、避光、防尘、不含 $MnO_2$。

### 5. 品红醛试剂

醛类可使无色的品红醛试剂（也叫 Schiff 试剂）显紫红色，且很灵敏，HCHO 所显的紫红色加 $H_2SO_4$ 后不消失（其他醛所显颜色褪去），因此，品红醛试剂（在品红的红色溶液中通 $SO_2$ 所得的无色溶液）可用于检验 HCHO 和区别其他醛。

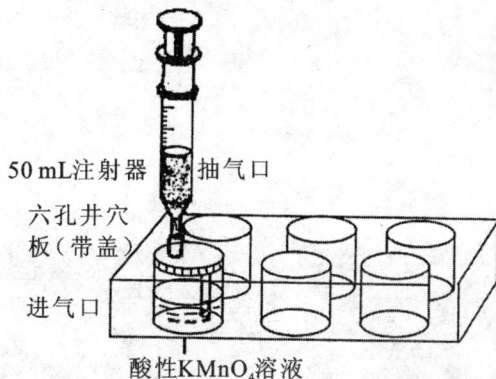

[本章小结]

通过以上实验的学习，可以提高学生学习化学的兴趣，培养解决社会生活中的问题的能力，加深学生对所学知识的理解和认识，提高环境意识，在实验能力的提高上更上一层楼。

[思考练习]

1. 说明各实验的原理和 CO 的毒性危害原理。
2. 说明各实验的注意事项及成败关键。
3. 写出本实验的教学法设计方案。

# 第七章 趣味化学实验教学研究

## [内容提要]

为了充分提高学生学习化学的兴趣，培养学生独立思考、勇于探索和创新的精神，本章根据新课标的要求、教学内容和学生特点，选择了与人们日常生活中的吃、穿、用紧密联系，与工农业生产、环境保护等方面有密切联系的一些趣味实验，以解答生产生活中的实际问题，达到学以致用的目的。具体内容包括：变色实验、火山爆发、水底花园、烧不坏的花手帕、魔棒点灯、捉迷藏、空瓶生烟、鸡蛋游泳、神笔（用火作画）、证明分子极性的实验等。

## [学习指导]

1. 了解趣味实验的意义、作用。
2. 理解本章实验的原理及操作方法、技术、技巧。
3. 掌握实验的注意事项、成败关键、要求以及教学方法和策略。

为了有效地完成中学化学教学任务，充分提高学生学习化学的兴趣，培养学生独立思考、勇于探索和进取的精神，都有必要把课内的教学和课外活动有机结合起来。课外实验也是课外活动的组成部分，它还是课堂教学的必要补充和重要延伸。

课外实验可以不受教材内容的限制和教学进度的约束，是学生独立自主的实验活动，在选题、取材、时间、空间上都比课堂教学有更大的灵活性。它能满足不同程度、不同爱好学生的需要，有利于因材施教。通过课外实验，不仅能培养学生独立操作、独立思考、手脑并用的习惯，培养他们理论联系实际，灵活应用知识，以及分析和解决实际问题的能力，还能培养和提高他们的非智力心理素质。

课外实验内容丰富多彩，选题可以与人们日常生活中的吃、穿、用紧密联系，也可以与工农业生产、环境保护等方面紧密联系。它所涉及的知识面要比课堂内的知识广泛得多，有的内容还要涉及多种学科的相互综合。课外实验可以是单纯趣味性的，也可以是巩固、扩大加深基础知识、基本理论，提高实验技能技巧，初步培养训练科研能力，初步解决生产、生活实际问题的实验（或小制作）。一般可以在实验室内进行，有的也可以在家里进行。

化学趣味实验可以让学生通过观察生动、有趣的化学反应现象，使其体验到化学学科的奥秘，培养学习化学的兴趣，还可以培养学生的观察能力、分析问题的能力、透过现象看本质的能力。通过探究趣味实验，学生的科学素养得到提高，养成实事求是的科学态度和严肃认真的科学习惯，不被奇妙的现象所迷惑，学会利用科学武器探究现象的本质。因此，在实际的化学教学中，趣味实验是不可或缺的。

趣味实验的设计需要广大教育工作者有创新意识，要善于思考，勤于动手。本章通过对趣味实验现象本质的探究，找出其创新点，力求总结创新趣味实验设计的切入点，为更好地设计新颖的趣味实验打开思路，提供方向。

总之，课外实验的特点应是小型、简单、灵活、生动、现象明显等。鼓励学生自制一些简单的仪器或找一些代用品，也可以自己设计实验方案，但一般都应要求在学生已有水平基础上有所创新和突破。对一些比较大型、复杂且带科研性的课外实验，还可以根据实际情况，在教师指导下，由学生独立完成。

为了组织好课外实验，教师必须根据实际情况妥善安排。在选题上，考虑到科学性强、趣味性浓、取材容易、制作简单、用药量少、效果明显、安全可靠。在指导上，要抓住关键，着重启发，重点指导，切忌包办代替。

# 第一节　火山爆发实验教学研究

## 一、实验说明

火山喷发，是地球内部高温的熔融态岩浆及气体在地壳比较脆弱的地方（如发生裂缝）冲出地面的现象。

我们经常在电视上看到世界各国火山爆发的壮观美景，今天我们在实验室中也能观察到类似火山喷发时产生气体、液体及固体物质的喷射现象。

## 二、实验教学研究原理

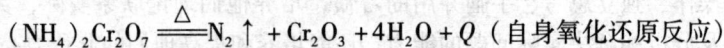

$$(NH_4)_2Cr_2O_7 \xrightarrow{\triangle} N_2\uparrow + Cr_2O_3 + 4H_2O + Q \text{（自身氧化还原反应）}$$

实验现象：产生极美丽的火花，类似火山爆发。

## 三、实验研究思路和方法

取 3~5 g 重铬酸铵固体（用粉末状的氯化铵和重铬酸钾按质量比 4:1 混合亦可）放在石棉网上堆成小丘。用小火加热，当重铬酸铵开始分解时停止加热，就突然分解成 $N_2$、$H_2O$ 和暗绿色固体 $Cr_2O_3$。

在分解的刹那间，由于产生大量高温的气体，压力骤增，因而分解产物向上方喷射，犹如火山喷发。

利用这个化学反应，还可进行化学反应前后总质量不变的演示实验。方法如下：

（1）找一个小气球，先用嘴（或打气筒）把气球吹大，再让它收缩，这样反复几次，一方面检查气球是否漏气，另一方面可使气球皮膜松弛，便于实验时收贮气体。再找一根钢笔杆粗细的小试管（如果没有，可用大试管配以橡皮塞和导管代替），在试管中放入米粒大的重铬酸铵3～5粒（不要多放），把气球捏瘪，排掉其中的空气，小心地套在试管上。准备妥当后，放在天平上称重。

图 7-1 加热重铬酸铵产生火山喷发实验图

（2）做实验时，将试管在小火焰上加热，不久就看到前面所述的现象，瘪的气球也鼓了起来，说明重铬酸铵已经分解，产生了气体及其他物质。

（3）待到反应结束，温度下降后，再放在天平上称重，发现反应前后质量并未有明显的变化。化学反应前后总质量不变，这是人们经过无数次的实践所总结出来的规律。这个规律叫做质量守恒定律，它对科学的研究和生产极为重要。如在化工生产中，人们运用这个规律就可以根据投入生产的原料的总质量，核算出产物应有的质量。

如果反应后产物的质量明显低于核算的质量，这就说明，在生产过程中一定存在问题，从而促使人们去发现问题，对生产技术作进一步改进。

**四、实验注意事项**

（1）三氧化二铬久置活性会降低，因此须现用现制。

（2）分解生成的 $Cr_2O_3$ 应收集保存，可用作"接触法制 $H_2SO_4$""氨氧化制硝酸"实验中的催化剂。

# 第二节　水中花园——难溶硅酸盐的半透膜性质实验教学研究

## 一、实验教学研究目的

（1）掌握难溶硅酸盐的半透膜性质原理和操作技术。

（2）比较哪种浓度的硅酸盐对实验成功有利。

（3）掌握实验的注意事项和成败关键。

（4）掌握实验的教学方法。

## 二、实验用品

仪器：烧杯（50 mL）、镊子。

药品：20% $Na_2SiO_3$ 溶液、40% 的 $Na_2SiO_3$ 溶液和饱和硅酸钠溶液、三氯化铁、氯化钙、氯化钴、氯化亚钴、硫酸铜、硫酸铁、二氯化钴、硫酸亚铁、硫酸镍和硫酸锰、硫酸锌、硫酸镁的晶体。

## 三、实验教学研究原理

绝大多数的硅酸盐都难溶于水，且很多都呈现出美丽的颜色。金属离子与硅酸根离子的反应离子方程式为：

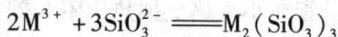

$$M^{2+} + SiO_3^{2-} =\!=\!= MSiO_3$$

$$2M^{3+} + 3SiO_3^{2-} =\!=\!= M_2(SiO_3)_3$$

例如，$Fe_2(SiO_3)_3$（棕红色）、$CaSiO_3$（白色）、$CuSiO_3$（蓝色）、$CoSiO_3$（紫红色）、$Ni_2SiO_3$（绿色）、$MnSiO_3$（肉色）所形成的硅酸盐的颜色与原盐的颜色相似。当固态的金属盐放置到含有硅酸根离子的溶液中时，原盐开始溶解，表面溶解的金属离子立即与 $SiO_3^{2-}$ 生成具有半透膜性质的硅酸盐膜。由于水分子往膜中渗透，使得膜内渗透压增大，以致顶破膜层，金属离子又外露，再与 $SiO_3^{2-}$ 成膜，如此反复。由于液面压力较小，所以像"石笋"似的往上长，各种不同颜色的硅酸就像植物一样从水底长出来，形成美丽的"水底花园"。

## 四、实验教学研究步骤及方法

在 100 mL 烧杯中放少量洗净的细沙，然后注入 20% 的 $Na_2SiO_3$ 溶液 50 mL，用镊子将选好的盐颗粒（最好为块状）小心地放入烧杯中，每块盐要分开一定距离。数分钟后，各种不同颜色的硅酸盐就像植物一样从水底生长出来，形成美丽的"水底花园"。

## 五、实验注意事项和成败关键

（1）要形成漂亮的水中花园，需要配制较浓的硅酸钠溶液和选择大的晶体在不同位置分次投入。

（2）最好将试剂硫酸铜、硫酸锌、硫酸镍等重结晶，控制结晶条件，制取较大晶粒作为晶种。

（3）为了溶液清亮，硅酸钠溶液配制后要进行过滤或离心分离。

（4）投置晶体后，不能移动烧杯，否则长不好。

## 六、讨论说明

硅酸钠与上述可溶性盐作用，各自生成颜色不同的不溶于水的有色硅酸盐薄膜，覆盖在投入的晶体表面上。这种膜只准水通过，不准体系较大的离子通过。水分子进入膜内与盐接触，在膜内形成浓的盐溶液，产生很大的渗透压，使薄膜膨胀破裂，带色的盐溶液流向膜外，与硅酸钠作用，又生成新的硅酸盐薄膜。如此往复反应，各种硅酸盐晶体逐渐长大，成为景色奇异的化学树。

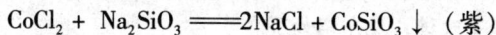

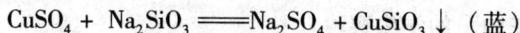

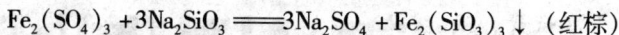

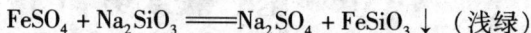

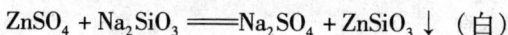

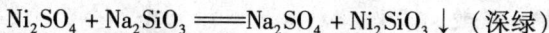

$CoCl_2 + Na_2SiO_3 = 2NaCl + CoSiO_3 \downarrow$（紫）

$CuSO_4 + Na_2SiO_3 = Na_2SO_4 + CuSiO_3 \downarrow$（蓝）

$Fe_2(SO_4)_3 + 3Na_2SiO_3 = 3Na_2SO_4 + Fe_2(SiO_3)_3 \downarrow$（红棕）

$FeSO_4 + Na_2SiO_3 = Na_2SO_4 + FeSiO_3 \downarrow$（浅绿）

$ZnSO_4 + Na_2SiO_3 = Na_2SO_4 + ZnSiO_3 \downarrow$（白）

$Ni_2SO_4 + Na_2SiO_3 = Na_2SO_4 + Ni_2SiO_3 \downarrow$（深绿）

## 七、点评

根据微溶硅酸盐呈现的不同颜色，把它们巧妙地组合在一起，设计成"水中花园"。实验可安排在烧杯中进行，但从美感和工艺品的角度考虑，还可以把本实验的盛放装置改为小鱼缸或其他透明的容器。这样，更增加了化学工艺品的韵味，也可以调动学生更大的积极性。

该实验涉及的是微溶硅酸盐的性质，并不是中学教学的重点，但通过实验可以充分调动学生的学习热情，并且在实验过程中，学生可以充分发挥其想象力，设计出各种"水中花园"，增强化学美学教育，

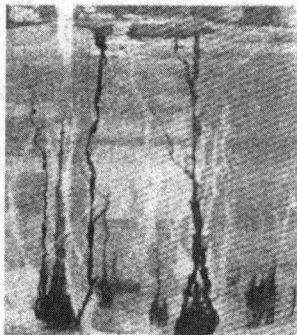

图 7-2 水中花园实验

培养学生的审美情趣。同学之间可以互相评价学习，加强彼此交流。

## 八、实验小结

实验证明：在40%的 $Na_2SiO_3$ 和20%的 $Na_2SiO_3$ 溶液中形成的"水中花园"哪个速率快、长得好？而饱和 $Na_2SiO_3$ 溶液又怎样？请比较并得出结论。

## "水中花园"实验的新改进

一般的化学教材介绍"水中花园"实验时,都要求在250 mL的烧杯中进行。即先取50 mL水玻璃,加入150 mL蒸馏水混合,即配成了25%的硅酸钠溶液。采用这种方法,虽然效果较好,但试剂用量太大,浪费严重。若1个班有40人,4人1组做实验,完成这个实验就需500 mL水玻璃试剂。另外,硫酸铜等盐的用量也较大。笔者在教学中对此实验作了如下改进,现介绍如下。

### 1. 在试管中进行"水中花园"的学生实验

取1支10 mL的干净试管,试管底部铺一层洗净的细河沙,倒入约7 mL 25%的硅酸钠溶液,依次向试管中加入极少量的硫酸铜、硫酸锰、硫酸镍、硫酸亚铁、硫酸镁、氯化钴等盐的微小晶体颗粒,将试管放在试管架上,一会儿就可以观察到试管底部投入的盐的晶体逐渐生长出蓝白色、肉色、紫红色、白

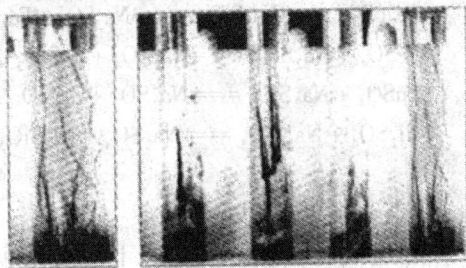

图7-3 试管中的"水中花园实验"

色、黄色、绿色的芽状、树状的"花草","长出"各种颜色的植物来,美丽的"水中花园"形成了。这是由于盐离子与硅酸钠反应,生成不同颜色的硅酸盐胶体,在\固体、液体的接触面形成半透膜,由于渗透压的关系,水不断渗入膜内,胀破半透膜,使盐又与硅酸钠接触,生成新的胶状硅酸盐。反复渗透,硅酸盐生成芽状或树枝状的固体,如图7-3所示。

在试管中做此实验,效果与在烧杯中一样明显,但每组只用了原方法所用试剂的1/20。

### 2. 实验优点

(1)节约试剂,降低了实验成本。

(2)实验效果明显,细微的变化也能观察到。

(3)此实验既安全又简单,实验材料很容易找到,可作为小学新课程"科学课"教学的一个普通实验加以推广。

### 3. 注意事项

(1)水玻璃要现用现配,不要久置,久置时溶液底部可能会产生少量絮状硅酸盐沉淀。

(2)实验完毕,立即过滤回收溶液,并洗净试管、烧杯等仪器,否则,玻璃仪器表面会附有许多细小的固体沉淀颗粒,不易洗掉。

# 第三节　烧不坏的花手帕实验教学研究

## 一、实验教学研究目的

（1）激发学生学习化学的兴趣。
（2）巩固所学的化学知识。

## 二、实验用品

仪器：酒精灯、镊子、大烧杯、火柴。
药品：棉手帕、酒精（70%）。

## 三、实验教学研究原理

### 1. 反应原理
手帕上的酒精遇火燃烧，放出热量。反应方程式如下：

$$C_2H_5OH + 3O_2 \xrightarrow{\text{点燃}} 2CO_2 + 3H_2O + Q$$

而酒精里的水分则受热蒸发，带走一大部分热量，降低了火焰的温度，使之达不到手帕的着火点，所以手帕得以保全。

### 2. 实验注意事项和成败关键
（1）酒精的浓度不能太大，如果太大，手帕也会
烧焦。
（2）余下的酒精水溶液用瓶装好，下次再用。
（3）不要用合成纤维的手帕。

图 7-4　烧不坏的手帕实验

## 四、实验教学研究步骤及方法

用量筒分别量取 15 mL 水和 10 mL 酒精 $[V(H_2O)$
$:V(酒精)=3:2]$，倒入一个大烧杯中。将一块色彩艳丽的花棉手帕丢在大烧杯里，取出手帕并拧至八成干，再用镊子夹住手帕，移向燃着的蜡烛。

此时可以看到手帕在烈火中燃烧，稍等片刻，火焰熄灭，手帕却安然无恙、完好无损。

# 第四节　魔棒点灯实验教学研究

## 一、实验教学研究目的

（1）激发学生学习化学的兴趣。

(2) 理解高锰酸钾的氧化性。

(3) 掌握实验的操作技术及教学方法。

## 二、实验用品

仪器：酒精灯、玻璃棒、表面皿。

药品：$KMnO_4$、浓 $H_2SO_4$。

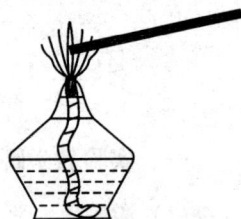

图 7-5　魔棒点灯实验

## 三、实验教学研究原理

根据日常生活的经历可知酒精灯是用火柴点燃的。那么有没有不用火种就可以点燃酒精灯的方法呢？有。用玻璃棒蘸取少量高锰酸钾和浓 $H_2SO_4$ 的混合物，往酒精灯的灯芯上一碰时酒精灯就立即点燃了，即魔棒点灯。

当浓 $H_2SO_4$ 与 $KMnO_4$ 粉末混合时，发生下列反应：

$$4KMnO_4 + 2H_2SO_4（浓）=\!\!=\!\!=2K_2SO_4 + 2H_2O + 2Mn_2O_7$$

反应生成的淡褐色油状挥发性液体——高锰酸酐（$Mn_2O_7$），具有极强的氧化能力，它可以使酒精蒸气氧化，并发生燃烧现象，其本身被还原成 $MnO_2$。

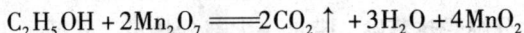

$$C_2H_5OH + 2Mn_2O_7 =\!\!=\!\!=2CO_2 \uparrow + 3H_2O + 4MnO_2$$

## 四、实验步骤及方法

（1）取一小药匙或 3~4 颗米粒大的高锰酸钾放入表面皿中，再滴入 3~4 滴浓 $H_2SO_4$，用玻璃棒搅拌均匀。

（2）用玻璃棒蘸取上述混合物，去碰酒精灯灯芯，灯便点着了。

## 五、应用

高锰酸钾作为氧化剂使用是很普遍的，常用作消毒剂和杀菌剂。如医药上用于医疗器械和外伤的消毒。它之所以能起消毒作用，是由于它是强氧化剂，能与某些细菌、病毒发生氧化还原反应，使其变性死亡。

# 第五节　捉迷藏实验教学研究

## 一、实验教学研究目的

（1）激发学生学习兴趣。

（2）理解实验原理。

（3）掌握操作技术及教学方法。

## 二、实验用品

仪器：滤纸、玻璃棒。

药品：浓氨水、浓盐酸、酚酞试液。

## 三、实验教学研究原理

（1）酚酞遇碱变红。

（2）$NH_3 + HCl = NH_4Cl$（白色）。

## 四、实验教学研究步骤及方法

（1）用玻璃棒（或毛笔）蘸取酚酞试液在滤纸上画一只小猫（或其他图像）。

（2）把滤纸放在浓氨水瓶口上方，滤纸上很快出现一只红色小猫。

（3）再把滤纸放在浓盐酸瓶口上方，小猫渐渐消失。

图 7-6　捉迷藏实验

# 第六节　空瓶生烟实验教学研究

## 一、实验教学研究目的

（1）激发学生学习化学的兴趣。

（2）掌握 $NH_3$ 和 $HCl$ 反应的原理和操作方法。

## 二、实验用品

仪器：集气瓶（2个）、塞子（2个）。

药品：浓盐酸、浓氨水。

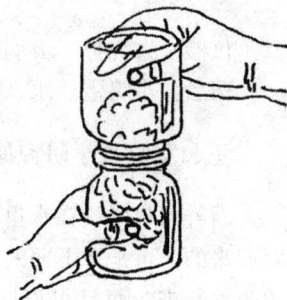

图 7-7　空瓶生烟实验

## 三、实验教学原理

被称为空瓶的两只玻璃瓶壁上，沾有浓氨水和浓盐酸，无色，它们相遇，便生成 $NH_4Cl$ 白色固体，所以呈现浓浓的烟雾，如图7-7所示。反应方程式如下：$NH_3 + HCl = NH_4Cl$（白烟）。

## 四、实验教学研究步骤及方法

（1）取两只无色的广口玻璃瓶，洗涤干净，并且使它干燥，待用。

（2）在一只广口瓶里加入几滴浓氨水，在另一只广口瓶里加入几滴浓盐酸，用塞子分别把这两只瓶的塞子塞好以后，用力摇荡，尽量使氨水和盐酸均匀地沾润瓶壁。这时候，两只瓶里看上去"空空如也"，没有什么现象出现。

（3）拔掉两个玻璃瓶上的塞子，马上把它们口对口地上下叠置起来，把沾有盐酸的瓶子放在上方，沾有氨水的瓶子放在下方。过了一会儿，在两只瓶口之间，就产生了浓浓的白烟，并且继续蔓延到两只瓶内，甚至在瓶壁上出现了白色的粉末，烟雾弥漫的现象颇为奇异。

# 第七节　鸡蛋游泳实验教学研究

## 一、实验教学研究目的

（1）激发学生学习化学的兴趣。
（2）理解鸡蛋壳的化学成分及与盐酸反应的原理。
（3）掌握本实验的操作技术及教学方法。

## 二、实验用品

仪器：大烧杯、玻璃棒、火柴。
药品：小鸡蛋、水、浓 HCl。

## 三、实验教学研究原理

新鲜的鸡蛋放在水里，总是沉在水底下而不会浮起来的。可是在下面的实验里，我们不仅可以使鸡蛋浮起来，而且可以叫它上下浮沉，如图 7 - 8 所示。

图 7 - 8　鸡蛋游泳实验图

## 四、实验教学研究步骤及方法

在一个大茶杯或烧杯里，放入约半杯清水。把一个没有破损的，体积较小的新鲜鸡蛋放入杯中，这时鸡蛋静静地躺在杯底。

然后往茶杯里加入约 10 mL 的浓盐酸（加入的浓 HCl 量大约是清水体积的 1/20，如果用稀盐酸，可以酌量多加一些），并且用竹筷或玻璃棒搅匀溶液。不久，鸡蛋壳上慢慢地长出气泡来了。

气泡由小到大，由少到多。一会儿鸡蛋便缓缓上升，并且还会上下浮沉。

遇到这种情景，大家不免会想："鸡蛋不会浮在清水上面，为什么在盐酸的溶液中却能浮起来呢?"

原因在于蛋壳的主要成分是 $CaCO_3$。它遇到盐酸，产生大量的 $CO_2$ 气体：

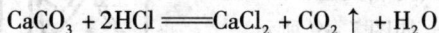

$$CaCO_3 + 2HCl \Longrightarrow CaCl_2 + CO_2 \uparrow + H_2O$$

由于 $CO_2$ 气体不断地附着在蛋壳周围，于是它们的总体积比鸡蛋原来体积大得多，浮力也就逐渐增加。等到浮力大于鸡蛋重力的时候，鸡蛋便立即浮起来了。而当鸡蛋到达液面时，附在它表面上的 $CO_2$ 大部分逸出，当它的重力大于浮力时，它就再次下沉。

经过一段时间以后，蛋壳不再产生气泡。这时，如果把蛋取出用水冲净，就会发现鸡蛋变得软绵绵，好像已经剥去壳似的。

这是因为鸡蛋被盐酸"剥"去了一层硬壳，只剩下不含碳酸钙的软膜。鸡蛋依赖这层软膜，才勉强包住蛋白和蛋黄不至于破裂流散。

### 五、实验注意事项及成败关键

（1）盐酸的浓度要适合。

（2）选用的鸡蛋要尽可能的小些。鸡蛋越小，就越容易上升和下降。

# 第八节　神笔（用火作画）实验教学研究

### 一、实验教学研究目的

（1）激发学生学习化学的兴趣。

（2）理解实验原理。

（3）掌握实验的操作方法及教学方法。

### 二、实验用品

仪器：一张白纸、铅笔、毛笔、玻璃棒、带环的铁架台、石棉网、酒精灯、烧杯、量筒。

药品：硝酸钾、线香、水。

### 三、实验教学研究原理

因为在晾干后纸上沿画的线 $KNO_3$ 结晶出来，当与点燃的线香接触时，则开始热分解：

$$2KNO_3 \xrightarrow{\text{点燃}} 2KNO_2 + O_2 \uparrow$$

在盐分解的线条上，因反应放出的热而将纸碳化，并与生成的氧反应。因而显出原来的图画或文字，如图 7-9 所示。

当表演时可以在已经用 KNO₃ 溶液画好图画的纸上，用干毛笔照原图描一遍然后再点燃，这样增加了神秘的色彩。

图 7-9　神笔实验图

### 四、实验教学研究步骤及方法

（1）首先配制饱和 KNO₃ 溶液。在烧杯里加入 2 mL 水，加热，溶解 3 g KNO₃，保持溶液温度。

（2）取一张白纸，用铅笔轻轻画出一幅任意图画（或写字）。图画必须是由一条连续不断的线条构成的。画完后，用色笔在画上任选一处轻轻点上一点，再用毛笔蘸温热的 KNO₃ 溶液，精心地将铅笔画描湿（切勿断线），描完后晾干。

（3）表演时，用一截点燃的线香接触画上标出的有颜色的记号，立刻会出现火星，而且慢慢沿着画的线条移动。

在遮光或暗室中进行，可以得到良好的效果。不仅可以看到自动运动的火花，而且还可以得到所画的图画或字形。

# 第九节　证明分子极性的实验教学研究

### 一、实验教学研究目的

（1）了解极性分子和非极性分子的不同处理。
（2）掌握实验的操作技术及教学方法。
（3）激发学生学习的积极性。

### 二、实验教学研究原理

极性分子受电场作用，非极性分子不受电场作用。当它们分别与一带电体接近时，则会看到不同的现象，从而可检验该分子是否为极性分子。

### 三、实验用品

仪器：铁架台、酸式滴定管、烧杯、绸布（或皮毛）、塑料梳子（或塑料棒）。

药品：蒸馏水、四氯化碳。

### 四、实验教学步骤及方法

按图 7 - 10 所示装置，在酸式滴定管内装入 50 mL 蒸馏水，打开活栓可看到水直流而下。然后用绸子摩擦梳子，并立即使梳子接近水流柱，看到水流柱立即发生偏转，证明水是极性分子。

把滴定管中的水倒出，再装满四氯化碳，按上述方法操作，则看到四氯化碳液体流不发生偏转，说明四氯化碳是非极性分子。

### 五、注意事项和成败关键

把梳子与绸料摩擦时间长一些，同时把梳子放在水流柱上部的附近，现象明显。

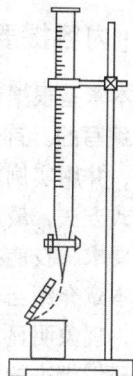

图 7 - 10　证明分子极性实验图

### [本章小结]

本章实验的特点是小型、简单、灵活、生动、易观察。通过对趣味实验现象的观察和现象本质的探究，可使学生找出创新点，力求总结创新趣味实验设计的切入点，为更好地设计新颖的趣味实验打开思路、提供方向。

### [思考练习]

1. 趣味实验的意义和要求是什么？

2. 根据你所学的教学内容和当前新课程的要求，设计两个趣味实验，写出反应式并画出示意图。

# 第八章　化学学科的发展与实验创新教学研究

## ［内容提要］

　　本章是根据新课标的要求："培养具有创新精神、实践能力的综合性优秀人才"编写的。首先从实验创新的意义、目的、特点、要求、价值、分类等多方面论述，并用实例加以说明、论证，以图文并茂的方式帮助学生理解掌握合作学习的方式方法，最后加以分析论证，以帮助学生开阔思路，掌握实验成败的关键和实验要求、技能技巧、反应原理，培养学生的创新思维。

　　本章介绍当今全球十分关注的微型化学实验。微型化学实验具有安全，迅速，简单，现象明显，药品、器材消耗量少等优点，微型化学实验大大减轻了化学实验对环境带来的污染，非常适应边板书边学习以及化学活动课程的教学要求，也很符合新课程要求的保护环境、节约资源的理念。本章介绍了氯气的半微量制取，亚硫酸氧化为硫酸，溴的半微量制取，铜与硝酸反应的微型实验等内容，从根本上避免了传统实验方法的弊端，从而达到绿色化学的要求。

## ［学习指导］

1. 了解实验创新对化学学科发展的重要意义和作用。
2. 理解化学实验创新的价值、要求、分类、特点及方法。
3. 掌握实验设计的创新理念和方向。
4. 了解微型实验的起源、意义、要求、分类、优点、作用等。
5. 了解实验目的。
6. 掌握实验的注意事项、操作技术和教学方法。

　　中学化学创新实验（以下简称"化学创新实验"）的研究目的是为了使学生在掌握化学学科知识的同时，培养他们的化学实验能力，即用实验解决化学问题的能力，同时注重科学方法和态度的培养，使他们在学习和实践创新实验的过程中，享受创新实验带来的快乐，增进他们对化学学习的兴趣，培养团队协作的精神，更重要的是活跃了他们的思维，增强了创新意识和创新能力。

# 第一节　化学创新实验的含义

与一般意义上的化学实验相比，本章讨论的化学创新实验主要从教学角度考虑，其创新点可以从以下两个方面予以界定：一是实验本身的创新，主要包括在实验的反应条件、实验装置、实验方案的设计、实验辅助手段等方面的创新，另外，新的实验理念的应用和新的实验研究的挖掘也是创新实验的特征所在；二是在实验教学上的创新，主要体现在实验教学的设计和实验教学的实施等方面。

本书结合实例，从上述两个方面具体阐述化学创新实验的含义。

## 一、实验本身的创新

### 1. 实验反应条件的优化

实验反应条件主要指参与反应的化学物质的性质（状态、形状）、浓度和溶液的酸碱度、反应温度、催化剂的种类和性质等。实验反应条件的选择和控制是决定实验成败的关键，因此为了使实验效果更加理想，就需要实验者对实验的最佳反应条件进行探究，怎样使探究的结果更科学、更合理、更具说服力，除了需要探究者对实验原理有着深刻的理解之外，还需要娴熟的实验技能和科学的实验研究方法。

［案例1］　过氧化氢催化分解制氧气反应条件的探究。

［问题提出］

在常温下 $H_2O_2$ 能在催化剂作用下发生分解而制得氧气。

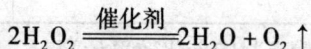

$$2H_2O_2 \xrightarrow{\text{催化剂}} 2H_2O + O_2 \uparrow$$

实验室可根据这一反应原理制取氧气。这种方法具有无须加热、可选反应速率范围大、反应过程可控制及成本低等优点。但是怎样才能使过氧化氢的分解速率更好地达到实验的要求？过氧化氢的浓度、催化剂种类和性质等对反应产生了怎样的影响呢？

［实验过程］

学生组成小组，进行实验探究。

（1）探究催化剂种类及其性质、用量的影响

① 制取不同种类的催化剂，如 $Ag$、$Fe_2O_3$、$CuO$、$MnO_2$。用表面积为215 $cm^2$ 的瓷片（用规格统一的瓷质马赛克）4 片分别蘸 0.1 $mol \cdot L^{-1}$ 的 $Fe_2O_3$、$Fe_2(SO_4)_3$、$CuSO_4$、$KMnO_4$ 溶液，在酒精灯上灼烧，冷却后又蘸又灼烧，连续 5 次后可见到瓷片上分别留下一层银色、红棕色、灰黑、棕黑色物质。用制得的催化剂及 215 $cm^2$ 的铜片（磨亮）共5 种同时分别放入5 mL 3% 的 $H_2O_2$ 溶液中，把

结果记录于表中。

| 催化剂种类 | 3% $H_2O_2$ | $H_2O_2$ 分解速率 |
|---|---|---|
| Ag | | |
| $Fe_2O_3$ | | |
| CuO | | |
| $MnO_2$ | | |

结论：$MnO_2$ 作催化剂时分解速率最快。

② 探究催化剂的性质的影响：取 0.05 g $MnO_2$ 粉末，把 5.0 g $KMnO_4$ 分布于试管内壁，加热一段时间后把渣倒出，试管内壁上留下一层稳固的棕黑色物质（$MnO_2$）；或直接取用 $KMnO_4$ 制取氧气实验时留下的试管，用水洗去浮渣后可用；取附有 $MnO_2$ 的灼烧瓷片（制法如上所述）；用一片有机玻璃浸于 0.1% $KMnO_4$ 溶液中数天，待表面形成一层牢固的棕黑色层后取出可用。这 4 种 $MnO_2$ 催化剂连载体分别放入 5 mL 5% $H_2O_2$ 溶液中，将实验现象记录于表中。

| 不同形状的 $MnO_2$ | 5% $H_2O_2$ | $H_2O_2$ 分解速率 |
|---|---|---|
| | | |
| | | |
| | | |
| | | |

结论：对 $MnO_2$ 来说，粉末状的催化效率最高。

③ 探究催化剂用量的影响：每次均用 10 mL 30% $H_2O_2$ 溶液配制成 10% $H_2O_2$ 溶液 32 mL，采用不同量 $MnO_2$ 粉末作催化剂，测定各次收集 500 mL 氧气所用的时间，记录实验结果于下表中。

| $MnO_2$ 的质量 | 10% $H_2O_2$ | $H_2O_2$ 分解速率 |
|---|---|---|
| | | |
| | | |
| | | |
| | | |

结论：同一种催化剂的不同用量在一定范围内对反应速率是有影响的。如果用 $MnO_2$ 粉末作催化剂，其用量范围以每 10 mL 30% $H_2O_2$ 溶液用 0.2~0.4 g 较为

216

合适，按此溶液分量能制得氧气约 1.1 L。若采用启普发生器可用银瓷片作催化剂，由于其催化效率比 $MnO_2$ 低，实验证明需要用 80~100 块（按每块表面积 2 $cm^2$/计），且溶液浓度相应提高至 20%，才能得到合适的反应速率。

（2）探究溶液浓度对反应速率的影响

选取不同浓度的 $H_2O_2$ 溶液，然后放入相同用量的 $MnO_2$ 粉末作催化剂，记录结果。

结论：浓度为 5%~10% 的溶液最佳。

［成果交流］

各学生小组将探究结果在大家面前进行了介绍，还当场做了演示实验。最后，把各部分研究成果汇集起来成为课题成果，该成果的要点为：常温常压下对 $H_2O_2$ 催化分解的影响主要有两大因素，即催化剂（包括种类、性质、用量三方面）和溶液浓度，因此在制取氧气的过程中可以通过调节这两大因素来控制反应速率。

［点评］

上述案例将影响过氧化氢分解的几个因素——催化剂用量、种类及性质和溶液浓度作为实验研究的对象，突出的一点就是从问题的提出到解决始终遵循科学探究的步骤，全面考虑影响反应的几个条件，并创造性地提出了金属氧化物催化剂的制备方法和总结出了 4 种不同性质的 $MnO_2$ 催化剂的制备方法，最后运用比较法得出实验结果。

由以上案例可以看出：实验反应条件的控制对实验结果至关重要，在寻求最佳反应条件的过程中，教师引导学生充分利用自己的学科知识和掌握的科学实验方法，借助细致的观察和较强的推理判断能力，通过实验探究得出完成此实验的最佳反应条件。老师在此实验中充当了引导者的角色，在将实验的主动权交给学生的同时，也应加强自身的实验研究水平，特别是加强科学研究方法的学习，这样才能给予学生适时的科学的指导，以提高整体的实验研究水平。

可见，即使一个看似极为普通的实验，给实验者的挖掘空间还是挺大的，教师更要在教学中注意引导和发挥学生的主观能动性，将实验对于学生学习学科知识和培养能力方面的作用发挥到最大。

［案例 2］ 氯水分解实验装置的改进。

［问题提出］

《全日制高级中学教科书（必修）·化学》第一册（人教社，2003 年 6 月第 1 版）66 页氯水分解演示实验中，因装置中盛氯水的烧瓶、水槽都是敞开的，造成氯水中的氯气挥发而污染环境，且由于部分氯气向水槽扩散而使氯水变稀，烧瓶中难以收集到足量氧气，从而造成实验效果不明显。

［实验过程］

（1）在一个 500 mL 烧瓶里装入一定量的蒸馏水，将烧瓶倾斜一定的角度，恰好使烧瓶的位置如图 8－1 所示，这样能使氯气被充分吸收。

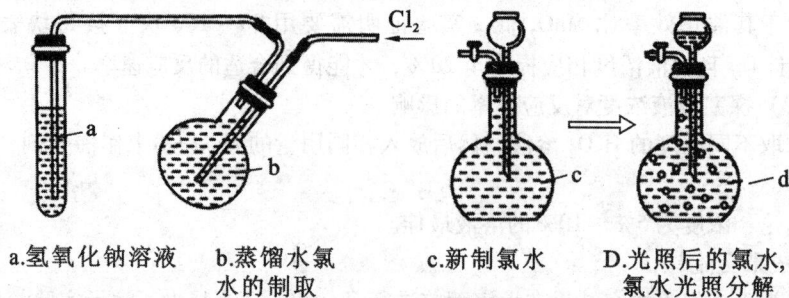

a.氢氧化钠溶液　b.蒸馏水氯水的制取　c.新制氯水　D.光照后的氯水，氯水光照分解

图 8－1　实验装置

（2）把新制氯水转移到 250 mL 的平底烧瓶中，按照如图 8－1c 所示将仪器安装好（长颈漏斗中少量的水作液封），并放在强光下照射。可观察到有小气泡上升，照射约半天时间，便可收集到一定量的气体，并观察到氯水的颜色明显变浅，然后把带火星的木条放在 e 处，打开活塞，则木条复燃。

[点评]

改进后的实验反应装置与原装置相比，具有清洁无污染、装置简洁、操作步骤简单等优点，同时也使实验现象更加明显，实验的教学效果也得到了提高。通过实验的改进，使得学生的思维不再受教材内容的限制，让他们从中受到启发，形成学会自主设计实验装置的意识，这对他们创造能力的培养具有极大的促进作用。

实验装置改进有许多方面，不仅仅局限于实验室仪器和装置的简单组合和安装，还有一些源于生活的实验仪器（如针筒、塑料袋、自封袋等）替代品的巧妙组合和应用，另外无须组合和安装的固定型反应装置的出现。如把氢气还原氧化铜的实验装置由工厂封制在一个安瓿瓶内，瓶内封有氢气，瓶底附有一薄层氧化铜，做演示或学生实验时，只需将此瓶置于灯焰上加热，即能看到金属铜和水在瓶内产生，这可为教师的教学提供一定的方便。

2. 实验方案设计的创新

实验方案的设计是实验者在实施化学实验之前，根据一定的实验要求和目的，运用有关的化学知识和实验技能，对实验装置的安装、实验步骤的实施和实验方法的应用的一种规划。如何按实验的性质设计合理的实验方案，并将实验的教学功能最大限度地展示出来，这是教育工作者共同关注的问题。科学、合理、周密、巧妙的实验方案往往可以使实验效果最优化。老师在教学中要充分发挥学生的主动性，让学生自主设计实验方案，并用自己的实验方案解决具体问题，让他们感受到成功的喜悦，从而激发他们浓厚的学习兴趣和热情，还可以更好地培养学生的实验能力，使他们逐步学会科学方法的使用和形成严谨的科学态度。

[案例3]　　"喷泉"——一堂生动的化学实验探究课。

[教学过程]

视听一段录像，其反映各种喷泉的风光资料。

引言（引出课题）

雄伟壮观的景象经常会令我们激动不已，音乐喷泉就具有这样的魅力。在优美的音乐声中，我们看到喷泉随着音乐跳起了舞。在电脑的控制下，几千个喷头一起喷发，有的缠绵悱恻，有的慷慨激昂；在光的映衬下，一幅幅绚丽多彩的画面展现在我们面前。身临其境，心中的震撼不亚于观看节日的烟火。

这些美妙的喷泉，其实都来源于我们人类的创意。创意来源于对事物本质的充分认识，那么我们对喷泉的认识有多少呢？

[点评]

引言的风光资料和教师充满激情的开讲立即吸引了学生的注意力。谁能不喜欢这种课呢？

[思考]

图8-2中的这两个喷水池是否能形成喷泉？为什么？

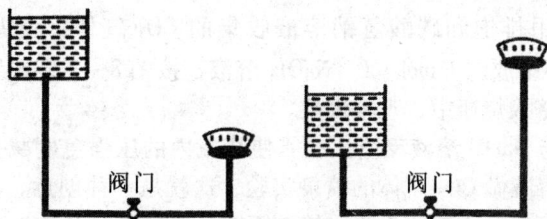

图8-2　喷泉实验图装置

喷水池内形成的喷泉形状主要依赖喷头，当喷头下方的压强大于喷头上方的压强时，就会形成喷泉。在实验室中，我们可以用圆底烧瓶来制作喷泉。

[点评]

从物理喷泉引出化学喷泉，还动手制作了一个手压式塑料瓶喷泉，跟主题无关，但实质是为了用化学方法制造压强差作铺垫。

[拓展实验1]

制作简单的喷泉：将装水的塑料瓶与圆底烧瓶用导管连接，挤压塑料瓶就能形成喷泉。

同样利用水泵，即使在摩天大厦的顶层也可以建造喷水池。这是利用了物理方法，而我们今天讨论的是如何用化学方法形成喷泉。

（1）氯化氢的喷泉实验

氯化氢气体的喷泉实验。（装置如图8-3）

[讨论]

①喷泉是如何形成的?

②利用图8-3装置,如果烧瓶内的气体是$CO_2$,能形成喷泉吗?

HCl气体极易溶于水,当滴管中的水注入烧瓶,大量的HCl气体被水吸收,导致烧瓶内的压强急剧减少,外部的大气压与烧瓶压强的差值远大于导管中水柱的压强,因此,烧杯中的溶液就喷入烧瓶中,形成喷泉。

[点评]

这是高一化学的一个演示实验,说明HCl气体易溶于水的性质。这对于初学的学生来说,初步接触很具思考价值,学生的活动证明此点。

图8-3 二氧化碳的喷泉实验装置

(2)二氧化碳的喷泉实验

[思考]

$CO_2$可以用什么物质来吸收?

[拓展实验2]

烧瓶中充满用排饱和碳酸氢钠溶液收集的$CO_2$气体,胶头滴管内装入浓NaOH溶液,烧杯中放入$1\ mol \cdot L^{-1}$NaOH溶液,按图8-3装置装配好后,将胶头滴管中的溶液挤入烧瓶中,观察现象。

$CO_2$气体能与NaOH溶液反应,也能使烧瓶内的压强急剧减少,喷泉也产生了。选用NaOH溶液做$CO_2$气体的喷泉实验,这就是一种创意。看似不可能的实验,也可以找到可行的方法。只要能符合原理,就会产生更多有创意的实验。

[实验操作要领]

①$CO_2$气体用排饱和碳酸氢钠溶液收集。(排水法也可)

②滴管内必须用浓的NaOH溶液,便于吸收更多的$CO_2$气体。

③尽可能排除水柱的影响:事先用吸耳球将玻璃管吸满烧杯内的NaOH溶液,然后用止水夹夹住。

④烧瓶收集气体时稍留些水,以便装配好装置后可直接观察是否密闭。

⑤盖橡皮塞时,烧瓶瓶口应向上,因为$CO_2$气体密度比空气大。

⑥滴管最好能弯曲,便于加液。胶头选弹性好的,以挤入更多溶液。

[点评]

此处教师让学生讨论,归纳出用NaOH来做的$CO_2$喷泉实验,这也是一个探究过程。"$CO_2$的喷泉"对于初三学生来说是一个富有创意的实验。

(3)氧气的喷泉实验

[讨论]

①难溶于水的$O_2$可以做喷泉实验吗?

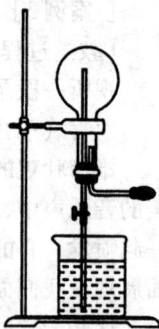

②有人在网上发布设计的氧气的喷泉实验,装置如图8-4所示。那么,在燃烧匙中放入了什么物质呢?

连二硫酸钠($Na_2S_2O_4$)溶液可以吸收氧气,反应生成亚硫酸氢钠;1,2,3-三羟基苯的碱性溶液也可以吸收氧气。但这两种溶液易吸收空气中的氧气,配制时要尽可能密封,同时要现配现用。图8-4装置运用白磷自燃的性质进行设计,创意较好,但操作难度较大。因此,我们在设计实验时,必须要考虑可行性。

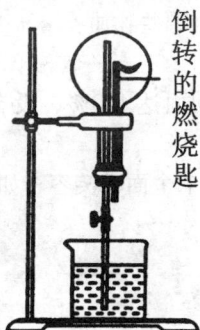

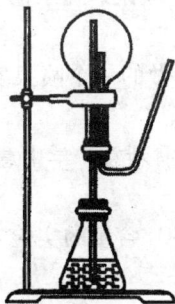

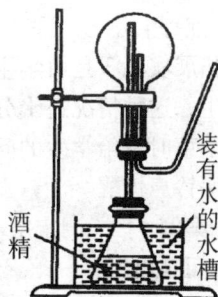

图8-4　氧气的喷泉实验装置　　图8-5　喷泉实验装置　　图8-6　喷泉实验装置

（4）其他化学喷泉

[讨论]

比较图8-5与前两套装置的不同,怎样用图8-5装置来形成喷泉呢? 前两套装置中烧瓶是密封的,下面的烧杯敞开。很明显,当下部压强不变时,只要能大量减少上部烧瓶内的压强,喷泉就会形成。图8-5装置中烧瓶是敞开的,而锥形瓶是密闭的。那么,当上部压强不变时,只要能大量增加下部锥形瓶内的压强,喷泉也会形成。

[点评]

此实验对于高中学生来说是非常精彩的。

上面的喷泉,是上部烧瓶压强减小造成的,现在反其道,设法使下部容器增加压强。"怎样使下部容器压强增大"又是一个探究内容。

[拓展实验3]

提供图8-5装置所示的仪器,并提供铁钉、锌粒、大理石、1 mol·$L^{-1}$盐酸和1 mol·$L^{-1}$硫酸溶液等药品,由学生自己选择实验药品,放入锥形瓶内进行实验。

[实验操作要领]

①烧瓶内必须用导管与大气连接（可直接用直导管）,否则实验时烧瓶内的压强增大,橡皮塞会脱落。

②先装配好装置,明确位置,放入试剂后,快速塞上橡皮塞,向右稍微拧一下橡皮塞,可达到密闭的效果。

③不能用止水夹，否则锥形瓶内压强过大，会使橡皮塞弹出。

④固体的量稍大一些，液体的量视烧瓶的大小而定，气体产生的速率快是不会有问题的，而慢的话可能不会形成喷泉。

（5）结语

[讨论]

有人利用沸点低的液体在加热条件下易转化成气体的知识，设计了一个实验，使用图8-6装置也得到了喷泉。在水槽中可以放入哪些物质？

[点评]

拓展实验3是由学生自己做的一个喷泉实验，活动面达100%，没有遗漏一个学生，这种情况还十分少见。

结束时留给学生的问题很有新意，学生意犹未尽，个个面带笑容，如痴如醉，被下课铃声惊醒。

[**案例4**]　测定空气中$SO_2$含量的实验方案设计。

[问题提出]

某硫酸厂周围的空气中含有较多的$SO_2$，试设计一个简单易行的实验方案，测定空气中$SO_2$的体积分数（空气中除$SO_2$外还有$N_2$、$O_2$、$CO_2$等）。

[学生活动1]

学生分组合作，查阅有关资料，运用资料和所学知识，设计实验方案，并自发进行讨论，时间一周。

实验方案：

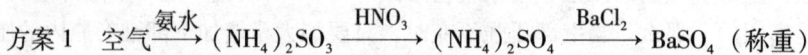
方案1　空气 $\xrightarrow{\text{氨水}}$ $(NH_4)_2SO_3$ $\xrightarrow{HNO_3}$ $(NH_4)_2SO_4$ $\xrightarrow{BaCl_2}$ $BaSO_4$（称重）

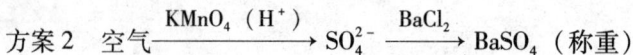
方案2　空气 $\xrightarrow{KMnO_4（H^+）}$ $SO_4^{2-}$ $\xrightarrow{BaCl_2}$ $BaSO_4$（称重）

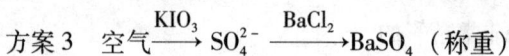
方案3　空气 $\xrightarrow{KIO_3}$ $SO_4^{2-}$ $\xrightarrow{BaCl_2}$ $BaSO_4$（称重）

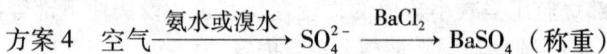
方案4　空气 $\xrightarrow{\text{氨水或溴水}}$ $SO_4^{2-}$ $\xrightarrow{BaCl_2}$ $BaSO_4$（称重）

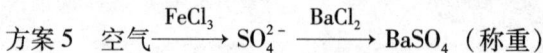
方案5　空气 $\xrightarrow{FeCl_3}$ $SO_4^{2-}$ $\xrightarrow{BaCl_2}$ $BaSO_4$（称重）

[学生互评]

方案1既绕弯路又产生新的污染物氮氧化物，故不可行。对将要试行的方案提出了以下注意事项：①控制空气通入的速率；②$BaCl_2$溶液应过量；（教师提出：如何检验其过量）③沉淀应洗涤干净。（提出：何为干净）教师加以点评，并指出空气污染监测仪就是根据二氧化硫跟溴水的定量反应来监测空气中二氧化硫含量的。

[学生活动2]

通过实验来验证方案的可行性和合理性，并在班里展示实验成果，通过学生和老师的共同评选，选出最佳实验方案。

［点评］

上述案例是运用型实验方案设计，即运用所学，解决一些与生活、生产相关的化学问题的方案设计。教师摒弃了传统的让学生利用现成的实验方案，按部就班地进行实验的教学方式，而是从生活实际出发，在学生已有知识的基础上提出问题，引导学生通过查阅资料和积极思考来解决实际问题，并将方案通过实验来验证。在此过程中，学生的学科知识得到了巩固和扩充，并且掌握了实验方案设计的基本方法，锻炼了思维能力，并在实验方案的提出中有所创造。在互评中，学生的主动性和相互交流的能力也得到了加强。

类似的课题还有很多，可以源于课本，也可以源于生活，教师应尽可能地将学生所学的和生活实际问题联系起来，让他们设计出具有科学性、可行性、安全性和简约性的实验方案。通过实验方案的设计调动了学生的积极性，拓展了学生的思维，开阔了学生的视野，还让他们感受到了学以致用的快乐。

### 3. 实验设计理念的创新

实验的设计理念可以说是一个实验的外包装，在实验中为了达到理想的实验效果，实验条件和实验装置及仪器的选择固然重要，但是如果达到了理想的实验效果，却摒弃了安全、清洁、简约、经济的实验设计理念，那么即使实验做得再成功，其真正的价值也是会大打折扣的。因此实验的设计理念要有所创新，就必须体现一定的环保性、安全性和经济性，并对学生要有更深层次的教育意义。微型实验的提出和开展，正是为了创立这种安全、清洁、简约、经济的实验环境，它是国际上盛行的绿色化学理念在中学化学实验中的具体体现。微型实验已经成为美国中学化学普遍采用的一种实验方式，而我国微型实验的技术还不成熟，因此引进先进的成熟的微型实验技术，并开发新的微型实验设备和技术需要教师和学生的共同努力。

［**案例5**］ 探究氯气性质的微型实验。

［问题提出］

氯气的制备及其性质实验所使用的实验仪器及装置十分庞大，实验步骤相当繁琐，不便于学生操作，并且在实验操作过程中，容易造成有毒气体逸散，这不仅对环境不利，而且对学生的身体健康更是不利。

［实验过程］

（1）实验用品

仪器：1张白纸，两个直径为6 cm的培养皿，两个直径为9 cm的培养皿（作盖子），9支滴管，棉纸。

药品："84"消毒液（约含5%的次氯酸钠），硫酸亚铁铵溶液（新制）1%（$\omega/V$），亚硫酸钠溶液（新制）1%（$\omega/V$），0.05 mol·$L^{-1}$碘化钾溶液，1 mol·$L^{-1}$硫酸溶液，硫氰酸钾溶液1%（$\omega/V$），鲜橙汁。

（2）实验装置

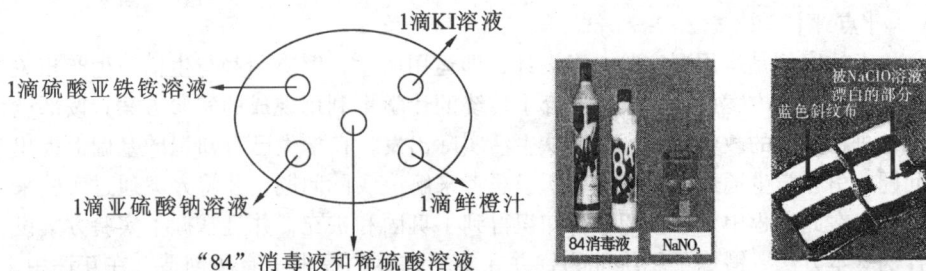

图 8 - 7　实验装置图

上图为简化后的俯视图，为防止产生的氯气对人体产生危害，小培养皿上均盖有大培养皿。

（3）实验步骤

①将小培养皿放在白纸上。各种溶液及其用量按图 8 - 7 所示分别滴加到培养皿中的相应位置，最后在培养皿中央滴加"84"消毒液和稀硫酸（注意滴加顺序和液滴的问题），并立即盖上大培养皿。

②2 min 后，可以观察到培养皿中各种液滴的颜色发生了变化，反应现象如表 8 - 1 所示。

③移走大培养皿，迅速向含铁离子的液滴中加 1 滴硫氰酸钾溶液，向硫酸钠液滴中加 1 滴盐酸酸化的氯化钡溶液，向含碘的液滴中加 1 滴淀粉溶液，各液滴的颜色变化情况见表 8 - 1。

表 8 - 1　实验现象

| 溶液用量 | 实验现象 |
| --- | --- |
| 1 滴"84"消毒液 + 1 滴稀硫酸 | 立即冒出大量的气泡，培养皿内有浅黄绿色的气体产生 |
| 1 滴硫酸亚铁铵溶液 | 1 min 后，液滴变成棕黄色，滴加 1 滴硫氰酸钾溶液，溶液呈红色 |
| 1 滴亚硫酸钠溶液 | 1 min 后，滴加 1 滴盐酸酸化的氯化钡溶液，液滴产生沉淀 |
| 1 滴鲜橙汁 | 1 min 后，由橙黄色变成无色 |
| 1 滴 KI 溶液 | 对比实验中的各液滴仍然呈现原来溶液的颜色，没发生任何变化 |

④另取两个培养皿（一大一小），滴加各种溶液，用大培养皿盖住 1 min 后重

复步骤③，做一个对比实验。

（4）实验讨论

当 pH > 4 时，氯气与冷的强碱反应，生成次氯酸盐；当 pH < 4 时，次氯酸盐与盐酸（这里用稀硫酸和"84"消毒液中的次氯酸根离子代替）反应生成氯气。另外，用高锰酸钾与浓盐酸反应制备氯气，也无须加热，可以用作本实验的替代反应物。

次氯酸钠是普通漂白液（约含 5%）的有效成分。因此，制备氯气也可以通过漂白液（这里用"84"消毒液代替，该溶液中约含 5% 的次氯酸钠）与稀硫酸在培养皿中反应制得：$ClO^- + Cl^- + 2H^+ \!\!=\!\!=\!\! Cl_2\uparrow + H_2O$，将此反应生成的氯气迅速扩散到培养皿中的其他液滴里进行反应，立即就能观察到各液滴的颜色变化 [$Cl_2$ 使鲜橙汁里的天然色素变成无色的（漂白性）]。

［点评］

上述微型实验的最大特点就是使用一种新型的微型实验反应装置——培养皿替代原先应在试管中完成的实验，且氯气的制备创造性地使用了"84"消毒液和稀硫酸，只用微量的氯气的自发弥散取代了反应物的混合。整个反应都在培养皿中进行，试剂的用量较一般实验的试剂用量减少了很多，且实验现象明显，不但解决了一般实验过程中由于氯气的弥散造成的污染和对实验者造成的危害这一问题，而且大大节省了药品的用量，学生也能很容易地掌握这组实验的操作过程和操作技术。在这个实验中，简约、环保、安全、实验现象明显等优点一目了然。

在实际教学过程中，教师在做类似的演示实验，特别是学生在做学生实验时，气体的大量逸散不但给学生的学习环境造成污染，而且也使学生的身心受到伤害，使他们对实验产生了恐惧心理。适当开发具备此类优点的微型实验，可以将有毒物质参与的反应对人体和环境造成的危险性降到最低，还可以大大节省药品的用量和时间的消耗，同时也给学生灌输了绿色化学的理念，增强他们的环保意识，并且新装置的开发和使用，使得学生对于化学实验的兴趣进一步加深，对于他们利用身边材料（如自制封管、多用滴管、注射器等）创造新的微型装置，具有很好的启发作用。

4．实验辅助工具的创新

在实验教学中，遇到有毒物质参与的实验，或是在程序上利用现有的实验仪器和设备难以实现的实验，可以借助现代化的仪器或手段来解决。计算机辅助教学便是其中之一，利用实验课件或模拟实验室软件的演示，可以减少许多由时间、实验条件和实验本身难操作性和有害性等带来的麻烦。但是课件的使用也带来了不少负面的教学效应，它对于老师的实验研究能力和更好地发挥实验的教学功能都是不利的。

掌上实验室也是融合了先进信息技术的新的实验辅助工具，但它却可以让实者真正地进行科学实验。掌上实验室作为信息技术与实验课程整合的新产物，正逐渐受到人们的关注。掌上实验室由手持技术和计算机组成，手持技术分为数据采集器和传感器两部分，是一个先进的便携式数据采集系统，它具有便携、准确、直观、定量等众多优点，特别是它在定量实验方面的应用，更是使中学化学实验研究的范围有所突破，使科学研究的手段更加先进。手持技术的出现对于学生的数据处理能力和科学探究水平的提高都有很大的帮助。它依靠特定的探头（即传感器）可以完成多种类型的实验数据的采集，如水中溶解氧的测定实验、水质分析中余氯的测定、废水中铁含量的测定、胃药疗效测定分析等定量分析实验，以及一些常数（平衡常数、燃烧值等）的测定等都可以借助掌上实验室来完成。

## 5. 实验研究角度的创新

从常规的化学实验或教学出发，挖掘新的实验研究角度，知人所不知，可以使一个化学实验的研究角度多样化，使其价值体现达到最大化。在一般的实验过程中，常常会有因为实验条件的变动产生的异常现象，或是因实验结果的差异而表现出的疑难问题，当遇到此类情况时，不仅需要实验者敏锐的观察能力和较强的判断能力，更重要的是实验者能够通过这些现象大胆设疑，利用科学手段探究现象背后所隐藏的本质，从而使实验现象表现出的异常问题得到解决的同时，进一步揭示实验蕴涵的深层意义。因此，实验研究角度的创新在较大程度上可以培养学生的观察能力，进而培养他们实事求是的科学态度，以及在实验的研究过程中形成较强的科学探究能力。

[案例 6]　浓硫酸使硫酸铜晶体失水的原理探究。

[问题提出]

浓硫酸的脱水性和吸水性，是中学生非常容易混淆的两个概念。在中学教学中常以"吸收现成的水，发生的是物理变化"作为浓硫酸吸水性的判据，而以"能按水的组成比脱去有机物中的碳和氢元素，使有机物碳化，发生的是化学变化"作为浓硫酸脱水性的判据，于是就带来了这样一个问题：浓硫酸使硫酸铜晶体（$CuSO_4 \cdot 5H_2O$）失水，硫酸铜晶体发生了化学变化，而浓硫酸吸收的是水分子，这体现了浓硫酸的吸水性还是脱水性？

[提出假设]

$CuSO_4 \cdot 5H_2O$ 是纯净物，将该晶体加入浓硫酸中失水变白，有可能是浓硫酸直接夺取晶体中的结晶水，这是一个化学过程，有体现浓硫酸脱水性的可能。若创设环境，让晶体不与浓硫酸接触，观察 $CuSO_4 \cdot 5H_2O$ 能否失水。因为 $CuSO_4 \cdot 5H_2O$ 是配合物，它在常温下也可能存在着 $CuSO_4 \cdot 5H_2O \rightleftharpoons CuSO_4 \cdot 2H_2O + 3H_2O$，$CuSO_4 \cdot 3H_2O \rightleftharpoons CuSO_4 \cdot H_2O + 2H_2O$ 等的动态平衡。若能证明浓硫酸吸收的是 $CuSO_4 \cdot 5H_2O$ 解离出来的水分子，那么浓硫酸是 $CuSO_4 \cdot 5H_2O$ 解离平衡正向移动的促进者，而并非 $CuSO_4 \cdot 5H_2O$ 失去结晶水反应的直接参与者，浓硫酸体现的只是吸水性。

[实验过程]

（1）在一大试管中加入约占试管容积 1/3 的浓硫酸，再在试管中部塞一团松软的棉花，上面放少量硫酸铜晶体，用橡胶塞塞紧试管口，静置观察。比较硫酸铜晶体与棉花在被浓硫酸干燥的空气中的变化情况。

（2）取一大试管，在试管中部塞一团松软的棉花，上面放少量硫酸铜晶体，用橡胶塞塞紧试管口，静置观察。比较硫酸铜晶体与棉花在密闭的自然环境中的变化情况。

（3）实验现象如下：

①放置 2 天后，观察到步骤 1 试管中的硫酸铜晶体颜色明显变白，棉花没有明显变化。步骤 2 试管中的硫酸铜晶体颜色和棉花均没有明显变化。

②放置 10 天后，观察到步骤 1 试管中的硫酸铜晶体颜色变白，棉花没有明显变化。步骤 2 试管中的硫酸铜晶体颜色和棉花均没有明显变化。

[实验结果]

由此可以说明浓硫酸吸收的是 $CuSO_4 \cdot 5H_2O$ 解离出来的水分子，浓硫酸不是硫酸铜晶体发生化学变化的直接原因，浓硫酸在该过程中只体现了吸水性。

[点评]

在传统的实验教学中，实验研究的对象和角度大都源于教材，这在一定程度上束缚了教师及学生的思维，使他们思考问题的角度只是停留在既定教学内容的层次上，没有从普通的实验挖掘更深层的实验价值，对于既定的结论从未抱怀疑的态度，对实验出现的异常现象和学生提出的疑难问题，也只做表面上的理论解释，并未做深入的实验验证，这对于教学是极为不利的。以上案例中观察到的浓硫酸使硫酸铜"脱水"的现象，在日常教学中是时常碰到的，但是要讲到硫酸铜脱水是因为浓硫酸的吸水性问题且通过实验来验证，却鲜有人在。这说明了实验者善于捕捉和思考问题，能够抓住教学中容易忽视的问题，大胆设疑，且具有一定的科学探究能力，能将在头脑中形成的模糊的理论知识通过实验验证得出科学的结论。

因此，对于实验中出现的异常现象和疑难问题，不能视而不见，应本着实事求是的科学态度，通过仔细观察和体会实验的每一个细节，来挖掘新的研究角度。就拿酚酞在氢氧化钠溶液中变色这一极为普通的实验现象来说，通过改变反应条件，也大有文章可做。对于一般的实验，实验本身可以通过实验者的努力得到改进的同时，善于挖掘实验的其他研究点，从不同的角度研究实验，将实验鲜为人知的另一面呈现在大家面前，也不乏是一种创新。

## 二、实验教学的创新

### 1. 实验教学设计的创新

实验教学设计，主要包括教师演示实验和学生实验的教学设计，教学设计的目的是更大限度地达到实验的教学目的。教师进行实验教学时，如何巧妙地运用演示法、实验法以及以实验为基础的引导探索法、实验讨论法等多种实验教学法，将实验的教学效果最优化，这与教师在实验前准备的实验教学设计是紧密联系在一起的。在教学设计中，新的开放式的教学理念的融入至关重要。在教学活动中能够让学生充分地成为实验活动的主体，让他们自行设计实验方案，进行实验，总结成果，使他们脱离那种照方抓药的传统实验做法，脱离那种已经知道结果的类似"验证性实验"的实验方式，让他们真正体会到实验对于他们巩固知识、培养观察能力、思维能力以及创新意识和创新能力的作用。

随着新课程的实施，实验教学的设计不仅要符合新课程的教育理念，更要将这种理念贯穿于实验教学的始终，特别是探究性学习方式的开展，探究性实验成为学生实验的主要类型，怎样更好地引导学生进行探究性实验，培养学生的多种能力，充分调动学生的多元智能，成为老师在实验教学设计中最为关注的一点。

### 2. 实验教学实践的创新

实验教学的实践活动的成功与否与实验的教学设计有着密切的联系，实验教学设计是对实验教学活动的总体策划，它是教学活动实施的主要依据。如何实现实验教学的目标，将实验的教学与学科知识的教学很好地结合起来，发挥实验对于学习理论知识和培养学生能力的促进功能，则需要将新的教学理念融入教学实践中，发挥该理念的积极作用，使实验教学的水平大大提高。

[案例7]　以铝为原料制备氢氧化铝实验的教学活动。

[问题提出]

如何以铝为原料制备氢氧化铝，并简述实验原理。

[学生活动]

学生查阅资料，设计实验方案，组成小组讨论，并向老师请教。教师适时给予指导，最后形成两种类型的实验方案。

第一类制备方法：酸碱法。

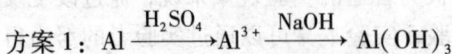

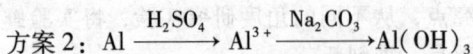

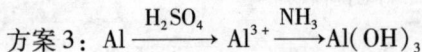

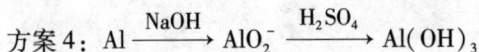

方案 1：$Al \xrightarrow{H_2SO_4} Al^{3+} \xrightarrow{NaOH} Al(OH)_3$

方案 2：$Al \xrightarrow{H_2SO_4} Al^{3+} \xrightarrow{Na_2CO_3} Al(OH)_3$

方案 3：$Al \xrightarrow{H_2SO_4} Al^{3+} \xrightarrow{NH_3} Al(OH)_3$

方案 4：$Al \xrightarrow{NaOH} AlO_2^- \xrightarrow{H_2SO_4} Al(OH)_3$

方案 5：$Al \xrightarrow{NaOH} AlO_2^- \xrightarrow{CO_2} Al(OH)_3$

方案 6：$Al \xrightarrow{NaOH} AlO_2^- \xrightarrow{NH_4Cl} Al(OH)_3$

方案 7：$\left.\begin{array}{l} Al \xrightarrow{NaOH} AlO_2^- \\ Al \xrightarrow{H_2SO_4} Al^{3+} \end{array}\right\}$ $Al(OH)_3$

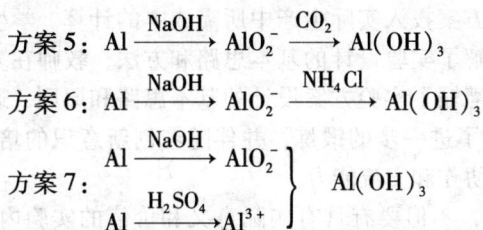

第二类制备方法：电化学法。

方案 8：电解法。Al 为阳极，Cu 为阴极，电解氯化钠溶液。

方案 9：原电池法。Al、Cu 为电极，浸没在通入空气的 NaCl 溶液中。

方案 10：原电池法。Al、Hg 为电极，浸没在 NaCl 溶液中。

[课堂小组活动]

对各自的实验方案进行审视，将各实验方案进行对比。第一类制备方法以制备 1 mol 氢氧化铝的耗酸碱量比较得出：耗酸量方案 7 最少，耗碱量方案 7 最少。从实验的简洁性看，需通入气体的方案操作繁琐。第二类制备方法中，从反应速率来看，方案 8 最快；从能量消耗来看，方案 8 最大；从对环境的影响来看，方案 10 存在 Hg 的危害。

其中在 Hg – Al 原电池用于制备氢氧化铝中，学生采用分离膜将 Hg 和 Al 进行分离，防止具有挥发性的 Hg 残留在产物中，同时提出加热蒸发除汞的方法。有小组还计算了将实验方案投入到实际生产中需要的生产成本，并准备将研究成果在班级作汇报。

[教师引导]

在评选出合适的实验方案后，教师要求各小组将实验装置、仪器、实验步骤和方法进行整体的规划。在实验过程中，学生忽视了铝屑表面的氧化膜，教师及时指出并引导学生提出解决方法。在学生提出解决办法后，教师总结说明反应物的性质和反应条件的控制对于一个反应的重要性，鼓励学生细致观察，不断反思，勇于提出独创性的见解。

[课堂交流]

各小组完成实验后，相互比较实验原理、实验方案和实验结果，在课堂上进行初步的交流，并对其他小组提出的问题进行补充。考虑氢氧化铝工业制备的学生将成果展示给全班，得出结论——工业制氢氧化铝不能以铝为原料，否则成本太大，并设计以铝土矿为原料制备氢氧化铝的工业流程图，最后总结实验室物质制备和工业生产的差异。

[点评]

上述案例从实验方案的设计到实验的完成，都由学生来完成，体现了以学生为中心的课程理念，并且在教学活动中充分调动了学生的积极性和主动性，如学生自行提出了隔膜法电解和将实验方案投入实际生产中所需成本的计算。学生在提出问题和解决问题的过程中，了解了实验设计的基本思路和方法，教师在多角度评价实验方案的同时，也给学生灌输了实验方案设计的基本思路和原则。通过实验，学生的观察和思维能力得到了进一步的锻炼，并伴随着创新意识的培养。在小组讨论和互评中，加强了团结协作和交流能力。

一个富有创意的实验教学活动，不但要有具有实际意义和价值的实验内容，更重要的是教师能够根据实际情况，引导学生将他们的主动性和积极性充分发挥出来，适时地给予指导和反馈，同时在教学实践中培养和锻炼学生的多种能力，使学生各方面的潜力在整个教学活动中有所挖掘。

# 第二节　化学创新实验的特点

通过中学化学实验创新点的介绍和评价，对于化学创新实验，我们可以得出以下几个特点：新颖性、探究性、绿色化、启迪性和趣味性。

## 一、实验创新的新颖性

新颖性指的是创新实验与普通教学实验相比，从选题到实验活动的完成这一系列活动中体现出来的具有创新意味的内容。这一特点最能体现创新实验中"创新"二字的含义，没有新颖性，实验就会显得黯淡无光，毫无亮点可言。

例如，普通的沙子做简单的除杂处理后，就可以在化学实验中扮演多种角色，它可以作为石蜡裂化实验的升温剂，加快石蜡的裂解速率；在制取甲烷时将少量的沙子与无水醋酸钠、氢氧化钠以及生石灰混合均匀后，不但可以使反应物受热均匀，减少硬质试管的破裂，而且可以阻止氢氧化钠与试管壁进一步接触，使试管的腐蚀程度得到有效的控制；沙子还能用作氯酸钾制氧气时的催化剂，沙子和氯酸钾的质量比为 2:1 时，分解速率适中，可以得到近乎理论产量的纯氧气，比起二氧化锰来，还能使学生更好地形成催化剂的概念。

这种一物多用、突破定势思维的思想在创新实验中是比较常见的，它的新颖性是不言而喻的。因此，化学实验要体现创新，就要将新颖性这一特点展现出来，突破常规思维，力求将创新精神融入实验教学当中。

## 二、实验创新的探究性

探究性指的是创新实验的选题和研究方式都体现了科学探究的特点，表现出一定的探究性。科学探究有助于培养学生的科学素养，使学生在掌握科学探究的学习方式的同时，培养科学的态度和形成科学的解决问题的方法，并促进他们对科学本质的理解。对于实验异常现象的探究、实验疑难问题的提出到解决以及实验装置的改进等都体现了一定的探究性，探究过程就是提出问题、进行假设、设计方案、实行方案到验证假设的一系列过程。

前面所述几个案例中的实验研究过程无不体现出了创新实验的探究性这一重要特点。中学化学实验中还有许多具有代表性的体现探究性的创新实验，并且也还有更多的实验有待实验者去开发、去探究，以解决越来越多的实验问题，使实验教学变得更加科学、更加完善、更加高效。

### 三、实验创新的绿色化

绿色化指的是创新实验的设计理念、设计方案等都遵循绿色化学的理念，整个实验过程能够体现出绿色化学的环保、安全、经济的特点，营造出对环境和人体友好的教学环境。

第一节中案例5就是一个带有绿色化特点的创新实验，从反应物的选择到实验装置的设计都体现了绿色化学的思想，这对一些有毒有害气体参与的实验改进有着很好的借鉴作用。例如，铁与氯气的反应实验，传统的做法是先收集好氯气，然后再将铁丝伸入集气瓶中反应，这样不但会因为反应时氯气的部分逸散污染环境，而且会由于氯气需提前准备，致使反应时浓度不够，影响实验效果。但是若将氯气的制取和铁与氯气的反应在同一封闭装置（图8-8所示）中完成，则可以大大减少污染，而且使实验现象更加明显。硫化氢和二氧化硫都是对人体和环境会造成一定危害的有毒气体，且气味难闻，若在敞开的环境中做硫化氢和二氧化硫的反应实验，势必会造成污染。若将实验装置改进为如图8-9所示，则可以使气体完全处于封闭系统，且注射器及小型自封袋的使用也大大降低原料的使用量，不但经济，而且将对环境和人体造成的危害降到了最低。

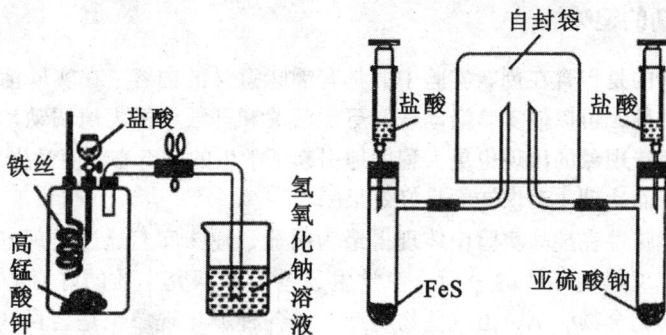

图8-8 铁和氯气的反应　　图8-9 硫化氢和二氧化硫的反应

上述实验装置充分体现了绿色化学的思想，对于一些有毒有害气体参与的化学实验，通过改进实验方案或实验装置，将绿色化学理念与创新实验相结合，这对于学生的情感态度和价值观方面的教育有很好地促进作用。

## 四、实验创新的启迪性

启迪性指的是创新实验的实验选题、实验设计以及实验研究方法在教学上具有一定的启示作用。它对于教师开发更有利于教学的实验以及实验教学的有效开展都有较好的借鉴作用，教师通过认识和了解创新实验的开发过程并将其与实践相联系，开发出更多的有助于培养学生能力的实验。

例如，在实验室中我们经常用带火星的木条来检验氧气的产生，或将带火星的木条置于瓶颈处，若复燃，则说明氧气已经集满，这已经是普遍的事实和"真理"。但是有人做了使带火星木条复燃的氧气浓度极限的实验，实验结果证明在同等条件下，只要集气瓶中的氧气浓度达到50%，木条就可复燃，因此木条复燃并不能证明瓶中收集了100%的氧气。还有人用一种较为新颖的方法用于实验室制备氮气，以重铬酸铵为原料，使其在氢气中受热分解，其产物三氧化铬作为合成氨的催化剂，分解产生的氮气则作为合成氨气的原料，然后将产生的气体通入酚酞溶液，则酚酞显红色。该实验看似无懈可击，反应方程式为：

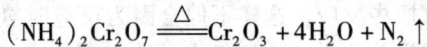

$$(NH_4)_2Cr_2O_7 \xrightarrow{\triangle} Cr_2O_3 + 4H_2O + N_2 \uparrow$$

但重铬酸铵分解的产物真的只有这些物质吗？是否也会产生氨气而造成实验假象呢？通过实验证明，重铬酸铵受热分解的产物很复杂，除上述产物外，还有氨气、氧气等。

因此，一个创新实验研究点的发掘就是要能够突破陈规，勤于探究和思考，勇于提出疑问，并借助实验手段来解决问题。这些实验研究点的发掘，对于教师在实际的实验教学和实验研究中的创新都具有重要的启迪意义。

## 五、创新的趣味性

趣味性指的是包含在创新实验中的具有趣味意义的内容。在实验活动中体现出一定的趣味性，可以使实验活动气氛更加活泼和开放，极大地调动学生的实验热情，同时趣味现象的出现也更大程度地引起了学生的好奇心，使学生乐于探究，乐于参与，从而达到主动求知的良好效果。

实验的趣味性在趣味实验中体现得最为明显，趣味实验通过呈现方式、现象以及结果来表现其趣味性的一面，使学生透过现象探究本质的好奇心极大地增强。以碘及其化合物为例，由这些物质产生的各种趣味现象也是名目繁多，如报时准确的"碘时钟"、怪异的"滴水生烟"、一触即发的敏感小地雷等，这些实验在表现趣味性的同时，也将学生带入了一个奇妙的化学世界。

新颖性、探究性、绿色化、启迪性以及趣味性的结合，构成了创新实验的基本特点。这些特点可以体现在创新实验的许多方面，从问题的提出、实验方案的设计、实验的实施再到实验结论的得出，学生可以凭现有的知识进行实验方面的创新，教师更可以从教学的角度出发，设计具有创新意义的实验来改进实验教学的质量，将实验教学的教育价值充分体现出来。

# 第三节　化学创新实验的价值

化学实验作为中学化学教学的重要组成部分，它对于学生知识的获得、技能的培养、科学态度的形成和科学方法的学习等都起着重要的作用。将实验教学的教育功能最大化是教育工作者们一直在共同探讨和努力实践的问题。中学化学创新实验的提出是为了更好地体现实验对于学生的培养作用，以及它在化学教学上的重要作用。创新实验的价值取决于它本身的特点，正是它本身的特点决定了创新实验具有可观的教育价值。

## 一、帮助学生更好地获得和全面了解化学学科知识

化学实验给学生以直观的感性知识，使其在获得感性知识的同时，经过抽象思维形成概念和理论，指导新的实验，它是学生获得化学学科知识的重要途径。化学创新实验是以学生的现有认知为基础，实验选题的来源多样化，既有来源于课本，又有来源于现实生活的环境、能源、食品等与化学密切相关的内容。这些丰富的实验内容大大拓宽了学生的视野，并且这些实验的理论知识都与学生的现有知识相联系，因此它在巩固学生所学的同时，也将学生的所学通过实验这一桥梁与生活实际更好地联系在一起。

化学创新实验使学生在掌握基本实验内容的基础上，通过一些实验的研究，如异常现象的探究，进一步了解新的知识，使学生学习的知识不再局限于教材；通过化学实验解决生活中的问题，如居室污染、食物成分分析等，使得学生对于知识的实用性怀有了深刻的理解，掌握了课堂以外的与化学有关的生活知识。

通过化学创新实验的学习，不但使学生掌握和巩固了更多的课堂知识，也使学生的知识面进一步扩大，思维也进一步得到拓展，让学生深切地感受到了知识的实用性。

## 二、激发学生的潜能，培养创新意识和创新能力

实验是一个培养学生技能和智能的过程。通过对创新实验活动的参与，学生在查阅资料、设计实验方案、自主做实验的过程中，主动性和能动作用得到充分发挥，其实验能力和动手能力进一步得到加强。对于实验中遇到的问题，学生在教师的指导下进行解决，不但促进了解决问题的能力，更使学生的科学探究能力水平进一步提高，思维能力也得到了发展。

在接触创新实验和开发创新实验的过程中，学生体会到了创新所带来的新鲜感，激起了极大的好奇心，求知欲也随之增强。通过对创新氛围的完全接触，也更进一步培养了他们的创新意识和创新能力，创新实验类型的多样化和表现形式的活泼性，也大大激起了学生的创新热情。自主实验的过程使学生的潜能得到了充分地挖掘，促进了学生的个性化发展，让他们的所长有所用，思维也不再被有限的学习时间和学习内容所禁锢，促进了学生的综合能力的培养和提高。

### 三、帮助学生掌握科学的研究方法，培养严谨的科学态度

创新实验的开发过程本身也是一个科学研究的过程，在教师的指导下，学生对于何种类型的实验，该设计何种实验方案，采用何种研究方式，运用何种研究方法都有一个初步的认识，并且自行设计实验方案和进行实验，这有利于他们理解科学研究的本质，使他们不再被既定的现成的实验结论所束缚，而是通过亲身参与、亲自试验来体验真正的研究过程，并且能够在此过程中有所收获，甚至有所发现、有所创新，逐步形成实事求是、严谨认真的科学态度。

### 四、增强学生学习化学的兴趣，树立科学的世界观

创新实验中无论是演示实验还是学生实验，它的新颖性决定了它对于学生学习化学的兴趣有极大的促进作用。传统实验中学生的自主性受到一定的限制，因此进一步降低了学生的能动性，无论是实验方案的设计，还是实验步骤的实施及实验结论的得出，教师都占据着主导地位，学生对于实验结果的期待可以说几乎为零，从而大大降低了学生对于实验的兴趣，也影响了学生学习化学知识的兴趣。

学生通过接触创新实验，了解创新实验对于解决化学问题的重要性，知道中学化学实验创新的多面性以及多样化，不再觉得实验是枯燥的、按部就班的程序化行为，而是可以根据实际情况，作为一种解决化学问题的重要手段。这对于增强学生学习化学知识的兴趣无疑是有利的。

教师在实验教学中，通过对实验现象的分析，使学生认识到物质变化的本质，这在平时的实验教学中都是有所强调的。创新实验中关注的与生活有关的化学问题都能使学生关注更多的事物变化的本质过程，这促进了学生辩证唯物主义观点的培养。

## 第四节　中学化学实验的改进准则

研究中学化学教材中的化学实验，发现部分实验在设计上存在一些不足，不适应当前教育教学发展的需要。例如：装置材料的搭配欠佳，操作复杂，实验现象不明显或成功率不高；实验的内容、方法、技能手段较为陈旧，实验现象不够

直观、鲜明；实验存在对环境的污染，在安全性和环保性上还不能达到要求；缺乏各学科之间的相互渗透，不能体现化学的社会化，不能满足当今高科技发展的需要。针对这种情况，我们认为有必要对化学实验进行一些改进，这是化学教学的需要，也是社会发展、全面实施素质教育的需要。

## 一、紧扣化学课程标准，充分理解教材编写者的设计意图

教育部颁布的化学课程标准是指导中学化学教学的纲领性文件，化学实验的改进或增补，应严格遵循课程标准的要求。现行的几种版本的中学化学教材在编排上都形成了完整的化学科学知识体系，实验的编排是这一知识体系的重要组成部分。优秀的教材在实验教学编排上应有自己完整的体系，有其自身的规律。如对仪器的认识，使用时由简到繁，逐渐增多；各种实验基本技能的训练由老师示范到学生逐步掌握是有计划地安排的；在化学实验教学中对学生观察、分析能力的培养也是循序渐进的。我们认为，实验的设计与改进，一定要明确实验编写者的设计意图和在教材中的作用，以及存在的问题。改进必须遵循实验教学自身的规律性和学生的认识规律，要在不违背教材编排科学性的前提下进行。例如，对中学化学实验的改进，装置宜简单、原理涉及单一、操作简便，随着学生接触的实验多了，化学知识更丰富了，再逐步提高化学实验的综合性和复杂程度。在改进实验时，一定要认真考虑实验的改进是否有价值，是否有助于化学概念的形成或化学原理的说明。

## 二、体现探究性和开放性，全面提高学生科学素养

探索性和开放性实验是从发展学生思维能力出发，将实验变成学生创造性学习的手段。在教师的指导下，通过学生亲自探索新知、亲自实验，去认识化学概念和规律，有利于对学生进行科学方法的初步训练。第八次课程改革背景下各种版本的化学教材在化学实验的设计上较之过去教材中的化学实验更具有探究性，但在具体形式和程度上，还需进一步斟酌和思考。教师要精心设计实验教学过程，尽量设法提高每个实验的智力价值，使整个教学过程充满启发性、思考性。

## 三、实验的改进应考虑课堂教学的实际需要

实验的改进应考虑课堂教学的实际需要，应有利于调动学生的学习兴趣和积极性，有利于完成本节课的教学目标。新课的讲授往往以单独的实验为主，也可以将本节课涉及的实验进行整合。复习题则可设计、增补综合系列实验，以实验为线索引导学生进行复习。实验课的设计应注意如何把实验简化，使之仪器简单、需时少、易成功、无危险。

例如，$NaHCO_3$ 和 $Na_2CO_3$ 热稳定性实验，教材基本是将两种药品分别加热。如果将两个实验进行整合（如图 8 – 10 所示），既增强了对比性，又节约了实验时间。

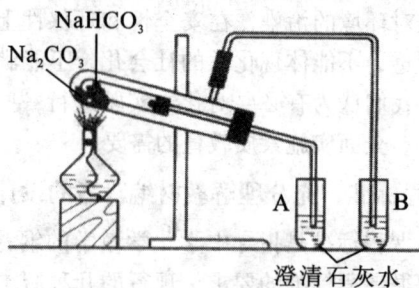

NaHCO₃
Na₂CO₃

A  B

澄清石灰水

图 8 – 10　NaHCO₃ 和 Na₂CO₃ 热稳定性实验

操作及现象：

（1）具支试管内装 $NaCO_3$，具支试管内的小试管内装 $NaHCO_3$。

（2）A、B 两支试管内装有澄清石灰水。

（3）加热后很快看见 A 试管内的澄清石灰水变浑浊，而 B 试管内的澄清石灰水则无变化。

## 四、力求装置简单、药品节约、现象明显

实验现象明显，可见度高，实验结论得出要更为简洁，它是化学实验改进成功的标志。实验现象应在节约药品的前提下，越明显越好。仪器装置简化的目的是为了突出重点，便于观察。当简单性与直观性发生矛盾时，应服从直观性的需要。

## 五、提高实验成功率，缩短实验时间

化学实验是为配合课堂教学内容进行的，时间过长会影响教学的进度。为保证实验在预定的时间内顺利完成，教师应探究实验原理，寻找最佳反应条件，研究反应物的数量关系和形态，考虑影响实验的各种因素。提高实验成功率，使实验准确及时完成，这是实验改进的重要原则。

例如，现行中学课本中的氢气还原氧化铜的实验是用氧化铜粉末在加热条件下被氢气还原的，现象虽然明显，也易成功，但所需的时间较长。可以用灼烧后的铜丝来代替氧化铜粉末，效果亦很好，且操作简便，大大缩短了实验时间。锌和硫酸反应的产物 $ZnSO_4$ 的结晶析出，教材上用蒸发皿蒸发的方法是可行的，但复杂而费时。可以采用在玻璃棒上蘸取一些 $ZnSO_4$ 溶液，再将其在酒精灯上加热的方法，这样便很快有一层无色的固体析出在玻璃棒上。现象十分明显，时间不到 1 min，效果比原来方法的效果强得多。

## 六、确保实验安全，防止环境污染

中学化学涉及一些易燃、易爆、腐蚀性强及有毒气体逸出的实验。在实验教学中，确保学生安全、防止中毒及污染也是实验设计与改进的重要内容。这可从改进仪器装置、增加防护措施、提高实验技巧等多方面加以研究。我们可以根据

236

每个化学实验的具体特点将制备物质的发生器、该种物质多种性质实验的反应装置以及尾气吸收和转化装置进行组合，装置成一套可替代的完全封闭的系统。实验过程中的反应物、生成物、副产物以及尾气等物质均控制在此系统之中，凡是有毒有害、易燃、易爆的物质都在封闭系统里完成吸收、转化。从系统中释放出来的是无毒无害的物质，并可消除易燃、易爆的隐患。

例如验证 $SO_2$ 漂白性的实验，将 $SO_2$ 气体通入装有品红溶液的试管里，观察品红溶液颜色的变化。给试管加热，再次观察溶液发生的变化。此实验的缺点是：加热试管时放出 $SO_2$ 对环境造成污染。我们可以在装有品红溶液的试管口放一团用稀 NaOH 溶液湿润的棉花球吸收生成的 $SO_2$；或当品红溶液刚好褪色时，在试管口套上一个气球，再给试管加热，然后冷却，防止生成的 $SO_2$ 排入大气污染环境。

又如，液封除毒气化学仪器的制备。在中学化学课本的演示实验中，有一些实验会产生污染物，如二氧化硫、氯气等，对师生健康有害。可在现有仪器的条件下加工制成具有防毒气逸出的装置，使实验更加安全，也可以对学生进行环境保护的教育。

总之，中学化学实验的改进是指为了提高现行中学化学课本中所规定的化学实验的可操作性、可观察性，使之效果更好。化学实验的改进必须从实际出发，体现以人为本的思想和新课程理念，充分体现装置简单、操作方便、现象明显、节省试剂、对环境污染小、安全性能高等特点。

---

· 阅读材料 ·

### 银镜反应及乙醛与 $Cu(OH)_2$ 反应实验教学研究

银镜反应及醛基与 $Cu(OH)_2$ 反应实验，是中学化学中鉴别醛基存在的典型实验，该实验的条件要求严密，科学性强，实验稍有疏忽便易失败。对培养学生的科学态度、精神和方法具有重要意义。

为使该问题论述更加全面具体，教学方法最优化，符合新课标的要求，该案例以实验研究为特点，给予全面深刻的研究，致使读者全面具体地掌握该知识，从而达到教学目的。

[实验目的]

（1）探讨银镜反应化学原理的教学方法，$CH_3CHO$ 氧化反应演示实验的教法，训练演示技能，培养良好的科学态度及方法。

（2）探索生成光亮银镜的实验条件，探讨乙醛与银氨溶液、新制的 $Cu(OH)_2$ 反应的实验条件及操作技术，掌握实验的注意事项及成败关键。

[实验原理]

(1) 银镜反应原理

乙醛是醛的重要代表物。它的主要性质之一是还原性，即使是较弱的氧化剂，也能使它发生氧化反应。

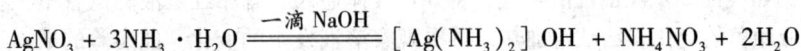

$$AgNO_3 + 3NH_3 \cdot H_2O \xrightarrow{\text{一滴 NaOH}} [Ag(NH_3)_2]OH + NH_4NO_3 + 2H_2O$$

银氨络合物在碱性条件下，与醛发生氧化还原反应，把醛氧化成羧酸，而银氨络合物的银离子被还原成金属银，附着在试管内壁形成银镜，故称银镜反应。

①醛类的银镜反应

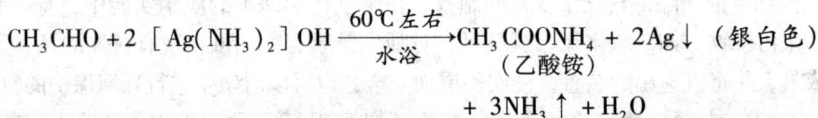

$$CH_3CHO + 2[Ag(NH_3)_2]OH \xrightarrow[\text{水浴}]{\text{60℃左右}} CH_3COONH_4 + 2Ag\downarrow \text{（银白色）}$$
$$\text{（乙酸铵）}$$
$$+ 3NH_3\uparrow + H_2O$$

总之，凡含有醛基的有机物（如醛、甲酸、甲酸酯、葡萄糖等）都可以起银镜反应，工业上利用这一反应，把银均匀地镀在玻璃上制镜或保温瓶胆。

所以，银镜反应可以鉴定醛基的存在。反应的实质是醛基被银离子所氧化。

②甲酸的银镜反应

甲酸（ $H{-}\overset{\displaystyle O}{\overset{\|}{C}}{-}OH$ ）中含有醛基，因而能被银氨溶液氧化为碳酸

（ $HO{-}\overset{\displaystyle O}{\overset{\|}{C}}{-}OH$ ），故总化学方程式为：

$$HCOOH + 2[Ag(NH_3)_2]OH \xrightarrow[\text{水浴}]{\text{90℃~95℃}} NH_4HCO_3 + 2Ag\downarrow + 3NH_3\uparrow + H_2O$$

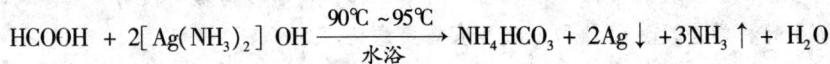

③甲酸盐的银镜反应

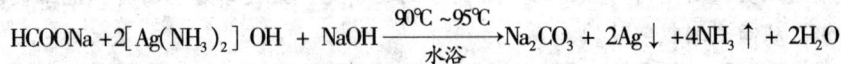

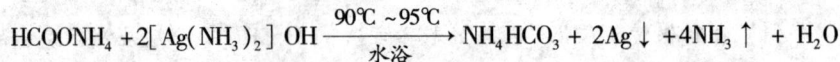

$$HCOONa + 2[Ag(NH_3)_2]OH + NaOH \xrightarrow[\text{水浴}]{\text{90℃~95℃}} Na_2CO_3 + 2Ag\downarrow + 4NH_3\uparrow + 2H_2O$$

$$HCOONH_4 + 2[Ag(NH_3)_2]OH \xrightarrow[\text{水浴}]{\text{90℃~95℃}} NH_4HCO_3 + 2Ag\downarrow + 4NH_3\uparrow + H_2O$$

④甲酸某酯的银镜反应

甲酸某酯通式为 $H{-}\overset{\displaystyle O}{\overset{\|}{C}}{-}OR$，因含有醛基，故能发生银镜反应。

总化学方程式：

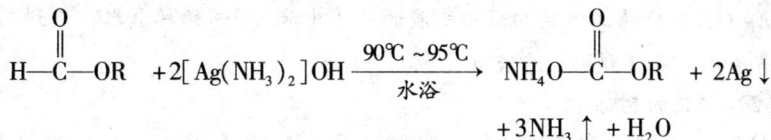

$$H-\overset{\overset{O}{\|}}{C}-OR\ +2[Ag(NH_3)_2]OH\ \xrightarrow[水浴]{90℃\sim95℃}\ NH_4O-\overset{\overset{O}{\|}}{C}-OR\ +2Ag\downarrow$$
$$+3NH_3\uparrow+H_2O$$

⑤葡萄糖的银镜反应

葡萄糖、麦芽糖、葡萄糖酯等因含有醛基，都能发生银镜反应。其中，葡萄糖的银镜反应化学方程式为：

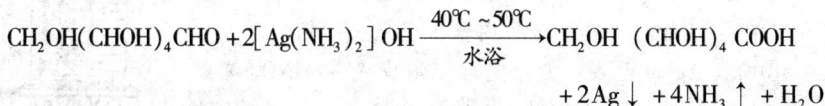

$$CH_2OH(CHOH)_4CHO+2[Ag(NH_3)_2]OH\ \xrightarrow[水浴]{40℃\sim50℃}CH_2OH\ (CHOH)_4\ COOH$$
$$+2Ag\downarrow+4NH_3\uparrow+H_2O$$

（2）乙醛跟氢氧化铜反应原理（也叫裴林反应）

$Cu(OH)_2$ 的碱溶液能把醛氧化为羧酸，同时 $Cu(OH)_2$ 被还原为砖红色的 $Cu_2O$ 沉淀，也是检验醛基的另一种方法。

$$CuSO_4+2NaOH\xlongequal{\quad}Cu(OH)_2\downarrow（蓝色）+Na_2SO_4$$

$$CH_3CHO+2Cu(OH)_2\xlongequal{\triangle}CH_3COOH+Cu_2O\downarrow（砖红色）+2H_2O$$

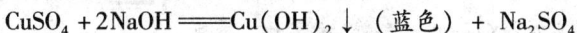

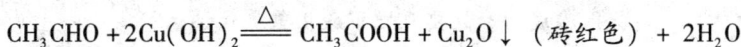

［实验教学原理］

（1）银镜反应

①银氨溶液的配制原理

银氨溶液的主要成分是氢氧化二氨合银，配制银铵溶液的主要反应分两种。

a. 加入一滴 NaOH 时，银铵溶液的配制原理：

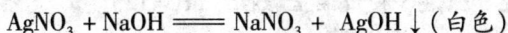

$$AgNO_3+NaOH\xlongequal{\quad}NaNO_3+AgOH\downarrow（白色）$$

$$2AgOH\xlongequal{\quad}Ag_2O\downarrow（棕褐色）+2H_2O$$

$$Ag_2O+4NH_3+H_2O\xlongequal{\quad}2[Ag(NH_3)_2]OH$$

b. 直接加入 $NH_3\cdot H_2O$ 时，银铵溶液的配制原理：

$$AgNO_3+NH_3\cdot H_2O\xlongequal{\quad}AgOH\downarrow（白色）+NH_4NO_3$$

$$2AgOH\xlongequal{\quad}Ag_2O\downarrow（棕褐色）+H_2O$$

$$Ag_2O+4NH_3+H_2O\xlongequal{\quad}2[Ag(NH_3)_2]OH（氢氧化二氨合银）$$

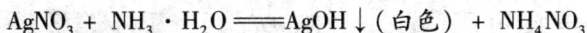

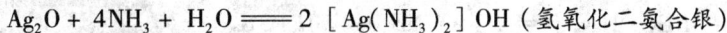

②实验方法和现象

方法：取一支洁净的试管，加入 2 mL 2% 的硝酸银溶液和一滴 5% 的 NaOH 溶液振荡。

现象：出现白色沉淀 → 棕褐色沉淀。

因为 $AgNO_3$ 在碱性条件下，生成的白色 $AgOH$ 很不稳定，很快脱水变成棕褐色的 $Ag_2O$，边振荡边继续向银铵溶液的试管中滴加 2% 的稀氨水，直到沉淀刚好溶解为止，便得到银氨溶液（无色）。

（2）银镜的制备

① 实验方法：向银氨溶液中加入 3~5 滴乙醛（40%），摇匀后立即将试管放入 60 ℃ 左右的水浴中加热 2 min，试管中就有银镜析出。

② 现象：在加热过程中，溶液由无色→乳白色→暗红色→无色→银白色，接着试管内壁出现光亮的银镜。

③ 回收 Ag 的方法：实验完后，用少量稀 $HNO_3$ 溶解银镜后放入回收瓶，并用水洗净试管。

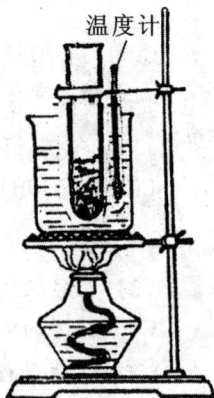

图 8-11 实验装置图

（3）甲酸的银镜反应

① 实验原理：在甲酸分子中，既含有羧基又含有醛基，醛基能与银氨络离子发生银镜反应。但是由于甲酸的酸性很强，如果把它直接加入弱碱性的银氨溶液中，银氨络离子被破坏，实验很难成功。故要先把甲酸用氢氧化钠溶液中和，然后再与银氨溶液反应。其反应式如下：

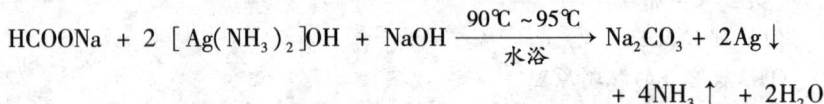

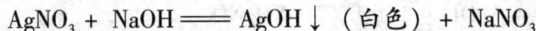

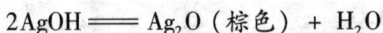

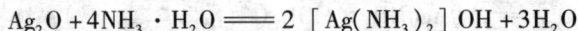

$$HCOONa + 2[Ag(NH_3)_2]OH + NaOH \xrightarrow[\text{水浴}]{90℃~95℃} Na_2CO_3 + 2Ag\downarrow + 4NH_3\uparrow + 2H_2O$$

② 实验步骤：a. 制取甲酸钠溶液：在洁净的试管中注入 1 mL 85% 的甲酸溶液，慢慢淌入 15% 的氢氧化钠溶液，使溶液呈碱性（pH = 12）。

b. 银氨溶液的配制：在洁净的试管中注入 5% $NaOH$ 溶液 2 mL，滴入 15% 的 $NaOH$ 溶液两滴，振荡。当出现棕色沉淀时滴加 5% 氨水，直至生成的棕色沉淀刚好溶解为止。

其反应式如下：

$$AgNO_3 + NaOH = AgOH\downarrow（白色）+ NaNO_3$$

$$2AgOH = Ag_2O（棕色）+ H_2O$$

$$Ag_2O + 4NH_3 \cdot H_2O = 2[Ag(NH_3)_2]OH + 3H_2O$$

c. 醛基的银镜反应：在上述银氨溶液中滴入甲酸溶液 5 滴，再滴加 15% 的氢氧化钠溶液 3 滴，振荡。把试管放入 90 ℃~95 ℃（或沸水）水浴中加热，约 3 min 后试管壁即出现光亮的银镜。

8-12 银镜反应现象

(4) 实验的注意事项和成败关键

①银镜反应实验注意事项和成败关键

a. 试管必须洁净、光滑，否则不能使金属 Ag 均匀附着在试管的内壁上形成银镜，只能生成黑色、疏松的 Ag 沉淀。为此，可选用去污粉、洗液或热 NaOH 溶液等洗涤试管，然后再用自来水和蒸馏水冲洗，（即三洗）直至管壁上形成均匀水膜而无水珠或股流出现。

b. 过量的氨水对银镜反应的影响：配制银氨溶液时，氨水必须加到最初出现的沉淀恰好溶解为止。若氨水过量，将会与溶液中的氧化银（$Ag_2O$）结合，生成易爆炸的物质"雷爆银（$Ag_3N$）"，不仅会影响试剂本身的灵敏度，而且加热时可能发生爆炸。有关反应为：

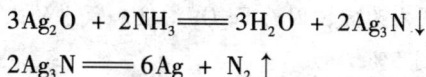

$$3Ag_2O + 2NH_3 \Longrightarrow 3H_2O + 2Ag_3N\downarrow$$

$$2Ag_3N \Longrightarrow 6Ag + N_2\uparrow$$

实践证明，随着氨水加入量的增大（指过量），析出银镜的时间延长，生成的银镜减薄，不光亮，甚至只能在试管壁上看到少许银斑，以至于实验失败，可见过量氨水对银镜反应的进行有着阻碍作用。为什么会出现这种情况呢？有关资料表明，在银氨溶液中起氧化作用的是 $[Ag(NH_3)_2]^+$，它在溶液中发生电离，生成 $Ag^+$ 和 $NH_3$。

$$[Ag(NH_3)_2]^+ \Longrightarrow Ag^+ + 2NH_3$$

在发生银镜反应时，溶液中 $Ag^+$ 逐渐被消耗，浓度逐渐变小，使得电离平衡向正方向移动，这样使银镜反应得以进行下去。但是，如果溶液中加入过量氨水，相当于增大了产物 $NH_3$ 的浓度，会使该电离平衡向逆反应方向移动，抑制了 $[Ag(NH_3)_2]^+$ 的电离，从而使得溶液中 $Ag^+$ 浓度相应减小，导致上述现象的发生。

c. 银氨溶液必须随配随用，不能久置。如果久置会析出叠氮化银（$AgN_3$）、氮化银（$Ag_3N$）、亚氨基化银（$Ag_2NH$）等爆炸性沉淀物。这些沉淀物即使用玻璃棒摩擦也会分解而发生猛烈爆炸。因此，实验结束时，应及时清理掉过剩的银氨溶液。

d. 加热必须在水浴（水浴温度 60 ℃左右）中进行，不能用酒精灯直接加热，否则可能产生 $AgN_3$、$Ag_3N$ 等易爆性物质。在水浴加热过程中不能振荡试管、搅拌溶液或水浴温度过高，否则都难以得到光亮的银镜，而只能得到黑色细粒 Ag 沉淀。

e. 实验完毕应及时将试管内的废液倾去，管内壁上的银镜可加稀 $HNO_3$ 加热除去，溶液倒入回收瓶（这一过程需在通风橱中进行），然后用水洗干净，以免放久发生爆炸。

②pH 对银镜反应的影响

银镜反应必须在碱性溶液（pH = 9～10）中进行，这是因为在碱性溶液中醛的还原能力比在酸性溶液中强；但不能呈强碱性，因在强碱性溶液中加热银氨溶液，由于氨的失去，就会形成雷爆银。同时，pH >11 时，反应过快，产生大量黑色的银粒沉淀，不易得到银镜。

③银氨溶液浓度对银镜反应的影响

如果银氨溶液的浓度过大，则反应速率太快，Ag 的晶核量大。晶核就不能平缓而均匀地沉积形成银镜，而只能形成结构疏松的海绵状的黑色银粒。为使反应能够成银镜，要求反应物的浓度适当稀一些。一般情况下，银氨溶液的浓度在2%～5%范围内为宜，因而 $Fe_2O_3$ 溶液和氨水的浓度不能太高，一般以2%为宜，最高不超过5%。

④$CH_3CHO$ 的浓度对银镜的影响

醛类化合物的浓度（确切地说是醛基的浓度）是影响银镜反应的重要因素。且浓度越大产生的银镜越差，浓度越小生成银镜的质量越好。

$CH_3CHO$ 的浓度一般为40%，但 $CH_3CHO$ 溶液放置久了之后容易发生聚合，生成三聚或多聚 $CH_3CHO$，如：$2CH_3CHO \rightarrow CH_3COOCH_2CH_3$ 聚合后的 $CH_3CHO$ 不溶于水，比重较小，浮于上部，使整个 $CH_3CHO$ 溶液分为两层，影响了溶液浓度。为此，$CH_3CHO$ 试剂出厂时都加了稀 $H_2SO_4$，以防止或减少 $CH_3CHO$ 聚合，但造成 $CH_3CHO$ 试剂呈酸性，且引入了 $SO_4^{2-}$。此外，$CH_3CHO$ 与空气接触还能慢慢氧化成乙酸，由于 $Ag_2SO_4$、$CH_3COOAg$ 均为难溶物，使 $Ag^+$ 浓度降低，造成镀银不匀或彻底失败。

在银氨溶液中加入未经处理的 $CH_3CHO$ 试剂，马上出现白色浑浊，就是这种原因。因此在做 $CH_3CHO$ 的银镜反应时，对于放置久了而分层的 $CH_3CHO$，在实验前最好进行除杂处理。

除杂方法：由于 $CH_3CHO$ 试剂呈酸性，同时混有 $CH_3COO^-$、$SO_4^{2-}$ 等干扰离子，所以在做银镜反应之前，向 $CH_3CHO$ 试剂中加足量 CaO，浸泡 30 min 后，取上层清液即可。

除杂原理：

$2H^+ + SO_4^{2-} + CaO == CaSO_4\downarrow$（白）$+ H_2O$

$2CH_3COOH + CaO == (CH_3COO)_2Ca$（$CH_3CHO$ 试剂中）$+ H_2O$

另外把乙醛的浓度稀释成 $V$（乙醛）：$V$（水）=1:10，银镜反应效果更好。

⑤用甲酸做银镜反应的注意事项

必须先用强碱中和（NaOH 中和甲酸，使生成甲酸盐，并使混合液的 pH 约为 11～12），否则影响效果。

做甲酸的银镜反应之所以比甲醛难于成功，是因为实验是在碱性条件下进行的，这时甲酸以甲酸根形式存在，甲酸根的结构较稳定，还原性比甲醛弱，也比甲酸弱，为了解决这个困难，实验时要增大甲酸根的浓度，提高反应温度，所以在水浴中要保持 90 ℃～95 ℃，而且要延长反应的时间。

⑥银镜反应的改进

a. 不需加热的银镜反应

银镜反应的实验通常需要加热，下面介绍两种不需加热且简便易行的方法。

❶在洁净的试管中加入 1 mL 2% 的 $AgNO_3$ 溶液，一边摇动一边逐滴加入 2% 的稀氨水，直到产生的沉淀恰好溶解为止，然后加入 1～2 滴的 $CH_3CHO$ 溶液，再加入 1～2 滴 5% 的 NaOH 溶液，有褐色出现，进行振荡就会出现光亮的银镜。

反应原理为：

$NH_3 \cdot H_2O + Ag^+ \Longrightarrow AgOH + NH_4^+$

$AgOH + 2NH_3 \cdot H_2O \Longrightarrow [Ag(NH_3)_2]^+ + OH^- + 2H_2O$

$2[Ag(NH_3)_2]^+ + 2OH^- + CH_3CHO \longrightarrow CH_3COO^- + NH_4^+ + 2Ag\downarrow$
$$+ 3NH_3\uparrow + H_2O$$

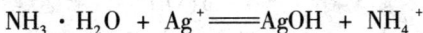

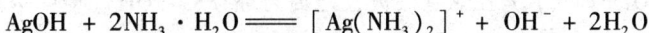

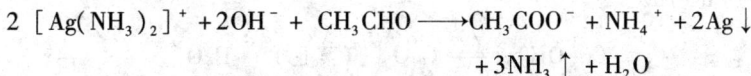

此实验中最后不加热而滴加 NaOH 溶液就是根据第三个反应原理。

❷于一支洁净的试管中，加入 2 mL 2% $AgNO_3$ 溶液，然后加入 1 滴 40% NaOH 溶液，振荡，立即出现白色沉淀，随后又迅速变成褐色沉淀（这是因为 $AgNO_3$ 在碱性条件下生成的白色 AgOH 沉淀很不稳定，很快变成棕褐色的 $Ag_2O$ 沉淀）。边振荡边向试管中滴加 2% 的氨水，直到沉淀恰好溶解为止，便得银氨溶液。

在另一支洁净试管中加入 0.5 mL 40% $CH_3CHO$ 溶液，再加入 3 滴 2% $AgNO_3$ 溶液，振荡使混合均匀。然后将该混合溶液倾入上述所制备的银氨溶液中，振荡使混合均匀，静置，此时溶液呈无色、透明状态，约过半分钟，有棕色絮状沉淀产生。随着溶液颜色逐渐加深，在试管壁上有一层薄雾状的 Ag 析出，随即形成均匀明亮的银镜，整个实验过程约需 2 min 即可完成。

该方法操作简便，不需加热，现象明显，形成的银镜附着均匀，成功率高。

（5）$CH_3CHO$ 与新制的 $Cu(OH)_2$ 反应

$CH_3CHO$ 还原 $Cu(OH)_2$ 是高中化学的一个重要实验，显示的是 $CH_3CHO$ 的还原性。但按教材上的方案进行实验，往往看不到有砖红色沉淀生成，看到的却是一种黄褐色浑浊，它与 $Cu_2O$ 的外观性质相差甚远。经过研究可知：碱性强弱及 $CuSO_4$ 浓度和用量、$CH_3CHO$ 的浓度和用量都会影响实验结果，$CH_3CHO$ 在强碱条件下，若 $CH_3CHO$ 高浓度，则易发生 $CH_3CHO$ 的羟醛缩合。

①实验方法、步骤及原理

向 10% $NaOH$ 溶液中加入少量 2% $CuSO_4$ 溶液时，生成蓝色絮状沉淀（悬浊液），加入 15% $CH_3CHO$ 溶液，摇匀加热，出现黄色沉淀，是由于 $Cu(OH)_2$ 还原生成氢氧化亚铜（$CuOH$）黄色沉淀，$CuOH$ 进一步反应才生成红色氧化亚铜（$Cu_2O$）。在弱碱性条件下，新制 $Cu(OH)_2$ 可被 $CH_3CHO$ 还原为砖红色的 $Cu_2O$ 沉淀：

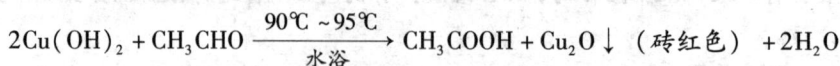

$$2Cu(OH)_2 + CH_3CHO \xrightarrow[\text{水浴}]{90℃\sim95℃} CH_3COOH + Cu_2O\downarrow（砖红色）+ 2H_2O$$

当 $CuSO_4$ 溶液过量，$NaOH$ 溶液不足量时，产生 $Cu(OH)_2$ 淡蓝色絮状沉淀，加入 $CH_3CHO$ 并加热，产生黑色沉淀，是因为部分 $Cu(OH)_2$ 受热分解产生黑色的 $CuO$ 沉淀。

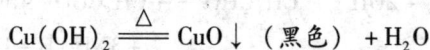

$$Cu(OH)_2 \overset{\triangle}{=\!=\!=} CuO\downarrow（黑色）+ H_2O$$

②$CH_3CHO$ 还原 $Cu(OH)_2$，实验的成败关键为：

❶$Cu(OH)_2$ 溶液呈碱性，方能确保生成的 $Cu_2O$ 稳定存在。

❷试剂滴加的顺序不能颠倒，即只能向 $NaOH$ 溶液中滴加 $CuSO_4$ 溶液，反之则因 $NaOH$ 不足导致实验失败。

❸$CH_3CHO$ 溶液的浓度以 2%～4%（或 1:10）为宜，$CH_3CHO$ 过浓易发生羟基缩合反应，产生黄褐色浑浊物。

❹温度对反应的影响：在其他试剂都适宜的情况下，最适宜的温度是把反应物加热到沸腾，稍冷却后观察。

甲醛具有还原性，能够被强氧化剂——酸性 $KMnO_4$ 溶液氧化，也能被弱氧化剂——新制的氢氧化铜悬浊液或氢氧化二氨合银 $[Ag(NH_3)_2OH]$ 氧化，分别产生砖红色的氧化亚铜沉淀和银单质（可形成银镜）。在实验室里，常用这两个反应来检验醛基的存在。

$$HCHO + 2Cu(OH)_2 + NaOH \longrightarrow HCOONa + Cu_2O\downarrow + 3H_2O$$

$$HCHO + 2Ag(NH_3)_2OH \longrightarrow HCOONH_4 + 2Ag\downarrow + 3NH_3\uparrow + H_2O$$

# 第五节　"中学化学实验研究"课程绿色化设计思考

"中学化学实验研究"课程是高等师范院校化学专业的一门专业主课,它既是一门独立的课程,又是"化学教育教学论"的后续课程。"中学化学实验研究"以中学化学实验为研究对象,侧重于培养高等师范院校化学专业学生的实验教学技能。

毫无疑问,《普通高中化学课程标准(实验)》的内容就应当是"中学化学实验研究"课程的研究方向和重要依据。

《普通高中化学课程标准(实验)》(下文称"化学课程标准")指出:"在内容选择上,力求反映现代化学研究的成果和发展趋势,积极关注21世纪与化学相关的社会现实问题,帮助学生形成可持续发展的观念,强化终身学习的意识,更好地体现化学课程的时代特色。"

化学课程标准对绿色化学理念极其重视。第三部分内容标准中明确指出:必修课程的设计,要体现绿色化学思想。在选修课程"化学与技术"中,则让学生形成自然资源综合利用、废旧物资再生利用的观念。并在"实验化学"中明确指出:形成绿色化学观念,强化实验安全意识,要涉及绿色化学倡导的拒绝危害品、综合利用、循环使用、再生利用、收回重用的原则,可见中学化学实验绿色化是当前化学教学应当引起重视的问题。

此外,既然"中学化学实验研究"是"化学教学论"的后续课程,必然也应该与"化学教学论"内容紧密配合。

微型化学实验是绿色化学实验的一种形式,它符合减少用量、节能减排的原则。微型化学实验引入我国已经有20多年,其间有多所高等院校(特别是师范学校)和众多的中学化学教师参加了研究和推广,但是在一些教材中,对微型化学实验仍然定义为"微型实验就是半微量实验"。众所周知:微型化学实验是指在微型化的仪器中进行的化学实验,其试剂用量比对应的常规实验节约90%以上。而半微量实验则是指介于常量实验和微量实验之间的实验方法,样品用量约$10 \sim 100$ mg,试液约$1 \sim 10$ mL,仅为常量的$1/10 \sim 1/20$,常采用点滴反应和显微结晶反应。显然,这是两个既有联系,又有明显区别的概念。

此外,微型实验与常规实验两层皮的现象也屡见不鲜。微型实验的本质是以尽可能少的试剂来获取所需化学信息的实验原理与技术。这一思想应当贯穿在所有化学实验中,绝不只是列出几个微型实验的例子,而其他常规实验仍按原模式进行。应当在常规实验中也尽可能减少化学试剂的用量。但我们发现"微型与常规"两层皮的现象大量存在。例如,在"氯气的制取与性质"实验中,竟然使用10 g二氧化锰!须知,在室温下这么多二氧化锰可以生成2.8 L氯气!这么多氯气能用得完吗？剩下的氯气用于什么地方？

在实施绿色化学实验的过程中，绿色化学技术也是一个重要的方面。我们在"中学化学实验研究"教学中，完全可以在密封状态下转移那些易挥发的有毒气体，完全可以把绝大多数实验中产生的有害气体消除在反应器内，对于不能在反应器内消除有害气体的实验可以在通风橱内进行，但必须在排风口处安装过滤装置，使排出的气体是清洁的，而不是有毒有害气体的转移。对于固体和液体实验产物必须经过无害化处理之后才能向环境中排放，遗憾的是最新版本的教材在这些方面也未涉及。

在此，笔者针对中学化学实验，提出以下几点建议：

（1）根据化学课程标准实验内容和绿色化学使用化学品的原则选择和设计绿色化学实验，比如分解氢氧化汞制取氧气的实验和若干使用有毒有机化学试剂的实验。可把若干个实验组合起来减少向环境的排放量，比如用氯酸钾或双氧水制取氧气的实验，可以与制取氯气的实验组合起来，氯气制取实验的尾液和副产物仍可继续用在"中和滴定实验"中，最后也可以回收二氧化锰。在某些情况下，某个实验自身也可以形成内部循环。例如，联合制碱法实验，为了减少向环境中的排放量，根据"内部循环"的思想，可以将上一组学生实验的产物"碳酸氢钠或碳酸钠"作为下一组学生制取二氧化碳的原料（同时有 NaCl 生成）。在尾液 $NH_4Cl$ 中加入 NaOH，得到 NaCl 并回收了氨气，这几种物质都是下一组学生实验的资源。在"测量硝酸钾溶解度"的实验中，实验结束，硝酸钾也可以回收起来重用等。

（2）规范对微型化学实验的认识，推广国内比较规范的微型实验仪器，在常规实验中适当减少试剂用量。如前所述，微型化学实验在我国推广 20 多年，中国化学会所属的相关学术机构在有关的学术会议，以及相关的学术论著和教材中都对"微型化学实验"有过一致的认识。即微型化学实验是在专门设计的微型化的仪器装置中进行的化学实验，其试剂的用量通常比对应的常规实验节约 90% 以上，从其本质上定义就是：以尽可能少的化学试剂来获取所需化学信息的实验原理和技术。北京师范大学主编的《无机化学实验》教材也有类似的定义，建议从中选用。

（3）重视绿色化学实验技术的应用。怎样在一些具体的实验过程中运用化学实验的绿色化技术呢？这是一个既十分实用，又令人感兴趣的问题。我们可以把一个完整的实验过程分为三个阶段：实验前化学试剂的准备，实验过程的实施，实验产物的处理。只有在化学实验的每一个阶段都采用了绿色化技术，才能使化学实验全过程都不污染环境，也才能称此类化学实验为绿色化学实验。具体的实施过程如下：①在转移化学试剂的过程中预防或消除试剂的挥发；②有害物质挥发的化学反应要在密封状态下进行；③实验产物的无害化处理。

# 第六节 微型化学实验教学研究

微型实验是美国的 Mayo 于 20 世纪 80 年代提出的，是近年来化学实验改进研究方面的亮点之一。实验试剂的"微量化"使用是微型化学实验区别于常规化学实验的主要特征。随着对微型实验的不断开发和研究，多用滴管、井穴板、U 型管、W 型管、H 型管、Y 型管、医用青霉素药瓶、一次性输液管、注射器等逐渐成为微型实验中常用的实验仪器。微型化学实验的开展和开发已经成为减少化学实验废气、废液、废渣，改善实验室空气质量的有效途径之一。

微型实验（又称半微量实验）具有安全、迅速、简单、现象明显、药品器材消耗量很少等优点。微型实验大大减轻了化学实验对环境带来的污染影响，非常适应边教边学和化学活动课程教学的需要。

## 一、实验目的

通过利用玻璃管、废旧药剂瓶、塑料瓶等材料作为代用仪器进行微型化学实验，经历探究的过程，培养学生动手自制和利用简易材料来设计实验、解决问题的能力。

## 二、实验用品

仪器和材料：直径 6 mm 的玻璃管（最好为硬质玻璃管）、试管、烧杯、废碘钨灯管（或坏底大试管）、注射器、小玻璃药瓶、干燥管、底部带孔的小试管、玻璃纤维、胶塞、废圆珠笔芯、滤纸。

药品：浓盐酸、稀盐酸、亚硫酸溶液、浓硫酸、稀硫酸、稀氢氧化钠溶液、石灰水、饱和小苏打溶液、氯化钠溶液、四氯化碳、洗涤剂、二氧化锰、氧化铁、品红试纸、乙酸铅试纸、亚硫酸钠、硝酸铅、氯酸钾、大理石、溴化钠、红磷、硫、木炭、硫化亚铁。

## 三、实验内容及操作

### 1. 曲管实验

曲管实验的优点是操作简便、节约药品。缺点是实验后，曲管洗涤颇为麻烦，加热时易破裂。因此，建议采用直径为 6~9 mm 的硬质玻璃管。

（1）氯气的半微量制取

将长约 15~20 cm 的玻璃管弯制成略大于直角的 100° 左右的形状（见图 8 - 13 所示）。从短管口处装入少量的二氧化锰（约 6~7 颗火柴头的量），长管口处用棉花团或手指堵住。从短管口处加入 3~5 滴浓盐酸，在灯焰上稍稍加热，观察氯气的生成和颜色。产生的气体可用湿润的淀粉—碘化钾试纸检验。

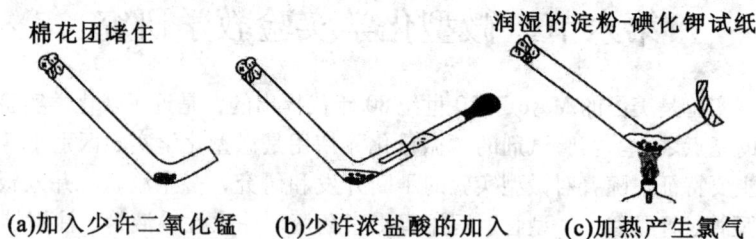

棉花团堵住　　　　　　　　　　　　润湿的淀粉-碘化钾试纸

(a)加入少许二氧化锰　(b)少许浓盐酸的加入　(c)加热产生氯气

图 8 - 13　氯气的半微量制取

（2）亚硫酸氧化为硫酸

用带长臂的曲管盛少许硝酸铅（约
5~6颗火柴头大小）。长臂管口用纸团塞
住，弯曲部分则没入亚硫酸溶液，以塞
满空气通路为止。如图 8 - 14 所示。

在硝酸铅下加热，观察硝酸铅分解
而生成的二氧化氮的红棕色气体。再观
察该红棕色气体通过亚硫酸溶液后的颜
色变化。利用稀盐酸和氯化钡分别检验
反应前的亚硫酸溶液和反应后的溶液。

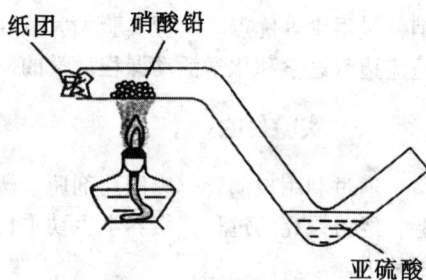

纸团　　硝酸铅

亚硫酸

图 8 - 14　亚硫酸氧化为硫酸

（3）溴的半微量制取

用一根曲管，盛少许溴化钠（约 3~4 颗火柴头大小），再盛同量的二氧化锰
粉末，外加 3~4 滴浓硫酸。另拿一根曲管盛水，以塞满空气通路为止（如图 8 -
15 所示）。这两根曲管用橡皮管相连接，并用纸团将 1 号曲管另一管口堵住。将 1
号曲管微微加热，则见有溴的蒸气生成。

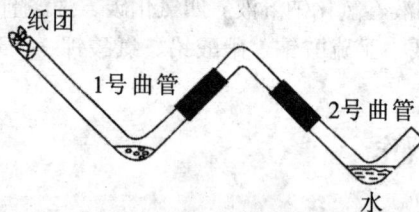

纸团

1号曲管

2号曲管

水

图 8 - 15　溴的制取

继续加热 1 号曲管，直至 2 号曲管中的水变为橙红色为止。停止加热，并将
1 号曲管用水冷却以停止反应。注入 1~2 滴四氯化碳于 2 号曲管内进行萃取操
作，注意其颜色变化。

**2. 横口管实验**

横口管实验又称套管实验。套管实际上是一个在一定部位上有小孔和膨胀球的试

管，它常与其他试管或套管组合起来使用（图8-16）。下面介绍两种改进后的实验。

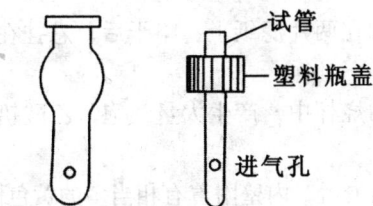

**(a)横口管  (b)自制的横口管**
图8-16 横口管（套管）

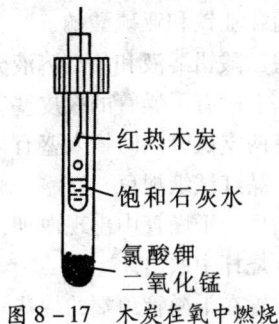

图8-17 木炭在氧中燃烧

（1）氧气的制取与性质实验

装置如图8-17所示。大试管中放入混匀的氯酸钾和二氧化锰（质量比约为1:1）的混合物1 g，套管内盛有澄清的石灰水。

给试管加热，同时用带有火星的木条检验氧气的生成。

把红热的木炭伸入套管侧孔边，可以看见侧孔上边发红的木炭激烈地燃烧，而在孔下边的木炭就会熄灭。由此证明氧气能够支持燃烧，而下半部生成的二氧化碳不能支持燃烧。取出木炭，拿出套管并振荡会有白色沉淀生成。

细铁丝下系有一带余烬的火柴梗，伸入底部盛有水的套管中，因套管有氧气，故铁丝在氧气中剧烈燃烧。

用同样方法将红磷和硫放在氧气中燃烧，观察现象。

（2）硫化氢、二氧化硫性质一体化实验

装置集硫化氢的检验、还原性，二氧化硫的漂白、氧化性等性质实验于一体。

实验装置如图8-18所示。

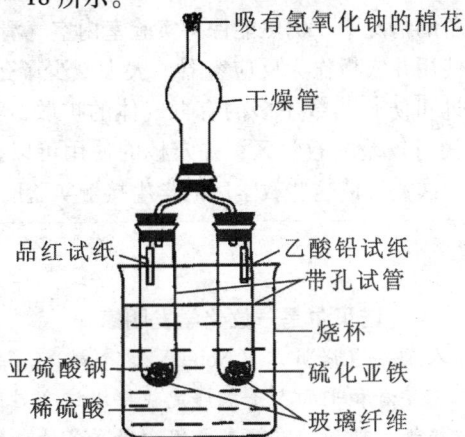

图8-18  硫化氢、二氧化硫性质一体化实验

①先在两支带孔试管的底部垫上一层玻璃纤维，然后分别从试管口加入适量颗粒状硫化亚铁和亚硫酸钠。

②将乙酸铅溶液和品红溶液分别滴加在两片滤纸上，略干后，悬挂在两支试管内。塞上附有干燥管的橡皮塞。

③将两支试管同时插入盛有稀硫酸的烧杯中，产生大量气泡，乙酸铅试纸逐渐变黑，品红试纸褪色。

④稍后，干燥管中出现白烟，白烟消失后，内壁附着有相当多的黄色固体硫。将试管从烧杯中取出。

⑤放置在干燥管顶端的棉花（吸有含酚酞的稀氢氧化钠溶液，用来吸收残余气体，防止外逸污染环境）颜色由红变浅或无色。

注意：实验选用的亚硫酸钠固体颗粒应略大于硫化亚铁，以控制二氧化硫和硫化氢的气流大小。

### 3. 井穴板

井穴板是国外已定型的化学微型实验仪器之一。在微型实验中既可当作比色管来使用，也可作为反应容器来使用，而且井穴板自身的特点决定了它可以作为学生实验的主要仪器。

[案例]　铜与硝酸反应的微型实验。

铜与硝酸的微型实验是在白色井穴板中进行的，在两个白色井穴板中各加入一块小铜片，再分别滴加 3 滴浓硝酸和 3 滴稀硝酸（每滴仅为 1/20 mL），其硝酸用量为常量实验的 1/20，然后，用氢氧化钠溶液浸润过的少许棉花覆盖在白色井穴板的口部，以吸收反应中产生的微量二氧化氮或一氧化氮等有害气体。实验中既可观察到"红云绿水"的奇妙现象，又不受反应产生的二氧化氮或一氧化氮的毒害，在不开通风设备的情况下，仍然能保持实验室内空气清新。

该微型化学实验使用井穴板作为反应容器，大大减少了药品的用量，且只需少许蘸有碱液的棉花即可防止为数不多的有毒气体的扩散，实验现象也很明显。尤其是对于实验条件相对较差的教学区，井穴板的使用可以大大节省实验经费，还能相应地增加实验的次数，使这些教学区的学生接触实验的机会大大增多。

---

· 阅读材料 ·

**诺贝尔是一位化学发明家**

今天全世界很多人都知道诺贝尔（Nobel）这个姓氏，每年都有几位卓越的科学家、经济学家、爱好和平的人士被评定获得以这个姓氏命名的巨额奖金和崇高的荣誉。通过报纸、期刊、广播和电视向世界各地传播，各种各样的书籍中记述着诺贝尔奖获得者的事迹。

诺贝尔名阿尔弗雷德·伯恩哈德（Alfred Bernhard），全称是阿尔弗雷德·贝恩哈德·诺贝尔，瑞典人，1833年10月21日生于瑞典首都斯德哥尔摩，在他父母幸存的4个儿子中排行第三。诺贝尔出生后不久，1837年父亲破产，出走芬兰谋生，几年后移居俄国，在彼得堡从事制造机器、铁件和军工设备。1842年10月母亲带孩子们从瑞典到俄国和父亲共同生活。诺贝尔到俄国前因体弱只接受了一年正规教育，到俄国后他和他的兄弟接受瑞典和俄国私人教师的教育，其中有俄国化学家齐宁（1812—1880）。

1850年，诺贝尔16岁，到德国、法国、意大利和北美学习两年，成为一位通晓多国语言和爱好化学的青年人。诺贝尔回到俄国后，这个国家卷入对抗英、法的克里米亚（Crimea）战争（1853—1856）。他的父亲忙于制造大量军用物资，包括水雷，他和他的两个哥哥也在工厂里工作，获得了不少实践经验。当时使用的炸药仍是黑火药，齐宁提出改用硝化甘油。这是1847年意大利化学家索布雷罗（A. Sobrero，1812—1888）首先用硝酸和硫酸作用于甘油而制得的一种易爆物质，受到震动、热、摩擦或机械作用都可能发生爆炸。于是诺贝尔一家开始了硝化甘油的研究和制造。

战后俄国政府取消了和工厂签订的合同，他的父亲再次宣告破产，1859年回到瑞典，正如离开瑞典时一样穷困。诺贝尔和他的两个哥哥留在俄国挽救他们家庭的企业。在这期间，诺贝尔获得了关于气量计、水表和气压计的发表专利，激发了他作为一个发明家的兴趣。

1863年，诺贝尔回到瑞典。他和他父亲获得一笔贷款，重新开始硝化甘油的研究。就在这一年，诺贝尔发明了他的第一件划时代的发明——诺贝尔专利发火件。这种发火件的初始构造是将液体的硝化甘油装在一个金属管或其他密封的管中，再在其中放入一个装有普通火药的小木管，从小木管的盖子上引进一根导火线，使硝化甘油的爆炸由小木管中火药爆炸的冲击波引起，而不是依靠直接点燃。这个原理是爆炸科学的一大进展，创造了控制硝化甘油起爆的方法。1865年他将装黑火药的小木管改换成装雷酸汞 [Hg(CNO)$_2$] 的金属管。因此，诺贝尔专利发火件又称诺贝尔雷管，简称雷管。

雷酸汞是一种起爆药，是1799年首先由英国化学家霍化德（E-. C. Howard，1774—1816）将硝酸、乙醇（酒精）和汞共热而制得。

1864年诺贝尔和他的父亲在斯德哥尔摩郊区赫伦内堡（Heleneborg）建立了一座制造硝化甘油的实验室。这年9月3日实验室发生爆炸，死亡5人，其中包括他的弟弟。他当时不在场，得以幸免。

实验室爆炸和弟弟被炸身亡没有吓倒诺贝尔。他把实验仪器设备搬到一艘远离城市、停泊在湖心的驳船上进行实验。1865 年世界上第一座生产硝化甘油的工厂在斯德哥尔摩附近一个隔离区温特维肯（Vinterviken）建成投产，诺贝尔身兼厂长、工程师、会计员、推销员……接着在德国汉堡（Hanbrug）附近的克鲁梅尔（Krümmel）建成另一座生产工厂。

硝化甘油被装在锡制罐或玻璃坛中，用木条板包装后运输。但是，硝化甘油在贮存和运输过程中还是存在易爆炸的危险。一艘装运硝化甘油的轮船在从汉堡驶往智利的途中，在大西洋上遇到大风浪，由于颠簸发生爆炸而沉没；在德国，一家工厂在搬运时因冲撞而爆炸，整个工厂和附近民房变成一片废墟；在美国，一列火车被炸毁。针对这些事件，搬运工人拒绝搬运，瑞典政府和其他一些国家政府下令禁止生产和运输诺贝尔的炸药。

困难和挫折没有使诺贝尔屈服，他顽强地进行试验，努力克服遇到的障碍。1867 年的一天，诺贝尔注意到一个装有硝化甘油的罐子在卸货时破裂，漏出的硝化甘油被硅藻土吸收，形成固体物，爆炸力比纯硝化甘油低，但是安全。硅藻土是微小海洋生物遗体的多孔含硅骨骼，当时用作装运硝化甘油坛罐的衬垫，以防震动。诺贝尔几经试验后，确定采用 3 份硝化甘油和 1 份硅藻土混合，制成粉末状固体，具有纯硝化甘油75%的爆炸力，却免除了可怕的易爆危险。诺贝尔借用希腊文 dynamis（力量）一词命名它为代拿买（dynamite）炸药，又称黄色炸药。

代拿买炸药在 1867 年在瑞典和英国取得专利，1868 年在美国取得专利。它被用来筑路、开凿运河、开掘油井和矿山，在开挖希腊科林斯（Corinth）运河中，在清理流经罗马尼亚与南斯拉夫之间多瑙河的铁门（Iron Gate）峡谷中，在修筑瑞士圣哥达（St. Gotthard）的铁路线中，都显示出威力。

诺贝尔继续从事炸药生产的研究。1875 年一天，他在一次试验中划破了手指，随手用火棉胶涂敷，形成一层具有弹性的膜以保护伤口。他一夜伤口疼痛难眠，却受到启发，将火棉与硝化甘油制成具有弹性的爆胶(blasting gelatin)。一种典型的配方是8%（质量分数）火棉和92%（质量分数）硝化甘油。这种炸药既有硝化甘油那样大的爆炸力，又有黄色炸药那样的安全性。

火棉又称硝化纤维素或硝化棉，是德国化学家舍恩拜因在 1846 年将硝酸和硫酸作用于棉花首先制得。棉花中含有大量纤维素，火棉和硝化甘油一样易爆炸，不安全。直到 1865 年英国化学家艾贝尔（F. A. Abel，1827—1902）发现火棉的不安定性是由于其中含硝酸的数量不同所引起，提出了改进的办法，先将火棉在碱水中洗涤，然后干燥成型。这样制得的火棉安定性好，比较疏松，可用作炸药，但不能直接装弹。火棉胶是火棉在酒精和乙醚（一种易挥发、易燃和令人麻醉的无色液体）中的溶液。当溶液中的溶剂挥发后形成弹性膜，曾用于制造照相胶卷等。它的英文名称是 collodion，译成柯罗酊，来自希腊文 kolla（胶）。

到 1887 年，诺贝尔又在等量火棉和硝化甘油中加入 10%（质量分数）樟脑制成巴里斯特（ballistie）炸药。这一名称来自欧洲古代的弩炮（ballista）。这种炸药爆炸力适中，燃烧无烟，稳定安全，又称硝化甘油无烟火药。

诺贝尔还将硝酸铵加入代拿买炸药中，制成铵代拿买（ammon-dynamite）炸药；还将硝酸铵加入爆胶中，制成铵胶代拿买（ammon-gelatin-dynamite）炸药。

诺贝尔的炸药工厂遍布英、德、法、意、俄、美等十几个国家，赢得一笔巨大财富。他还从事人造丝、橡胶、皮革、熔化矾土、制造宝石、改良电池和电话等的研究，很难计算他究竟获得过多少专利，在清理他个人资产中至少有 355 项专利在不同国家中获得批准。他还在俄国巴库（Баку）油田大量投资，占有大额股份，增加了他的财富。他为业务奔走，往来于德国、法国、意大利之间，没有私人秘书、律师，往往亲自回复来信。他被玩笑地称为欧洲最富有的流浪汉。他终生未曾结婚。

1888 年，诺贝尔居住在法国巴黎，一天读到报纸上刊出他死亡的讣告，讣告里提到死者曾发明用于战争的炸药，导致很多人死亡。他意识到，这是把他的哥哥路德维·诺贝尔（ludvig Nobel）的逝世和他本人搞混了。于是他反省了自己发明硝化甘油炸药的动机是用于开发矿山，造福人类，却事与愿违，遂使他萌发了建立促进世界和平的奖励基金。

诺贝尔晚年患心脏病、心绞痛，1896 年 12 月 10 日在意大利圣雷幕他的别墅里因脑溢血逝世，享年 63 岁。在这之前，他于 1895 年 11 月 27 日夜在巴黎写下遗嘱，将他价值 3 300 万瑞典法郎（约合 920 万美元）的全部财产作为基金，以每年的利息作奖金（约 20 万美元），分为 5 等份，分给每年在物理学、化学、生理学和医学、文学、和平 5 个领域内作出卓越贡献的人。诺贝尔逝世 5 年后，1901 年 12 月 10 日——诺贝尔逝世五周年纪念日在瑞典首都斯德哥尔摩和挪威首都奥斯陆举行了第一次诺贝尔奖的颁奖仪式。诺贝尔生前，瑞典和挪威曾是一个联合王国。

瑞典科学院负责颁发物理学和化学奖；斯德哥尔摩皇家卡罗林医学研究所（Royal Caroline Institute）负责颁发生理学和医学奖；瑞典学士院负责颁发文学奖；挪威议会选出五人委员会负责颁发和平奖。诺贝尔财团负责财产管理和支付奖金，并规定每项奖不得由 4 人以上分享奖金。

从 1968 年开始，又新设经济学奖。此奖是为纪念瑞典银行 300 周年而设的，每年由瑞典银行支付一定奖金，提供给诺贝尔财团，由瑞典科学院负责颁发，通常称诺贝尔经济学奖。

诺贝尔奖包括一枚金质奖章、奖状和一笔巨额奖金。奖章正面是诺贝尔半身雕塑像，用罗马字标出他的生死年月日；反面因奖的种类不同而异，物理学和化学奖奖章的反面刻有埃及神话中女神伊西斯（Isis）像，圣母手持财富和科学智慧的号角，轻启女神的面纱。

图 8-19 诺贝尔奖章

奖金金额每年不等，总的趋势是逐年增加，近年来已达到或超过 100 万美元。

物理学和化学奖以及生理学和医学奖在每年 10 月由负责机构确定受奖人；12 月 8 日举行受奖演讲，每位获奖者报告自己的成果和业绩；12 月 9 日开欢迎会，由诺贝尔财团主持，在斯德哥尔摩一所交易所大厦举行；12 月 10 日举行颁奖仪式，由瑞典国王颁发金质奖章和奖状，在斯德哥尔摩音乐厅举行；12 月 11 日颁发奖金并举行晚宴。和平奖颁发仪式在挪威奥斯陆举行。

诺贝尔奖从 1901 年开始，1916 年和 1917 年因第一次世界大战以及 1940—1942 年因第二次世界大战中断未授奖。迄今近 100 年，有 500 多人次获奖。

诺贝尔奖在推动世界文明进步方面有很大贡献，但在和平奖、文学奖方面有时受到政治因素的影响。物理学、化学、生理学和医学奖方面虽经严肃慎重审定，但也有个别失误。例如，1917 年英国人巴克拉（C. Barkla, 1877—1944）因发现 J 射线获得物理学奖，但这种射线并不存在；又如 1926 年丹麦人菲比格（J. Fibiger, 1867—1928）因研究一种癌症获生理学和医学奖，而这种癌症完全是假定的。

## [本章小结]

微型化学实验的开展和开发已经成为减少化学实验废气、废液、废渣，改善实验室空气质量的有效途径之一。现已对此在国内外有了深入的研究。

## [思考练习]

1. 微型实验的目的和意义是什么？
2. 微型实验的要求、方法有哪些？
3. 在你所学的教学内容中，设计两个微型实验，写出原理及画出装置图。

# 第九章　安全问题实验教学研究

## ［内容提要］

本章对化学实验要求的首要问题——实验室的规章制度、安全措施、安全问题作了全面的论述，并列举了典型案例加以说明。

## ［学习指导］

1. 了解实验室规章制度、研究实验环境保护及操作安全的意义和作用。
2. 理解实验环境保护安全问题的要求及分类。
3. 掌握实验安全的原理、方法、途径、规律，提高自己的安全防范意识和能力，以确保在实验教学中，达到安全、环保的目标。

# 第一节　中学化学实验室的规章制度和安全措施

在化学实验中，经常接触各种化学试剂，在实验过程中，也常伴有各种气体、蒸气、烟雾、粉尘等的产生，其中许多物质对人体是有毒的，有的甚至是剧毒。实验中还会偶然发生烧伤、烫伤、割伤、触电事故等。所以在化学实验教学中，要千方百计地预防和清除不安全因素，避免各种事故的发生。

为了保证化学实验的成功和安全，有必要建立实验室的各项规章制度，了解药品的中毒与急救。下面分别作简单介绍。

## 一、药品的中毒与急救措施

实验室用的化学药品大多数有毒，称毒物。它是指进入人体以后，能引起局部或整个机体功能发生某些疾病的物质。由毒品引起的任何疾病现象称为中毒。化学药品中毒一般通过下列几种途径引起不同症状的疾病，应该采取相应的急救措施。

### 1. 呼吸道中毒及其急救

通过呼吸道吸进有毒气体、粉尘、蒸气、烟雾，能引起呼吸系统中毒，这种中毒现象比较常见，尤其是有机溶剂的蒸气和化学反应产生的有毒气体，如苯、甲苯、四氯化碳、乙醚、丙酮等的蒸气和氯化氢（气体）、氯气、一氧化碳、二氧化硫、二氧化氮等气体。此类物质中毒症状及急救措施见表 9－1。

255

凡是通过呼吸道中毒的，都要立即抬到空气新鲜的地方，使其安静、供氧、进行人工呼吸和相应的其他措施。若吸入氯气而中毒，可吸入少量氨气，或用酒精解毒。

表 9-1　某些毒物的中毒症状及急救措施

| 有毒物质 | 中毒症状 | 急救措施 |
|---|---|---|
| 氯　气<br>溴蒸气 | 空气中含 $0.04 \sim 0.06$ mg·L$^{-1}$约 60 min 可中毒，进入眼内呈血膜炎，吸入咽喉引起咳嗽。空气中含 3 mg·L$^{-1}$，吸入量多可致死，浓溴接触皮肤可引起灼伤 | 眼受刺激用 2%～3% 小苏打水冲洗眼睛。口腔用小苏打水漱口，并吸入氧气 |
| 二氧化硫<br>三氧化硫 | 吸入有刺激性，对血液和肠胃系统有毒害，腐蚀有机体 | 进行人工呼吸，用 1% 的氨水擦身，注射生理食盐水 |
| 一氧化碳 | CO 与血红蛋白结合力比 O$_2$ 大 200 多倍，当 CO 与血液中的血红蛋白结合时使机体缺氧而昏迷、头痛、昏睡不醒、肢体瘫痪以至死亡。空气中 CO 的浓度为 0.02% 经 3 h 即昏迷，浓度为 0.1% 经 3 h 即死亡 | 将患者转移到空气新鲜的地方，吸氧，进行人工呼吸或嗅稀氨水。重者及时送医院 |
| 硫化氢 | 形成硫化血红细胞，引起昏睡、休克、中枢神经麻痹直至生命危险。空气中含 0.02% 时中毒，0.2% 时有死亡危险 | 移到有光线、空气新鲜的地方，吸入少量氨气催吐，注射生理盐水，呼吸氧气 |
| 乙醚 | 麻醉 | 吸氧，进行人工呼吸 |
| 磷化氢 | 危害中枢神经，有痉挛、眩迷、呼吸困难 | 连续吸氧 |
| 四氯化碳 | 麻醉，CCl$_4$ 经日晒在空气中形成有剧毒的光气（COCl$_2$） | 吸氧进行人工呼吸，饮用蛋清、苏打水 |
| 甲醛 | 蒸气刺激眼鼻，吸多引起中毒 | 大量饮用牛奶或用 10% 的小苏打水催吐 |
| 甲醇 | 饮用 10～20 g 会失明，30～50 g 呕吐、痉挛、呼吸麻痹死亡 | 一般是洗胃、手脚敷以热毛巾 |
| 氨气 | 呼吸困难、流泪、流鼻涕，误服氨水中毒流涎、口腔糜烂、呕吐、血性腹泻，皮肤直接接触会发生红肿、起泡脱皮、有刺痛感 | 皮肤中毒立即用稀醋酸或清水冲洗，喝牛奶、蛋清或喝 3% 的醋酸和柠檬酸，不可洗胃 |

**2. 消化道中毒及其急救**

实验时两手经常接触有毒药品，手上就会污染有毒药品，在吸烟、吃饭、饮水时随时进入消化道中毒，这类毒品以粉剂毒品较为常见，如砷化物、氰化物、汞和汞盐、铅盐、铜盐、白磷等，此类物质中毒及急救法见表 9-2。

这类毒品主要是带入消化道中毒，所以实验结束时一定要把手洗干净。如果饮入中毒，要用 5～10 mL 稀 $CuSO_4$ 溶液，加入一杯温水中，口服后用手伸入咽喉部促使呕吐，或饮蛋清、牛奶等洗胃，使之缓和，再送医院治疗。

表 9－2　某些毒品的中毒症状及急救措施

| 有毒物质 | 中毒症状 | 急救措施 |
|---|---|---|
| 汞及汞盐 | 中毒后喉痛、声音沙哑。误食 $HgCl_2$ 0.2～0.4 g 可致死。主要是破坏消化系统和神经系统，引起恶心、呕吐、腹泻、全身衰弱 | 慢性中毒送医院，急性中毒用炭粉彻底洗胃（或用石灰水洗胃），喝 2% 的 $Na_2S_2O_3$ 溶液，或喝牛奶、蛋清，并使之呕吐，再送医院 |
| 砷化物 | 砷化物是剧毒物质，误食 0.1 g 三氧化二砷（砒霜）即致死。中毒后食欲不振、口渴、呕吐、腹痛、头剧痛、昏睡不醒、呼吸困难、心脏麻痹衰竭而死亡，吸入蒸气引起黄胆肝硬化、肝脾大 | 慢性中毒送医院，急性中毒用石灰水洗胃。饮用蛋清、牛奶或硫代硫酸钠 |
| 铅盐（钡盐） | 与蛋白质分子中半胱胺酸的巯基反应生成难溶物，对消化、造血、神经、骨骼、泌尿、生殖等系统毒性最大，伴有口腔、胃部感到干燥、发热，甚至呕吐、头痛、全身无力、死亡 | 用 5% 的硫代硫酸钠溶液洗胃，使其生成硫酸钡、硫酸铅沉淀 |
| 铜盐 | 误食 3.0 g 硫酸铜有生命危险，中毒伤害消化系统，呕吐、腹痛 | 用温水洗胃，饮用蛋清、盐水、硫代硫酸钠 |
| 白磷和磷的化合物 | 误食 0.1g 白磷即可致死，$PCl_3$、$PCl_5$、$PH_3$ 都有毒，主要损坏肝脏、骨骼和肠胃，误服白磷口腔有灼烧感、口干、恶心、呕吐、腹痛、便秘、呼吸时口中有蒜味，发生强烈作用直至死亡。蒸气刺激鼻喉粘膜有腐蚀性 | 附着在身上可用 2% 的 $CuSO_4$ 溶液冲洗，误饮入时可用 0.3% 的 $KMnO_4$ 洗胃，饮下 1% $CuSO_4$200 g 或用加数滴松节油的硝酸钡溶液洗，再用漂白粉液冲洗 |
| 氰化钾（氰化钠） | 误食 KCN 致死量是 0.2 g，分解为 HCN（HCN 在空气中允许量为 10 ppm）。氰化物为剧毒物，一旦中毒，稍一耽误即无法挽救。中毒后轻者头痛、下肢无力、恶心、呕吐、血压升高、气喘，重者昏迷、大小便失禁、意识不清、血压下降、呼吸发生障碍直至死亡 | 吸入时，移至空气新鲜的地方，先解开衣扣，供氧，进行人工呼吸。误饮入时，用稀双氧水洗胃 |

### 3．皮肤和五官的中毒及其急救

某些毒物触及皮肤或蒸气、烟雾、粉尘对眼、鼻、喉等粘膜产生刺激作用，如汞剂、苯胺类、硝基苯等，可通过皮肤粘膜吸收中毒；氮的氧化物，硫的氧化物，挥发性的酸、氨水对皮肤、眼、鼻、喉的刺激作用都很大。只要注意预防就不会发生大事故。万一触及衣服、皮肤和眼睛，用水冲洗干净，保持就医前不干

257

燥。

以上三类毒物中毒，轻者采取一定措施后经过休息就会痊愈；如果较重，经过上述急救措施处理后，应立即送医院治疗，千万不可大意。

### 4. 外伤急救

外伤包括割伤、烫伤、烧伤、炸伤、触电等。有关上述事故的急救可参见其他资料。

## 二、中学化学教学中遇到的有危险性的实验研究

### 1. 制取氢气的实验

点燃氢气时，如果氢气不纯，火经导管进入发生器内可能发生剧烈爆炸。防止的办法是，点火前一定要检验氢气的纯度，有条件的学校，可将纯氢气收集在集气瓶中再点燃，也可在点火导管与发生器间加水封。点燃其他可燃性气体（$CH_4$、$CO$、$C_2H_4$、$C_2H_2$ 等）也同样应检验纯度，防止爆炸。

### 2. 制取氯气的实验

收集时扩散到空气中的氯气吸入中毒。防止的方法：可用排饱和食盐水的方法来收集氯气，制取完毕，将气体发生装置放在通风橱内，并将导气管插入碱液中。

### 3. 使用浓硫酸

（1）稀释浓硫酸时，若将水加到浓硫酸中，因放热使水和浓硫酸喷溅，所以切记把浓硫酸沿杯壁流入水中，边倒边搅拌。实验完的废酸要倒入废液缸中。

（2）加热浓硫酸时，若容器破裂，酸撒到实验桌上或溅在身上，要迅速用大量的水冲洗，最后用2% $NaHCO_3$ 冲洗。防止的办法：选择质量好的容器，加热时使容器受热均匀，实验结束时应等容器冷却后再放在桌面上。

（3）倾倒浓硫酸时洒在瓶外，粘在手上，或不慎溅入眼内，应立即用大量水冲洗，然后用5%的 $NaHCO_3$ 溶液冲洗（或用稀氨水冲洗），涂上软膏。溅在地板上先撒石灰再用水冲洗。防止的办法：倾倒时两瓶口要对好，倒完后把浓硫酸瓶后部向下移，稍停一会儿，在瓶口拉一下。

### 4. 使用浓氢氧化钠溶液的实验

在把氢氧化钠溶于水或用移液管吸氢氧化钠溶液时，有时因放热损坏仪器，有时不注意浓碱飞溅到皮肤上而受伤，有时稀碱溅入眼里，也易使角膜发生红肿。人们对碱的安全使用常常忽视，其实强碱腐蚀的后遗症比强酸严重得多。防止的办法：溶解固体碱要用薄玻璃烧杯。溅到皮肤上用大量水冲洗，再用2%醋酸或柠檬酸和酒石酸溶液冲洗，涂上油膏并包好；溅在眼上，抹去眼外的碱，用水冲洗，再用饱和硼酸水溶液洗后，滴入蓖麻油。重者送医院治疗。

### 5. 使用钠的实验

把金属钠投入水中制取氢气时，反应激烈致使钠崩散。实验时要尽量少取，

包在铝箔里或用铁丝网包上沉入水下反应制取氢气。在制取氯化钠时，要防止误用消毒酒精而起火，所以用钠做实验应十分注意安全。

6. **制取氧气、做黑火药的实验、制氯化氢、使用氯酸钾、重铬酸钾、白磷、乙醛、氨、二氧化硫、硫化氢等实验时，都应严格按操作规程进行**

### 三、实验室的安全守则和规章制度

1. **安全守则**

（1）加强安全教育。

（2）严禁吸烟、饮食。

（3）未经教师批准，绝不允许任意混合各种药品，以免产生爆炸、起火和有毒气体。

（4）产生有毒气体的实验应在通风橱或有通风设备的教室内进行。

（5）浓酸浓碱的使用必须严格按规范操作进行。

（6）有毒药品的废液必须在教师指导下处理。

（7）实验室应配备有关急救工具。

（8）实验以后，严格检查，确无隐患，方可离开。

2. **实验室规则**

为了使化学实验室在教学和科技活动中更好地发挥作用，防止意外事故的发生，必须严格遵守以下规则。

（1）遵守纪律

①实验前必须按教师的要求认真预习，明确实验目的和要求，熟悉原理及其操作步骤和有关注意事项。

②实验时要集中精力，严格遵守各项实验操作规程，保持实验室肃静。听从教师指导，认真仔细观察现象，并做好记录。

③严禁在实验室吃东西。

④实验过程中，有事离开实验室时，要向任课教师请假。

⑤做规定实验项目以外的实验时，需经教师批准，在教师指导下进行。

（2）厉行节约

①要爱护仪器设备，节约使用水、电、燃料及各种药品。

②药品应按规定数量取用，以免浪费，如未指明用量，应尽可能取用少量；取用时务必细心，不得洒在桌面、地面上，不要玷污标签。用完后立即将瓶盖盖好，放回原处，标签向外，便于别人取用。

③公用仪器、用具（如天平、剪刀、镊子、试剂瓶等）应就地使用，不得乱挪，如发现损坏应及时报告。实验所得生成物，要保留的应放在指定的容器中，以备回收。

（3）保持整齐清洁

①实验时经常保持桌面整洁，仪器放置整齐有序。

②实验结束后，必须把仪器洗净。临时借用的应立即归还，长期借用的放在实验桌的柜子中，把桌面收拾干净。

③废液应倒入废液缸内。火柴杆、废纸屑、碎玻璃应扔入废物盒中，切不可扔入水槽内，以免堵塞管道。

（4）注意安全

①任何药品都不得直接用手取用，须用钥匙、镊子或量器取用。

②进行有毒、易燃、易爆性实验时，指导教师必须在场。实验时必须高度谨慎，特别小心。

③使用电器设备时，应按安全用电规章制度进行操作，要严防触电。

④凡是易燃、易挥发性的废液不可倾入废液缸内，应该征得指导教师的意见，妥善处理。

⑤每次实验完毕后，应注意洗手。值日生要将实验室打扫干净，擦净桌面，并将废液和垃圾倒掉。检查水、电和门窗是否关好，经指导教师检查，确实无误后，才能离开实验室。

# 第二节　实验室环境的安全问题探究

很多化学反应会产生有毒或易燃易爆物质，如果未经处理就随意排放会引起对环境的污染。因此，实验的各个环节都要树立起环境保护的意识，实验产物要经无害处理后才能排放。

易燃和易爆炸物质的残渣（如金属钠、白磷、火柴头）应收集在指定的容器内。废液，特别是强酸和强碱不能直接倒在水槽中，应先稀释然后倒入水槽，再用大量自来水冲洗水槽。有关有毒、腐蚀性气体、有可燃性气体等产物的实验结束后，应进行尾气处理，处理方法有点燃、气球盛装、化学试剂吸收等，如 $Cl_2$、$SO_2$、$Br_2$（蒸气）或 HCl 等，应用碱液（如 NaOH 溶液）吸收；$H_2S$ 可用 $CuSO_4$ 或 NaOH 溶液吸收；CO 可用点燃法，将它转化为 $CO_2$ 气体。

为了尽量减少有害产物对环境的污染，还可以通过改变实验形式，或适当地将一些污染比较大的实验改成微型实验。此外，一些难度比较大、毒性比较强、时间比较长的有机化学实验，则可以用实验录像来替代，既可以使学生获得有关实验的感性认识，达到演示实验的效果，同时也可以减少环境污染。

## 一、有毒气体的处理方法

为了防止或减轻有害气体对人体的危害和环境的污染，可以通过改进实验装置的方法，一般有以下途径：将实验置于密闭体系中，以减少有害气体的逸散；将尾气暂时收集；对尾气进行无害化处理等。

[**案例1**]　$SO_2$ 气体使品红溶液褪色实验。

（1）传统实验

将 $SO_2$ 气体通入装有品红溶液的试管里，观察品红溶液颜色的变化，然后给试管加热，观察溶液发生的变化。实验的缺点是：加热试管时放出的 $SO_2$ 对人体造成伤害，并对环境造成污染。

（2）实验改进

将 $SO_2$ 气体通入装有品红溶液的试管里，当红色刚好褪去后，在试管口套上一个气球，给试管加热，然后冷却。观察溶液发生的变化。

（3）点评

改进后的实验采取了对过量的二氧化硫气体收集的办法，使二氧化硫不致大量逸出，特别是作为学生实验时，更应注意此类实验对学生身体健康造成的危害。用气球收集好过量的二氧化硫后，教师指定地点将这些气体处理掉，防止其大范围的扩散。

对于某些常用的有毒气体的加热实验，通常采用封管实验，即预先将药品装入化学反应器中，并将反应管进行密封。实验时只需直接加热封管，操作相当简便。例如，做碘的升华实验就可以在封管中进行（如图9-1所示），实验现象明显，且节省原料，便于长期保存，随取随用。若将 $SO_2$ 和品红装入封管中，也可以反复做褪色实验。

图9-1　碘的升华封管实验

（4）通过溶液吸收，除去毒气

对于有毒气体的处理，最常用的就是用溶液将毒气吸收掉，酸性毒气一般用碱液或碱性固体来吸收，碱性气体用酸性溶液来吸收。

[**案例2**]　氧气和乙炔安全爆鸣法。

（1）实验目的

①了解氧气与乙炔混合气体点燃易操作的爆鸣实验，乙炔具有可燃性。

②掌握乙炔安全爆炸实验的操作技能。

（2）实验用品

肥皂液、洗涤灵、氧气、乙炔、储气袋、火柴、甘油、蒸发皿、玻璃棒。

（3）实验原理

用氧气和乙炔的混合气吹起的肥皂泡，当遇明火时，立即反应（$2C_2H_2 + 5O_2$ $\xrightarrow{\text{点燃}}$ $4CO_2 + 2H_2O$），并伴有爆鸣声。

（4）实验操作

①配制肥皂液（洗衣粉也可以）。在蒸发皿里加入少量水、洗涤液和 2～3 滴甘油，用玻璃棒搅拌即可配成。

②制取好氧气和乙炔，并分别储于储气袋里。

③将储氧袋的导气管插入肥皂液，便可吹起肥皂泡。再将储乙炔袋的导气管插入肥皂液，同样也可以吹起肥皂泡。

④点燃肥皂泡，立即有爆鸣声产生。

（5）点评

该实验直接利用储气袋和肥皂泡来完成爆鸣实验，具有取材简单、安全、成功率高等优点，不但适合做演示实验，而且作为学生实验更加适用，同时肥皂泡的使用也大大增强了学生对于实验的兴趣，活跃了课堂气氛。

## 二、液体混合操作中的安全问题

液态物质混合时，一般先加密度小的物质，后加密度大的物质。如浓硫酸的稀释、浓硝酸和浓硫酸混合酸的配制、制取乙烯时乙醇和浓硫酸的混合等。

［案例3］ 浓硫酸稀释实验中的安全问题及分析研究。

［问题提出］

中学化学实验中经常要用浓硫酸来配置不同浓度的硫酸溶液，因此要注意使用过程中的安全问题。当要配制少量稀硫酸时，可慢慢地沿器壁将浓硫酸倒入水中，同时不停地搅拌；若要配制大量稀硫酸时，先稀释一部分，使其温度冷却接近室温时，再稀释。若违反以上操作程序，或不停地连续稀释，则可能使烧杯温度过高，造成危险。在稀释操作中，切不可把水倒进浓硫酸里，否则会发生暴沸现象。为什么会出现这种现象呢？

［分析］

若将水倒入浓硫酸中，一方面由于水的密度远比浓硫酸的密度小，水将浮在浓硫酸上面而形成两个液层，浓硫酸只在两个液层接触处混溶并放出大量热。（硫酸有很大的稀释热，在稀释过程中，硫酸溶液的发热现象开始非常剧烈，以后逐渐减弱）另一方面又由于硫酸的比热容较水低，当两者混溶时，硫酸的温度会比水的温度升高得快，因而造成强烈的局部高温，使水汽化而造成喷溅。当把浓硫酸加入水中时，由于浓硫酸的密度很高，能迅速穿过水层不致引起剧烈的局部高温。这就说明了在稀释浓硫酸时，只能在不断搅拌下把浓硫酸慢慢注入水中，而不能以相反的方式进行。

对于此类涉及危险性较大的试剂的实验操作，除了对试剂本身的性质要有较全面的了解外，对于实验过程中可能会出现的问题也要有充分的认识，这样才能及时处理突发事件。

(1) 浓 $H_2SO_4$ 的脱水性实验

如图 9-2 所示，用宽约 15 cm 的一条纱布，先用水浸湿，卷绕在玻璃棒上备用。演示时打开一部分，使纱布下垂面向学生，用胶头吸管吸浓硫酸，缓缓滴在纱布上，纱布立即烧焦，并有嘶嘶响声。纱布不宜太湿，应先把纱布浸入水中，再挤去过多的水以后使用。

选用湿纱布的目的是：(1) 浓硫酸遇水放热，可加快腐蚀速率；(2) 因演示时纱布下垂，干的纱布不易滴上油状的浓硫酸。

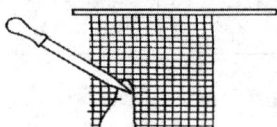

图 9-2　纱布卷绕玻璃棒　　　　图 9-3　实验装置

实验表明，浓硫酸很快使蔗糖、纸张等脱水，变成碳，可见它有强脱水性。浓硫酸对衣物、皮肤等都有强腐蚀性。如果不慎沾上硫酸，应立即用布拭去，再用大量水冲洗。浓硫酸是危险品，保管和使用都要格外小心。

此外，浓硫酸有强吸水性，因此，浓硫酸可作干燥剂。

(2) 稀释浓硫酸错误操作的补充实验

在讲浓硫酸的稀释时，若将错误的操作方法也能做一演示，根据所发生的现象来验证理论知识，则更有说服力。

装置如图 9-3 所示，在 100 mL 烧杯中注入 40 mL 浓硫酸，放在 1 000 mL 大烧杯中。然后在大烧杯口上盖上一块插有漏斗的塑料板，使漏斗的下口对准小烧杯。

用滴管从漏斗往 100 mL 烧杯中滴水，由于浓硫酸与水混合时产生大量的水化热，而硫酸的热容较小不易吸收和散发，致使水滴汽化，热的硫酸四处飞溅。

浓硫酸的稀释的操作及原因见表 9-3。

表9–3　浓硫酸稀释的操作及原因

| | 操　作 | 原　因 |
|---|---|---|
| （a） | 图（a）错误<br>　为说明错误操作的危害，在图（b）特定装置内把少量水滴进浓硫酸中 | 水的密度较浓硫酸小，当水滴入浓硫酸溶解时会产生大量热使水立即沸腾，带着硫酸液滴向四周飞溅，十分危险 |
| （b） | | |
| （c） | 图（c）正确<br>　将浓硫酸沿着杯壁、缓慢地注入水中，并不停搅拌 | 将密度大的浓硫酸缓慢注入水中，及时搅拌使产生的热得以迅速扩散，操作安全 |

　　稀释浓硫酸时，一定要把浓硫酸沿容器壁慢慢注入水里，并不断搅拌。切不可将水倒进浓硫酸里。

---

· 阅读材料 ·

### 浓硫酸作什么"剂"

　　在高中有机化学中，反应都涉及浓硫酸作脱水剂还是吸水剂的问题，那么，在这些反应中，浓硫酸究竟作什么剂呢？

　　我们先来明确脱水剂和吸水剂这两个概念。严格地讲浓硫酸是 $SO_3$ 的水合物，除了 $H_2SO_4$ 和 $H_2S_2O_7$（$2SO_3 \cdot H_2O$）外，还有一系列的水合物，如 $H_2SO_4 \cdot 2H_2O$ 和 $H_2SO_4 \cdot 4H_2O$ 等，这些水合物在通常情况下很稳定，故浓硫酸具有强烈的吸水性，能吸收物质中的水蒸气或结晶水，如浓硫酸不仅能吸收一般的游离态水（如空气中的水），而且还能吸收某些结晶水合物（如 $CuSO_4 \cdot 5H_2O$、$Na_2CO_3 \cdot 10H_2O$）中以氢键方式结合的水分子，故可用作干燥剂。所以浓硫酸的吸水作用是指浓硫酸分子跟水分子强烈结合，生成一系列稳定的水合物，并放出大量的热：

$$H_2SO_4 + nH_2O == H_2SO_4 \cdot nH_2O$$

故浓硫酸吸水的过程应是化学变化的过程，而不是常说的物理变化。

物质被浓硫酸脱水的过程也是化学反应，反应时，浓硫酸按水分子中氢、氧原子个数比（2:1）夺取被脱水物质中的氢原子和氧原子，生成水分子。可被浓硫酸脱水的物质为含氢、氧元素的有机物，其中蔗糖、木屑、纸屑和棉花等物质中的有机物，被脱水后生成了黑色的炭（碳化），如：

$$C_{12}H_{22}O_{11} \xrightarrow{\text{浓硫酸}} 12C + 11H_2O$$

故脱水性是指浓硫酸将有机物中的氢、氧元素的原子按水的组成（2:1）脱去，生成水分子的过程。

［实验］　**浓硫酸的脱水性小心！浓硫酸有强腐蚀性。**

| 操作 | 现象 | |
|---|---|---|
| 用蘸有浓硫酸的玻璃棒，在放在表面皿中的纸上写字，观察变化。 | |  浓硫酸的腐蚀性实验 |
| 在表面皿上放置一小块肉皮，往肉皮上滴一些浓硫酸。 | | |
| 取 20g 蔗糖放入小烧杯中，加少量水使它润湿后，注入 10mL 浓硫酸，搅拌，观察现象，写出反应方程式。 | | 浓硫酸的脱水性实验 |

解释和结论　实验表明，浓硫酸很快使蔗糖、纸张等脱水，变成碳，可见它有强脱水性。浓硫酸对衣物、皮肤等都有强腐蚀性。如果不慎沾上硫酸，应立即用布拭去，再用大量水冲洗。浓硫酸是危险品，保管和使用都要格外小心。

此外，浓硫酸有强吸水性。据此，浓硫酸可作干燥剂。

硫酸事件
2002年2月23日，清华大学学生刘海洋"为了测试熊的嗅觉"将硫酸泼向北京动物园的5只熊

图9-4　硫酸事件

### 三、固体与浓硫酸的反应

[案例4] 蔗糖与浓硫酸的反应。

[实验原理]

浓 $H_2SO_4$ 的脱水性：$C_{12}H_{22}O_{11} \xrightarrow{\text{浓 } H_2SO_4} 12C + 11O_2$

浓 $H_2SO_4$ 的氧化性：$C + 2H_2SO_4 = CO_2 + 2SO_2 \uparrow + 2H_2O$

（1）传统实验

在 200 mL 烧杯中放入 10 g 蔗糖，加入几滴水，搅拌均匀，调成糊状，然后加入 10 mL 质量分数为 98% 的浓硫酸，迅速搅拌。观察实验现象。

实验的缺点是：反应放出大量有刺激性气味的二氧化硫气体，对空气造成严重污染，学生会咳嗽不止，甚至还会影响课堂的正常秩序。

（2）改进后的实验方案

在 100 mL 烧杯中放入 10 g 蔗糖，加入几滴水，搅拌均匀。然后再加入 10 mL 质量分数为 98% 的浓硫酸，迅速搅拌后，将 100 mL 烧杯放入有少量水的玻璃水槽内，再在 100 mL 小烧杯上倒扣一个大烧杯，观察实验现象，如图 9－5 所示。最后用 pH 试纸测定溶有 $SO_2$ 的水。

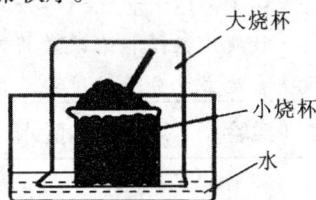

大烧杯
小烧杯
水

图 9－5 改进后的浓硫酸
脱水实验装置图

（3）点评

改进后的实验在密闭体系中进行，使产生的二氧化硫不至于大量扩散到空气中，即使逸出也会被水槽中的水吸收掉，而且实验在烧杯中进行，现象也比较清晰，可见度大。

（4）用容器收集，防止有毒气体扩散

在产生有毒气体的实验中也可以暂时用气球或塑料袋等容器收集毒气，随后在固定地点进行适当处理。

[案例5] 浓硫酸与铜的反应。

（1）传统实验

浓硫酸与铜反应放出二氧化硫酸性气体，以往是铜片与浓硫酸直接在试管中进行反应，此操作不能对反应随意进行控制，既浪费药品又使反应产生过多的 $SO_2$，对环境造成污染，特别是对实验者的健康造成伤害。

（2）实验改进

如果改用铜丝与浓硫酸反应，反应一会儿后，拉出铜丝，反应即停止，减少了 $SO_2$ 对环境的污染；同时可以用蘸有碳酸钠溶液的棉花放在玻璃管口处，碳酸钠与二氧化硫反应，将二氧化硫转化成亚硫酸钠，从而避免对空气的污染。

（3）点评

实验中用铜丝代替铜片，并且依靠铜丝的提升来控制反应的进行，有效地从源头上控制了 $SO_2$ 产生的量，且实验中直接用蘸有碱液的棉花将 $SO_2$ 气体吸收，进一步减少了二氧化硫的扩散。

［实验目的］

（1）使学生认识浓硫酸的氧化性。

（2）掌握实验的操作技术及实验机理。

（3）比较改进前后实验的环保效果和操作方法的简便程度。

（4）提高环境意识和创新思维的研究能力。

［实验原理］

浓硫酸的特性之一是具有强氧化性，它在加热条件下能与铜等金属反应。反应的化学方程式为：

$$2H_2SO_4（浓）+ Cu \xrightarrow{\triangle} CuSO_4 + 2H_2O + SO_2\uparrow$$

［实验步骤］

（1）在试管里放入一块铜片，注入少量浓硫酸，给试管加热，可看到铜片上有气泡冒出。

（2）用润湿的蓝色石蕊试纸放在试管口检验所放出的气体，发现蓝色石蕊试纸变红了，说明有酸性气体放出。

（3）把试管里的溶液倒在盛着少量水的另一支试管里稀释，可看到溶液变为浅蓝色，说明有 $Cu^{2+}$ 生成。

［实验注意事项及成败关键］

（1）因二氧化硫气体对环境有污染，因此反应的时间不太长。

（2）当浓硫酸与铜片共热时间稍长或受温度的影响时，溶液里除黑色不溶物外，还有白色不溶物，此白色不溶物为无水硫酸铜，倒入水中后，形成五水硫酸铜，溶液呈蓝色。

（3）此反应生成的黑色不溶物可能是氧化铜、硫化亚铜及硫化铜。反应的化学方程式为：

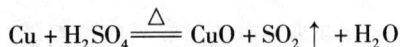

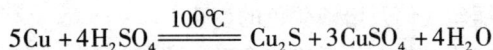

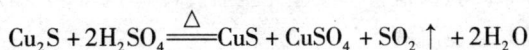

$$Cu + H_2SO_4 \xrightarrow{\triangle} CuO + SO_2\uparrow + H_2O$$

$$5Cu + 4H_2SO_4 \xrightarrow{100℃} Cu_2S + 3CuSO_4 + 4H_2O$$

$$Cu_2S + 2H_2SO_4 \xrightarrow{\triangle} CuS + CuSO_4 + SO_2\uparrow + 2H_2O$$

（4）反应完毕后，待试管内的液体冷却后，再慢慢倾入盛水的烧杯中，切勿将热的液体倒入水中，以免溶液飞溅，造成危险。

[实验研究]

(1) 加热初期，铜片表面变黑，溶液略带蓝色。此时因温度不高，浓 $H_2SO_4$ 氧化性不强，可使部分铜变成 $Cu^+$。发生的反应为：

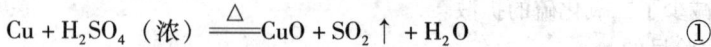

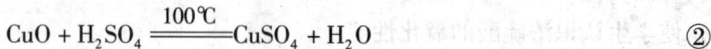

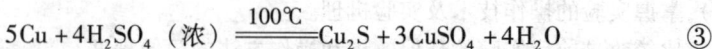

$$Cu + H_2SO_4（浓）\xrightarrow{\triangle} CuO + SO_2\uparrow + H_2O \qquad ①$$

$$CuO + H_2SO_4 \xrightarrow{100℃} CuSO_4 + H_2O \qquad ②$$

$$5Cu + 4H_2SO_4（浓）\xrightarrow{100℃} Cu_2S + 3CuSO_4 + 4H_2O \qquad ③$$

黑色物质为 CuO 和 $Cu_2S$，其中 CuO 会很快变成 $CuSO_4$（见②）。

(2) 继续加热，有大量刺激性气味气体、黑绿色浊液出现，管底可见灰白色固体沉积。此时因温度升高，浓 $H_2SO_4$ 氧化性增强，发生的反应（除有少量发生②反应外）为：

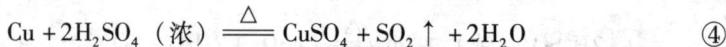

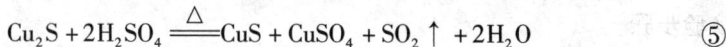

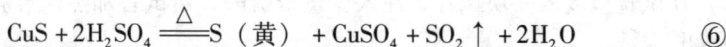

$$Cu + 2H_2SO_4（浓）\xrightarrow{\triangle} CuSO_4 + SO_2\uparrow + 2H_2O \qquad ④$$

$$Cu_2S + 2H_2SO_4 \xrightarrow{\triangle} CuS + CuSO_4 + SO_2\uparrow + 2H_2O \qquad ⑤$$

$$CuS + 2H_2SO_4 \xrightarrow{\triangle} S（黄）+ CuSO_4 + SO_2\uparrow + 2H_2O \qquad ⑥$$

其中黑色的 $Cu_2S$、CuS 与淡黄色的硫单质以及少量蓝色的 $CuSO_4$ 水合物相混合，变成黑绿色浊液。由于浓硫酸的吸水性远强于 $CuSO_4$，故管底沉积物主要是无水硫酸铜。

(3) 再加热，管中有白雾状气体涌出，浊液变为略带蓝色的澄清液，管底灰白色固体增多，铜片变小，甚至消失。此时浓硫酸继续氧化 $Cu_2S$、CuS，并氧化 S，使浊液变清。管中白雾是 $SO_2$ 与 $H_2O$ 形成的酸雾。发生的反应除⑤⑥外，还有：

$$S + 2H_2SO_4 \xrightarrow{\triangle} 3SO_2\uparrow + 2H_2O$$

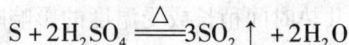

(4) 冷却、静置，将管中溶液倒入另一支试管中，可感觉到管壁发烫，溶液只略带蓝色。发烫的原因是浓硫酸被水稀释所放出的热。再将管底固体倒入水中，溶液蓝色十分鲜明。这是因为管底固体为无水 $CuSO_4$，遇水变为蓝色的 $CuSO_4$ 溶液。

[实验改进]

改进一：将原实验用的铜片变为一束比试管长的细铜丝，这样既可控制反应程度，又便于观察铜丝表面及溶液颜色的变化。

改进二：按原实验操作，待反应完全后，冷却试管，然后向试管中加水，也可看到较为明显的蓝色溶液。

改进三：将 98% 浓硫酸改为 5:1 的浓硫酸，通过胶塞插入下端为螺旋状的铜丝，按图 9 - 6 所示安装仪器。加热试管，约 1 min，即可观察到铜丝表面变黑，且有气体生成，品红溶液逐渐变为无色。停止加热，将铜丝拔出液面，可得蓝色的澄清溶液。加热盛品红溶液的试管，品红溶液恢复红色。

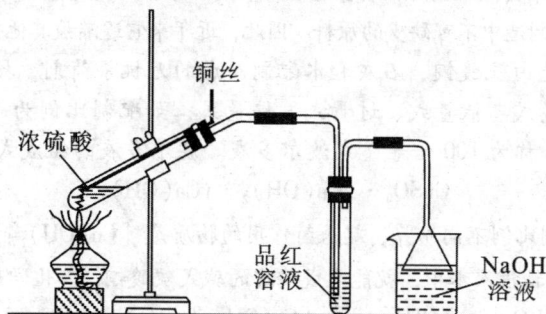

图 9-6　铜与浓硫酸反应装置

---

**· 阅读材料 ·**

### 波尔多液的由来及作用

诺贝尔奖获得者，小麦育种学家 Norman E. Borlaug 说："没有化学农药，人类将面临饥饿的危险。"我国用世界7%的耕地面积养活占世界22%的人口，大力发展农业是国民经济的首要任务，其中化学农药发挥着不可估量的作用。如亚砷酸、亚砷酸钠、硫酸铅等，亚砷酸铜则成为世界上第一个被立法的农药。这些化学农药给人类的农业发展带来了不可估量的作用。其中又以波尔多液和石硫合剂为突出代表，今天它们仍在广泛使用。

1878 年，欧洲葡萄霜霉病大流行时，在法国的波尔多城，发生了一件怪事。就在许多葡萄园里霜霉病猖狂地毁坏着葡萄的时候，独有一家葡萄园靠近马路两旁的葡萄树，却安然无恙。

这是怎么回事？原来，由于马路两边的葡萄，常常被一些贪吃的行人摘掉，园工们为了防止行人偷吃葡萄，就往这些树上喷了些石灰水，又喷些硫酸铜溶液。石灰是白的，硫酸铜是蓝色的，喷了以后，行人以为这些树害了病，便不敢再吃树上的葡萄了。原来马路两旁的葡萄树不害霜霉病的原因是与树上所喷的石灰水和硫酸铜溶液有关。

人们根据这个线索得到启示并钻研下去，经过几年努力，终于在 1885 年制成了石灰和硫酸铜的混合液。在这种混合液里，石灰和硫酸铜起了化学反应，生成了碱式硫酸铜，它有很强的杀菌能力，能够保护果树不受病菌的侵害。由于这种混合液是在波尔多城发现的，并在 1885 年就首先在波尔多城使用，所以被称为波尔多液。

波尔多液的杀菌效果虽好，制备也较简单，但由于硫酸铜是炼铜的原料，而铜是国防工业和电器制造中不可缺少的原料。因此，近年来它逐渐被其他杀菌剂所取代。

波尔多液是由硫酸铜、石灰和水配制而成的无机杀菌剂，按配制比例的不同，可分为等量式、低量式、过量式、倍量式，如配制比例为 1:1:100（硫酸铜:生石灰:水）称为 100 倍等量式波尔多液。波尔多液的组成式为：

$$CuSO_4 \cdot xCu(OH)_2 \cdot yCa(OH)_2$$

$x$、$y$ 因配制比例不同而异，起杀菌作用的物质是 $[Cu(OH)_2]_3 \cdot CuSO_4$。将蓝矾和石灰的混合物投入水中，就能生成难溶的碱式硫酸铜，其化学反应如下：

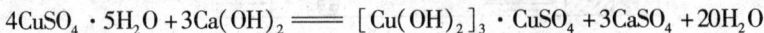

$$4CuSO_4 \cdot 5H_2O + 3Ca(OH)_2 \Longrightarrow [Cu(OH)_2]_3 \cdot CuSO_4 + 3CaSO_4 + 20H_2O$$

波尔多液因强附着力附着于植物上，在植物和病菌分泌的酸性物质、空气中二氧化碳的作用下，铜盐会溶解释放出浓度适中的铜离子。铜离子进入病菌体内导致细胞原生质蛋白质凝固变性而杀死病菌（因为生命的产生、存在和消亡，无一不与蛋白质有关，没有蛋白质就没有生命），却不伤害植物，具有很强的保护性杀菌能力。

波尔多液最好在病菌侵入前使用，且需要根据植物对 $Cu^{2+}$ 和 $Ca^{2+}$ 的敏感程度及病菌种类等因素，来确定波尔多液的配置比例，如对铜元素敏感的植物要选用石灰过量式配置。应注意，波尔多液在使用时不能与碱性农药（特别是有机磷）混用，并要考虑到天气情况，阴雨天、雾天以及晴天气温超过 30 ℃ 的中午，不宜使用。

古老的波尔多液具有很多特点，如杀菌力强，药效持久，防治范围广，对植物和人畜相对安全，微量的铜还能促进植物叶绿素的形成，刺激生长。在农药品种繁多的今天，波尔多液仍然是生产无公害农产品的首选杀菌剂。

## 浅谈白色污染的危害及防治

塑料取材容易，价格低廉，加工方便，质地轻巧，深受世界各国人民欢迎，给人类生活带来了许多方便和益处，也在社会发展中发挥了前所未有的重大作用。但是用过的大量农用薄膜、包装用的塑料袋和一次性塑料餐具在使用后被抛弃在环境中，给景观和环境带来很大破坏。严重影响了人和动植物的生存质量，导致动物误食后死亡，植物被塑料隔离，不能正常吸收养分和水分，致使颗粒无收。为了保护环境，实现持续发展，急需加强对白色污染危害的防治，提高人们的环境意识，确保人与自然共同繁荣和社会的持续发展。

一、什么叫白色污染

"白色污染"是指聚苯乙烯、聚丙烯、聚氯乙烯等高分子化合物制成的各类生活塑料制品、农用地膜等使用后被弃置成为固体废物，难于降解处理，以致造成环境严重污染的现象。

由于塑料包装物大多呈白色，它们造成的环境污染被称为白色污染。塑料是一类高分子材料。以石油为原料可以制得乙烯、丙烯、氯乙烯、苯乙烯等，这些物质的分子在一定条件下能相互反应生成分子量很大的化合物（即高分子）：聚乙烯、聚丙烯、聚氯乙烯、聚苯乙烯。我们通常使用的就是由上述四种高分子组成的材料（聚乙烯、聚丙烯薄膜抖

图9-7　塑料垃圾——"白色污染"

动时声音发脆，而聚氯乙烯薄膜较柔软，抖动时无发脆声音；发泡塑料一般是聚苯乙烯，燃烧时有浓烟）。从上世纪60年代开始，塑料进入广泛实用阶段。由于塑料具有很多优点：它取材容易，价格低廉，加工方便，质地轻巧，因此塑料一问世，便深受世界欢迎，它迅速渗入到社会生活的方方面面，塑料被制成碗、杯、袋、盆、桶、管等。塑料被列为20世纪最伟大的发明之一，塑料的普及被誉为白色革命。

随着塑料产量不断增大，成本越来越低，我们用过的大量农用薄膜、包装用的塑料袋和一次性塑料餐具在使用后被抛弃在环境中，给景观和环境带来很大破坏。（如图9-7所示）

二、白色污染的危害

白色污染存在两种危害：视觉污染和潜在危害。

视觉污染指的是塑料袋、盒、杯、碗等散落在环境中，给人们的视觉带来不良刺激，影响环境的美感。前几年，有人戏称我国有两座万里长城，一为古长城，二为白色长城，指的是我国铁路沿线到处是白色的饭盒、塑料袋，这就是视觉污染。在学校及周边，随处可见一次性饭盒、各色塑料袋随风到处飘扬，严重影响校园及周边环境的美观。

潜在危害是多方面的，严重影响我们的身体健康，使土壤环境恶化，严重影响农作物的生长。塑料膜填埋后的土地由于地基松软，垃圾中的细菌、病毒等有害物质很容易渗入地下，污染地下水，危及周围环境。若把废塑料直接焚烧处理，将给环境造成严重的二次污染。

例如：一次性发泡塑料饭盒和塑料袋盛装食物严重影响我们的身体健康。2010年3月20日，北京市消费者协会发布2001年第1号消费警示：当温度达到65℃时，一次性发泡塑料餐具中的有害物质将渗入到食物中，对人的肝脏、肾脏及中枢神经系统等造成损害。因此，2001年4月23日，国家经贸委发布了《关于立即停止生产一次性发泡塑料餐具的紧急通告》，要求停止生产一次性发泡塑料饭盒。

　　我们现在用来装食物的超薄塑料袋一般是聚氯乙烯塑料。早在四十年前，人们就发现聚氯乙烯塑料中残留有氯乙烯单体。当人们接触氯乙烯后，就会出现手腕、手指浮肿，皮肤硬化等症状，还可能出现脾肿大、肝损伤等症状。1975 年，美国就禁止用聚氯乙烯塑料包装食品饮料。在我国，更为严重的是，我们用的超薄塑料几乎都来自废塑料的再利用，是由小企业或家庭作坊生产的。中央电视台《新闻调查》节目组曾经暗访了塑料袋的生产厂，这些生产厂所用的原料是废弃塑料桶、盆、一次性针筒等。生产时，首先用机械把原料粉碎成塑料粒子，再把塑料粒子放在一个水池里清洗（名曰消毒），取出来晒干，再用机械把它压成膜，制成各种塑料袋。记者问老板，这种塑料袋用来装食物，是否对人体有害，该老板毫不遮掩地承认这类薄膜未经消毒，肯定有害于身体，他本人从不用这种塑料袋装食物。每次吃饭时，不少人用塑料袋装饭菜，他们不知道这种行为不仅危害环境，也危害自己的身体。

　　塑料制品使土壤环境恶化，严重影响农作物的生长。我国目前使用的塑料制品一般是不可降解的，其分子量在 20 000 以上，只有分子量降为 2 000 以下时，才能被自然界中微生物所利用，而这一过程至少需 200 年。农田里废农膜、塑料袋长期残留在田中，会影响土壤的透气性，阻碍水分的流动，从而影响农作物对水分、养分的吸收，抑制农作物的生长发育，造成农作物的减产。若牲畜吃了塑料膜，会引起牲畜的消化道疾病，甚至死亡。

　　目前，填埋作业仍是我国处理城市垃圾的一个主要方法。由于塑料膜密度小、体积大，所以它能很快填满场地，降低填埋场地处理垃圾的能力。填埋后的场地由于地基松软，垃圾中的细菌、病毒等有害物质很容易渗入地下，污染地下水，危及周围环境。

　　若把废塑料直接进行焚烧处理，将给环境造成严重的二次污染。塑料焚烧时，不但产生大量黑烟，而且会产生迄今为止毒性最大的一类物质：二噁英。二噁英进入土壤中，至少需 15 个月才能逐渐分解，它会危害植物及农作物。二噁英对人和动物的肝脏及脑有严重的损害作用并具有强烈的致癌作用。焚烧垃圾排放出的二噁英对环境的污染，已经成为全世界关注的一个极敏感的重大问题。

　　三、白色污染的防治

　　目前，白色污染受到社会的普遍关注。对于白色污染的防治中，应当从根源做起。我们应尽量减少一次性塑料餐具的使用，提倡使用可降解塑料，如聚乳酸、聚羟基丁酸酯等，这种塑料在环境中经过一定时间可以降解为小分子物质或被微生物分解，从而减少白色污染。我们应该从自身做起，减少塑料制品的使用。

1. 减少或停止使用塑料制品：停止使用一次性餐具及超薄塑料袋，买菜可用菜篮子、布袋子或较厚的塑料，回收废塑料并使之资源化是解决白色污染的根本途径，开发降解塑料，加强环保宣传，提高公民的环境意识，使社会上形成良好的环保氛围。

现在许多城市都推广使用绿色餐具——纸制餐具，因为纤维素能被微生物降解。但许多环保专家认为，用纸制餐具代替发泡塑料餐具亦不明智。首先，纸制餐具同样也会带来视觉上的污染，因为它们的降解速率并不快，往往在几十天甚至几个月内也不会降解彻底。其次，用纸制餐具时，除用到草浆、稻浆外，还要加入1/3左右的木浆，若全面推广，势必造成大量木材的消耗，导致森林砍伐的加剧。值得注意的是，我国森林覆盖率仅为13.92%，人均占有森林面积只相当于世界人均水平的17.2%，居世界112位。第三，制纸浆历来是耗水大户、耗能大户及排污大户。造浆工艺需大量水，而我国人均水的占有量在世界上排88位，已被列为世界12个贫水国家的名单上。若污水未经处理，直接排入河流中，会引起水污染。纸制餐具成型后需立即烘干，这就需要耗大量能源。我国能源结构是以燃烧为主，这样就会增加空气中二氧化硫的含量，引起酸雨。因此，无论是从环保角度，还是从节约资源角度，不使用一次性塑料餐具及纸制餐具都有利于环保和节能。任何一次性餐具不仅不利于环保，也是对资源的最大的浪费。我们在日常生活中，应拒绝使用超薄塑料袋买菜或盛装食物，买菜可用菜篮子、布袋子或较厚塑料袋，避免使用上的一次性，从而减少塑料袋对环境的污染。

2. 回收废塑料并使之资源化是解决白色污染的根本途径。其实，塑料和其他材料比，有一个显著的优点：塑料可以很方便地反复回收使用。废塑料回收后，进行分类、清洗后再通过加热熔融，即可重新成为塑料制品。从组成看，聚乙烯、聚丙烯、聚苯乙烯均由碳氢元素组成，而汽油、柴油等燃料也是由碳氢元素组成，只不过分子量较小。因此，把这几类塑料隔绝空气加热至高温，使之裂解，把裂解产物进行分馏，可制得汽油与柴油。

近年来，一些国家大力开展3R运动，即要求做到废塑料的减量化（Reduce）、再利用（Reuse）、再循环（Recycle）。目前，在德、日、美等国家，由于重视对包装材料的回收处理，已经实现了塑料的生产、使用、回收、再利用的良性循环，从根本上消除了白色污染。

3. 研究开发降解塑料。降解塑料具有与普通塑料同样的使用功能，但在完成其使用功能而被废弃后，其化学结构可以在某些条件下发生变化，使高分子分解成分子量较小的分子，最后，被自然环境所同化。降解塑料有三类：光降解塑料、生物降解塑料及双降解塑料。但是现在许多降解塑料并非100%降解，只是把塑料变为塑料碎片。据报道，我国陕西杨凌农业高新技术产业示范区已研制成功100%降解的塑料。它是将淀粉和不可降解的塑料通过特殊设备粉碎成纳米级后进行物理结合，再将两者比例控制在一定范围内。用这种新技术生产的农用地膜，经过四五年的大田试验，结果显示，在70天至90天内，淀粉完全降解为水、二氧化碳，塑料变为对土壤和空气无害的细小颗粒，并在17个月内同样完全降解为水、二氧化碳。现在这种塑料已投入批量生产。目前在世界上降解塑料还远远没有得到大规模使用。开发使用降解塑料也只能作为解决白色污染的辅助措施。

4. 加强环保宣传，提高公民的环保意识。在社会上形成良好的环保氛围，是解决白色污染及其他各种形式污染的前提。例如，要回收废塑料，就要实行垃圾回收分装制度，把不同类的垃圾放在不同的垃圾桶内，这就需要我们有高度自觉的环保意识。

让我们人人树立以爱护环境为荣，破坏环境为耻的思想，以实际行动来消除校园里的白色污染及其他污染，把祖国建设为绿色祖国、文明中国。

## [本章小结]

本章中的案例只是代表性的实验示范，大量有关实验并没有引入，为了防止或减少有害气体对人体的危害和环境的污染，可以通过改进实验的方法，如置于密闭体系中，将尾气暂时收集和无害化、资源化处理等。

## [思考练习]

1. 谈实验安全问题的目的意义是什么？

2. 实验环境安全和操作安全的重要性和意义是什么？

3. 安全实验的操作方法、措施和规律是什么？

4. 绿色化学实验的发展方向是怎样的？

5. 根据所学内容和新课程的要求，自己设计一个安全性好又环保的实验，写出反应原理及方法，画出装置图。

# 第十章　中学化学实验教学评价

## [内容提要]

本章以新课标的要求为指导，首先介绍了化学实验教学评价的理念，其次，阐述了化学实验教学评价的意义、特征与原则，最后深刻阐述了化学实验教学评价的内容和指标体系及方法等，用以揭示中学化学实验教学评价的理论基础和实践方法，从而提高新教师的评价能力，以达到教师教育的教学目的。

## [学习指导]

1. 了解中学化学实验教学评价的理念、意义、特征、原则。
2. 理解评价的内容指标和体系。
3. 掌握新课标要求的评价方法并加以实践。

# 第一节　化学实验教学评价的理念

### 一、化学实验教学评价的理念

教学评价就是通过一定的方法、途径对教学方案、教学活动及教学效果等问题作出价值判断的过程。它是收集各种教学反馈信息，分析判断化学教与学的状况，制订改进化学教学方案和教学实践的反馈性决策，有效实现化学教育目标和促进师生共同发展的不可或缺的手段。要克服传统应试教育文化带来的各种弊端，确保我国新世纪基础教育课程改革的顺利进行，首先必须转变传统应试教育视野下的化学教学评价理念，树立起与我国新世纪基础教育课程改革理念相一致的新型化学教学评价观。否则，难以真正克服"见分不见人"的应试教育评价方式给学生个性全面发展造成的负面影响，最终不仅难以实现我国教育评价实践的实质性变革，而且我国新世纪基础教育课程改革也不可能取得预期成效。因此，我国《基础教育课程改革纲要（试行）》强调指出：

（1）要改变课程评价过分强调甄别与选拔的功能，发挥评价促进学生发展、教师提高和改进教学实践的功能。

（2）要建立促进学生全面发展的评价体系。评价不仅要关注学生的学业成绩，而且要发现学生多方面的潜能，促进学生在原有水平上的发展。

（3）要建立促进教师不断提高的评价体系。强调教师对自己教学行为的分析与反思，建立以教师自评为主，校长、教师、家长共同参与的评价制度，使教师从多种渠道获得信息，不断提高教学水平。

（4）要建立促进课程不断发展的评价体系，周期性地对学校课程执行的情况、课程实施中的问题进行分析评估，调整课程内容，改进教学管理，形成课程不断革新的机制。

由此可见，我国新世纪教育评价的根本目的不是为了对学生进行甄别和选拔，而是为了促进学生全面发展、教师教学水平的提高和新课程的不断发展。这就是我国新世纪基础教育课程所倡导的发展性教育评价理念的基本内涵。

在这种发展性教育评价理念的指导之下，我国全日制基础教育《化学课程标准（实验稿）》要求确立起以培养和发展学生科学素养为宗旨的化学教学评价新理念。这种新型化学教学评价理念的内涵体现在如下几个方面：

（1）注重评价的发展性。化学教学评价的根本目的在于通过评价改进化学教学实践，促进学生科学素养的不断提高和发展。这是我国新世纪化学教学评价的核心理念和根本取向，它规定和制约着教学评价体系的其他各个侧面。同时，这也是我国新世纪教学评价观不同于应试教育评价观的根本特征。评价不再是为了区别和选拔学生，而是旨在通过全面考查学生在科学素养的各个侧面形成与发展的状况，并通过分析指导，激发学生发展的内在动力，改进教学计划及化学教与学的策略，为促进学生科学素养的发展和教师教学水平的提高服务。

（2）注重评价指标的全面性。化学教学评价既要评价学生化学知识技能的掌握情况，更应重视对学生科学探究能力、情感态度与价值观等方面的评价，使评价内容指标涵盖科学素养的各个领域。这不仅有利于引导我们在化学教学过程中切实关注科学素养发展的各个侧面，避免仅仅注重化学知识技能领域目标的期望和偏向，而且有利于引导我们积极运用各种评价方式去探测、了解学生在各个科学素养领域的发展状况与发展过程，并为改进未来化学教学实践提供反馈性抉择。

（3）注重评价与教学的一体化。打破化学教学评价游离于教学过程之外、凌驾于教学过程之上的传统思维定式，强调评价与教学的统一。评价和教学是化学教学过程的两个密不可分的侧面，是一个完整化学教学过程的有机组成部分，它持续地贯穿于化学教学活动的每一个环节。它是收集各种教学反馈信息，分析判断化学教与学的状况，作出指导和改进化学教学实践的反馈性决策，有效实现化学教育目标和促进师生共同发展的不可或缺的手段。例如，①改进化学课堂教学策略。在课堂教学过程中，化学教师可以连续不断地收集学生理解状况的信息，然后根据对这些信息的解释来调整课堂教学策略。②提高化学教学设计的成效。化学教师可以充分利用教学过程中获取的评价信息判断化学教学内容是否适合学生的年龄阶段，判断学生是否对这些内容感兴趣，判断选择的化学教学活动或案例对期望达到的化学学习目标的有效性，了解学生已有的知识基础和能力水平，为化学教师制订切实可行的教学计划提供有效依据。③培养学生的自我评价能力。自我评价是培养学生认知能力的重要途径，在教学过程中，化学教师可以通过与学生多向对话的方式，把收集到的评价信息提供给学生，这些信息可以用来评价自己和同学的学习，从而有助于培养学生的自我评价技能，并有助于培养责任感。④促进化学教学研究。化学教师可利用关于学习成绩和学习机会的评价数据来研究有关有效化学教学实践的问题，以探寻各种能够有效促进学生科学素养提高和发展的方式方法。因此，实现化学教学评价与教学过程的有机整合，有利于充分发挥教学评价对化学教与学实践的指导功能、促进功能和教育功能。

（4）过程评价与结果评价并重。即强调形成性评价和终结性评价的有机结合。传统评价往往强调学生提供问题的标准答案，而把学生形成假设与搜集证据、分析思考与论证推理的过程排除在评价范围之外，这样会导致学生注重结果而忽视科学探究的过程，难以养成进行科学探究的习惯和严谨的科学态度与科学精神，不利于创造能力和实践能力的培养。因此，评价必须切实关注学生学习和发展的过程，才能真正了解学生积极参与努力的程度、所取得的进步、所遇到的困难和问题，才能真正把握学生的个体差异，并对学生的学习和科学素养的持续发展提出切实可行的指导建议，充分发挥评价促进学生科学素养发展的教育功能，全面达成科学素养各个领域的目标，实现化学知识技能、过程、能力与方法以及情感、态度与价值观的全面协调发展。因此，我们应当把形成性评价与终结性评价有机结合起来，既根据形成性评价关于学生学习和科学素养发展历程的描绘和评价，制订切实可行的教学改进计划，又根据终结性评价关于学生科学素养发展结果的评价，判断和把握学生当前的科学素养发展水平，使终结性评价结果成为实施教学改进计划的依据和起点，以充分发挥二者对改进化学教学实践和促进学生科学素养发展的作用，实现评价与教学的统一。

（5）强化评价的诊断与发展功能，弱化评价的选拔与淘汰功能；强化评价的内在激励作用，弱化评价的外在诱因和压力作用。评价不仅要诊断和鉴定学生在科学素养诸方面的发展状况，更要探寻学生科学素养提高和发展的契机，发现学习过程中遇到的困难和问题，并针对每个学生的学习状况和个性差异特点制订有效的教学与学习改进计划，提出方向性和策略性建议，促进学生科学素养在已有水平上进一步提高和发展。评价更要使学生从消极被动的被评价者转变成积极主动地参与评价过程的主体，师生共同承担促进学生不断发展、教师教学水平不断提高的职责，在平等、民主、坦诚交流的气氛中实现评价者与被评价者之间的积极互动，使评价过程成为主动参与、自我反思、自我教育、自我发展的过程。

(6) 改变过分追求评价标准化和客观化的倾向，突出评价的整体性、综合性和多样性。过分追求评价的标准化和客观化是传统评价方式的重要特征。这种基于科学主义和客观主义假设的评价方式，实质上是以单一的学科知识技能标准和控制性、区分性（人为地区分出成功者和失败者）、客观性去满足考试竞争需要的，在追求评价的标准化、客观化的同时，往往把赋予分数和排列名次等混同于对学业成就的评价，而忽视或排斥了真正的价值判断，削弱了评价之后改进教学实践和促进学生发展的教育功能本质。学习者的参与过程、真实表现、丰富多样的学习经验，以及科学素养的本质侧面，诸如科学态度、科学精神、价值观和社会责任感、批判思维能力、问题解决能力以及参与社会决策的能力等，几乎被标准化评价剔除了出去。结果不仅使科学教育评价丧失了真正的价值功能，而且严重地窄化了科学素养的目标领域。更为严重的是，由于评价方式对科学教育实践的强烈导向作用，传统考试所倡导的"标准正解"及其对科学素养的本质侧面、学习者参与过程和真实表现的排斥，无疑是学校科学教育中应试教育和机械学习现象的催化剂。化学教学评价的根本目的在于通过评价改进化学教学实践，促进学生科学素养的全面发展。为此，必须要改变过分追求评价的标准化和客观化的倾向，突出评价的整体性、综合性和多样性，在这样的视野之下，根据不同的评价目的和评价内容领域，把量化评价与质性评价有机结合起来，采取多样化的评价方式全面收集反映学生科学素养发展过程和结果的信息资料，对学生科学素养发展的状况作出价值判断，并制订调整教学与学习过程的决策建议与改进计划，促进学生科学素养的进一步提高和发展。唯有如此，才能切实提高评价的信度与效度，充分发挥评价之于改进化学教学实践和促进学生科学素养发展的功能。

我们欣喜地看到，我国新世纪基础教育化学课程从全面培养和发展学生科学素养出发，确立了新的课程教学评价理念，它极大地超越了注重选拔指标而忽视科学素养全面发展目标，注重结果评价而忽视过程评价，注重量化评价而轻视质性评价的传统评价观念，从而为克服传统考试和应试教育带来的弊端，有效地发挥评价之于改进化学教学实践的功能，促进化学教学过程中学生科学素养的发展，保证我国新世纪基础教育化学课程的实施成效创造了有利条件，对于实现我国化学教学评价实践的实质性变革具有重要的指导意义。

# 第二节　化学实验教学评价的特征与原则

## 一、化学教学评价的特征

我们看到，注重和强化化学教学评价的诊断、激励、教育和发展功能，通过评价改进化学教学实践，促进学生科学素养的不断提高和发展，是我国新世纪化学教学评价的核心理念。那么，能够对化学教学实践产生这些正向功能的教学评价必然要具备一系列不同于传统应试教育评价的新特征。

### 1. 评价目标内容的全面性

评价目标内容的全面性是确保评价对教学实践产生正向功能的根本前提之一，因而也是避免传统应试教育偏向的有效措施。因此，我国新世纪全日制基础教育《化学课程标准（实验稿）》强调要根据化学课程标准中提出的科学素养内容目标，从化学知识与技能素养，科学探究过程和方法素养，以及情感、态度与价值观素养等三个维度对学生科学素养发展状况进行全面评价。

（1）化学知识技能素养领域评价内容包括：常见物质的组成、性质及其在社会生产和日常生活中的应用，化学用语，最基本的化学概念，物质的微粒构成，化学变化的基本特征，物质性质与用途之间的关系，化学与社会和技术之间的相互联系及据此分析有关简单问题的能力，基本的化学实验技能及设计和完成简单化学实验的能力。

（2）科学探究过程和方法素养领域评价内容包括：对科学探究的本质和意义的理解；进行科学探究的能力，包括提出科学问题，进行科学猜想和假设，制订探究计划，进行试验，搜集证据，解释与结论，反思与评价，表达与交流8个基本方面。

（3）情感、态度与价值观素养领域评价内容包括：对生活和自然界中化学现象的好奇心和探究欲，对化学的学习兴趣；科学的物质观与世界观；对化学在改善个人生活和促进社会发展中积极作用的感受，对与化学有关的社会问题的积极关注以及应用化学知识、技能、能力积极参与社会决策的意识；珍惜资源、爱护环境、合理使用化学物质的观念；善于合作、勤于思考、严谨求实、勇于创新和实践的科学精神；爱国主义情感和为民族振兴、社会进步而学习化学的远大志向。

### 2. 评价主体的多元化

化学教学活动的开放性决定了只有实现评价主体的多元化，才有可能对化学学习的过程进行全方位评价。而且，评价主体的广泛参与将有利于把化学素质教育的期望和质量状况有效地传达给所有关心国家科学教育的人们，从而造就全社会广泛关心和支持科学教育的社会环境。评价的主体应当包括学校内部的校长、教师、学生、家长和学校外部的考试机构、科学教育团体等。特别要让学生作为评价主体积极参与教学评价过程，引导学生学会自我评价与评价他人，不仅有利于培养学生的反思能力和交流能力，而且有利于激发学习动机，使学生认识自身的优势和不足，并明确未来努力的方向，从而充分发挥评价的内在激励作用和促进学生科学素养发展的功能。

### 3. 评价方式的多样化

不仅评价目标内容对化学教学实践具有强烈的制约和导向作用，而且评价的方式同样会对化学教学的方式方法及教与学的效果产生强烈的影响。其实，对评价目标内容的偏颇定位和过分追求量化、标准化、客观化的评价方式是造成我国传统应试教育恶果的重要根源。因此，为了克服科学主义和客观主义量化评价方式的弊端和传统应试教育的巨大惯性，我国新世纪基础教育课程在全面规定评价素养目标和内容领域的基础上，积极倡导应根据不同的评价目的、目标采取多样化的评价方式，如学生自我评价、化学学习档案袋评价、活动表现评价等质性评价的方式方法，并要求在纸笔评价中注重对学生解决实际问题能力的考核，对评价结果的报告可以采用定性分析报告与等级记分相结合的方式。

我们看到，强调评价目标内容的全面性、评价主体的多元化与评价方式的多样化是我国新世纪基础教育化学教学评价的基本特征。特别是在评价方式上，强调评价的全面性、过程性、真实性和表现性（如学习档案袋评价、活动表现评价），以全面了解学生科学素养的实际发展历程，真实地展现和解释学生科学素养发展的实际状况，以改进化学教学实践、促进学生科学素养的提高和发展制订行之有效的决策计划。

## 二、化学教学评价的原则

要克服我国长期存在的传统应试主义教育偏向，真正发挥教学评价的诊断、激励、教育和发展功能，就必须要设计出能够发挥这些功能的教学评价方案或评价工具，并在这种评价方案及评价实施中体现我国新世纪基础教育化学课程所构建的教学评价体系的基本特征。为此，化学教学评价的设计与实施应当遵循如下的基本原则。

### 1. 系统设计化学教学评价

化学教学评价的根本目的是为了在评价数据（包括量化数据及质性数据）的基础上评判化学教学质量，并制订能够有效改进化学实践的计划或策略。因此，对化学教学评价进行系统设计的目的在于保证评价的有效性——确保评价数据的有效性、数据解释的准确性、决策的正确性，并且确保数据收集、数据解释和决策过程三者之间的一致性。因此：

（1）评价计划必须包括如下内容：明确的评价目标，对收集数据的性质和量的描述，评价样本的大小，数据收集方法的描述，数据解释方法的描述，决策过程的描述。

（2）评价目标必须明确说明评价的目标即欲评的内在属性（如学生对自然界的理解、科学探究能力、科学态度和价值观等）或学习机会（如化学学习时间、空间、学习资源、化学教师专业素养等）。

（3）评价过程必须具有内在一致性，即确保数据收集、数据解释和决策过程三者之间的一致性，在三者之间建立起合理的推理链条。

（4）评价数据与决策之间的关系必须清楚。评价数据是对上述各种教育变量状况的反映，数据解释在于利用数据说明和检验这些变量之间的关系，而教育决策（如改进化学教学实践的决策）则是为改善这些变量的实际状况及其相互关系而采取一定的行动措施。因此，评价数据与决策之间的关系必须阐述清楚，否则评价就失去了意义，甚至会产生负面效应。

**2. 确保化学教学评价实施各环节的质量**

既然评价目的是依据评价数据对化学教学的质量作出推论并制订改进化学教学实践的措施或计划，那么这些推论与行为决策的合理性就取决于评价工作各环节的质量。

（1）确保评价内容的全面性。必须要全面地收集反映学生学习成效的信息资料，并且重视对学习机会的评价。如果不对所有学习成果进行评价，教师和学生很可能会重新确定内容目标，只注重那些要评价的内容。因而评价不能仅仅考查化学基本知识技能（尽管是必要的）。而且，收集的信息资料必须要集中在对学生发展而言最重要的内容及其整体框架上，诸如重要的化学事实、概念、原理、定律和理论、科学探究能力，运用化学知识技能对有关的个人或社会实际问题进行决策的能力以及这些侧面之间的相互关系。而且，应当同样重视对学习机会的评价，包括教师专业素质、化学学习时间、从事科学探究的资源条件、现有化学教材的质量等。

（2）确保评价方式的适当性。评价方式必须适合于评价的目标，这是解决评价工作中"欲评"与"实评"矛盾的关键，即评价方式必须保证能够获得想要评价的内容的真实信息，才能确保教学评价的效度。评价目标的多样性必然决定了评价方式的多样性，诸如化学教学活动中观察学生表现、与学生进行面谈、布置的正式作业、项目调查、化学小论文、解决问题过程中的实际表现、选择题、简答题等。一定要根据评价目标来决定采用量化评价方式还是采用质性评价方式，例如，要评价学生设计探究方案解决实际问题的能力，就必须要求学生提出问题并设计方案解决这些问题，选择题和简答题等传统评价方式则是不适当的。

（3）加强评价问题的真实性。当学生所参与的评价任务与他们日常生活中接触到的实际问题情景相近时，收集到的资料可信度就高，因而评价工作就真实可信。而传统评价方式的最大弊端就是脱离了学生的真实世界，难以对学生在实际生活情景中运用化学知识技能解决问题的予以评价。

（4）确保评价结果的一致性和稳定性。即一个学生的成绩在多次目标相同的评价中成绩应该是一致的，而且在相距不长的时间内具有一定的稳定性。为此，应当确保学生有足够的机会来展示他们的全部学习成果。例如，评价必须在学生所熟悉的环境下进行，为学生提供多次评价机会，根据化学课程标准控制试题难易度等。

（5）确保评价行为的公正性。要采取一些避免偏见并保证评价公正性的措施，使评价所采取的形式、确定评价任务时所采取的程序、评价的内容和语言、评价的具体过程和评价结果的分析等对所有学生来说都必须是公正的。

（6）确保评价推论的坚实性。评价推论主要是化学教师依据自己已有的相关经验、理解和评论对评价资料所作的分析和解释。因此，要保证评价推论的坚实性，化学教师就需要意识到并且说明推论过程所依据的这些前提，而且必须保证推理过程的严谨性。

# 第三节　化学实验教学评价的意义

教学评价是指按照一定的教学目标，运用科学可行的评价方法，对教学过程和教学成果给予价值上的判断，为改进教学、提高教学质量提供可靠的信息和科学依据。

教学评价是按照教学目标进行的，明确教学目标是搞好教学评价的前提。教学目标总是带有某些程度的原则性、抽象性和笼统性。为了使教学评价顺利地进行，必须把教学目标分解为教学指标，建立教学指标体系。在指标体系中，对起主导作用的教学评价指标应适当加大权数，以示其重要性。但对指标体系中权数小的指标，在评价中也不能忽视，绝不能仅用一项或几项指标去判断教学质量。因为，教学是学生在教师有目的、有计划的指导下，主动地学习掌握系统的文化科学基础知识，形成基本技能、技巧，发展其认识能力和创造能力；并使学生身体得到正常发育、健康成长；逐步形成正确的审美观点和感受美、鉴赏美及创造美的能力；逐步养成社会主义的道德行为和思想品质，形成辩证唯物主义世界观的基础，并使其个性得到和谐的发展。掌握系统的文化基础知识是教学的一个重要指标，但不是唯一的指标，如果只用掌握知识来评价教学，就不全面、不科学。所以，教学评价必须按照反映教学目标的教学评价指标体系进行评价。

教学评价是对教学过程、教学成果的价值判断。教学过程是指教师教和学生学的统一活动过程。在这个过程中，教师要根据一定的教育目的，制订和实施教学计划并进行自学指导。学生在教师指导下，主动学习，达到预定的教学目标。教学过程评价的具体内容包括备课、上课、辅导和学生学业成绩考查与评定的全过程，以及教学的内容、形式和方法。教学成果是指通过教学活动后，学生在学习能力和学习成就上的变化表现，教学成果评价也就是要评价学生学习能力、学习目的、态度、人格变化，以及达到新课标要求的程度等。可见，教学评价既是对教师教的能力和教的效果作出价值判断，也是对学生学习能力和学习成就上的变化作出价值判断。

当前，有的学校领导和教师对教学评价的实质和意义认识不清。有的认为搞教学评价主要是为了区分教师的水平高低或工作好坏；有的甚至把教学评价作为管理教师的手段，把评价结果作为分发奖金、津贴的依据；有的还把教学评价作为考查学生记住多少书本知识，而忽视智力、能力和思想品德的考评；有的还以升学率作为唯一标准，缺乏科学的、全面的教学评价指标体系。这些认识和做法都是不全面的甚至是错误的。

从现代教学管理和教学评价的现状与发展趋势看，积极开展科学的教学评价，对于增强教学管理效能，提高教学质量，加强教学研究，全面贯彻教育方针，培养合格人才都有着十分重要的意义。具体地说，教学评价的意义主要有以下几个方面：

## 一、在教学中落实教育方针的重要措施

教学评价是学校贯彻教育方针，提高教学质量，培养合格人才的一项重要工作。学校教学的基本目标落实得如何？教学中是否全面贯彻教育方针？通过教学评价就可获得这方面的信息。一所学校，如果不注重教学评价，那就可能使教师、学生和教学管理干部对教学活动不明确，盲目地进行教学活动，糊涂地搞教学管理，使学生偏离教学目标，走上片面追求升学率的邪路。因此，对教学进行科学的评价，是在教学领域中落实教育方针的重要措施，有利于端正教学的指导思想。

## 二、教学评价是推动教学改革的巨大动力

教学评价就是对教学活动的价值进行判断。

这种判断不仅要运用现代教育观念，而且要求评价内容、标准和方法都要符合教学改革的需要。如在教学思想上，要求教书育人，全面发展学生的能力，培养学生辩证唯物主义世界观和高尚的思想品德；在教学内容上，要注重处理好现代科学技术和现行教材的关系；在教学方法上，要着眼于传统教学法与现代教学法相结合、理论与实践相结合。所以，科学的教学评价对于改革同社会主义现代化不相适应的教学思想、教学内容、教学方法都有着直接的联系，它是推动教学改革的巨大动力。有不少学校搞教改实验课，针对学科教育领域中带有方向性的问题进行研究，并有目的地开展评价，收到了较好的效果，取得了不少经验。近几年来的教学改革实践证明，我们不建立一套完整的教学评价制度，不采取科学的教学评价方法，教学改革工作就很难全面开展。

## 三、加强教师队伍管理科学化的重要手段

教学评价不仅能促进教学改革，而且对提高教师队伍管理科学化水平也是十分必要的。在教师队伍的管理工作中，教学质量高低是人们议论教师的中心话题，因为它是教师业务水平的重要标志。一般来说，学校领导对教师的教学都有个基本的评价。其评价方法大致有两种：一是建立在客观现实的基础上，另一种是凭主观印象。后一种方法目前仍居多数，极大地影响着教师工作积极性的发挥。如

果能建立和健全评价工作制度，实事求是地评价教学，真实地反映教师的教学思想、教学能力、教学态度，从而表扬先进、激发后进，这就会对教师增加活力、形成压力带来动力。另外，通过科学的教学评价，还可以为教师的晋升、评优及使用等提供重要依据，对成绩优异者给予重用，对不合格者给予培训或调离现任职务，从而加强教师队伍管理的科学性，调动教师教学工作的积极性。

### 四、有利于引导教师按教学规律进行教学

过去在教学中经常出现违背教学规律，影响教学质量的状况。原因很复杂，其中一个重要原因，就是没有一个科学而明确的评价内容、标准和方法，不能对教学质量作出公正的科学的评价。例如：长期以来，我国总是把考试分数作为衡量教学质量的唯一标准，以此来评价教学。师生为了取得高分，在教学中出现了许多违背教学规律的现象，这都和缺乏对教学的科学评价有关。我们知道，教学质量是教学各个阶段和各个环节质量的综合，是教师教的质量和学生学的质量的统一。教学评价就是从全面贯彻教育方针，培养全面发展的人出发，以课程标准、教学目的以及教学原则的要求为评价标准，对教学过程和效果作出判断。这样，可对教学中每个阶段和每个环节不断调控，促使教学向规范化、科学化方面发展，按教学规律进行，使教学取得优良效果。

# 第四节  化学实验教学评价的内容和指标体系

教学评价不仅需要明确目的要求和一般步骤，还必须确定评价的内容和指标体系，这是进行教学评价的必备条件。教学评价的内容很广泛，其中涉及范围广、影响面大的是课堂教学和备课、辅导等教学活动。对这些内容分述如下：

### 一、实验课堂教学评价

#### 1. 实验课堂教学评价的意义

实验课堂教学评价是根据教育目的和教学评价标准，对一节课中教与学的活动和效果进行价值上的判断。它在整个教学评价中具有非常重要的意义。

（1）实验课堂教学是学校教学活动的基本组织形式，教学质量能否提高，主要靠课堂教学。课堂教学质量的好坏，直接关系到学校教育质量的高低。因此，在教学评价中，必须重视课堂教学评价。

（2）实验课堂教学是由教师、学生、设备、教法等诸要素组成的师生双边活动，这些要素都是课堂教学评价的内容。通过课堂教学评价，可反馈出诸要素在一节课中的相互作用、影响和制约，从而为研究课堂教学合理结构，帮助教师改进教学和提高课堂教学质量，提供科学依据。

（3）实验课堂教学是几百年来世界各国的教师都实践过和正在实践的工作，是教育工作的前沿和主要阵地。改革课堂教学在整个教育改革中占有重要的地位，必须认真研究这个重大问题，开展课堂教学评价，制定体现改革方向的评价标准，使广大教师按标准要求上课，通过评价，把教学改革引上正确的轨道。

2. **实验课堂教学评价的内容和要求**

（1）教学的目的和任务。教学评价要求实验课堂教学应根据课程标准、教材内容、教学资源及学生实际情况和教学的原则，制定出明确合理的教育、教学目标，提出适当确切的教学任务，且能在教学各环节中围绕教学目标、教学任务进行教学。这是课堂教学评价的一项重要内容。

（2）教学的内容安排。在课堂教学中，既要引导学生掌握科学知识，培养能力，增强体质，又要使他们受到辩证唯物主义世界观教育和共产主义思想品德教育。评价的具体要求是：根据教材的科学体系和课程标准规定的教学任务妥善地处理教材，掌握教学资源的基本思想，抓住基本概念、规律、重点、难点和关键，按照学生的认识规律、心理特点、学习基础，安排教学内容的量、度和序。在教学内容的讲述中，有机地渗透辩证唯物主义思想，恰当地进行爱国主义教育和社会公德教育，培养学生勇敢、正直、诚实的思想品质。同时也进行体育、美育等方面的教育。总之，教学内容必须是科学性和思想性有机的统一，做到教书育人。

（3）教学的方法和手段。教学方法是指教师和学生为达到教学目的，在完成教学任务的共同活动中所采用的具体方法和手段。教学手段是指教师在教学活动中相互传递信息的媒体或设备，如挂图、仪器、录像机、录音机、计算机、多媒体、互联网等。恰当地运用教学方法和手段，可以改善教学的功能，提高教学的效率和质量，有利于促使学生掌握知识，发展能力，增强体质，提高审美观念。评价教学方法和手段的具体要求是：

①在一节课中运用的教学方法和手段，要有利于教学任务的完成；适用于教材内容的性质和特点；符合学生的年龄特征、知识基础和思想情况；适合于当时的教学环境和教师的自身特点。

②要求教师善于使用一般教具、教学仪器和电化教学的工具，有效地使教学方法和教学情景密切配合；充分发挥教材和教学资源的作用，有助于学生独立学习能力的培养。

③要求教师设置良好的教学情景和生动活泼的教和学的过程。如设置引人入胜的情景，设置新颖性的情境，设置道德情感体验情境等。理论联系实际地启发、引导学生动脑、动手、动口，使教师教得生动活泼，学生学得积极主动，师生关系和谐融洽，体现出教师的主导作用和学生学习的主体作用。

（4）教学的形式和结构。评价教学形式和结构是一件重要而又非常复杂的工作，不能以传统的观念和形式，机械地来设定，要遵循以下的要求：

①教学形式和结构要作整体评价，既要考虑对教育目的的作用，又要分析对个体课教学目标的实现情况；既要看到对课堂掌握知识、发展智力和能力等方面的作用与效果，又要注意对学生今后学习的影响，还要考虑教师主导作用的发挥和学生主体作用的体现。

②要看评价课的形式和结构是否符合教材内容的特点、学生的知识水平和接受能力以及教学条件等，切忌机械的不求实效的形式主义的做法。例如，教材通俗易懂，学生有一定的自学能力，就不必安排教师详讲这个环节。再如，采用实验课或现场教学形式，则要特别观察其教学结构的合理性、教学组织的严密性、思想引导的正确性和方法指导的科学性。

③要看一节课中各部分教学活动的时间分配和掌握是否恰当。如不分内容多少、主次、难易，一律平均分配时间，这显然是不合理的。在实际教学中应当是充分地利用一节课的时间，不浪费一分钟时间。

（5）教师的教学态度。评价教师的教学态度，也是课堂教学评价不可忽视的一项内容，因为它对教学效果的作用和影响至关重要。评价教师教学态度的具体要求是：

①教师在课堂教学中，对知识的阐述、原理的分析和解释，要具有严密的科学性和逻辑性，对规律的探索要认真、严肃，不草率从事。对学生应该掌握的知识和技能要严格要求，从不马虎。

②启发、鼓励学生独立地、准确地回答问题，按时完成作业。对回答问题和作业中的错误与不完整的地方，不训斥、不讽刺挖苦，要耐心启发引导，帮助学生找出问题的症结，直到得出正确的答案为止。

③对学习不努力、功课跟不上的学生，不歧视、不放弃、关心他、热爱他、耐心教育、帮助，使他逐步提高，赶上一般学生水平，做到因材施教。

④教态自然、端庄、亲切、热情，服装整洁、大方。

⑤教师在课堂教学中，要以自己严谨的治学态度、行为风范、渊博的学识才能去感染和影响学生。

（6）教学的基本功。教师的教学基本功，对提高课堂教学质量有直接的作用，它也是评价课堂教学的一项重要内容。评价的具体要求是：板书设计合理、工整、简明，能成为学生获得知识的思路图和纲要信号图表；语言准确、清晰、简练、直观、具有启发性，语调抑扬顿挫适当，用普通话教学。

（7）课堂教学效果。获得预期的教学效果，是一堂课成功的基本标志，也是评价课堂教学的重要内容。评价课堂教学效果时，不仅要看学生对知识的掌握情况，还要注意对能力和非智力因素的培养，注意对思想品德形成的作用和对学生品质发展的影响，要求课堂不仅是教书的场所，而且要成为育人的阵地。

### 3. 课堂教学评价指标体系

课堂教学评价指标体系是评价课堂教学的依据和尺度。建立科学可行的课堂教学评价指标体系，是提高课堂教学评价质量、增强评价的有效性和可靠性的重要保证。建立课堂教学评价指标体系必须依据教育目标、学科教学要求、先进的教学思想和教育评价原则，将课堂教学评价的内容以不同的指标和评价标准体现出来，并根据各指标的重要程度，赋予一定的权重，规定一定的分值，形成一个指标体系，为课堂教学评价的实施提供良好的基础。目前看到的课堂教学评价指标体系内容繁琐不一，格式相异。

## 二、备课、辅导、作业布置与批改和学业考评的评价

教学活动主要包括备课、课堂教学、作业布置与批改、课外辅导和学生学业成绩考评。课堂教学评价上边已作介绍，现将其余几种教学活动评价论述如下。

### 1. 备课

备课是教师进行课堂教学的基础。它包括备教材、备学生、备教法、备学法。备教材必须首先深入钻研课程标准。在研究分析的基础上，研究教学，明确教学任务，熟悉内容和知识结构，挖掘思想教育因素，分清重点、难点和关键。备学生是要求全面了解和分析研究学生的情况，如学习目的、知识基础、接受能力、学习的方法和习惯等。在掌握教材、了解学生的基础上，制定出科学合理的单元教学目标和课时目标；精心设计教学结构，选择适应教材特点和学生实际的教学方法；写出切实可行的教案。

### 2. 作业的布置与批改

作业是教学活动中不可缺少的一项内容，它可以帮助学生进一步理解和巩固课堂教学中已学得的知识。作业的选取和安排要紧扣教材内容，体现教学目的，有利于启发学生思维，培养学生能力和减轻学生负担。作业的批改要严格、认真。作业的评讲要及时，要肯定成绩，指出问题。

### 3. 辅导

辅导是课堂教学的必要补充，是教学中满足不同学生不同要求的有效措施。辅导要从学生实际出发，善于提出问题，启发学生分析、思考。还要根据具体情况和要求，采用多种形式和方法，耐心指导，保护差生的学习积极性，满足优秀生的求知欲。

### 4. 学业成绩考评

学生的学业成绩考评是教学活动的重要组成部分，它标志着学生是否完成了规定的学习任务。考评学生学业成绩要严格遵循评定标准，命题要适当，要重视学生掌握知识的质量和创造性，重视他们独立分析问题和解决问题的能力。评定

学生成绩，一定要客观、公正，除了评分之外，还要运用评语。

以上把课堂教学评价的内容及其评价指标体系，备课、课外辅导、作业布置与批改、学生学业考评的评价内容及其评价指标体系分别作了论述与介绍。若对教学工作进行整体评价，其评价指标体系的编制，可参考表 10-1、10-2 所示的教学工作评价指标体系表。

表 10-1　化学课堂教学评价表

| 学校 | | 年级 | | 日期 | | 开课教师 | | |
|---|---|---|---|---|---|---|---|---|
| 课题 | | | | | | | | |
| 评价项目 | | | 评价等级 | | | | | |
| 一级指标 | 二级指标 | 评价参考内容 | 二级指标评价 | | | | | 一级指标评价 |
| | | | A | B | C | D | E | |
| 教学目标 | 知识与技能 | 符合课程标准的要求，难度适宜。 | | | | | | |
| | | 符合学生心理、认知水平。 | | | | | | |
| | 过程与方法 | 关注学生的学习过程。 | | | | | | |
| | | 注重科学思维方法的培养。 | | | | | | |
| | 情感、态度与价值观 | 关注学生情感、态度、价值观的培养。 | | | | | | |
| | | 注意联系生活实际，强调 STS 教育。 | | | | | | |
| 教学设计 | 课堂结构 | 设计合理，衔接自然。 | | | | | | |
| | | 时间分配合理，内容重点突出。 | | | | | | |
| | 情境设置 | 起点定位准确，符合学生前根念和已有生活经验。 | | | | | | |
| | 设计创新 | 课堂设计构思新颖，在情境、方法、内容上有创新，有亮点。 | | | | | | |
| 学生活动 | 主体性体现 | 教学民主，师生关系和谐，能调动绝大多数学生（广度）。 | | | | | | |
| | | 注重学生的发展，给学生留有空间（深度）。 | | | | | | |
| | 因材施教 | 教学过程层次明显，照顾不同学生的需要。 | | | | | | |
| 教学效果 | 知识目标实现 | 完成学科知识的教学任务，达到预期教学目标。 | | | | | | |
| | 学生发展 | 学生在预定的能力或情感目标上得到发展。 | | | | | | |

| | | | | | | |
|---|---|---|---|---|---|---|
| 教师素质 | 专业知识 | 学科知识准确无误。 | | | | |
| | | 相关学科知识引用合理、准确。 | | | | |
| | 教学技能 | 教学语言准确到位，简洁、规范。 | | | | |
| | | 板书设计科学合理，美观，字迹清晰。 | | | | |
| | | 熟练使用现代教学辅助工具，多媒体运用合理。 | | | | |
| | | 演示实验规范，可视度高，分组实验指导语恰当、到位，器材使用合理。 | | | | |
| | 主导作用 | 教态亲切大方，有感染力，注重反馈。 | | | | |
| | | 组织有序，应变能力强。 | | | | |
| | 教育资源 | 善于捕捉利用课堂教学中生成性的教育资源。 | | | | |
| | | 能合理地利用各种时事、化学学史和当地特色资源。 | | | | |
| 总评等级 | | | 评课教师 | | | |

表 10-2 师范类化学专业学生实验评价表

| 评价项目 | 评价内容 | 情况记录 | 权重 | 得分 |
|---|---|---|---|---|
| 实验目标的贯彻情况 | 帮助学生形成或巩固化学概念、原理和理论，培养学生的观察能力、思维能力、实验能力、探究能力、创新精神、实践能力以及严谨认真的科学态度，培养从事化学实验教学工作和进行实验研究的初步能力，为将来化学教学工作实现素质教育、创新教育及优良品德修养教育，奠定一个良好的基础 | | 10% | |
| 实验工作的态度 | 科学的方法、认真的态度、严谨的作风和吃苦耐劳、勤俭节约的优良品德 | | 10% | |
| 实验准备情况 | 仪器、药品是否齐全，临时出现意外或险况的预防 | | 10% | |
| 实验操作情况 | 仪器安装是否正确，步骤是否合理，操作是否规范、熟练、安全可靠 | | 15% | |

| 实验现象情况 | 实验现象是否正确、明显、全面、生动、有感染力和趣味性 | | 15% | |
|---|---|---|---|---|
| 实验物品摆放情况 | 实验完毕后，能否将仪器设备、药品正确复位，并清理实验台，清洗仪器 | | 5% | |
| 实验安全及事故防范情况 | 对实验安全事故防范措施是否做到，是否掌握有关技能和危救处理能力 | | 10% | |
| 实验中与同学的协作精神 | 是否与同学协调合作，互相帮助，吃苦耐劳 | | 5% | |
| 实验保护环境防止污染及节约水、电、药品的情况 | 能否重视防止污染环境问题，实现产生的废气、废液、废物合理的处理，是否能节约水、电、药品等 | | 10% | |
| 实验的记录、整理与结果分析 | 写出完整的实验报告。根据化学课程标准和教材内容把相应的原理、要求、目的、所需仪器、药品、成败关键、注意事项等写在实验报告中。对现象、结果的描述与解释要科学、准确、实事求是 | | 10% | |
| 总评成绩 | | | | |
| 评委的意见和建议 | | | | |

· 阅读材料 ·

### 新课程背景下化学课堂发展性学习评价

《普通高中化学课程标准（实验）》提出，立足于学生适应现代生活和未来发展的需要，着眼于提高 21 世纪公民的科学素养，构建"知识与技能""过程与方法""情感态度与价值观"相融合的高中化学课程目标体系。并且积极倡导学生自我评价、活动表现评价等多种评价方式，关注学生个性的发展，激励每一个学生走向成功。而传统教学中仅以考试分数作为单一的评价模式，不利于学生的发展。因此，必须从课堂入手，建立一套具有一定指导思想和具体指标且切实可行的评价机制，以促进学生素质的提高和个性的发展。笔者以为在化学课堂教学中可尝试发展性学习评价模式。

发展性学习评价可以界定为以学生动态发展的进程为对象的学习评价，同时其目的是促进学生学习能力的提高和改善。具体来说，要求每位教师以学生为本，承认学生的个体差异，以促进学生发展为目的，运用现代教育评价的理论、技术和方法，对学生发展现状及潜能进行系统分析与价值判断，进而激发和培养学生自主学习的意识和能力，最终促进学生不断进步的教学评价活动。下面就化学课堂中如何进行发展性学习评价阐述如下。

一、承认差异，因势利导

长期以来，课堂教学中教师是教学的主体，课堂中更多关注的是教师的"教"，而忽视了学生的"学"。教师仅满足于一节课的教学任务是否完成，至于学生学得如何却很少关注。根据多元智能理论，学生的智力具有多元性、文化性、差异性、实践性和开发性的特征，各种智力只有领域不同，而没有优劣之分、轻重之别，每个学生都有可资发展的潜力，只是表现的领域不同而已。因此，这一理论向智力的传统观念提出挑战，并给评价带来新的活力，提供新的理念。教师评价学生再也不能仅以文化课成绩作为唯一标准，而要以促进学生发展为最终目标，从不同的视角、不同的层面去看待每一个学生，同时要促进其优势智力领域向其他智力领域的迁移。

在化学教学中，面对数十位学生，教师应该在掌握学生基本学习情况的基础上，认真钻研教材，精心设计教案，确保每位学生在自己智力优势领域充分展示，如让动手能力强而不善言语的学生演示实验，让语言表达能力强的学生进行问题的归纳总结，或者在设计问题情境时，可以提出不同层次的问题，让不同能力的学生回答，这样可以更大程度地挖掘每个学生的潜能，培养其创造性。如果教师忽略这些差异，坚持要所有的学生用同样的方法学习同样的内容，必然不利于学生的全面发展。

二、及时反馈，动态生成

在化学教学中，往往只有在期中、期末这些终结性考试中才能发现学生学习的不足，缺乏对学生学习过程的评价。建构主义认为评价应该在动态的、持续的、不断呈现的过程中，及时反映学生的进步和不足，评价的目的在于根据学生的实际制订教学计划，并帮助教师不断地修改和提炼教学策略，创设更有利于学生学习的情境，以便使学生通过学习不断发展并获得进步。

因此，在化学教学中，为了提高课堂教学的针对性，切实提高学生的学习效率，教师可以通过编制形成性练习来加强过程评价。即按照教学目标编制一组练习题，以各种形式考核学生对本节课有关的基本概念和要素的掌握程度。练习题的特点是目的性强，知识要点和教学目标覆盖面大，题目少而精。这样对那些掌握了相关知识点的学生，形成性练习可以起到很大的强化作用，对那些没有达到掌握水平的学生可以通过这些练习纠正他们答错的问题和需要补充的概念、技能，便于改变教与学的方法。

### 三、尊重个性，拓展空间

随着时代的发展，每个学生由于所处的环境不同，个人先天禀赋也存在差异，因此每个学生都是独一无二的。根据后现代主义理论，由于学生个体的独特性，教学不能以绝对、统一的标准去度量学生的学习水平和发展程度，要给学生的不同见解留有空间。教师应该把学生看做知识的探索者和发现者。因此，评价不仅要注重结果，更应注重过程，评价不仅是对现时状况的价值判断，更应该是开展下一步学习活动的逻辑起点，其功能在于促进学生充分发挥个体能动性，促进学生的学习。

在化学课堂教学中，经常对于同一问题，可能出现不同种答案。如对工业上合成氨的条件选择，有的学生从反应速率考虑要高温、高压、使用催化剂；有的从反应产率、尾气要循环使用，不能直接排到空气中等方面考虑。此时教师不能简单地评价谁对谁错，而是应该充分肯定各位学生回答的优点，同时启发他们提出更合理化的建议，这样有利于培养学生综合分析问题的能力，学生的个性也得以发展。

### 四、以人为本，和谐发展

新课程确立以学生为本的教学理念，这一理念符合人本主义的核心"以人为本"，即强调发展人的潜能和树立自我实现的观点，主张教育是为了培养心理健康、具有创造性的人才，并使每个学生达到具有满足感和成就感的最佳状态。

因此，在化学课堂学习评价中，首先，教师要承认每个学生的价值，树立教中有人，为人而教，因人而教的理念，把每一个学生当做有感情的独特的人看待。其次，要通过适当的评价分析，教会学生如何学习，而不是一味"灌输"书中知识，把学生当成接受知识的"容器"。这就要求教师要积极创设情境，把教材内容转化为"有价值的知识"，让学生形成有意义的经验掌握，也就是说，化学课堂教学设计必须体现尊重学生兴趣和爱好，尊重学生自我实现的要求。在对学生进行评价的过程中，要关注学生的个性发展，强调学生本人在评价中的作用，适时采用自评与他评相结合，特别是对情感、态度、价值观等方面的评价，切不可一个人说了算。

总之，随着新课程的推广和实践，我们在化学课堂中将不断地面临新的机遇与挑战，这就要求每位化学教师不断地加强理论学习与研究，及时反思我们的教学活动，确立科学的发展性学习评价机制，促进化学课堂教学质量的提高，全面提升学生素质，不断完善学生的个性。

## [本章小结]

本章全面体现了新课标的精神，并分别以实例、表格加以示范、参考说明、论述，以帮助学生理解掌握，最后以阅读材料的形式扩展知识。总之，整个内容有鲜明的时代性，使学生很快就可以深入重点、掌握精神，并得心应手地应用，为走上工作岗位奠定一定的评价基础。

## [思考练习]

1. 为什么说只有纸笔测验的教学评价是不完全的评价？

2. 根据新的化学教学评价特征和原则，你认为当前的化学教学评价应如何改进？

3. 试拟定一份适用于新课程改革的化学学习档案袋评价和表现评价方案，并与教育实习基地的化学指导教师进行讨论、修改、试验。

中学化学实验教学研究中常用仪器介绍

| 仪器 | 规格 | 主要用途 | 使用方法和注意事项 | 理由 |
|------|------|----------|---------------------|------|
| 普通试管<br><br>离心试管 | 玻璃制品分硬质和软质,有普通试管和离心试管(也叫离心机管),普通试管又有翻口、平口;有刻度、无刻度;有支管、无支管;有塞、无塞等几种<br>有刻度的试管和离心试管按容量(单位:mL)分,常用的有 5,10,15,20,25,50 等<br>无刻度试管按管外径(单位:mm)分,有 8×70, 10×75, 10×100, 12×100, 12×120, 15×150, 18×180, 20×200 等 | 1. 常温下或加热条件下,用作少量试剂反应容器,便于操作和观察<br>2. 收集少量气体用<br>3. 具支试管可检验气体产物,也可接到装置中用<br>4. 离心试管可用于沉淀分离 | 1. 做反应器时液体不超过试管容积的 1/2,加热时不超过 1/3<br>2. 加热前试管外面要擦干,加热时要用试管夹<br>3. 加热液体时,管口不要对着人(包括自己),并将试管倾斜与桌面成 45°,同时不断振荡,火焰上端不能超过试管里的液面<br>4. 加热固体时,管口应略向下倾斜(即底部略高于口部)<br>5. 离心试管不可直接加热 | 1. 防止振荡时液体溅出,或受热溢出<br>2. 防止有水滴附着受热不匀,使试管破裂,以免烫手<br>3. 防止液体溅出伤人,扩大受热面积,防止暴沸,防止烧坏试管夹,防止受热不均匀使试管破裂<br>4. 增大受热面积,避免管口冷凝水流回管底而引起试管破裂<br>5. 防止破裂 |

| 仪器 | 规格 | 主要用途 | 使用方法和注意事项 | 理由 |
|---|---|---|---|---|
| 酒精灯 | 用软质或硬质玻璃制成，容积为 100 mL 或 250 mL | 实验室加热用，它的火焰无烟，外焰温度高(400 ℃～500 ℃) | 1. 使用时用漏斗加入酒精；加入的酒精以灯的容积的 1/2 至 2/3 为宜 2. 用火柴点燃，绝对不能用燃着的灯去点另一盏酒精灯 3. 灯芯不能过紧或过松 4. 加热时要用外焰 5. 熄灭时不能用口吹，要加帽灭火，然后再将灯帽重盖一次 | 1. 酒精多了受热膨胀易溢出；少了进入空气易爆炸 2. 防止酒精溢出起火 3. 过紧灯火不旺；过松灯芯易掉下去 4. 外焰温度高 5. 防止回火发生爆炸，防止冷却时灯内形成负压将灯帽吸住，防止灯口破裂 |
| 酒精喷灯 | 用铜或铁制成，分座式和挂式 | 实验室加热用，可得到比酒精灯更高的温度（800 ℃～1000 ℃） | 挂式和座式使用方法基本相同 1. 先在预热盆中加入一些酒精，点燃酒精，把灯管加热 2. 等预热盆酒精接近完毕时，开启开关使酒精从灯座进入灯管内，受热汽化并与进来的空气混合 3. 关闭开关，灯就熄灭 4. 将剩下酒精全部倒出 | 1. 使灯管受热，提高温度，使酒精汽化 2. 酒精蒸气与空气充分混合，燃烧得到高温 3. 断绝酒精来源 4. 防止锈蚀，节约酒精 |

附录

中学化学实验教学研究

*Zhongxue Huaxue Shiyan Jiaoxue Yanjiu*

| 仪器 | 规格 | 主要用途 | 使用方法和注意事项 | 理由 |
|---|---|---|---|---|
| 锥形瓶 | 用硬质或软质玻璃制成，有塞和无塞，广口和细口、微型几种规格，按容量（mL）分为50，125，250等 | 1. 做反应容器<br>2. 适用于滴定操作，振荡方便 | 1. 盛液不能太多<br>2. 加热时应在下面垫石棉网或置于水浴中 | 1. 避免振荡时溅出液体<br>2. 防止受热不均而破裂 |
| 滴瓶 | 玻璃质，分棕色、无色两种，滴管上带有橡皮胶头<br>规格：按容量（mL）分15，30，60，125等 | 盛放少量液体试剂或溶液，便于取用 | 1. 用棕色瓶盛放，见光易分解或不太稳定的物质<br>2. 滴管不能吸得太满，也不能倒置<br>3. 滴管专用<br>4. 不能直接加热 | 1. 防止物质分解或变质<br>2. 防止试剂侵蚀橡皮胶头<br>3. 防止玷污试剂<br>4. 防止炸裂 |
| 细口瓶（又叫试剂瓶） | 玻璃质，有磨口和不磨口，无色、棕色和蓝色<br>规格：按容量（mL）分为100，125，250，500，1000等 | 储存溶液和液体药品的容器 | 1. 不能直接加热<br>2. 瓶塞不能弄脏、弄乱<br>3. 盛放碱液应改用胶塞<br>4. 有磨口塞的细口瓶不用时应洗净，并在磨口处垫上纸条<br>5. 用有色瓶盛放，见光易分解或不太稳定的液体 | 1. 防止玻璃破裂<br>2. 防止玷污试剂<br>3. 防止碱液与玻璃作用，使塞子粘结打不开<br>4. 防止粘连或不易打开玻璃塞<br>5. 防止物质分解或变质 |

| 仪器 | 规格 | 主要用途 | 使用方法和注意事项 | 理由 |
|---|---|---|---|---|
| 广口瓶 | 玻璃质，有无色、棕色的，有磨口、无磨口的。磨口有塞，若无塞，口上是磨砂的则为集气瓶 规格：按容量（mL）分为30，60，125，250，500，1000等 | 1. 储存固体药品用 2. 集气瓶用于收集气体 | 1. 不能直接加热，不能放碱，瓶塞不得弄脏、弄乱 2. 做气体燃烧实验时瓶底应放少许细沙或水 3. 收集气体后，要用毛玻璃片盖住瓶口 | 1. 防止玻璃瓶破裂，防止不严密或玷污药品 2. 防止瓶破裂 3. 防止气体逸出 |
| 量筒 | 玻璃质 规格：刻度按容量（mL）分为5，10，20，25，50，100，250，500，1000，2000 上口大、下部小的为量杯 | 用于量取一定量体积要求不太精确的液体 | 1. 应竖直放在桌面上，读数时，视线应和液面在同一水平线上，读数时取与弯月面相切的刻度 2. 不可加热，不可做实验（如溶解、稀释等）容器 3. 不可量热的溶液或液体 | 1. 读数准确 2. 防止破裂 3. 容积不准确 |
| 称量瓶 | 玻璃质，分高型、短型两种 规格：按容量（mL）分，高型有10，20，25，40等，短型有：5，10，15，30等 | 准确称取一定量固体药品时用 | 1. 不能加热 2. 盖子是磨口配套的，不得丢失、弄乱 3. 不用时应洗净，在磨口处垫上纸条 | 1. 防止玻璃破裂 2. 易使药品玷污 3. 防止粘连 |

| 仪器 | 规格 | 主要用途 | 使用方法和注意事项 | 理由 |
|---|---|---|---|---|
| 滴定管夹<br>碱式滴定管　酸式滴定管<br>铁架台 | 玻璃质,分酸式(有玻璃旋塞)和碱式(有橡皮滴头)两种<br>规格:按刻度最大标度(mL)有 20,50,100 等微量的有 1,2,3,4,5,10 等 | 滴定时用,用以量取较准体积的液体时用 | 1. 用前洗净,装液前要用预装溶液淋洗三次<br>2. 用酸式管滴定时,用左手开启旋塞;碱式管用左手向后轻捏橡皮管内玻璃珠,溶液即可放出;碱管要注意赶尽气泡<br>3. 酸管旋塞应擦凡士林,碱管下端橡皮管不能用洗液洗<br>4. 酸管、碱式管不能对调使用 | 1. 保证溶液浓度不变<br>2. 防止将旋塞拉出而喷漏,便于操作;赶出气泡是为读数准确<br>3. 旋塞旋转灵活不漏液体;洗液腐蚀橡皮管<br>4. 酸液腐蚀橡皮管,碱液腐蚀玻璃,使旋塞粘住而损坏 |
| 短颈漏斗<br>长颈漏斗 | 玻璃质或搪瓷质,分长颈和短颈两种<br>规格:按半径(mm)分 30,40,60,100,120 等,锥形角以 600 为标准。此外铜制热水漏斗专用于热过滤,还有砂心漏斗 | 1. 过滤液体<br>2. 倾注液体<br>3. 长颈漏斗也用于装配气体发生器,加液体时用 | 1. 不可直接加热<br>2. 过滤时,漏斗颈尖必须紧靠承接滤液的容器<br>3. 用长颈漏斗加液时漏斗颈应插入液面以下<br>4. 过滤时滤纸要低于漏斗边沿 2~3 mm | 1. 防止破裂<br>2. 防止滤液溅出<br>3. 防止气体自漏斗逸出<br>4. 防止滤液流在漏斗外面 |

中学化学实验教学研究 Zhongxue Huaxue Shiyan Jiaoxue Yanjiu

| 仪器 | 规格 | 主要用途 | 使用方法和注意事项 | 理由 |
|---|---|---|---|---|
| **移液管** | 玻璃质,分刻度管型和单刻度大肚型两种,此外还有完全流出式和不完全流出式 规格:按刻度最大标度(mL)有1,2,5,10,25,50等 微量的有0.1,0.2,0.25,0.5等,此外还有自动移液管、吸管,也叫移液管或吸量管 | 精确移取一定体积的液体 | 1. 将液体吸入,液面超刻度,再用食指按住管口轻轻转动进气,使液面降至刻度后,用食指按住管口,移往指定容器上,放开食指,使液体注入容器量 2. 用时先用少量所取溶液淋洗2~3次 3. 一般吸管残留的最后一滴液体不要吹出(完全流出式应吹出) | 1. 确保量取准确 2. 确保所取液浓度不变,纯度不变 3. 制管时已考虑,如果吹出,所移液体的体积就大于刻度所标体积 |
| **容量瓶** | 玻璃质 规格:按刻度以下的容量(mL)分5,10,25,50,100,200,250,500,1000等,瓶塞有玻璃的(磨口)、塑料的,颜色有无色和棕色之分 | 配制准确浓度的溶液 | 1. 溶质先在烧杯内全部溶解,然后移入容量瓶加蒸馏水稀释至刻度摇匀 2. 不能加热,不能代替试剂瓶用来存放溶液 3. 配制见光易分解的物质的溶液时,使用棕色容量瓶 | 1. 配制准确 2. 避免影响容量瓶容积的精确度 3. 防止物质见光分解 |

| 仪器 | 规格 | 主要用途 | 使用方法和注意事项 | 理由 |
|---|---|---|---|---|
| 干燥管 | 玻璃质,有单球形、双球形等规格:以大小表示 | 干燥气体 | 1. 干燥剂颗粒要大小适中,填充时松紧要适中,干燥剂不与气体反应 2. 两端要用棉花团或玻璃丝团堵好 3. 干燥剂变潮后应立即更换,用后应清洗 4. 两头要接对(大头进气,小头出气),并固定在铁架台上使用 | 1. 加强干燥效果,避免失效 2. 避免气流将干燥剂粉末带出 3. 避免玷污其他仪器 4. 防止漏气,防止打碎 |
| 洗气瓶 | 玻璃质,有多种规格:按容量(mL)分为125,250,500,1000 等 | 净化气体 | 1. 接法要正确(进气管通入液体中) 2. 注入洗涤液的高度一般为洗气瓶的1/3,不能超过1/2 | 1. 接不对,达不到洗气目的,而仅将洗液压出 2. 防止洗涤液被气体冲出 |
| 表面皿 | 玻璃质规格:按直径(mm)分为45,65,75,90 等 | 盖在烧杯上,防止液体迸溅或作其他用途 | 不能用火直接加热 | 防止破裂 |

| 仪器 | 规格 | 主要用途 | 使用方法和注意事项 | 理由 |
|---|---|---|---|---|
| 烧杯 | 玻璃质，分硬质、软质，有一般形、高形和锥形，有刻度和无刻度几种<br>规格：按容量（mL）分 50，100，150，200，250，500，800，1000 等，此外还有微量烧杯 | 1. 常温下或加热条件下作大量物质的反应容器，反应物易混合均匀<br>2. 配制溶液用<br>3. 代替水槽用 | 1. 反应液体不得超过烧杯容量的2/3<br>2. 加热前要将烧杯外壁擦干，烧杯底要垫石棉网 | 1. 防止搅动时液体溅出或沸腾时液体溢出<br>2. 防止玻璃受热不均匀而破裂 |
| 圆底烧瓶<br><br>平底烧瓶<br><br>蒸馏烧瓶 | 玻璃质，分硬质、软质，有平底、圆底、长颈、短颈、细口、厚口和蒸馏烧瓶几种<br>规格：按容量（mL）分 50，100，250，500，1000，2000，3000 等，此外还有微量烧瓶 | 圆底烧瓶：在常温下或加热条件下供化学反应用，因盛液是圆形，受热面大，耐压大<br>平底烧瓶：配制溶液或代替圆底烧瓶，因平底放置平稳<br>蒸馏烧瓶：用作液体蒸馏或少量气体发生装置 | 1. 盛放液体的体积不能超过烧瓶容量的2/3，也不能太少<br>2. 固定在铁架台上，下垫石棉网再加热，不能直接加热，加热前外壁要擦干<br>3. 放在桌面上，下面要垫木环或石棉环 | 1. 避免加热时喷溅或破裂<br>2. 避免受热不均匀而破裂<br>3. 防止滚动而打破 |

| 仪器 | 规格 | 主要用途 | 使用方法和注意事项 | 理由 |
|---|---|---|---|---|
| <br>分液漏斗 | 玻璃质，有球形、梨形、筒形和锥形几种规格：按容量（mL）分50，100，250，500等，此外还有滴液漏斗 | 1. 用于互不相溶的液—液分离<br>2. 用于气体发生器装置中加液体 | 1. 不能加热<br>2. 塞上涂一薄层凡士林，旋塞处不能漏液<br>3. 分液时，下层液体从漏管流出，上层液体从上口倒出<br>4. 装气体发生器时，漏斗管应插入液面内（漏斗管不够长，可插入放在烧瓶里的试管中） | 1. 防止玻璃破裂<br>2. 旋塞旋转灵活，又不漏液<br>3. 防止分离不清<br>4. 防止气体自漏斗管逸出，防止再加液体困难 |
| <br>抽滤瓶<br>布氏漏斗 | 布氏漏斗为瓷质，规格以半径(mm)表示抽滤瓶为玻璃质，按容量（mL）分为50，100，250，500等，两者配套使用 | 用于无机制备中晶体或沉淀的减压过滤（利用抽气管或真空泵降低抽滤瓶中压力来减压过滤） | 1. 不能直接加热<br>2. 滤纸要略小于漏斗的内径，才能贴紧<br>3. 先开抽气管，后过滤；过滤后，先分开抽气管与抽滤瓶，后关抽气管 | 1. 防止玻璃破裂<br>2. 防止过滤液由边上漏下<br>3. 防止抽气管水流倒吸 |

| 仪器 | 规格 | 主要用途 | 使用方法和注意事项 | 理由 |
|---|---|---|---|---|
| 蒸发皿 | 瓷质，也有玻璃、石英、铂制品，有平底和圆底两种规格：按上口直径（mm）分30,40,50,60,80,95等 | 口大底浅，蒸发速率大，所以作蒸气、浓缩液体用；随液体性质不同可选用不同质的蒸发皿 | 1. 能耐高温，但不耐骤冷<br>2. 一般放在石棉网上加热 | 1. 防止破裂<br>2. 受热均匀 |
| 坩埚 | 瓷质，也有石墨、石英、铁、镍或铂制品规格：以容量（mL）分10,15,25,50等 | 强热、煅烧固体用，随固体性质不同可选用不同质的坩埚 | 1. 放在泥三角上直接强热或煅烧<br>2. 加热或反应完毕后，用坩埚钳取下时，坩埚钳应预热，取下后放置于石棉网上 | 1. 瓷质，耐高温<br>2. 防止骤冷而破裂，防止烧坏桌面 |
| 漏斗架 | 铁制品，单爪夹，现在多为铝制铁架台，有圆形和长方形 | 用于固定或放置反应容器，铁圈还可代替漏斗架使用 | 1. 仪器固定在铁架台上时，仪器和铁架的重心应落在铁架台底盘中部<br>2. 用铁夹夹持仪器时，应以仪器不能转动为宜，不能过松或过紧 | 1. 防止站立不稳而翻倒<br>2. 过松易脱落，过紧可能夹破仪器 |

| 仪器 | 规格 | 主要用途 | 使用方法和注意事项 | 理由 |
|------|------|----------|-------------------|------|
| 毛刷 | 以大小或用途表示，如试管刷、烧瓶刷、滴定管刷等 | 洗刷玻璃仪器 | 洗涤时手持刷的部位要合适，要注意毛刷顶部竖毛的完整程度 | 避免洗不到仪器顶端，或刷顶端时撞破仪器 |
| 研钵 | 瓷质，也有玻璃、玛瑙或铁制品 | 研碎固体物质，按固体性质和硬度选用不同的研钵 | 1. 大块物质只能压碎，不能捣碎 2. 放入量不宜超过研钵容量的1/3 3. 易爆物质只能轻轻压碎，不能研磨；如果要研磨需加水 | 1. 防止击碎研钵和杵头，避免固体飞溅 2. 以免研磨时把物质甩出 3. 防止爆炸 |
| 试管架 | 有木质、铝质和塑料的，有不同形状和大小 | 放试管 | 保持清洁 | 防止污染试管 |
| 试管夹 | 有木制、竹制，也有金属丝（钢或铜）制品，形状各不相同 | 试管加热时夹持试管 | 1. 夹在试管上端（离管口1/3处） 2. 不要把拇指按在夹的活动部分 3. 一定要从试管底部套上或取下试管夹 | 1. 便于摇动试管，避免烧焦夹子 2. 避免试管脱落 3. 操作规范化的要求 |

中学化学实验教学研究

Zhongxue Huaxue Shiyan Jiaoxue Yanjiu

| 仪器 | 规格 | 主要用途 | 使用方法和注意事项 | 理由 |
|---|---|---|---|---|
| 漏斗架 | 木制品，有螺丝可固定于铁架或木垛上，也叫漏斗板 | 过滤时放漏斗 | 固定漏斗架时，不要倒放 | 以免损坏 |
| 三角架 | 铁制品，有大小、高低之分，比较牢固 | 放置较大或较重的加热容器 | 放置加热容器（除水浴锅外），应先垫石棉网 | 使加热容器受热均匀 |
| 石棉网 | 由铁丝编成，中间涂有石棉。有大小之分 | 使受热物体均匀受热，不致造成局部高温 | 1. 应先检查，石棉脱落的不能用<br>2. 不能与水接触<br>3. 不能卷折 | 1. 起不到作用<br>2. 以免石棉脱落或铁锈蚀<br>3. 易损坏 |
| 药匙 | 由牛角、瓷或塑料制成，现多数为塑料制品 | 摄取固体药品用 | 取用一种药品后，必须洗涤，并用滤纸屑擦干后，才能取用另一种药品 | 避免玷污试剂，发生事故 |

附　录

305

| 仪器 | 规格 | 主要用途 | 使用方法和注意事项 | 理由 |
|---|---|---|---|---|
| <br>泥三角 | 由铁丝弯成，套有瓷管，有大小之分 | 灼烧坩埚时放置坩埚用 | 1. 使用前应检查铁丝是否断裂，断裂的不能使用<br>2. 坩埚位置要正确，坩埚底应横着斜放在三个瓷管中的一个瓷管上<br>3. 用完后小心取下，防止摔落 | 1. 铁丝断裂，灼烧时坩埚不稳也不易脱离<br>2. 灼烧得快<br>3. 以免损坏 |
| <br>燃烧匙 | 匙头为铜质，也有铁质 | 检验可燃性物质，进行固定燃烧反应用 | 1. 放入集气瓶时应由上而下慢慢放入，且不要触及瓶壁<br>2. 硫磺、钾钠燃烧实验，应在匙底垫上少许石棉或沙子<br>3. 用完立即洗涤匙头并干燥 | 1. 防止集气瓶破裂，保证充分燃烧<br>2. 发生反应，腐蚀燃烧匙<br>3. 防止腐蚀、损坏匙头 |
| <br>水浴锅 | 铜或铝制品，直径一般为16 cm | 用于间接加热，也可用于粗略控温实验中 | 1. 应选择好圈环，使加热器皿浸入锅中2/3<br>2. 经常加水，防止将锅中水烧干<br>3. 用完将锅中剩水倒出并擦干水浴锅 | 1. 使加热容器受热均匀<br>2. 防止将水浴锅烧坏<br>3. 防止锈蚀 |

中学化学实验教学研究

Zhongxue Huaxue Shiyan Jiaoxue Yanjiu

**附录2**

### 常见化合物或混合物的俗名及别名

| 化合物或混合物 | 主要化学成分或化学式 | 俗名或别名 | 化合物或混合物 | 主要化学成分或化学式 | 俗名或别名 |
|---|---|---|---|---|---|
| 碳酸钠 | $Na_2CO_3$ | 苏打<br>纯碱<br>碱面 | 碳酸钾 | $K_2CO_3$ | 钾碱<br>草碱 |
| 碳酸氢钠 | $NaHCO_3$ | 小苏打<br>食用苏打<br>重碱 | 高锰酸钾 | $KMnO_4$ | 灰锰氧<br>PP 粉 |
| | | | 重铬酸钾 | $K_2Cr_2O_7$ | 红矾钾 |
| 氢氧化钠 | $NaOH$ | 苛性钠<br>苛性碱<br>烧碱<br>火碱 | 亚铁氰化钾 | $K_4[Fe(CN)_6]\cdot 3H_2O$ | 黄血盐 |
| | | | 铁氰化钾 | $K_3Fe(CN)_6$ | 赤血盐 |
| 硝酸钠 | $NaNO_3$ | 智利硝石<br>钠硝石 | 硫酸铝钾 | $KAl(SO_4)_2\cdot 12H_2O$ | 明矾<br>白矾 |
| 氯化钠 | $NaCl$ | 食盐 | 氧化钙 | $CaO$ | 生石灰<br>煅烧石灰 |
| 晶体硫酸钠 | $Na_2SO_4\cdot 10H_2O$ | 芒硝<br>皮硝<br>朴硝 | 氢氧化钙 | $Ca(OH)_2$ | 熟石灰<br>消石灰 |
| 硫代硫酸钠 | $Na_2S_2O_3\cdot 5H_2O$ | 大苏打<br>海波 | 碳酸钙 | $CaCO_3$ | 石灰石<br>大理石<br>方解石<br>白垩 |
| 硅酸钠 | $Na_2SiO_3(xNa_2O\cdot ySiO_2)$ | 水玻璃<br>泡花碱 | | | |
| 氰化钠 | $NaCN$ | 山奈 | 硫酸钙 | $CaSO_4\cdot 2H_2O$ | 生石膏<br>石膏 |
| 硼酸钠 | $Na_2B_4O_7\cdot 10H_2O$ | 硼砂 | | | |
| 硝酸钾 | $KNO_3$ | 钾硝石<br>硝石<br>火硝 | 硫酸钙 | $2CaSO_4\cdot H_2O$ | 熟石膏<br>烧石膏 |
| 氢氧化钾 | $KOH$ | 苛性钾<br>土硝 | 无水硫酸钙 | $CaSO_4$ | 硬石膏<br>无水石膏 |

中学化学实验教学研究

Zhongxue Huaxue Shiyan Jiaoxue Yanjiu

| 化合物或混合物 | 主要化学成分或化学式 | 俗名或别名 | 化合物或混合物 | 主要化学成分或化学式 | 俗名或别名 |
|---|---|---|---|---|---|
| 氢氧化钠与氢氧化钙的混合物 | NaOH 与 $Ca(OH)_2$ 的混合物 | 碱石灰 钠石灰 | 二硫化铁 | $FeS_2$ | 黄铁矿 |
| 碳化钙 | $CaC_2$ | 电石 | 硫酸亚铁 | $FeSO_4 \cdot 7H_2O$ | 绿矾 皂矾 |
| 氰化钙 | $Ca(CN)_2$ | 石灰氮 | 亚铁氰化铁 | $Fe_4[Fe(CN_6)]_3$ | 普鲁士蓝 |
| 氟化钙 | $CaF_2$ | 萤石 氟石 | 二氧化钛 | $TiO_2$ | 钛白 金红石 |
| 次氯酸钙 | $Ca(ClO)_2$ | 漂白粉 | 氧化铅 | $PbO$ | 黄矾 密陀僧 |
| 氯化镁 | $MgCl_2$ | 卤盐 | 四氧化三铅 | $Pb_3O_4$ | 红丹 铅丹 |
| | $KCl \cdot MgCl_2 \cdot 6H_2O$ | 光卤石 | 铬酸铅 | $PbCrO_4$ | 铬黄 |
| 硫酸镁 | $MgSO_4$ | 泻盐 | | $Pb(OH)_2 \cdot 2PbCO_3$ | 铅白 |
| | $MgCO_3 \cdot CaCO_3$ | 白云石 | 氧化汞 | $HgO$ | 三仙丹 |
| 氧化铝 | $Al_2O_3$ | 刚玉 白玉 | 氯化汞 | $HgCl_2$ | 升汞 |
| 铝 | $Al$ | 银粉 | 氯化亚汞 | $HgCl$ | 甘汞 |
| | $Al_2O_3 \cdot 2SiO_2 \cdot 2H_2O$ | 高岭土 | 硫化汞 | $HgS$ | 朱砂 银朱 |
| 硫酸锌 | $ZnSO_4 \cdot 7H_2O$ | 皓矾 | | | |
| 氧化锌 | $ZnO$ | 锌白 | 硫酸铜 | $CuSO_4 \cdot 5H_2O$ | 胆矾 蓝矾 |
| 铬酸锌 | $ZnCrO_4$ | 柠檬黄 | | | |
| | $ZnS \cdot BaSO_4$ $ZnS\ 28\% \sim 30\%$ | 锌钡白 立德粉 | 碱式碳酸铜 | $CuCO_3 \cdot Cu(OH)_2$ | 铜绿 铜锈 |
| 三氧化二铁 | $Fe_2O_3$ | 铁红 赭红 赤铁矿 | | $CuSO_4 \cdot Ca(OH)_2$ | 波尔多液 |
| 三氧化二铁 | $Fe_2O_3 \cdot 3H_2O$ | 褐铁矿 | 碳化硅 | $SiC$ | 金刚砂 |
| 四氧化三铁 | $Fe_3O_4$ | 铁黑 磁铁矿 | 二氧化硅 | $SiO_2$ | 石英 水晶 玛瑙 砂子 |

（续表）

| 化合物或混合物 | 主要化学成分或化学式 | 俗名或别名 | 化合物或混合物 | 主要化学成分或化学式 | 俗名或别名 |
|---|---|---|---|---|---|
| | $CaO \cdot 3MgO \cdot 4SiO_2$ | 石棉 | 乙酰水杨酸 | $COOH-\bigcirc-CO \cdot CH_3$ | 阿司匹林 |
| 三氧化二砷 | $As_2O_3$ | 砒霜 白砒 | 乙酸异戊酯 | $CH_3COOC_5H_{11}$ | 香蕉水 |
| 二硫化砷 | $AsS_2$ | 雄黄 雄精 | 丙三醇 | $C_3H_5(OH)_3$ | 甘油 |
| 三硫化二砷 | $As_2S_3$ | 雌黄 | 苯酚 | $\bigcirc-OH$ | 石炭酸 |
| 碳酸氢铵 | $NH_4HCO_3$ | 碳铵 | 对苯二酚 | $OH-\bigcirc-OH$ | 几奴尼 |
| 硫酸铵 | $(NH_4)_2SO_4$ | 硫酸铵 肥田粉 | 2,4,6-三硝基甲苯 | （结构式，苯环上三个 $NO_2$ 和一个 $CH_3$） | 梯恩梯 TNT |
| 氯化铵 | $NH_4Cl$ | 硇砂 | 硫酸对甲氨基苯酚 | $HO-\bigcirc-NHCH_3 \cdot \frac{1}{2}H_2SO_4$ | 米吐尔 |
| 一氧化二氮 | $N_2O$ | 笑气 | 苯丙烯醇 | $CH=CHCH_2OH$（苯环） | 肉桂醇 |
| 过氧化氢 | $H_2O_2$ | 双氧水 | 谷氨酸钠 | $HOOCCH(NH_2)CH_2CH_2COONa$ | 味精 |
| 三氯甲烷 | $CHCl_3$ | 氯仿 | 邻磺酰苯亚胺 | $C_6H_4COSO_2NH$ | 糖精 |
| 甲烷 | $CH_4$ | 沼气 坑气 | 羧甲基纤维素钠盐 | $[C_6H_7O_2(OH)_2-OCH_2-COONa]_n$ | 化学浆糊 |
| 甲醇 | $CH_3OH$ | 木精 | 十八（烷）酸 | $CH_3(CH_2)_{16}COOH$ | 硬脂酸 |
| 甲酸 | $HCOOH$ | 蚁酸 | 六氯化苯 | $C_6H_6Cl_6$ | 六六六 |
| 甲醛 | $HCHO$ | 福尔马林（40%水溶液） | | | |
| 乙醇 | $C_2H_5OH$ | 酒精 | | | |
| 乙炔 | $C_2H_2$ | 电石气 | | | |
| 乙酸 | $CH_3COOH$ | 醋酸 | | | |

附录

# 常用指示剂和某些重要试剂的配制

1. 石蕊溶液：将 5~10 g 石蕊加入约 100 mL 85% 的酒精中，在水浴上加热，并搅拌，倾去溶液以除去其中的有色杂质。将残渣用 1 L 热水浸煮，并不断搅拌，滤去不溶物，便得到石蕊溶液。把配制好的溶液滴入酸性溶液中，呈明显的红色，但滴入中性溶液和碱性溶液时，两者的区别往往不明显，都有一定程度的蓝中略带紫色。改进办法是：蒸馏水配制好以后，用滴管取 1 mol·L$^{-1}$ 的醋酸溶液，逐滴加入锥形瓶中，并不断振荡，严格控制醋酸的用量，并随时从锥形瓶中用滴管取出数滴溶液分别加入酸性氯化铵溶液、中性蒸馏水和碱性碳酸钠溶液中，至分别呈红、紫、蓝三色清晰可辨为宜。

如不小心调节过头，可用 1 mol·L$^{-1}$ 氨水反调。

经过调节的紫色石蕊溶液对一般酸碱溶液反应敏感，对盐类水解所呈的酸碱性也反应明显。

取上述紫色石蕊溶液两份，一份加稀硫酸至变红，另一份加稀碱液至变蓝，然后将滤纸条分别在其中浸湿晾干，便得红色和蓝色石蕊试纸。

2. 甲基橙溶液：取甲基橙 1 g，加蒸馏水 1 L，溶解后过滤即得。

3. 酚酞溶液：将 1.0 g 酚酞溶于 1 L 60% 的酒精中即得。或者取医药用的无色酚酞片两片，放入约 50 mL 的酒精中溶解，过滤即得酚酞溶液。

4. 碘化钾 - 淀粉溶液：将 0.5 g 淀粉加水 1 mL，在试管中加以振荡调成浆状，然后倒入 100 mL 沸水，继续煮沸 1~2 min。冷却后，将 0.5 g 碘化钾及 0.5 g 结晶碳酸钠溶于少量水，加水到此试管中，再振荡得无色溶液。该溶液要临时配制，不能久藏。若将滤纸条浸入碘化钾 - 淀粉溶液，取出晾干，即成碘化钾 - 淀粉试纸，可贮于密闭容器中备用。

5. 淀粉溶液：将 1 g 可溶性淀粉加少量水调成糊状，倾入 100 mL 沸水中，再煮沸片刻，即得 1% 的淀粉溶液。淀粉溶液不可久藏，因为久置后，检查碘分子时其颜色不是天蓝色而是蓝紫色，甚至不起作用。若加入少量（约 1 g）氯化锌或碘化汞作防腐剂，可放置较久。

若采用 $H_3BO_3$ - HCl 混合体系作为淀粉的防腐剂和稳定剂，放置一年，其溶液始终透明，遇碘呈天蓝色。稳定剂用量，上述 1% 淀粉溶液中，可加入硼酸 0.3 g，浓盐酸 1 mL，继续煮沸 2~3 min。

6. 品红溶液：品红是一种人工合成的红色染料，成分是盐酸蔷薇苯胺。配制时可将 0.1 g 品红溶于 100 mL 水中。

7. 碘水（0.01 mol·L$^{-1}$）：将 2.5 g 碘和 3 g 碘化钾溶于少量水中，加水稀释至 1000 mL。

8. 硫酸亚铁溶液（0.5 mol·L⁻¹）：溶解 69.5 g $FeSO_4 \cdot 7H_2O$ 于适量水中，加入约 3~5 mL 浓硫酸，再用水稀释至 1 L。如果调节溶液的 pH 在 3 左右，可以使溶液中的 $Fe^{2+}$ 稳定，但只能稳定 1~3 天，当 $Fe^{2+}$ 溶液的 pH 在 6 以上时，几乎在几秒钟内 $Fe^{2+}$ 就被氧化。若在上述溶液中，加入少量纯铝丝或铝片，在原始溶液中即使有少量 $Fe^{3+}$ 也能被还原为 $Fe^{2+}$，溶液可以保持半年或更长时间。

9. 氯化亚锡溶液（0.1 mol·L⁻¹）：溶解 22.6 g $SnCl_2 \cdot 2H_2O$ 于 330 mL 6 mol·L⁻¹ 盐酸中，加水稀释至 1 L，再加入数粒纯锡，以防氧化。

10. 强氧化剂洗液：最常用的是铬酸洗液，它是饱和重铬酸钾和硫酸的混合溶液。洗液的浓度可在 5%~12% 之间。例如可以在 60 g 重铬酸钾的热饱和水溶液中加入 340 mL 浓硫酸。铬酸洗液主要用于洗涤被无机物玷污的玻璃器皿。新配制的洗液为红褐色，经多次使用，若出现绿色，表明效力已降低，可以加入适量的粉状高锰酸钾固体，静置沉淀后还能提高其氧化能力。当洗液完全变为绿色时，说明洗液已经失效。

11. 酸性洗液：根据玻璃容器中污物的性质和实验要求，可以直接使用不同浓度的硝酸、盐酸或硫酸来洗涤或浸泡器皿，并可适当加热。

对于沾有氢化物和大多数溶于水的无机污物如高锰酸钾或三价铁盐等的器皿，可用酸性草酸和酸性羟胺作洗液。用 10 g 草酸或 1 g 盐酸羟胺溶于 20% 的 100 mL 盐酸溶液中。

12. 碱性洗液：适用于洗涤油脂和有机酸、苯等有机物。常用的碱性洗液有碳酸钠、碳酸氢钠、磷酸三钠、磷酸二氢钠、肥皂、合成洗涤剂等，浓度最高为 40%，最低为 5%。

## 化学试剂的安全存放

| 类型 | 试剂 | 特性 | 安全存放条件 |
|---|---|---|---|
| 易燃液体 | 汽油、苯、甲苯、二甲苯、氯乙烷、甲醇、乙醇、乙醚、丙酮、乙酸乙酯、松节油、二硫化碳等 | 极易挥发成气体，遇明火即燃烧 | 阴凉通风,室温最好不超过 30 ℃,并且要同其他可燃物和易发生火花的器物隔离放置 |
| 燃烧爆炸性固体 | 钠、钾、钙、白磷、电石等 | 钠、钾、钙、白磷在空气中自燃，钠、钾、钙、电石遇水激烈反应，易引起燃烧爆炸 | 阴凉密封，室温最好不超过 30 ℃，与易燃物、氧化剂隔离，放在加盖的砂缸中。钠、钾、钙要浸没在煤油里，白磷要浸没在冷水中，其他要密封 |
| | 红磷、硫粉、镁粉、铝粉、锌粉、萘、TNT、硝化棉等 | 受热、冲击、摩擦或跟氧化剂接触易急剧燃烧甚至爆炸 | |
| 强腐蚀性液体或固体 | 浓硫酸、浓硝酸、浓盐酸、高氯酸、氢氟酸、氢溴酸、溴、甲酸、冰醋酸、氢氧化钾、氢氧化钠、苯酚等 | 对人体皮肤、眼、粘膜、呼吸器官及金属等有极强的腐蚀性 | 阴凉通风，并与其他试剂隔离，放在抗蚀性材料制成的低矮架子上，浓硝酸等见光易分解物质，要装在棕色瓶里 |
| 强氧化剂 | 硝酸铵、硝酸钾、浓硝酸、高氯酸、氯酸钾、高锰酸钾、重铬酸钾、过氧化氢（30%）、过氧化钠等 | 与有机物、镁、铝、锌粉、硫、碳等易燃固体形成爆炸混合物，过氧化钠遇水激烈反应，有发热爆炸危险 | 阴凉通风，室温最好不超过30℃，并与易燃物、可燃物和易被氧化的物质隔离放置 |
| 剧毒性危险品 | 敌敌畏、1605 等农药、氰化钾、氰化钠、三氧化二砷、氟化钠、升汞、氯仿、四氯化碳、苯胺、硝基苯、汞、溴、白磷等 | 浸入消化道极少量即能引起中毒，形成暂时或永久的病变或致人死亡 | 阴凉密封，与其他试剂隔离，放在专柜内加锁，由专人负责 |

### 常见化学灼伤、创伤的急救措施

| 种类 | | 急救措施 |
|---|---|---|
| 灼伤 | 火灼 | 皮肤发红为一度灼伤：涂以95%的酒精并浸湿纱布盖于伤处或用冷水止痛法<br>皮肤起泡为二度灼伤：除上述方法外，还可用3%～5%的高锰酸钾或5%的新制丹宁溶液，用纱布浸湿包扎<br>以上两种灼伤也可在伤处立即涂以獾油，效果良好<br>皮肤被灼焦破为三度灼伤：需用消毒棉包扎后去医院治疗 |
| | 酸灼 | 强酸溅散在皮肤上，先用大量水冲洗，然后用5%的碳酸氢钠或10%的氨水清洗伤处<br>氢氟酸灼伤，立即用水及上法冲洗伤口至苍白色，并涂以甘油与氧化镁糊（2:1），或用冰冷的饱和硫酸镁溶液清洗后包扎好。要严防氢氟酸侵入皮下和骨骼中<br>强酸溅入眼睛内，先用水冲洗，然后用3%的碳酸氢钠冲洗，随即去医院治疗 |
| | 碱灼 | 强碱溅散在皮肤上，用大量水冲洗，然后用2%的硼酸或2%的醋酸冲洗，严重者去医院治疗 |
| | 氰化物灼 | 先用高锰酸钾溶液冲洗伤处，然后再用硫酸铵溶液漂洗 |
| | 溴灼 | 用1体积25%氨水与1体积松节油和10体积95%酒精的混合液洗涤，包扎 |
| | 磷灼 | 用3%硫酸铜的酒精溶液湿纱布包扎（不可用水配制） |
| | 铬酸灼 | 用水冲洗，然后用硫酸铵溶液漂洗，包扎 |
| | 酚灼 | 用水冲洗后，再用4体积72%酒精与1体积1/3 mol·L$^{-1}$三氯化铁混合溶液冲洗，包扎 |
| | 氯化锌灼<br>硫酸银灼 | 用水冲洗，再用碳酸氢钠溶液漂洗，包扎 |
| 创伤 | | 若伤口内没有玻璃碎片等，伤口不大，出血不多，可擦以碘酒，然后涂红汞药水，撒上碘消炎粉后包扎 |

# 参考文献

[1] 课程教材研究所化学课程教材研究开发中心. 义务教育课程标准实验教科书·化学（九年级）. 北京：人民教育出版社，2001

[2] 人民教育出版社化学室. 初中化学（全一册）. 北京：人民教育出版社，2001，3

[3] 人民教育出版社化学室. 全日制普通高级中学教科书，化学，第二册. 北京：人民教育出版社，2000

[4] 人民教育出版社化学室. 全日制普通高级中学教科书（试验修订本、必修），化学，第一册. 北京：人民教育出版社，2000，3

[5] 人民教育出版社化学室. 全日制普通高级中学教科书（试验修订本、必修），化学，第二册. 北京：人民教育出版社，2000，6

[6] 人民教育出版社化学室. 全日制普通高级中学教科书（必修加选修），化学，第二册. 北京：人民教育出版社，2003，6

[7] 人民教育出版社化学室. 全日制普通高级中学教科书（必修加选修），化学，第三册. 北京：人民教育出版社，2003，6

[8] 中学化学国家课程标准研制组. 义务教育课程标准实验教科书，化学（上册）. 上海：上海教育出版社，2001

[9] 中学化学国家课程标准研制组，义务教育课程标准实验教科书. 化学（下册）. 上海：上海教育出版社，2002

[10] 化学教材编写组. 义务教育课程标准实验教科书·化学（九年级）. 北京：科学出版社，广州：广东教育出版社，2004

[11] 钟启泉，崔允漷，张华主编. 人民教育出版社基础教育课程改革纲要（试行）解读. 上海：华东师范大学出版社，2001：38～39

[12] 教育部. 九年义务教育全日制小学、初级中学课程计划. 1993

[13] 教育部. 九年义务教育全日制初级中学化学教学大纲（试用修订版）. 北京：人民教育出版社，2000

[14] 钟启泉，崔允漷，张华主编. 基础教育课程改革纲要（试行）解读. 上海：华东师范大学出版社，2001：64

[15] 王祖浩，王磊主编. 普通高中化学课程标准（实验）解读. 武汉：湖北教育出版社，2004：37

[16] 张祖春，王祖琴主编. 基础教育课程改革简明读本（修订本）. 武汉：

华中师范大学出版社，2003：52~54

[17] 刘硕. 关于基础教育课程改革的几点思考——正确学习领会和贯彻落实《基础教育课程改革纲要（试行）》. 北京师范大学学报（社科版）. 2003, 1

[18] 郑长龙等编著. 化学实验教学新视野. 北京：高等教育出版社, 2003

[19] 王祖浩主编. 全日制义务教育化学课程标准（实验稿）解读. 武汉：湖北教育出版社, 2002：38

[20] 董力夫. 初中化学实验课教学. 太原：山西人民出版社, 1984, 8

[21] 学诚等. 初中化学实验指导. 光明日报, 1988, 6

[22] [美] M. J. 西恩科等著. 化学实验. 吕云阳, 古胜良等译. 北京：人民教育出版社, 1981, 8

[23] 朱红, 朱英主编. 综合性与设计性化学实验. 徐州：中国矿业大学出版社, 2002, 3

[24] 王希通主编. 化学实验教学研究. 北京：高等教育出版社, 1990, 3

[25] 刘哲人编著. 化学实验室知识问答. 北京：中国环境科学出版社, 1990, 10

[26] 刘知新主编. 化学实验论. 南宁：广西教育出版社, 1996, 11

[27] 毕华林, 傅尚奎, 韩庆奎主编. 化学实验教学研究. 青岛：青岛海洋大学出版社, 1998, 4

[28] 陈玉琨. 教育评价学. 北京：人民教育出版社, 1999, 12

[29] 王汉澜主编. 教育评价学. 开封：河南大学出版社, 1995, 11

[30] 比尔·约翰逊. 学生表现评定手册. 李雁冰译. 上海：华东师范大学出版社, 2001

[31] 毕华林, 于清江. 庆奎著. 化学教学原理与方法. 青岛：中国海洋大学出版社, 1998

[32] 孙可平, 邓小丽编. 理科教育展望. 上海：华东师范大学出版社, 2002

[33] 季春阳, 贾海涛, 韩鸿君. 中学化学实验研究. 哈尔滨：黑龙江教育出版社, 2001, 11

[34] 李广州, 陆真编. 化学教学论实验. 北京：科学出版社, 2000, 6

[35] 孙海波, 张江编. 新课程中学化学实验研究与设计. 青岛：中国海洋大学出版社, 2007, 10

[36] 李广州, 陆真编. 化学教学论实验. 北京：科学出版社, 2006, 2

[37] 王祖浩, 王程杰编. 中学化学创新实验. 南京：广西教育出版社, 2006, 8

[38] 郑长龙编. 化学实验教学论. 北京：高等教育出版社, 2001, 10

[39] 西南师范学院化学系编. 中学化学教学法实验. 北京：高等教育出版

参
考
文
献

社，1999

[40] 王磊，陈光区编．普通高中课程标准实验教材书化学（实验化学）．济南：山东科学技术出版社，2008，5

[41] 王磊，陈光区编．普通高中课程标准实验教材书化学（必修）．济南：山东科学技术出版社，2008，5

[42] 斯琴高娃，乌云编．在新课程标准下如何上好化学复习课．内蒙古师范大学学报（自然科学版）．2004，4

[43] 斯琴高娃，乌云编．对韵语法教学的讨论．内蒙古师范大学学报自然科学版．2004，4

[44] 斯琴高娃，乌宁巴图编．亚硝酸钠的检验方法．内蒙古教育学院学报（自然科学版）．1998，2

[45] 斯琴高娃，乌云编．银镜反应实验研究．化学教学．2006，12

[46] 斯琴高娃，哈斯编．珍惜生命之源——水．中学化学教学参考．2006，9

[47] 内蒙古师范大学．内蒙古师范大学教育学二学位课程建设工作方案．2005

[48] 斯琴高娃，包文君编．论绿色化学在社会发展和环境保护中的重要作用．中国教育教学论坛．2006，11

[49] 张存山编．稀有气体功与过．化学教与学．2006，5

[50] 北京师范大学第二附属中学化学组编．化学教育教学的探索与实践．2008，9

[51] 杨国雄编．阿伏伽德罗常数的测定及其投影演示．中学化学教学参考．1992

[52] 施顺艺编．多吃海带有益防病健身．食物相克与最佳食物搭配．石家庄：河北科学技术出版社，2007，1

[53] 斯琴高娃，乌云，娄凤琴编．漫话白色污染的危害与防治．中学化学．2006，8

[54] 中华人民共和国教育部．基础教育课程改革纲要（试行）．2001

[55] 张小林等编．室内空气中甲醛气体简易测定法．化学教学．2001，10

[56] 华中师范大学等编．分析化学实验（第二版）．北京：高等教育出版社

[57] 东北师范大学等五校编．有机化学（第三版），上册．北京：高等教育出版社．1993

[58] 谢冬编．甲醛与环保纺织．化学教育．2000；7~85

[59] 仇亚洁编．重视室内环境保护．中学化学教学参考．2001，10

[60] 高秀玲编．白酒中是否含甲醇的测定．化学教育．1998，4

[61] 朱琳，吕海平，彭蜀晋编．化学农药的现代化发展历程．心理教育．2009，2

[62] 吴燕红，张玉彬，阳小平编．谈中学化学实验的改进准则．化学教育．2008，5

［63］汪文翔，孙颖编．"趣味化学实验与生活化学"校本选修课的开发实践与反思．化学教育．2009，2

［64］中华人民共和国教育部．全日制义务基础教育化学课程标准（实验稿）．2001

［65］朱慕菊著．走进新课程——与课程实施者的对话．北京：北京师范大学出版社，2002

［66］裴新宁主编．化学课程与教学论．杭州：浙江教育出版社，2003，9

［67］文庆城，许燕红，照日格图等编．化学实验教学研究．北京：科学出版社出版，2003，9

［68］乌云编．绿色化学教育与化学实验教学．中国现代教育论坛．2005，3

［69］乌云，斯琴高娃编．谈在新课标下学生化学实验设计能力的培养．内蒙古师范大学学报（教育科学版）．2006，19

［70］内蒙古师范大学教务处编．内蒙古师范大学教师教学评价方法．教学管理文件汇编（修订）．2004，8

［71］内蒙古师范大学教务处编．内蒙古师范大学教师教学质量评估方案．教学管理文件汇编（修订）．2004

［72］马红勇，王笃年．检验海带中碘元素实验的改进．化学教育．2009，6

［73］张庆云，谭建江编．"中学化学实验研究"课程绿色化设计的思考．化学教育．2009，6

［74］白林，韦应虎，张天顺编．氢气与氯化氢反应的研究性教学化学教学．化学教育，2009，6

［75］王都留编．"水中花园"实验的新改进．化学教育，2009，8

图书代号　JC10N0064

### 图书在版编目（CIP）数据

中学化学实验教学研究 / 乌云, 斯琴高娃主编. – 西安：陕西师范大学出版总社有限公司, 2010.6
ISBN 978 – 7 – 5613 – 5188 – 8

Ⅰ. ①中… Ⅱ. ①乌… ②斯… Ⅲ. ①化学实验 – 教学研究 – 中学 Ⅳ. ①G633.82

中国版本图书馆 CIP 数据核字（2010）第 118041 号

## 中学化学实验教学研究

| | |
|---|---|
| 主　　编 / | 乌　云　斯琴高娃 |
| 责任编辑 / | 郭　立 |
| 责任校对 / | 颜　红 |
| 装锁设计 / | 雷　青 |
| 出版发行 / | 陕西师范大学出版总社有限公司 |
| | （西安市长安南路 199 号　邮编 710062） |
| 网　　址 / | http://www.snupg.com |
| 经　　销 / | 新华书店 |
| 印　　刷 / | 陕西向阳印务有限公司 |
| 开　　本 / | 787mm×960mm　1/16 |
| 印　　张 / | 20.5 |
| 插　　页 / | 2 |
| 字　　数 / | 360 千 |
| 版　　次 / | 2010 年 7 月第 1 版 |
| 印　　次 / | 2010 年 7 月第 1 次 |
| 书　　号 / | ISBN 978 – 7 – 5613 – 5188 – 8 |
| 定　　价 / | 33.20 元 |

读者购书、书店添货或发现印刷装订问题，请于本社营销部联系、调换。
电　话：(029)85307826　85303622（传真）